教育部虚拟教研室建设试点“金融学专业虚拟教研室”

金融“五篇大文章”创新实践案例

主　编　陈　兵　方　茜

副主编　刘赛红　杨国辉　周　晶

中国财经出版传媒集团
中国财政经济出版社
·北京·

图书在版编目（CIP）数据
金融“五篇大文章”创新实践案例 / 陈兵，方茜主编. -- 北京 : 中国财政经济出版社，2025. 8. -- ISBN 978-7-5223-4069-2
Ⅰ. F830
中国国家版本馆CIP数据核字第2025ED0897号

责任编辑：苏小珺　　责任校对：胡永立
封面设计：兰卡绘世　　责任印制：党　辉

金融“五篇大文章”创新实践案例
JINRONG “WUPIAN DA WENZHANG” CHUANGXIN SHIJIAN ANLI

中国财政经济出版社 出版
URL：http：//www. cfeph. cn
E - mail：cfeph@ cfeph. cn

社址：北京市海淀区阜成路甲 28 号　邮政编码：100142
营销中心电话：010 – 88191522
天猫网店：中国财政经济出版社旗舰店
网址：https：//zgczjjcbs. tmall. com
涿州汇美亿浓印刷有限公司印刷　各地新华书店经销
成品尺寸：185mm × 260mm　16 开　25. 75 印张　507 000 字
2025 年 8 月第 1 版　2025 年 8 月河北第 1 次印刷
定价：88. 00 元
ISBN 978 – 7 – 5223 – 4069 – 2
（图书出现印装问题，本社负责调换，电话：010 – 88190548）
本社质量投诉电话：010 – 88190744
打击盗版举报热线：010 – 88191661　QQ：2242791300

编 委 会

前 言

2023年10月召开的中央金融工作会议强调，金融是国民经济的命脉，是国家核心竞争力的重要组成部分，要加快建设金融强国，全面加强金融监管，完善金融体制，优化金融服务，防范化解风险，坚定不移走中国特色金融发展之路，推动我国金融高质量发展，为以中国式现代化全面推进强国建设、民族复兴伟业提供有力支撑。会议指出，金融要为经济社会发展提供高质量服务，明确要做好科技金融、绿色金融、普惠金融、养老金融、数字金融“五篇大文章”。这既是当前和今后一个时期金融工作的核心任务与行动指南，也是金融服务实体经济、推动经济高质量发展的关键路径。

建设金融强国，人才是基础，教育是关键。高等财经院校承担着为国家输送高素质金融人才的重任。近年来，国内相关高校在金融学科专业建设中，围绕“五篇大文章”积极展开研究探索，学术成果不断丰富。然而，系统深入结合金融“五篇大文章”实践前沿、能够有效服务于教育教学与人才培养的相关著作与教材还较少，特别是专题案例集仍属空白。在此背景下，编写出版金融“五篇大文章”案例集，系统整理总结我国金融业在服务国家战略、推进“五篇大文章”方面的创新举措与实践经验，对于深化金融教育教学改革、创新金融人才培养模式、赋能金融高质量发展，具有非常重要的现实意义。

2022年5月，上海立信会计金融学院金融学院牵头，联合云南财经大学金融学院、西安财经大学经济学院、湖南工商大学财政金融学院、贵州大学经济学院、浙江工商大学金融学院、河北经贸大学金融学院等，申报获批教育部第二批虚拟教研室建设试点——金融学专业虚拟教研室。依托这一协同共建平台，上海立信会计金融学院金融学院组织并联合云南财经大学金融学院、西安财经大学经济学院、湖南工商大学财政金融学院、贵州大学经济学院、青海民族大学经济学院等多所共建高校老师以及产学研合作单位——中国农业银行上海市分行的业务专家，紧密围绕金融业服务“五篇大文章”、支持实体经济的生动实践，深入挖掘典型案例。经反复研讨与精心打磨，最终将具有代表性、启发性的优秀案例汇编成册。本案例集是虚拟教研室平台支持下协同创新的重要成果，也是金融学专业建设优质教学资源的一次重要探索。

本案例集精选了金融业在科技金融、绿色金融、普惠金融、养老金融、数字金融五大领域开展的创新探索，力求全面展现金融支持实体经济、服务国家战略的生动实践。案例集具有以下鲜明特色：(1) 突出时代性与创新导向。案例集选题紧扣服务国家重大战略需求和金融改革发展前沿，具有鲜明的时代特征，充分体现了金融领域在产品服务、业务模式、技术应用等方面的创新导向。(2) 立足实践性与应用价值。案例集汇编的案例均根植于金融业务一线真实场景，具有很强的实操性和借鉴价值，是理论与实践深度融合的结晶。(3) 体现协同性与产教融合。案例集多数案例由高校教师与金融机构专家合作完成，融合了学术洞察与实践智慧，为深化产教融合提供了有效载体。

值此案例集付梓之际，我们殷切期望：本案例集能为政策制定者提供有价值的决策参考；能为高等院校金融学科专业建设注入新活力，特别是围绕金融“五篇大文章”方向深化教学改革、优化课程体系，助力培养更多适应新时代要求、具备创新能力与实践能力的高素质金融人才；能为金融行业提供可借鉴、可推广的实践样本，启发更多的创新思路与实践探索，激励金融工作者立足新征程、勇担新使命，坚持以中央金融工作会议精神为指引，勇担使命、开拓创新，持续做深做实做优“五篇大文章”，为加快建设金融强国、全面推进中国式现代化贡献金融智慧和力量。

因水平所限，书中难免存在疏漏和不当之处，恳请各位专家学者和广大读者批评指正。

编　者

2025 年 6 月

目录 Contents

第一部分　科技金融篇

在当下科技创新引领发展的时代，科技金融无疑是撬动经济高质量发展的关键杠杆。中央金融工作会议着重强调做好科技金融等“五篇大文章”，为科技金融发展锚定了方向。科技金融致力于将金融资源精准配置到科技创新的各个环节，从为国家战略科技力量提供资金保障，到助力科技型中小企业突破成长瓶颈；从推动基础研究的探索，到加速科技成果的转化落地。在政策的强力支持与市场的积极响应下，各类金融机构不断创新产品与服务，持续优化科技金融供给结构，全力提升服务科技创新的效能。本篇将深入展示科技金融在助力高水平科技自立自强征程中的创新实践与卓越成效。

案例 1

科技金融赋能“专精特新”企业

——农业银行上海浦东分行的实践与模式创新

王精金[①]

① 王精金，博士，毕业于韩国高丽大学东亚文学研究所，中国农业银行上海浦东分行营业室，现任客服经理。

本案例以“专精特新”企业为分析样本，以农行上海浦东分行推行的综合型信贷政策为模板进行数据分析，考察科技金融对“专精特新”科技型中小企业发展的影响。研究利用银行科技融资案例结合政策分析，探讨科技金融如何促进“专精特新”企业的成长，并从企业产权性质、财务风险稳定性、内部控制有效性等多个维度进行异质性分析。经过分析发现，科技金融对非国有企业、低财务风险企业以及内部控制完善的企业的促进作用更显著，表明银行在信贷政策上应优化资源配置，提高科技金融的针对性。研究结果为银行如何更有效地配置金融资源支持科技创新提供了实证依据，并对科技金融的发展提出政策建议。

一、案例背景

在当前全球经济形势错综复杂的背景下，中国正不断加快金融改革步伐，以支持科技企业，特别是“专精特新”企业的发展。2023 年中央金融工作会议提出，要做好科技金融、绿色金融、普惠金融、养老金融、数字金融“五篇大文章”，为金融行业指明了明确的战略方向。在此背景下，商业银行如何通过创新型融资方案支持科技企业，成为当前金融行业关注的重点。

科技金融是指金融机构利用各种金融工具和手段支持科技创新的融资模式。其核心目标是通过金融服务推动科技成果转化和产业化，提升科技企业的竞争力。科技金融的发展不仅能提高科技企业的自主创新能力，还能促进产业升级和经济高质量发展。

“专精特新”企业，即专注于某一细分市场，具有较强创新能力和市场竞争力的中小企业。它们在关键技术突破、产业链配套、全球化竞争等方面发挥着重要作用。然而，由于这些企业往往处于成长初期，缺乏足够的固定资产抵押，难以获得传统银行贷款，融资问题成为其发展过程中的主要瓶颈。因此，如何通过科技金融、绿色金融、普惠金融、养老金融、数字金融“五篇大文章”，为“专精特新”企业提供创新型融资方案，成为金融机构的重要课题。

针对“专精特新”企业的融资痛点，农业银行上海浦东分行创新推出了“科技金融 + 多元化信贷产品”模式，通过科技贷款、知识产权质押、供应链金融等手段，优化企业融资结构，助力企业突破资金瓶颈。本案例将以农行浦东分行的实际案例为基础，分析科技金融对“专精特新”企业的促进作用，并探讨如何进一步优化金融服务体系。

二、案例概述——科技金融：助力“专精特新”企业创新升级

（一）科技金融的定义与作用

陈春发等于2009年对“科技金融”的概念进行了较为清晰的阐释，他们认为科技金融是金融工具、制度、政策和服务的创新性安排，并借此助力科技成果落地以及高新技术产业的高质量发展。当然，也有其他声音认为科技金融是创新经济学的关键组成部分，或是指证科技金融是一种由技术、金融以及企业家相融合的经济形态。综上所述，科技金融是一种融合了金融发展、产业升级以及科技创新的新型金融模式，对于赋能国家新质生产力高速发展有重大意义。

从现有研究来看，关于科技金融定义的阐释比比皆是，但为促进“专精特新”企业以“专精特新”发展为主要生产趋势，科技金融与以“专精特新”为代表的“专精特新”企业之间的互促机制方面的相关研究较少涉及。基于目前研究方面的空白，笔者将作出以下努力：第一，本案例基于“科技金融”视角，实证研究科技金融对“专精特新”企业的影响；第二，将从内控合规、风险控制、产权归属等多个维度，深入探索科技金融对不同类型中小企业“专精特新”发展的异质性影响。

科技金融本质上是金融资源与科技创新的结合，它通过政策支持、金融产品创新和多元融资方式，为科技企业提供资金保障。科技金融的作用包括：缓解融资约束，降低企业贷款门槛，提高资金可得性；优化资源配置，引导社会资本流向“专精特新”企业；推动产业升级，促进企业技术创新，提升市场竞争力。

（二）浦东分行科技金融对“专精特新”企业发展的影响及机制分析

目前，“专精特新”企业仍然是科技创新的中坚力量，就“专精特新”企业的生产活动来说，人才资源、技术开发、运营资金等生产要素的投入能加速企业创新环节的运转。但是，上述流程具有长周期、高投入、轻资产的显著特点。正因如此，“专精特新”企业在进行技术革命的过程中，很难获得与之相匹配的现金流支持，与其他行业相比，面临着更大的资金缺口与融资障碍。不仅如此，在大多数情况下，投资者由于知识壁垒等原因，往往难以对其进行深入了解，也降低了自身的投资意愿。综上所述，若仅仅依赖现有的传统融资途径，“专精特新”企业着实很难接触到核心金融资源。

农业银行上海浦东分行在了解到这一信息之后，积极拜访浦东新区的中小企业，并在这一过程中接触到了上海誉和钻石工具有限公司，这是一家注册在浦东新区的“专精特

新”制造业小微企业，专注于钻石工具、刀具、磨料磨具的生产、加工、销售。企业拥有自己的研发团队，并成立区级专家工作站，具有较强的科研能力。虽然有数十项专利，但随着市场扩张、设备升级及科研成本的增加，企业的资金需求也随之加剧。“专精特新”企业在业务发展的过程中常常面临着严峻的融资压力，企业主坦言为了融资已经把能抵押的房产都抵押了，但是因设备、人员成本高，回款账期长，资金流还是非常紧张。

农业银行上海浦东分行对该公司的总体资产、知识产权、管理水平等因素进行了分析，主动向“专精特新”企业发展给予了相关金融政策扶持。通过加大扶持力度，打通贷款环节过程中的各个堵点，把更多的金融资源配置到企业发展的重点领域和薄弱环节，不仅提升了面向“专精特新”企业的“增量、提质、扩面、降价”，保证其平稳的发展状态，更肩负了培养发展新质生产力的时代任务，为“专精特新”中小企业发展注入了生命力。

（三）农业银行上海浦东分行科技金融创新模式

农业银行为科技型企业定制的授信方案主要包括科技型企业评价体系、超预期的授信方案与综合金融服务。

1. 科技型企业评价体系

长久以来，科技型企业一直面临着融资慢、融资难的问题，而问题的关键在于科技型中小企业的“科技”与“中小”的双重属性。为解决这一难题，中国农业银行上海浦东分行在服务我国科技型企业的过程中，探索形成了适应我国实际情况的科技信贷业务模式：基于政府认定名录、垂直细分行业的传统拓客模式，借助企业创新积分制等外部信用评价的业务开拓模式，建立企业数据库、搭建科学的企业信用评价体系。

政府认定名录是商业银行开展科技信贷业务最广泛的基础。进入政府认定名录的科技型企业，往往成为银行优先争夺的客户对象。企业进入政府认定的名录后，能够享受税收减免、研发补助、融资便利、政策倾斜等诸多优惠政策。我国科技型企业认定名录呈现多层次、多元化的特点。多层次体现在创新型中小企业梯度的培育体系上。以工信部“专精特新”企业评定为例，第一梯队是“专精特新”“小巨人”企业，第二梯队是“专精特新”中小企业，第三梯队是量大面广的中小企业。根据上海誉和钻石工具有限公司的实际情况而言，分行判定其属于第二梯队。

相对于传统以企业财务状况为评价依据的“资金流”评价体系，农业银行上海浦东分行建立了“技术流”评价体系，对专利和知识产权在金融领域的信用化进行先行探索。前期，总行下发了《科技型企业专属信贷服务体系工作方案》，根据企业的不同生命周期，创新了初创期企业“五有”；成长型企业“六力”；成熟型企业“七能”评价体系。

“技术流”专属评价的特点在于并非用于替代“资金流”评价体系，而是对“资金流”评价体系的补充，在一定程度上解决用“资金流”评价体系难以或者无法评价企业科技创新实力的难题。当然，企业的“技术流”也要通过市场的认可，以获得源源不断的“资金流”。

目前，农业银行上海浦东分行将“技术流”评价体系在高新技术企业客户分层、信贷准入、授信额度、贷后管理四个方面开展试点应用：一是精细化客户分层。以“技术流”专属评价体系为基础，将“技术流”科技创新成果净含量作为核心指标，对高新技术企业实施精细化客户分层。二是差别化准入。对重点支持类客户，实行“技术流”信贷快速准入政策。三是差别化授信。对列入重点支持、优先支持类高新技术企业，通过“技术流”调节系数对借款人资金授信速度进行适度调节。

农业银行上海浦东分行的“科技型企业专属信贷服务贷款”，专注于以“六力”为代表的“技术流”评价模型，从“技术力、市场力、团队力、资本力、运营力、政策力”六大维度，对科创企业进行评分评价，并在最后根据《中国农业银行非零售客户信用等级评定方法》，将2024年上海誉和钻石工具有限公司的初评得分定为478分，属于我行重点支持类企业客户。

该体系用技术、市场等非财务指标弥补成长期企业数据短板，并在每年更新评分，预警技术落后或市场风险，还可根据行业进行权重调整，支持多维决策。

2. 超预期的授信方案

众所周知，在“专精特新”企业的发展过程中，融资障碍早已成为其老生常谈的问题之一，而科技金融所具备的雄厚资金储备以及灵活的资金配置功能，能够有效解决上述问题。从金融层面来看，银行通过灵活的资金配置，缓解“专精特新”企业的融资约束，促进其科技创新发展。例如，此次浦东分行设计了一套“农户贷+战新贷”的组合融资方案。

· 农户贷款：充分考虑企业与农业产业链的紧密联系，支持其上下游农业相关合作伙伴的发展，助力乡村产业升级。

· 战略性新兴产业贷款：根据企业深耕于高新技术产业的行业特性，助力企业技术研发与智能制造升级，推动新兴产业的快速发展。

最终，通过组合融资方式，为企业核定了1800万元的授信额度，以灵活、高效的金融工具助力企业实现稳步增长。

3. 综合金融服务

农业银行上海浦东分行致力于提供多元化、全方位的金融产品和服务，以满足客户在不同方面的金融需求，构建“企业+员工”双向驱动服务场景。

例如，在为上海誉和钻石工具有限公司授信的过程中，我们凭借专业的金融方案高效解决了客户的资金周转难题，由此赢得客户深度信赖，顺利引入专业团队，进一步为企业提供全方位的金融护航。农业银行上海浦东分行深度剖析公司经营风险，助力企业稳健运营，并以此为契机，成功促成家族信托业务顺利落地，为客户的财富传承与资产保值搭建坚实桥梁。

在对接誉和的过程中，团队成员敏锐地发现，该企业有多名研发技术人员，都是高学历、高收入人群，堪称高净值人群的典型代表。着眼于未来更为广阔的合作前景，团队提前布局，规划在业务推进过程中，适时引入对私团队，两支队伍强强联手，旨在就代发工资业务展开深入洽谈。一方面，对于企业而言，专业的代发工资服务能够优化薪资发放流程，确保资金到账的及时性与准确性，极大提升企业的财务管理效率；另一方面，站在员工的角度，通过银行安全、便捷的代发渠道，每月能准时、无误地收到薪资，还可享受一系列配套的专属金融增值服务，可谓一举多得。

值得一提的是，为进一步增强这些高净值客户的黏性，农业银行上海浦东分行精心策划，为研发技术人员量身定制并配备白金信用卡。它承载着一系列专属权益：诸如机场贵宾厅的无限次免费使用、高端酒店的住宿升级及额外的免费早餐供应，还有全球知名商户的购物折扣、专属的健康体检套餐以及高额的出行意外险保障等。这些权益全方位覆盖了高净值客户工作与生活的各个关键场景，进而提高了其对农业银行金融品牌的认同感与忠诚度，为双方长期、深度的合作筑牢根基。

综上所述，农业银行上海浦东分行依托灵活的资金配置政策撬动创新项目的融资，借助技术服务的力量推动金融与企业的深度结合，由此帮助“专精特新”企业有效缓解融资难题，促进“专精特新”企业高质量发展。

三、对策及建议

（一）对策

通过创新驱动实现高水平科技产出，是推动社会高质量发展的第一动力，也是保持产业链供应链安全稳定，构建新质生产力的重要基础。为此，需要一大批中小企业走“专精特新”发展道路，成为创新的生命源泉。然而，企业创新不确定性高，价值实现具有极大的不确定性；而国有银行的资金来源于公众和社会，天然对安全性有极高的要求，两者本身便是一对矛盾关系。如何平衡这一矛盾，本案例提出以下对策。

1. 从“兼职干”转向“专门干”

科创企业的创始人多为科技人员出身，自身科研能力较强，但对企业发展过程中面临的市场开发、经营管理、资金归集、财务运转等方面所需要的能力却有所欠缺，如果在这一过程中缺乏专业人士的指引，对新技术的落地也会产生消极影响。为打破这一僵局，农业银行上海浦东分行首先开始培养专业化队伍，打造专业化体系，改变以往将科创金融业务与普惠业务混为一谈的做法，在客户调查、评审调研、风险审查等环节培养出一批懂科技的专业人才，能够迅速对科创项目作出准确分析与判断，确保科创金融业务的安全与高效。根据科创金融风险高、盈利周期长的特点，建立了专门的考核体系，适当降低对“专精特新”企业短期盈利要求，完善落实了尽职免责的相关制度。

2. 从被动的“卖贷款”转型向技术、市场、管理等关键需求的主动服务

正如对策 1 中所述，“专精特新”企业多数是中小微企业，通常技术能力较强，但在其他方面有所欠缺，即便是获得资金支持也容易因为其他方面的问题而影响企业发展。考虑到上述情况，农业银行上海浦东分行认为，相对于传统授信而言，“融智服务 + 融资方案”才是破局的重中之重。

目前较多银行推出了“专精特新”企业的专属产品仍然只局限于信贷，即用标准化产品服务千差万别的企业。但是主动服务、个性服务，直击企业经营过程的难点和痛点，需要银行走出去，深入研究企业、分析企业，站在企业发展的立场主动帮助科技创新企业发展谋划，有的放矢地解决企业发展的症结。例如，农业银行上海浦东分行在为上海誉和钻石工具有限公司授信的过程中，了解到客户对生产厂房有迫切需求，迅速采取行动，积极为其解决这一问题。在与客户深入沟通之后，农业银行上海浦东分行充分利用本行分支机构众多、客户面广的优势，为客户推荐了多家优质的工业地产开发商和园区运营商，并协助客户进行实地考察和谈判。这是一个“教学相长”的过程，农业银行上海浦东分行利用自身资源主动吸收、整理各类政策、技术、市场信息，帮助企业渡过难关，发现新的发展机遇，赋能企业发展。与此同时，其也能从赋能企业发展的过程中获得自身的发展，实现真正意义上的共赢。

3. 从“孤军奋战”到“众人拾柴”的合力打造

首先，积极和政府端的引导形成合力。农业银行上海浦东分行充分利用政府财政资金设立的担保基金、产业基金、风险保障基金、产业基金等金融服务对冲信贷风险，基于较小的风险敞口进行金融服务下沉，覆盖具有高成长潜力的科技创新企业。其次，积极跟进政府为“专精特新”企业定制的贷款贴息政策，丰富金融服务的供给。最后，根据“专精特新”企业自身的特点与其科技成果转化的各方形成合力。正如前文所述，科技创新失败的主要原因不是研发，而是其走向市场化和产业化阶段，也就是科技成果向生产力转化的过程中。农业银行上海浦东分行的支持重点正是聚焦企业科技生产力的落地过程，密切关注国家科技成果转化的相关政策，在承担其作为国有企业支持新质生产力的责任的同时，与科技成果转化相关的交易所、孵化机构、创业园区、科技园区密切合作。农业银行

上海浦东分行积极开展“三进工作”（进园区、进楼宇、进商圈），深入园区，从科技成果和知识产权的确权、定价、上下游交易、流转、监管等各个环节形成合力，以最快的速度完成了企业授信。

（二）建议

农业银行上海浦东分行能以最快速度完成 2800 万元综合授信方案的批复，离不开各方的努力。本次授信的完成，也能为银行自身加快转型，赋能中小企业高速发展提供以下几点思考。

1. 针对重点产业和区域，设立特色化的专营机构

根据调查研究，“专精特新”企业的分布呈现出东强西弱、阶梯递减的态势。而中国广阔的地理环境也注定信贷模式不可千篇一律，因此，建立特色化专营机构显得尤为重要。

上海乃至全国各地区的科技创新资源和特色产业都是不同的，一家银行也不可能在科技创新的各个领域做到面面俱到。因此，根据自身特长与区域特点，打造特色化机构是首要任务。例如，在汽车产业链聚集的地区设立“汽车行业科技分行”，在芯片产业聚集地建立“芯片产业链科技分行”，在重点高校聚集地打造“科技成果转化特色分行”等。

2. 转“被动跟随”为“主动选择”

与 A 股“专精特新”企业得到较多银行青睐不同，全国股转系统（新三板）挂牌的“专精特新”企业得到的银行支持相对较少，其实是出现了严重的“冷热不均”的状态。可以想见，其他更多未上市的“专精特新”企业在此阶段可获得的银行支持可能更少。这在一定程度上表明，大部分银行在实际经营过程中，对具有明显创新特征的“专精特新”企业的前瞻性研究和关注度严重缺失，没有独立作出市场判断。例如，华为公司遭受芯片断供之后，其持续影响受到金融界广泛关注。再如，AI 人工智能先声夺人，引爆股市，受到超一流的追捧。

这种现象表明，大部分银行提供的金融支持不过是一种被动的“社会热点”跟随行为，这也会导致投放对象高度同质化的不良后果。因此，银行需要有专业团队对投放板块进行前端研究，确保有限的资金能够用在刀刃上，让真正需要资金资源的企业得到支持。

例如，农业银行上海浦东分行的本次授信没有随波逐流，一味跟随热点选择科技板块。这不仅得益于专业团队对市场的深入纵向分析，也考虑到了热门行业往往是资金充裕，借款需求小的行业。在各银行争相为这部分没有资金缺口的企业借款的同时，农业银行上海浦东分行逆流而上，充分发挥了在细分领域“十年磨一剑”的长期主义和工匠精神，选择了上海誉和钻石工具有限公司，该企业不曾在外界的压力与诱惑下改变初衷，选

择多元化发展或是盲目扩张，这与农业银行上海浦东分行的工作理念不谋而合。因此，在完成前期调查之后，农业银行上海浦东分行以最快速度完成了2800万元的贷款批复。

3. 从“双向挑选”到“共同成长”

在国内大循环为主体，国内国际双循环相互促进的背景下，构建强健的产业链对未来国家、企业以及金融行业的发展都十分重要。必须改变在全球合作顺畅之时只注重与企业短期合作的做法，而要做到与企业共同成长。

银行支持“专精特新”企业应重点展开以下两个方面的工作。一方面，主动参与产业链的选择与培育。正如前文所述，农业银行上海浦东分行主动为客户提供产业用地选择的服务。从广义角度来说，银行可以发挥自身的行业咨询优势和科研团队力量，主动研究国内外相关企业的发展前景、产业优势，积极参与到国家及地方产业链规划的过程中来。从狭义角度来说，银行可以充分利用分支机构众多、客户面广的优势，联合高校、科研机构帮助企业解决“卡脖子”技术难题。另一方面，为“专精特新”企业落地提供良好的发展环境。即，全力支持产业链基础设施建设。要大力支持产业园区、产业链技术运营平台，行业数字化通用平台等基础性配套设施的建设，为“专精特新”企业的成长提供良好的营商环境。

四、结语

科技金融仍有广阔的发展空间，未来可以从以下方面进行深化：一是完善知识产权评估体系：提高知识产权变现能力，让更多科技企业受益。二是强化银行与政府的协同机制：增加财政补贴和风险分担，提高银行放贷意愿。三是发展金融科技赋能科技金融：利用大数据、人工智能提高科技企业的信用评估精准度。四是拓宽国际化融资渠道：帮助“专精特新”企业进入国际资本市场，提高全球竞争力。科技金融是支持“专精特新”企业发展的重要手段。通过知识产权质押贷款、科技信贷创新、政府银行联合支持等方式，能够有效缓解科技企业融资难题，促进科技成果转化和产业升级。农业银行上海浦东分行的实践表明，创新型金融服务对科技企业的发展至关重要，未来科技金融的发展将进一步深化，为科技企业提供更有力的支撑。

思考题

1. 前文中提到，“专精特新”企业量大面广，从事的行业类别五花八门，哪怕能够培养专业团队，银行也很难做到面面俱到。为大幅提高审批时效，银行是否应该和第三方知识机构进行评估合作？如若可行，合作应如何落地？如若不行，请提供有效解决措施。

2. 近年来各家银行利用科技手段推出针对“专精特新”企业的信贷产品，其实主要集中于提升贷款流程效率方面。例如，通过大数据模型实现各类信贷流程压缩，或是通过线上提交贷款申请、线上批复、线上还贷等形式提升贷款便利性。这些改善并没有从根本上改变企业的信贷风险分布，也没有提高银行缓释具体企业风险的能力。请综合企业立场与银行立场，对优化信贷模式提出建设性意见。

3. “专精特新”企业规模小、抗风险能力弱，投资风险大。银行本身存在经营风险且其资金源于公众存款，在支持企业创新时风险高、收益受限，利差持续收窄。2021 年企业贷款加权平均利率为 4.61%，资金成本为 3%，利差难抵坏账亏损，请对降低银行资金成本、坏账风险或提高信贷收益提出建设性意见。

参考文献

[1] 赵昌文，陈春发，唐英凯．科技金融［M］．北京：科技出版社，2009.

[2] 张明喜，魏世杰，朱欣乐．科技金融：从概念到理论体系构建［J］．中国软科学，2018（4）.

[3] 房汉廷．科技金融本质探析［J］．中国科技论坛，2015（5）.

[4] 万佳彧，周勤，肖义．数字金融、融资约束与企业创新［J］．经济评论，2020（1）.

[5] 陈振权，李大伟，吴非．科技金融政策、企业生命周期与数字化技术应用：基于“科技和金融结合试点”的准自然实验［J］．南方金融，2021.

[6] 靳晓旭，常京萍．科技型中小企业“专精特新”发展的影响［J］．技术经济与管理研究，2024.

[7] 唐松，伍旭川，祝佳．数字金融与企业技术创新：结构特征、机制识别与金融监管下的效应差异［J］．管理世界，2020.

[8] 张洪辉，章琳一，张蕊．内部控制与关联交易：基于效率促进和掏空观分析［J］．审计研究，2016.

案例 2

哲弗智能系统（上海）有限公司科技金融服务案例

——农业银行“三维联动”破解科创企业融资难题

陈涛[①]

① 陈涛，中国农业银行股份有限公司上海东昌支行行长。

本案例聚焦农业银行上海分行通过“科技型企业专属信贷服务体系 + 全方位综合金融服务 + 投贷联动”三维创新，为新能源行业企业哲弗智能提供差异化金融支持。通过农业银行上海分行科创金融事业部独立审批机制、1 亿元综合授信（含供应链融资等）、非信贷增值服务及股权投资引荐等，有效破解科创企业融资难题，实现科技金融服务模式新突破。案例展示了传统银行在科创领域的服务创新路径，为同类企业融资提供可复制的经验。

一、案例背景

科技是国家强盛之基，创新是民族进步之魂。中央金融工作会议上，习近平总书记提出，要做好以“科技金融”为首的“五篇大文章”。同时，习近平总书记在考察上海时，作出加快建立具有全球影响力的国际科技创新中心等“五个中心”建设的重要指示。发展新质生产力，推动金融与科技、产业形成良性循环，是驱动科技创新与产业创新、助力实体经济高质量发展的关键力量。

易玲（2024）指出新一轮科技革命和产业变革正处于取得重要突破的历史节点，我国经济社会发展环境发生着复杂且深刻的变化。宋丽娟（2023）表示，随着新经济金融环境的不断发展，商业银行面临着越来越多的竞争压力和挑战，为了在激烈的市场竞争中保持优势地位，商业银行必须加强创新，提高核心竞争力。马梅若（2025）指出，科技企业普遍具有“重投入、重人才、轻资产、前景难确定”的经营特点。尤其是尚处于前期技术攻关和产品研发期的科技企业，如同初生的幼苗，渴望着高效率、低成本的资金“雨露”。然而，时间和收益的错位、发展前景的迷雾、抵质押物的匮乏，让这些企业往往陷入信用评级低、信用难自证的困境。信息不对称、科技贷款风险收益不匹配等问题也制约着银行的科技金融服务意愿和能力。张腾（2022）指出，科技创新与金融创新对于国家经济发展的重要性早已不言而喻，两者均可以独立对国家或地区经济建设和社会发展起到有力支撑作用。从两者的关联性和交互性角度进行分析，科技创新无法离开金融创新，现代金融为技术研发与转化贡献充足货币资本，助力科技创新与发展；反之，科技创新也可以通过创新产品和服务为金融体系提供技术支撑，促进现代金融繁荣发展。刘栾云峤（2022）认为，将生态理念引入科技金融领域，将科技金融体系视为具有生命体特征的科技金融生态系统，并借鉴自然生态系统运行特点模拟分析其运行机理，对于深刻理解科技金融发展特征和规律，充分发挥科技金融助推作用具有重要意义。科技金融生态系统是由包括企业种群、科技金融机构和科技金融市场种群、中介和平台服务种群与政府部门种群在内的科技金融生态群落，以及科技金融生态环境构成。

农业银行上海分行深入贯彻落实党中央、总行关于科技金融的战略部署和工作要求，深刻把握科创金融改革试验区创新机遇，通过科技型企业专属评价体系、信贷政策体系和信贷产品体系“三位一体”的科技型企业专属信贷服务体系，根据科技型企业不同发展阶段的特点，建立差异化准入标准，提供差异化金融服务。

二、哲弗智能案例概述

（一）哲弗智能背景

哲弗智能系统（上海）有限公司（简称“哲弗智能”）成立于2015年，是国内及全球首家，也是唯一一家提供锂电池热失控“主动安全＋监测预警＋被动安全＋消防灭火”的“预防性安全与火灾后消防安全”相结合的锂电池四级联控数智化热安全闭环解决方案的厂商。公司聚焦全球新能源锂电池安全的痛点——锂电池的热失控问题，即电池易燃易爆的问题，联合行业专家设立了国内首个锂离子电池“热失控管理技术研究院”，与行业内院士专家团队共同探索锂电池热失控机制，建立一支勇于创新、追求卓越、富有经验的专业研发团队，形成的三大系列产品广泛应用于新能源汽车、储能系统、换电系统、数据中心、通讯基站、新能源船舶、轨道交通和电动自行车等领域，客户均为行业头部企业，是新能源安全千亿级赛道中公认的行业领军企业。公司资质齐全，荣誉繁多，是行业内首家获国家级专精特新“小巨人”及重点小巨人企业，先后获得上海市科技小巨人培育企业和认定企业、上海市专利试点企业、上海市企业技术中心、上海市专精特新企业等政府部门的认定，产品和方案入选第五届国际储能创新大赛技术创新典范TOP10和储能新锐企业奖、中国城市物流技术与装备创新成果奖（五星产品）、第三届中国发明协会创业成果奖一等奖等行业内权威奖项，是名副其实的新质生产力的代表企业。

（二）发展瓶颈与融资痛点

1. 发展瓶颈

一是哲弗智能作为新能源锂电池热安全防护领域的技术驱动型企业，研发投入持续保持高位，累计占营业收入比例超过20%。然而，技术迭代周期短、研发成果转化效率不足及行业推广应用接受周期长的矛盾凸显。例如，公司多项专利技术尚未实现规模化量产，研发投入与营收增长的联动效应未充分显现，导致主营业务毛利率仍较低。

二是一旦行业应用接受，又存在需求迅速井喷，公司产能与订单量激增的矛盾，公司2024年订单量激增（同比增长120%），产能扩建较为急迫。但轻资产运营模式下，固定资产占比不足 20%，且厂房依赖租赁，导致产能扩张受限，只能依赖高存货方式来满足客户需求。因此，公司 2024 年存货周转率高于行业平均值，进一步占用流动资金。

三是新能源汽车热安全领域竞争白热化，2024 年国内商用车市占率 35% 的哲弗智能面临国际巨头（如日本电装）和本土企业（如三花智控）的双重挤压。客户集中度高且依赖头部电池企业及整车企业（如比亚迪、宁德时代、一汽等），议价能力受限，导致应收账款账期延长，现金流压力传导至运营环节。

2. 融资痛点

一是公司轻资产特征显著，缺乏房产、设备等传统抵押品，导致银行授信受限，过往融资成本偏高且融资银行极为分散（综合利率超过 5% 且融资银行数量超过 10 家）。

二是供应链金融深化受阻，公司应收账款金额较高且非 6 +9 银行承兑汇票占比超过 80%，承兑风险较高，金融机构认可度低。另外，虽与比亚迪、宁德时代等头部企业合作，但未接入其供应链金融平台，难以实现数据穿透和动态授信。

综上所述，哲弗智能的发展瓶颈与融资痛点本质上是科创企业“高风险、高成长”特性与传统金融体系适配性不足的缩影。

（三）农业银行上海分行支持科技金融背景

农业银行上海分行在总行组织体系框架和政策制度支持下，按照分行、支行、网点三个层级，构建相对独立的集中化科技金融业务管理机制，建成体系健全、结构合理、配套完善、保障有力的科技金融组织体系。

一是建立健全科创金融事业部体制机制。农业银行上海分行在 2024 年内成立了科创金融事业部，承担农业银行上海分行科技金融业务模式创新、战略规划、经营管理、业务推进、内外衔接等职能，按照经营自主、体系健全、机制灵活、资源专配、授权充分的原则，上下打通、团队协作，建立前—中—后台、分—支—网点（团队）一体化运作机制，专司做好“科技金融”大文章。科创金融事业部的建立，体现了“五个差异化”：组织体系差异化、业务流程差异化、授权体系差异化、资源保障差异化、考核评价差异化。

二是完善支行科技金融体系建设。充分发挥支行普惠/科创业务部作用，推进科技金融业务，充分利用科技金融专属产品、差异化信贷政策和优惠利率等，对科技金融进行专业化经营，提升支行科技金融经营能力、信贷服务能力。

三是构建全生命周期产品创新。结合科技型企业初创期、成长期、成熟期等不同发展阶段特点、金融需求和风险特征，在风险可控的基础上加大信用贷款、研发贷款、项目贷款、并购贷款等支持力度，因地制宜进行产品优化和新产品研发，实现多品种、全周期、差异化的新型金融服务模式，打造科创金融服务品牌。

三、哲弗智能案例模式分析

（一）科技型企业专属信贷服务体系

农业银行科技型企业专属信贷服务体系，包括科技型企业评价体系、信贷政策体系和信贷产品体系。根据科技型企业初创期、成长期、成熟期等不同发展阶段的特点，建立差异化准入标准，提供差异化金融服务。本服务体系围绕国家和当地重点支持的高新技术领域，大力支持符合政策导向和市场趋势的“专精特新”企业、拟上市公司、高新技术企业发展，推动科技型企业全生命周期金融服务扩面提质增效。

农业银行上海分行作为首批试点分支行，针对科技型企业“研发投入大、财务表现弱”的特点，改变“重报表、重押品”的传统信贷思维，根据不同发展阶段科技型企业经营特点，完善以“未来还款能力”为核心的评价方法，创新性构建农业银行覆盖科技型企业全生命周期的专属信贷服务体系。在对科技型企业进行精准评价的基础上，配套实施客户准入、授信核定、信贷授权、产品要素、担保方式等差异化信贷政策，与现行信贷政策可并行选用。

对初创期科技型企业，从“股东有实力、企业有技术、金融有介入、市场有潜力、政府有支持”五个维度（简称“五有”模型），开展评分评价；对成长期科技型企业，从“股东力、融资力、产业力、企业力、创新力、稳定力”六大维度（简称“六力”模型），开展评分评价；对成熟期科技型企业，从“成果能转化、创新能持续、经营能稳定、企业能认证、股东能依靠、产业能发展、外部能融资”七大维度（简称“七能”模型），开展评分评价。

根据哲弗智能的实际情况，属于成长期科技型企业，其股东力、融资力、产业力、创新力均为满分，企业评分最终高达 93 分，在科技型企业评价体系中属于“重点支持档科技型企业客户”，在本体系中可享受最高权限的差异化政策。最终，农业银行上海分行通过科技型企业专属信贷服务体系，从一开始给予企业 3000 万元授信，而截至目前，随着企业的不断发展，授信总额已增至 1 亿元，用信品种涵盖流动资金借款、供应链融资、国内信用证、国内非融资性保函等，是哲弗智能所有合作银行中单家授信额度最大、品种最全的银行。

（二）全方位综合金融服务

农业银行上海分行以“客户全生命周期陪伴者”为定位，构建“企业 + 员工”双轮驱动的综合金融服务体系，形成“融资 + 融智 + 融情”的深度合作模式。具体服务框架如下：

1. 企业端服务：全周期融资与经营赋能

一是动态授信管理，基于企业成长轨迹，授信额度从初始的 3000 万元逐步增至目前的 1 亿元，成为企业最大合作银行，授用信产品覆盖流动资金借款、供应链融资、国内信用证、国内非融资性保函等企业日常所需的业务品种。二是司库管理升级，为企业搭建智能司库系统，实现多银行账户集中管理，资金归集效率大幅提升；对接上海票据交易所“新一代票据业务系统”，为企业实现票据业务线上办理、实时可视、全流程管理；跨境结算线上化，汇率风险对冲覆盖率 100%。三是对公增值服务矩阵，为企业员工定制团险方案，较市场保额和费用更加优惠；代发工资覆盖全体员工，提供薪资结构优化建议，薪资管家产品提供更加智能化算薪算税和查看服务；撮合引荐了 2 家优质原材料供应商，帮助企业实现采购成本降低。

2. 员工端服务：普惠金融与生活服务

一是批量 VIP 服务，为全体员工办理农业银行金卡，享受全国网点 VIP 通道、机场贵宾厅等权益；批量开通数字人民币钱包、养老金账户，享受优质金融服务；提供员工优惠消费贷、房贷绿色通道。二是财富管理赋能，每季度为企业举办专题金融知识讲座，涉及理财、税务、汇率形势等主题；与优质券商合作，上门为有需求的员工开通三方存管业务，费用低于市场水平，免费试用 AI 投顾等创新产品。

通过全方位综合金融服务，农业银行上海分行实现从“资金供给者”到“生态共建者”的角色转变，为科创企业提供“融资 + 融智 + 融情”的立体化支持，形成可复制的科技金融服务范式。

（三）投贷联动

农业银行上海分行以“债权 + 股权”双轮驱动为核心，构建“银行 + 投资”投贷联动模式，为哲弗智能提供从信贷支持到资本引荐的全链条服务。

一是同企业签订了《认股安排顾问协议》，组建投顾服务团队，由农业银行代为寻找、对接第三方股权投资机构。二是向企业推荐了农银投资、农银国际等农银系投资子公司，以及长江绿色发展投资基金等国有股权投资机构，目前均与企业在对接中。

通过投贷联动，农业银行上海分行实现从“资金中介”到“资本枢纽”的转型，为科技企业提供“债权 + 股权”的全周期服务，打造科技金融服务新标杆。

四、建议及对策

（一）构建全周期科技金融政策支持体系

一是从政府层面进一步完善风险分担和补偿机制，目前各地政府对于普惠金融有比较成熟和完善的补偿和担保机制，但单独针对科技金融的较为少见。建议由地方政府牵头，联合金融机构、产业园区等共同出资，对科创企业的贷款、股权投资损失给予适当比例的担保和风险补偿。同时，对科技金融业务实施差异化考核，如将科创企业贷款的不良率容忍度进一步放宽（如提高到5%），并建立“尽职免责”负面清单，解除基层机构的后顾之忧。

二是强化股权融资政策激励，建议对初创期的科创企业投资人和VC/PE机构，给予投资额一定比例的所得税抵扣，并将优惠政策范围进一步扩大至个人投资者；同时，进一步完善知识产权评估、登记、流转一体化平台，降低科技企业知识产权融资成本。

（二）深化科技金融专营模式和产品创新

一是复制推广“科创金融事业部”模式，进一步在各大银行的一级分行设立，部门内单独配备技术评审专家团队，实现从客户准入、调查、审查到贷后管理的全流程专业化运作。目前，农业银行上海分行科创金融事业部对科创企业的贷款审批时效已大幅缩短。

二是开发全生命周期专属产品体系，目前农业银行科技型企业专属信贷服务体系的评价体系和政策体系已经取得很大进步，但产品体系仍需进一步完善，特别是针对不同生命周期企业的专属产品体系。

三是构建科技金融风控新模式。科技金融覆盖的行业非常广泛且技术较为新颖，金融机构内部较难组建全面且专业的人员团队，可通过建立外部技术专家库，对科创企业进行技术可行性、市场前景评估，降低技术风险误判概率。

（三）搭建科技金融服务生态平台

通过整合政府（政策）、高校（技术）、投资机构（资本）、银行（金融）的数据，建立科创企业“画像”数据库，实现需求精准匹配。

政府端，科委可将科技项目立项、补贴信息接入生态平台，优先推荐“专精特新”企业；高校端，如在复旦大学、上海交通大学等高校共建“技术转化中心”，将实验成果通过生态平台进行市场化评估和融资对接；投资端，联动上国投等国有投资机构，设立专项科技成果转化基金，对生态平台推进项目给予优先投资；银行端，各大金融机构将支持科技金融的政策、产品及时共享至生态平台，发挥各自服务优势和特点。

（四）复制推广“三维联动”科技金融服务案例

根据哲弗智能的成功案例和服务模式，优先在上海辖内进行“三维联动”科技金融服务案例模式的推广复制，同时将科技企业的案例从新能源延伸至人工智能、集成电路、生物医药等更多行业领域，根据不同行业的特性定制差异化的专项金融服务方案。哲弗智能的案例表明，破解科创企业融资难题需构建“科技型企业专属信贷服务体系 + 全方位综合金融服务 + 投贷联动”的三维联动创新机制，探索“政策引导、银行专营、生态协同、科技赋能”的四位一体模式。未来，需进一步强化顶层设计，推动科技金融发展，为新质生产力发展注入金融活水。

思考题

1. 本案例提出构建“政策引导、银行专营、生态协同、科技赋能”四位一体模式，请从政府视角设计一套可操作的科技金融风险补偿机制，包括但不限于补偿范围、比例设定、资金来源和退出机制等要素。

2. 本案例提到农业银行针对不同发展阶段的科创企业，应用了“五有”“六力”“七能”的评价体系，请分析其相较于传统信贷评价体系的创新之处。若将该评价体系应用于所有科创企业，是否具有普适性？如某具体行业不适用，请具体描述重点调整哪些评价维度。

3. 在投贷联动模式中，银行如何平衡债权投资的安全性与股权投资的高风险性？请从风控体系、收益分配、退出机制三个方面，设计农业银行上海分行投贷联动业务的风险缓释方案。

4. 假设你是某国有商业银行科技金融事业部负责人，需将本案例模式复制推广至人工智能领域，请基于行业特性，提出差异化的服务方案设计要点，包括客户准入标准、专属产品组合和生态合作策略等。

参考文献

［1］鲁玲．基于 SWOT – PEST 视角的企业科技发展战略研究［J］．市场瞭望，2024（7）：33 –36.

［2］宋丽娟．新经济金融环境下商业银行转型问题分析［J］．商展经济，2023（19）：97 –100.

［3］马梅若．金融护航助力科技企业从“丑小鸭”逆袭［N］．金融时报，2025 –03 –13（002）.

［4］张腾．科技金融对中国经济增长质量的影响研究［D］．南京：南京师范大学，2022.

［5］刘栾云峤．科技金融生态系统耦合的科技创新效应研究［D］．哈尔滨：哈尔滨工程大学，2022.

案例 3

金融赋能科创企业的长沙银行实践案例

罗长青　文心茹　蒋昕玮[①]

① 罗长青（1983—），湖南工商大学财政金融学院教授，博士生导师。文心茹（2000—），湖南工商大学财政金融学院硕士研究生。蒋昕玮（1999—），湖南工商大学财政金融学院硕士研究生。

创新银行赋能科创企业的服务模式，对科技创新与产业创新融合发展具有重要的现实意义。服务区域经济发展战略，长沙银行结合自身优势，主动对接科创企业融资需求，创新了优才贷、专利权质押贷款、风补贷、投贷跟、供应链融资等金融产品，形成了具有特色的科创金融服务模式，较好地解决了科创企业融资难题。根据长沙银行赋能科创金融的实践，总结了“融入地方经济发展、擦亮科技金融品牌、创新产品服务模式、构建科创信息平台、积极拥抱金融科技”等商业银行发展科创金融的经验。

一、案例背景

推动科技创新和产业创新融合发展，对经济高质量发展起着重要作用。为了更好地服务科技创新，国家金融监督管理总局、科技部、国家发展改革委于2025年3月13日联合发布了《银行业保险业科技金融高质量发展实施方案》，以增加金融资源供给，加快构建“科技—产业—金融”良性循环，推进现代化产业体系的建设。

事实上，作为“五篇大文章”之一，银行体系正着力推进科技金融的发展。根据央行披露的数据，2023年科技型中小企业本外币贷款余额2.45万亿元，同比增长21.9%，比同期各项贷款增速高11.8个百分点。尽管如此，银行科技金融的潜力仍未释放，银行科技金融的发展还存在堵点和难点。科技创新企业往往面临特殊的融资困境：一方面，高强度的研发投入导致其资金需求量大且回报周期长，研发支出与营业收入存在时间错配；另一方面，轻资产特征使企业缺乏足值抵押物，知识产权难以通过传统评估体系获得融资。这种结构性矛盾制约了科技型中小企业的融资效率。在此背景下，如何创新银行体系的金融服务模式，构建适配科技型企业特征的银行支持体系，既关系到微观层面企业的可持续发展，也关乎宏观层面国家创新驱动发展战略的实施成效。因此，进一步探索银行类金融机构支持科技创新的有效路径，已成为当前金融改革和政策制定的重要议题。

基于党的二十大报告精神和湖南省“三高四新”美好蓝图，本案例重点研究长沙银行支持科创企业的做法及其推广价值：首先分析了长沙银行服务科创企业的特色做法；其次详细分析了“投贷联动”“供应链金融”和“知识产权质押”等金融工具的特点；最后总结了其成功经验。本案例旨在破解科创企业融资难题，探索银行服务新模式，构建金融与科技产业良性循环的实践框架。同时，案例研究也可以为国内其他省份的商业银行服务科创企业提供经验借鉴。

二、长沙银行及其科技金融发展概述[①]

（一）长沙银行简介

长沙银行是国有控股的股份制商业银行，其前身为长沙城市合作银行，2008 年更名为长沙银行，2018 年在上海证券交易所主板挂牌上市，是湖南省首家上市银行，其总行位于长沙。公司目前下辖 342 家分支机构，其中长沙地区 161 家，另在省内其他 12 市和省外广州设立分行，实现湖南省内全覆盖，服务网络辐射湘粤两地，并控股发起湘西长行、祁阳长行和宜章长行三家村镇银行，以及长银五八消金公司。长沙银行于 2011 年 5 月成立长沙银行科技支行，是长沙银行为科技型中小微企业提供综合性金融服务设立的专营机构。自成立以来，科技支行以创新产品、创新模式为动力，提供多种创新型金融产品，满足科技型中小企业特有需求，构建聚合政府、券商、担保、基金、投资机构及其他社会资源的多层次综合服务模式，助力科技型企业健康稳定发展，打造链接式科技金融服务品牌。

（二）长沙银行业务概述

长沙银行的经营范围主要包括：吸收公众存款、发放短中长期贷款、办理国内外结算、办理票据承兑与贴现、发行金融债券、买卖政府债券、金融债券、银行卡业务、提供信用证服务及担保、提供保管箱服务等业务，是一家具有完整金融服务的综合性区域银行，实现湖南省内全覆盖，服务网络辐射湘粤两地的业务范围。长沙银行凭借多年来服务中小企业的优势，凭借科技支行的设立和针对科创企业的创新产品的不断推出，服务助力一批前景好、实力强、技术领先的科创企业，特别是针对高层次人才和“三高四新”战略重点企业，根据处于“孵化期”“成长期”“成熟期”等企业生命周期不同阶段的科创企业的不同特点和需求，推出专利权质押贷款等产品。截至 2023 年年末，科技金融表内外信贷规模达 529.49 亿元，同比增长 19.68%，服务科技型企业超 10000 户，其中“专精特新”企业超 2000 户，信贷规模超 140 亿元，科技金融发展成效显著，其服务模式获评“银行业科技金融战略机制创新案例”。

① 案例编写说明：本案例报告基于长沙银行的公开数据进行分析，数据来源于长沙银行官方网站、长沙银行发布的年度报告、相关新闻报道及学术论文；本案例报告中的相关产品和服务基于 2023 年之前的相关数据进行分析，部分产品可能因环境变化而迭代升级或其他形式的调整；本案例分析报告仅用于学术研究和教学用途。

（三）长沙银行赋能科创企业的基本模式

针对科技创新型企业普遍面临的融资约束问题，长沙银行积极探索金融支持科技创新的有效路径，构建了如图 3-1 所示的创新金融服务模式。

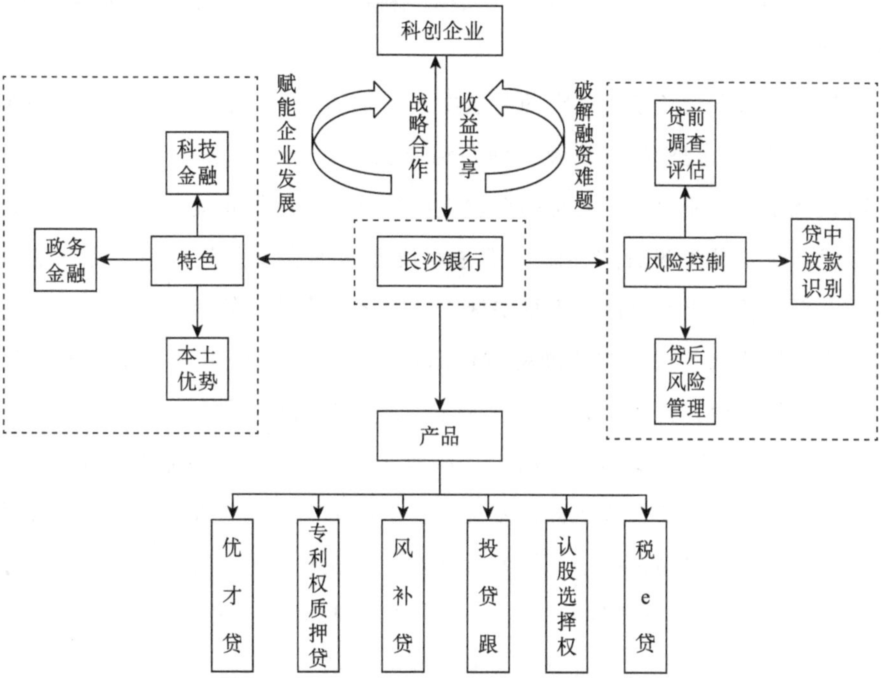

图 3-1　金融赋能模式框架

长沙银行建立了科创支行，明确其“专业专营、事业部制、立足长沙、覆盖全省”的定位，针对科创企业“高成长性、高创新性、轻资产”的特征，通过产品创新与机制优化破解融资难题。该行构建了覆盖企业全生命周期的特色信贷产品体系，包括优才贷、专利权质押贷等差异化产品，建立了“以人才定贷、以奖补定贷、以知识价值定贷、以流水定贷、以税收定贷、以投资定贷”的审批机制。在风险管控方面，形成覆盖贷前准入筛选、贷中数字化管理、贷后智能预警的全流程风控机制，有效控制信用风险。该行积极参与政银服务平台建设，主动服务科创企业，着力提升客户获贷率，支持科创企业发展壮大。

三、长沙银行服务科技型企业的产品体系

（一）专业人才优才贷——服务专业人才创新创业

长沙作为中部地区重要中心城市，近年来依托区位优势与产业基础，人才集聚效应持

续显现。在北上广深等一线城市生活成本攀升的背景下，毗邻广东的区位优势和长株潭都市圈建设机遇，使广州、深圳等粤港澳大湾区城市及株洲、湘潭等地人才持续流入。作为全国先进装备制造业基地和屡获殊荣的“最具幸福感城市”，长沙通过完善人才政策体系，重点吸引中高端专业人才。为强化人才对科技创新的支撑作用，长沙银行创新推出“优才贷”金融产品，精准服务高层次人才及其领衔的科技企业，构建起“引才＋育才＋惠才”的完整生态链。

优才贷的服务对象为长沙市认定的高层次人才及其所在企业，旨在支持科技型企业的项目孵化、成果转化、规模扩张以及初创期和成长期的资金需求。对于轻资产、弱担保、高投入的科技型小微企业而言，充足的金融支持能够有效缓解企业经营压力，促进其快速健康发展。优才贷正是为解决这类融资难题而设计的创新型金融产品。优才贷具有额度高、利率低、期限长、担保灵活、审批快捷、支持无还本续贷等特点。此外，长沙银行还拓展服务边界，连续八年冠名支持湖南省创新创业大赛，联合主办“星商大讲堂”等活动，搭建人才交流平台，营造“人人皆可成才”的创新创业氛围。

长沙银行致力于实现“最多跑一次”的高效服务，为高层次专业人才及其企业提供便捷的金融支持。例如，湖南某智能科技公司专注于运用大数据与人工智能技术保障公共安全，其创始人为海外知名高校博士。作为科创企业，该公司研发投入高但规模较小，自有资金难以支撑持续创新。长沙银行通过“优才贷”和知识产权质押等产品，为其提供1000万元信贷支持，专项用于产品研发及算法优化升级，有力支撑了该企业的发展。针对存在“融资难、融资贵”问题的科创企业，该行提供定制化服务，借助“优才贷”等创新产品，为科技型企业提供精准及时的金融支持。

（二）专利权质押贷款——实现知识产权资本化转型

科创企业的核心资产是知识产权，包括专利、商标、著作权等。虽然这些无形资产价值可观，但将其转化为实际运营资金仍面临诸多困难。出于风险管控考虑，银行对无实物抵押的纯信用贷款始终持审慎态度。专利权质押贷款为科创企业融资提供了创新解决方案。长沙银行积极推动这一业务模式，助力企业将“无形资产”转化为“有形资本”，为科创企业发展注入金融活水（见表3－1）。

表3－1　专利权质押贷款产品要求

产品要素	产品标准
贷款额度	可获得专利权评估价值的50%、最高1000万元贷款额度
贷款期限	一般为1—2年

续表

产品要素	产品标准
贷款利率	按中国人民银行公布的同档次贷款利率执行，并根据风险补偿原则进行适当浮动
产品特点	以专利权质押为主要担保方式；借款只限于流动资金贷款和承兑业务
适用对象	持有国家依法授予的专利证书的企业法人

专利权质押贷款是指以被国家知识产权局依法授予专利证书的发明专利、实用新型专利和外观设计专利的财产权进行质押，从银行取得一定金额的信贷资金，并按期偿还贷款本息的一种授信业务。长沙银行专利权质押贷款最高可获得 1—2 年的 1000 万元贷款额度，贷款利率可根据风险补偿进行适当浮动；重点服务对象为持有国家依法授予专利证书的企业法人。专利权质押贷款的申请要同时满足专利权要求和借款人要求，旨在加大对科创企业的信贷支持力度，缓解企业融资困难。

专利权质押贷款为科创企业融资开辟了新的渠道。客户向长沙银行提出授信申请，长沙银行作出同意受理批示后，客户即可向长沙银行认可的评估机构、知识产权局申请评估和质押审查申请；同意推荐后，客户提交相关授信资料并通过调查、审查与审批；审批通过后，即可向国家知识产权局办理质押登记手续；登记完成后报告质押登记情况；符合要求即可放款并实施贷后管理。长沙银行积极结合本地实际，不断探索和改进，引导社会资本聚焦科技创新领域，支持企业运用专利等知识产权获得融资，助力新一代信息技术、高端装备制造、生物医药、新材料等战略性新兴产业快速发展。同时，唤醒了现代“专利战略”意识，推动实现政府、银行和科创企业的多方共赢，促进国家自主创新能力提升。长沙银行专利权质押贷款突破传统信贷依赖实物抵押的局限，通过将科技成果转化为金融资本，有效盘活了科创企业的知识产权资产，切实解决了“融资难、担保难”的发展瓶颈。

（三）类信用贷款风补贷——探索风险补偿新模式

近年来，为响应湖南省“三高四新”战略，长沙银行作为合作银行，联合省、市、区（县）政府，以及国家级、省级、市级经济开发区、高新技术开发区、工业集中区等园区管理机构，共同推出由政府提供贷款增信和风险补偿专项资金担保的中小微企业扶持贷款业务。长沙银行将金融服务“三高四新”战略作为全行工作重点，积极助力科创企业发展，针对该类企业轻资产、高成长、高风险、高收益等特征，通过风险补偿基金模式推出专项产品，在科创企业无抵押、无担保融资方面进行创新探索，有效缓解科创企业融资慢、融资难问题。

风补贷是面向科技创新型中小微企业推出的专项融资产品，旨在解决中小微科创企业融资难题。如表 3－2 所示，与传统信贷产品相比，该产品具有显著的政策导向性，单户授信额度最高可达500万元，并具备审批快捷、额度充足、免担保等优势。风补贷由长沙银行作为合作银行，由政府或园区管理机构牵头实施，通过提供贷款增信和风险补偿专项资金担保，专项支持科创企业发展。

表3－2　　风补贷产品要求

产品要素	产品标准
贷款额度	单户授信可达500万元，担保模式最高不超过1000万元
贷款期限	额度期限最长为1年
产品特点	审批快、额度高
担保方式	无担保：类信用贷款（担保模式除外）

风补贷的办理流程包含七个关键环节（见图3－2）。首先，符合条件的企业提交贷款申请并完成受理。其次，长沙银行开展贷前调查，全面评估企业状况和信用风险，降低信息不对称风险。再次，贷款申请提交至风险补偿基金合作方审批；审批通过后签订贷款合同；合同签署后进入放款阶段。最后，长沙银行实施贷后管理，动态监测资金使用和经营状况，及时预警异常情况，保障信贷资金安全。

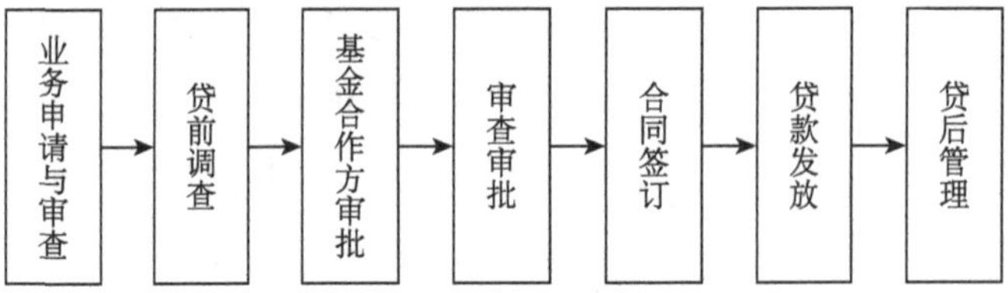

图3－2　风补贷申请流程图

湖南省科技厅与长沙市政府联合开展科创企业知识价值信用贷款风险补偿工作，双方等额出资设立规模1亿元的风险补偿资金，为银行支持科技型企业提供保障。长沙银行基于省科技厅发布的科技型企业知识价值信用贷款评价指标体系，结合自身信贷评审标准形成授信决策，充分发挥“1＋8＋1”专营机构体系和决策高效的优势，制定专属风控策略和额度政策，为科创企业提供期限不超过1年、免抵押、单户最高500万元的信用贷款。

（四）“投贷跟＋认股选择权”——助推科创企业发展

为落实国家政策要求，长沙银行围绕“强省会”和“三高四新”战略部署，深入实施创新驱动发展战略，持续强化科技金融创新，开展“稳企纾困”专项行动，创新推出“认股选择权”产品。该产品专门针对轻资产型科创企业面临的融资困境，在企业尚未达到传统银行贷款标准且不愿过早稀释股权的情况下，通过早期介入提供定制化融资解决方案（见图3-3）。

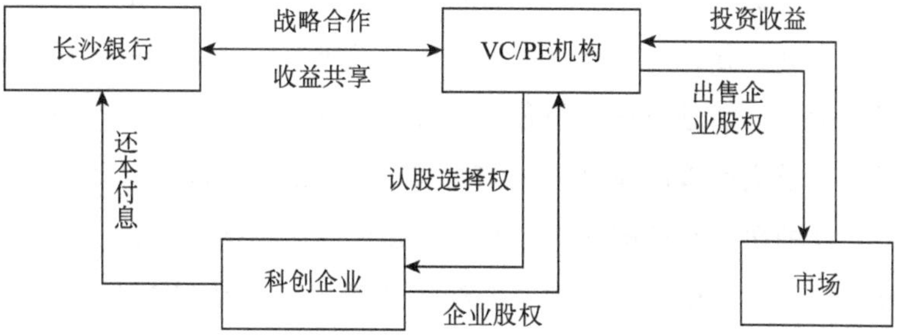

图3-3 认股选择权业务模式

认股选择权是长沙银行投贷联动业务的创新产品，在为轻资产初创科技企业提供贷款服务的同时，与风险投资机构开展战略合作，通过协议约定获得企业未来认股权利，共享股权增值收益。长沙银行与企业签订认股选择权协议后，在约定期限内可按照协议约定的价格和份额，通过指定VC/PE机构对企业进行股权投资。企业按期还本付息，VC/PE机构通过市场化退出实现收益，最终形成银行、企业、投资机构和市场的多方共赢格局。

在该业务模式下，对于不符合传统贷款条件又需保持控股权的轻资产科技企业，长沙银行通过早期介入提供融资支持。该模式将单一债权融资扩展为“债权为主、股权为辅”的组合方案，通过适度让利和长期合作，既满足企业多元融资需求，又能分享企业成长收益。例如，湖南某数据公司主营IDC、大数据存储及云算力服务，作为高新技术企业，其运营资金需求大但营收较低。科技支行采用“投贷跟+认股选择权”模式，为其提供2000万元授信以补充流动资金，助力企业提升业绩并为下轮融资争取更高估值。在授信的同时，支行与企业签署认股选择权协议，约定可按上轮估值认购股份。待企业完成新一轮融资后，支行按最新估值行权，通过股份溢价实现早期投资的中收回报①。

认股选择权业务是未来利润增长的重要突破口，通过金融创新和政策协同提供综合服务。对企业而言，既能避免过早股权稀释，保持创始团队控制权，又能获得银行全方位支持。对银行而言，既可获取超额收益，增加中间业务收入，也能深化客户关系，对冲高风险业务潜在损失。

（五）快乐e贷系列产品——打造银企合作“共赢链”

为实现“三高四新”美好蓝图，助力湖南加快推进产业基础高级化和产业链现代化。

① 该案例数据及产品经营情况源自《六年磨一剑，我行落地全省首笔认股选择权行权》，具体链接为：https：//mp. weixin. qq. com/s/aZBfKotL04VNM2SzO0h_4A。

长沙银行通过制定“一链一策”服务方案，充分运用供应链金融创新产品提供综合化金融服务，切实提升产业链供应链服务质效。长沙银行构建了一个供应链金融工作专班，其中包含5个业务部门和9个分支行，进一步为产业链供应快速且有效的优质金融服务。紧扣环境治理等九条产业链。通过与株洲华芯征信协作，长沙银行推出“产业数据链”的创新金融产品，帮助了轨道交通等产业链企业105家。长沙银行积极推出创新供应链金融产品和服务，依托对产业的研究和理解，自主开发搭建供应链金融平台，不断补齐、优化供应链金融产品结构，打造了快乐e链品牌，上线了长链保理等系列重点产品。如图3－4所示，长沙银行快乐e链产品共分为五个部分：快乐e链—长链保理、快乐e链—付款代理、快乐e链—订单融资、快乐e链—应收账款池、快乐e链—国内保理。

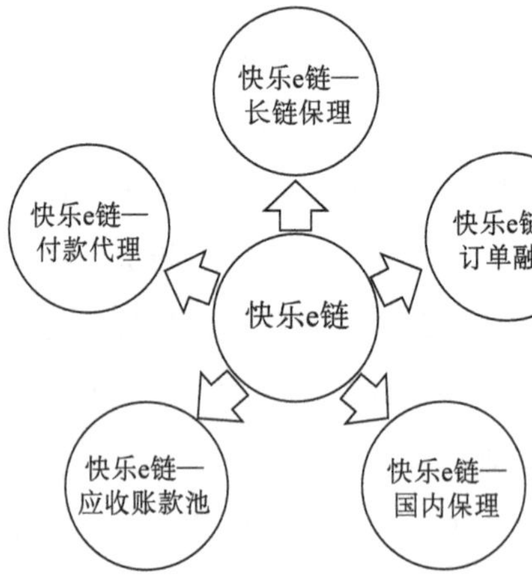

图3－4　快乐e链产品内容

（1）长链保理：通过云链平台实现核心企业应付账款在线确权，将核心企业信用延伸至上游多级供应商，帮助中小微企业获得高效融资。

（2）应收账款池：运用金融科技构建“产业＋金融”线上化智能系统，实现应收账款要素采集、真实性核查、回款路径管理等一站式服务，实现供应链采购与融资无缝对接。

（3）订单融资：以订单预期回款为主要还款来源，为订单接收方提供原材料采购、生产组织等环节的短期资金支持。长沙银行通过严格筛选战略客户、评估供应商管理能力，在风险可控前提下开展此项业务。

（4）付款代理：为核心企业及上游供应商提供包含付款结算、双保理融资的综合服务。在占用核心企业保理额度前提下，为供应商提供无追索权保理融资。

（5）国内保理：通过应收账款转让，为企业提供贸易融资、账款管理、催收及坏账担保等综合金融服务，适用于赊销方式形成的应收账款。

四、建议及对策

（一）融入地方经济发展，筑牢银行发展根基

长沙银行凭借稳健的资产规模增长、领先的盈利能力和优质的资产质量，在当地金融市场占据重要地位。在其发展过程中，长沙银行围绕湖南省“三高四新”战略，助力长沙打造全球研发中心城市，深耕本地市场，在服务地方经济的同时，有效筑牢了自身发展的根基。如今科技金融蓬勃发展，地方性商业银行作为区域金融体系的重要组成部分，与地方经济紧密相连，具备独特的区位优势和资源禀赋。因此，在开展科技金融业务时，应充分利用这些优势，紧密结合当地的产业和科技特点，设计具有针对性的信贷产品和金融服务。通过深耕本地市场，地方性商业银行不仅能更好地满足地方科技企业的融资需求，促进地方经济的转型升级，还能夯实自身发展的基础，有效筑牢发展根基。

（二）擦亮科技金融品牌，延展银行服务版图

针对科创企业“轻资产、弱担保、高投入”的特点，长沙银行自 2011 年起就着力构建科技金融专业服务体系。通过设立科技支行，将其升格为直属支行，整合业务流程，创新金融产品，有效解决了科创企业融资难题，提高了金融服务效率。在 2016 年长沙银行发布的战略发展规划中，科技金融就被列为全行四大战略品牌之一，在 2022 年和 2023 年，长沙银行获湖南省“科技金融服务工作优秀单位”的称号。国内其他银行，特别是城市商业银行，可借鉴长沙银行和其他银行的相关经验，通过构建专业化的科技金融服务体系，擦亮科技金融品牌，实现银行服务版图的扩张。一是要明确银行科创金融的品牌定位，根据银行优势和当地科创特色，选择合适赛道，形成特色化品牌优势。二是创新科技金融运行模式，通过设立科技支行，打造科技金融服务场景，形成差异化的品牌认知，从而提高品牌影响力。三是创新品牌传播策略，如长沙银行连续多年冠名湖南省创新创业大赛，得到了科技部门、高新区、创新创业主体的响应，提高了品牌知名度和美誉度，品牌得到了市场的广泛认可，有效拓展了其金融服务版图。

（三）创新产品服务模式，激发金融赋能活力

长沙银行围绕科创企业“两高一轻”特征，从产品体系、服务渠道、风控机制等多维度进行创新。通过运用大数据、人工智能等技术，优化了从贷前调查到贷后管理的全流程服务，显著提升了金融赋能的精准性和有效性。当前，各家银行对科技金融的重视程度逐

渐提高，但银行类金融机构参与科技金融仍然面临一系列问题需要解决，特别是科创型企业成长周期较长、风险较大和轻资产化的特点与信贷投放的要求不匹配的问题。为进一步支持科创企业发展，银行类金融机构应创新金融服务模式：一是调整信贷资源的配置，加大对科创型企业、战略性新兴产业、未来产业的信贷投放；二是可参考长沙银行的经验，在科技资源、人才资源集中的区域设立专门的科技支行，或设立专门的审批机构，以及优化审核流程，从而实现对科创企业更有效的金融支持；三是创新科技金融产品类型，解决传统抵押模式难以适应科创企业的瓶颈，创新针对科创人才的信用贷款模式，推动知识产权等科技成果转化应用落地，并积极与政府、投行、担保机构合作，创新科创金融的风控模式。

（四）构建科创信息平台，提升信用数据效能

针对科创企业与金融机构间的信息不对称问题，长沙银行通过建立重点企业清单、完善风控体系等措施，构建了全方位的信息获取和分析机制。这种信息平台建设有效降低了双方的沟通成本，提高了金融服务的匹配度。商业银行在创新科创金融业务时，需要有完善的底层数据作为支撑。构建科创信息平台，提升信用数据效能是当前商业银行科创金融需要推进的重点工作之一。一是要采集与科创相关的多源多模态数据。推进公共数据开放，整合银行信贷数据、专利数据、科研成果数据、行业数据等多源多模态数据，形成支撑科创金融发展的大数据信息平台。二是基于基础数据集，对其进行二次开发和整理，形成产业链风险传导、技术风险预警、知识产权纠纷监测等数据模块，提升数据质量，优化信息平台功能。三是对接政府科技管理部门、高校科研机构和第三方数据服务商，形成开放共享的数据联盟，进一步提升数据质量和信息平台的赋能能力。

（五）积极拥抱金融科技，优化业务流程管理

长沙银行积极运用大数据、人工智能等新技术，在客户筛选、风险评估、流程优化等方面实现了数字化转型。这种科技赋能不仅提高了金融服务效率，也推动了金融与科技的深度融合，展现了行业发展的新趋势。商业银行在开展科技金融服务时，也应充分运用金融科技，加强数据能力建设，建立合作共赢、开放创新的科技产业生态，从业务、技术、数据等方面构建服务系统，高效服务科技型企业，打通科技成果转化的“最后一公里”。商业银行还应积极运用金融科技改造业务流程，实现科技金融业务智慧化再造，搭建多元融通的服务渠道，着力构建无障碍服务体系，为科创型企业提供更加普惠、绿色和高效的金融服务。同时，商业银行应运用金融科技构建更为精准的风险评估与预警系统，精准识别科技创新全生命周期中的金融风险，从而实现科技金融业务风险的精准防范与高效处置。

思考题

1. 长沙银行在金融赋能科技企业方面有哪些经验?
2. 当前商业银行开展科技金融存在哪些问题?
3. 商业银行在服务科技型中小微企业的过程中，如何创新产品服务和优化风险管理?

参考文献

[1] 陈星源，王鹏飞．激活金融加速器，助推新质生产力——长沙银行：以金融高质量发展，为长沙产业建设注入新动能 [N]．长沙晚报，2024－05－16.

[2] 陈骄达．湖南省先进储能材料产业发展研究——以长沙银行金融产品营销为例 [J]．投资与合作，2022 (8)：46－48.

[3] 何文英．长沙银行发起成立金融科技湘江生态联盟 [N/OL]．证券日报网，2020－09－25. http：//www. zqrb. cn/jrjg/bank/2020－09－25/A1601022999151. html.

[4] 黄建良．数字风控，普惠未来——长沙银行数字化风控体系建设实践 [J]．金融经济，2022 (11)：90－94.

[5] 黄坤．银行机构优结构调资源，科技金融向“新”出发 [N]．上海证券报，2025－04－21.

[6] 李兴双．长沙银行“科技金融大文章”做好的探索与实践 [J]．中国金融电脑，2024 (1)：8－11.

[7] 陶燕，蒋蓓，孙博．长沙银行远程银行数字化转型实践 [J]．中国金融电脑，2021 (7)：21－24.

[8] 肖秀芬，黄利飞．长沙银行：科技金融双向驱动，助力经济高质量发展 [N]．湖南日报，2024－01－30.

[9] 张笛，黄利飞，张琪汶，符思宇．金融向“新”力——长沙银行金融服务激活新质生产力 [N]．湖南日报，2024－09－30.

案例 4

AI 赋能投顾行业数智化转型

——九方智投案例分析

葛璐澜　陈兵　李宏广①

① 葛璐澜，经济学博士，上海立信会计金融学院金融学院讲师。研究方向为科技金融、国际金融。陈兵，经济学博士，上海立信会计金融学院金融学院教授。研究方向为数字金融、金融稳定。李宏广，上海九方云智能科技有限公司。本案例是 2025 年上海立信会计金融学院教学研究与改革项目“AI 赋能金融数据分析实验教学研究与实践”的阶段性研究成果。

随着新一轮科技革命和产业变革深入发展，“AI 大模型 + 智能投顾”成为投顾平台新发展方向。九方智投坚持“科技 + 投研”双轮驱动发展战略，自主研发九章证券领域大模型和九方智能体等核心技术，探索多模态金融分析总结能力，有效提升了金融投资服务的智能化水平。基于 AI 大模型技术，“九方灵犀”和“九方智研”分别通过智能对话和智能交互为投资者提供专业化金融分析和股票诊断服务，赋能智能投顾业务新发展格局。未来仍需完善监管框架、加强投资者保护、强化算法监控和推动数据共享，以提升智能投顾企业的服务质量和市场竞争力。

一、引言

2023 年年底，中央金融工作会议明确强调“着力做好科技金融、绿色金融、普惠金融、养老金融、数字金融‘五篇大文章’，切实加强对重大战略、重点领域、薄弱环节的优质金融服务”的发展决策。依托大数据、云计算、人工智能等技术，数字金融通过引入新的金融模式和技术手段，突破了传统金融服务模式在时间和空间上的局限，降低融资成本，提高金融服务效率，对扎实推进中国式现代化发展具有重要的现实意义。同时，数字技术的深入应用拓展了金融服务的广度和深度，降低了低收入者获得金融服务的门槛，是构筑高水平普惠金融体系的重要战略抓手。

金融市场复杂多变，个人投资者难以深入了解各项金融产品并对投资活动的风险、收益、税收等方面进行全面评估，且往往存在过度自信、羊群效应、处置效应等非理性行为，导致个人投资者无法获得理想的投资收益。投资顾问服务运用专业知识和市场经验，深入分析客户的风险偏好、资产状况和理财需求，帮助投资者实现财富的稳健增值。然而传统投顾服务的客户数量有限，且可能会与客户存在潜在的利益冲突，导致较高的利益冲突。同时，人工投资顾问服务容易受到行为偏差和认知限制的影响，导致投资组合风险较高。智能投顾（Robo - Advisor）的出现能够在一定程度上克服传统投顾的部分局限性。利用大数据分析、大语言模型、行情数据库和实时搜索引擎，智能投顾根据不同客户的风险偏好和投资需求，为客户提供自动化、智能化和自助式的线上投顾服务。

现有研究指出，智能投顾基于自动算法实现投资组合的分配和调整，降低了投顾服务的使用成本，并能有效降低投资者选择投资顾问的财富门槛，有助于提升投资者对投资顾问的需求和投资额度。同时，智能投顾能够降低投资者的非理性偏差并提升金融知识水平，从而提升投资者的投资收益。由此，相较于传统人工投顾服务，智能投顾具有更高的效率、更低的成本以及更个性化的服务优势。

随着新一轮科技革命和产业变革的深入发展，人工智能已成为驱动新质生产力的重要引擎，“AI 大模型 + 智能投顾”成为投顾平台新发展方向。九方智投控股（9636. HK）旗下子公司九方智投成立于 1996 年 8 月，是国内首批获得证券投资咨询资格的机构之一。九方智投坚持“科技 + 投研”双轮驱动发展战略，积极运用科技赋能投资理财，提升投资者专业性，揭示投资市场本质。随着 AI 时代的到来，九方智投加速推进全面数智化转型，不断拓宽科技创新边界，加快人工智能技术的开发应用，积极探索 AI 赋能合规、投研、投顾服务。基于 AI 大模型技术，九方智投推出的九方灵犀和九方智研两款“AI + 投顾”产品，旨在为投资者带来更加便捷、高效的投顾体验。本案例介绍九方智投自研大模型以及智能投顾产品，剖析 AI 大模型变革智能投顾业务的新发展模式。

二、九方智投 AI 大模型概况

九方智投自 2019 年起全面开启数智化转型，并逐步构建起以智能投顾、智能营销、智能合规为核心的 AI 驱动业务体系。随着 AI 大模型技术的兴起，九方智投迅速响应，在 2023 年推出九章证券领域大模型，并将其成功融入智能投顾等多个业务场景。

九方智投长期致力于将人工智能技术更好地应用于金融投资领域，长期挖掘 AI 技术潜力，借此赋能金融投资服务发展。九方智投通过多年的技术积累，自主研发了多项核心技术，包括九章证券领域大模型（FinSphere）、九方金融智能体（FinSphereAgent）等。这些技术有效提升了金融投资服务的智能化水平，为投资者带来了更加个性化、专业化的投资顾问体验。

（一）九章证券领域大模型（FinSphere）

九方智投基于九方大数据平台和开源预训练大语言模型，采用了基于继续预训练（continue - training）、高质量指令微调（supervised fine tuning）、人类反馈强化学习（Reinforcement Learning from Human Feedback，RLHF）、直接偏好优化（direct preference optimization，DPO）等多种大模型技术打造的全套参数的九章证券领域大模型体系，覆盖 FinSphere - 1. 5B、FinSphere - 3B、FinSphere - 7B、FinSphere - 14B、FinSphere - 32B、FinSphere - 65B、FinSphere - 200B（见图 4 - 1）。

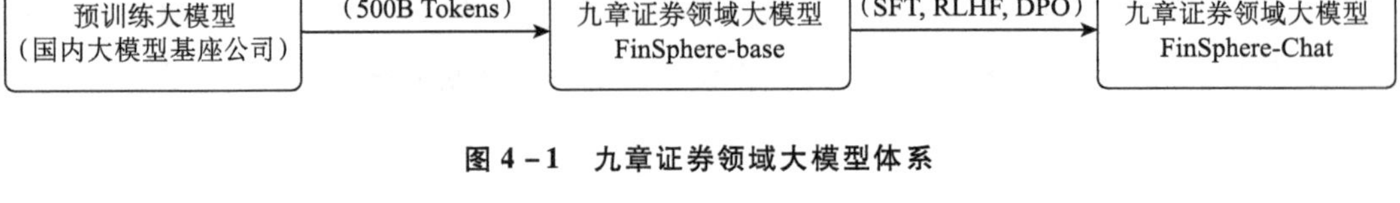

图 4 - 1　九章证券领域大模型体系

同时，九方智投在AI可控、安全性上也得到了监管部门和相关行业的肯定。九章证券大模型在2024年5月通过了中国网信办《深度合成服务算法备案》，网信算备310107083796101240019号。九章证券领域大模型深度融合九方智投多年积累的海量数据资源，涵盖宏观政策、经济数据、行情数据等八大特色知识库，为证券行业的投顾、投研、客服、合规、风控、营销等多个核心环节提供智能化支持（见表4－1）。

表4－1　　九章证券领域大模型备案清单

算法名称	角色	主体名称	应用产品	主要用途	备案编号
九章证券领域大模型算法	服务提供者	上海九方云智能科技有限公司	九方智投擒龙版（APP）、九章大模型能力平台（网站）、九方诊股（APP）	应用于对话生成场景，根据用户输入的文本信息，生成符合用户需求的文本回复内容	网信算备310107083796101240019号

（二）九方金融智能体（FinSphereAgent）

九方金融智能体是九方智投人工智能研发体系的核心。该智能体依托九方自研九章证券领域大模型打造，具备自主思维链决策推理能力（Chain of Thought Reasoning）、工具调用能力（Tools－use）、记忆构建能力（Memory Building）、多模态金融分析总结能力（Response Generation）等多项能力。

为了提供更好的个性化服务，九方智投摒弃了传统的检索模块和记忆数据库（retrieval－basedmethods），研究基于用户对话内容构建的长期记忆体，提出了新颖的框架——压缩记忆增强对话系统（COMEDY）。产出研究成果“Beyond Retrieval：Embracing Compressive Memoryin Real－World Long－Term Conversations”，被第31届国际计算语言学大会（International Conferenceon Computational Linguistics，COLING）录用（见图4－2）。

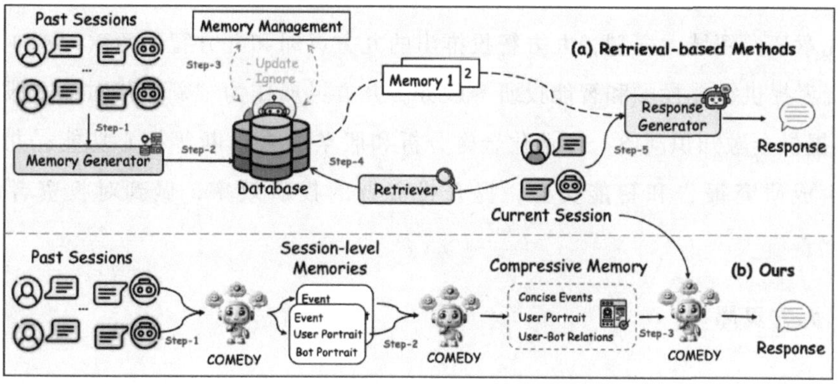

图4－2　传统基于检索方法与压缩记忆增强对话系统对比

（retrieval－basedmethodsv. s. COMEDY）

基于用户数据构建长期记忆体，九方金融智能体能够为用户提供个性化投资建议，同时探索了多模态金融分析总结能力，支持图文回复，给用户提供优质、专业的金融对话服务。九方金融智能体不仅能够实时分析市场动态，还能为用户提供专业的投资决策建议，极大地提升了金融投资服务的智能化水平（见图4-3）。

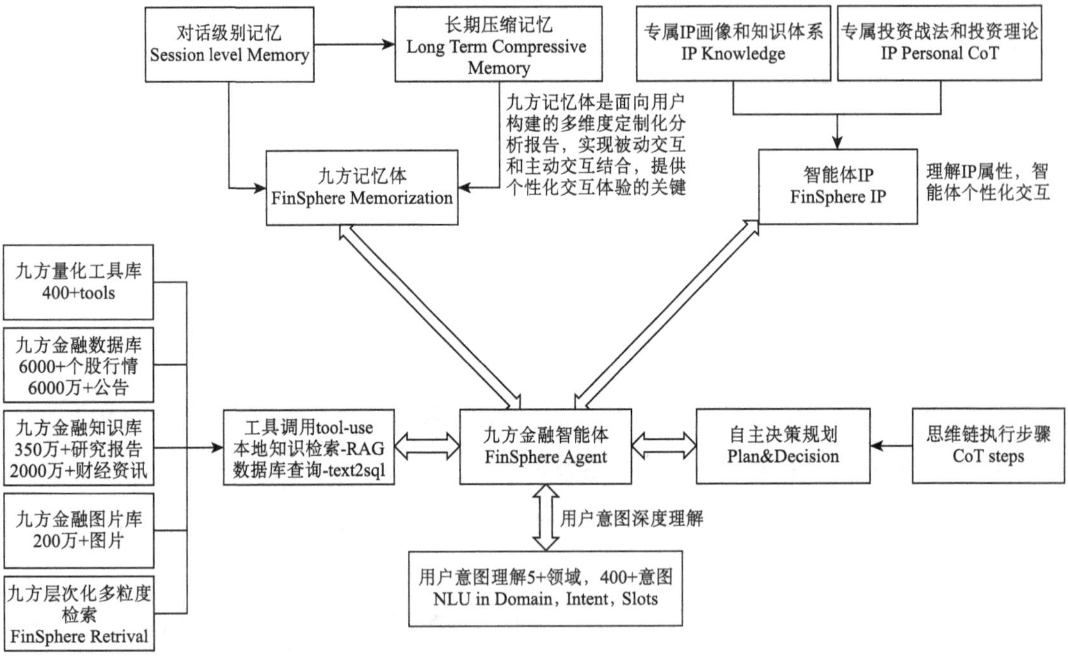

图4-3　九方金融智能体框架图

三、九方智投"AI+投顾"产品介绍

基于九章证券领域大模型，九方智投推出的九方灵犀和九方智研两款"AI+投顾"产品，为投资者提供智能投顾和智能投研等服务。九方灵犀作为"新一代对话式股票投资助手"，能够提供金融知识问答、专业化金融分析和股票综合诊断等核心功能；九方智研则通过高效生成研究报告和智能交互，提升投资者的投研效率，做到对投资者的全方位支持。

（一）九方灵犀

当前的传统智能投顾助手存在智能化水平不足、专业性欠缺以及交互体验不佳等问题，而AI技术的应用对于提升用户意图理解度、内容专业性、回复自然度等方面都大有裨益。针对行业痛点，九方智投基于AI大模型技术，推出新一代股票投资对话助手"九方灵犀”。

1. 产品简介

九方灵犀是基于九方智投自研九章证券领域大模型精心打造的金融对话智能体，拥有一系列先进的能力，能够为用户带来前所未有的投资服务体验。它不仅能理解投资者的语言意图，还能根据投资者的投资目标和风险偏好，为其量身定制投资方案。同时，“九方灵犀”还具备学习和进化的能力，能够不断优化自己的分析模型，提供合适的投资建议。

九方灵犀能够将复杂的分析结果转化为简洁明了的分析报告，并提供相应的决策建议，目前月活用户超 30 万，累计对话数量超 600 万，构建用户记忆数量 10 万 +。从 OpenAI 公司对推理大模型 GPT－O1－Preview 进行的第三方评测结果来看（见图 4－4），九方灵犀不同版本的效果显著优于上一代九哥 1.0 和证券行业竞争对手。

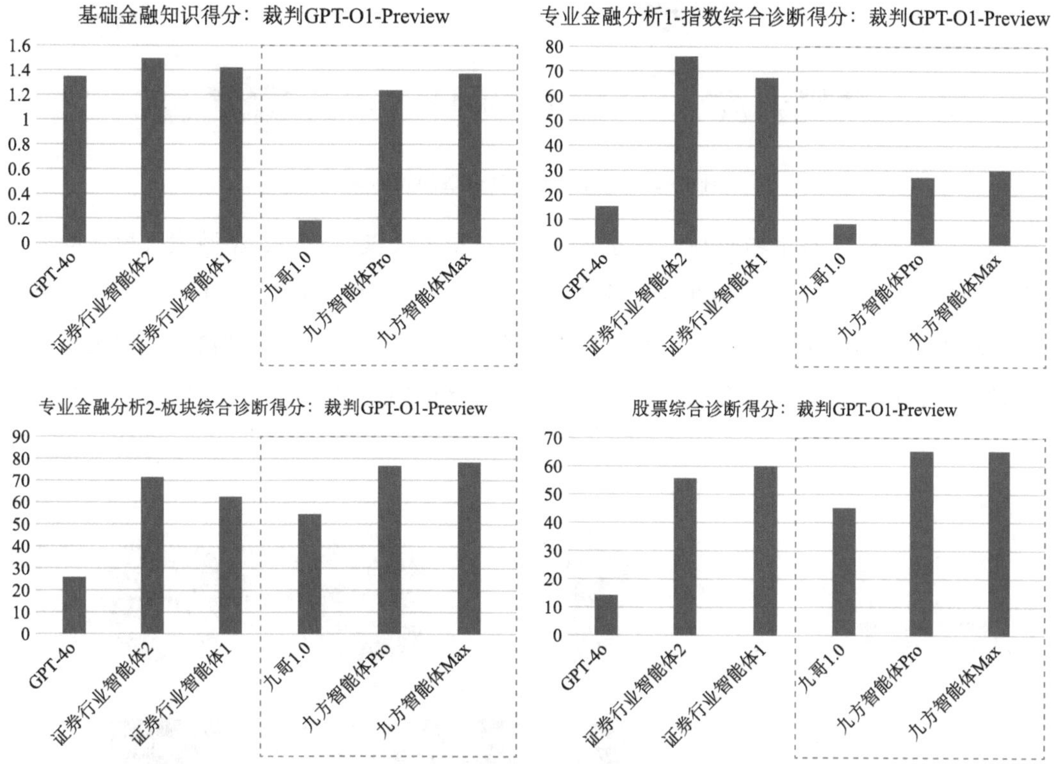

图 4－4　九方灵犀测评结果

2. 应用场景

具体来讲，九方灵犀在智能投顾的主要应用场景如下。

第一，基础金融知识问答。用户在学习投资知识的过程中，往往面临着基础金融知识分散且复杂的问题，增加了用户的学习成本，九方灵犀采用金融在线检索增强生产

（Retrieval – Augmented Generation，RAG）技术，一站式回答用户关于投资知识问题，降低了学习门槛，帮助用户高效获取所需信息。九方灵犀提供的具体金融知识包括市场规则、策略战法、法律法规、机构人物、财商教育、宏观认知、金融产品工具、风险管理、资产配置等（见图4－5）。

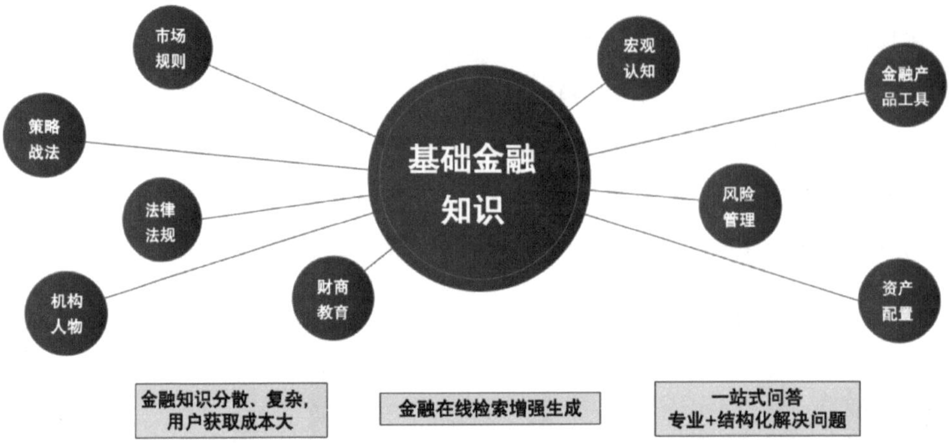

图4－5　九方灵犀基础金融知识问答

第二，专业化宏观市场研判。九方灵犀为用户提供大盘、板块、指数三大模块的综合诊断（见图4－6），从行情表现、资金流向、成分表现、技术走势、消息解读等多个维度，推理出市场诊断结论。基于九方灵犀的市场研判，可以把握市场情绪，了解板块走势和流动情况，洞察市场风格变化。从全市场角度洞察市场走向，把握投资机会。

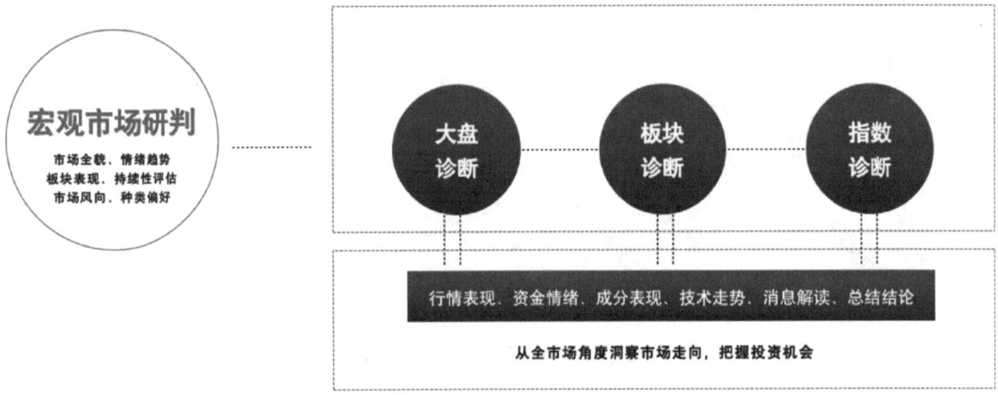

图4－6　九方灵犀宏观市场研判

第三，微观股票诊断。九方灵犀从技术面、资金面、基本面和消息面进行全方位的解读，并据此推理出适配用户在不同投资周期下的诊断结论（见图4－7），如短期应该谨慎还是乐观，中长期应该是回避还是跟踪等。同时，九方灵犀能够提供包括量价维度、技术面维度、资金面维度的短期分析和基本面维度的长期分析，以及消息面和异动维度的分析。

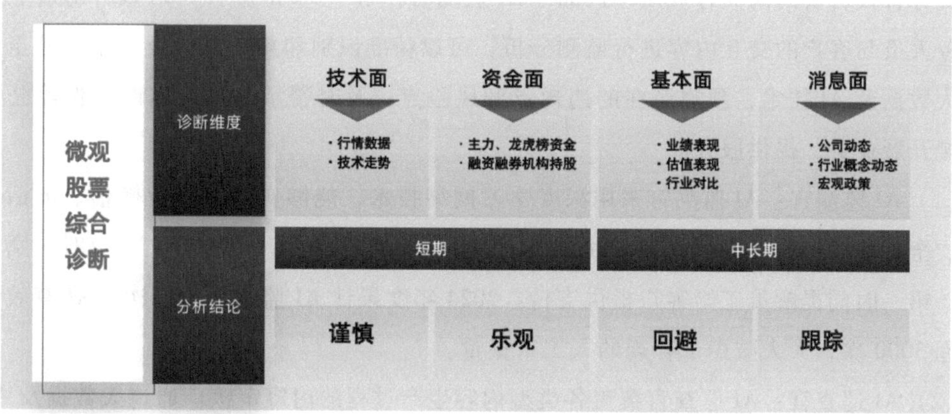

图 4－7　九方灵犀微观股票诊断

3. 业务流程

九方灵犀采用“免费业务模式”，用户可以通过九方灵犀网页版、九方智投 APP、九方智投股票学习机“易知股道”等多渠道免费使用，围绕事实查询、金融分析、建议提醒三大核心维度，为投资者提供全天候、实时的投资咨询服务，帮助其解决在投资过程中遇到的各种问题。

用户在使用产品前会进行风险测评，通过答题的方式确认用户的风险偏好、投资目标、风险承受能力等信息，平台需确保用户满足股票投资要求才会给用户提供投顾服务。九方灵犀的服务方式以在线对话的方式进行，用户在九方灵犀对话页面输入投资问题，九方灵犀会快速分析并作出响应，给出相应的解答或投资建议。用户还可以通过多轮对话与“九方灵犀”进行深度互动，获取更加个性化的投资建议。

4. 智能合规

随着数智化时代的到来，合规管理也逐渐从信息化向数字化、智能化方向发展。通过数字化监管协议，智能合规技术利用“机器可读”规则助力标准化规则的使用，通过使用标准化规则减少释义和解释错误，帮助金融机构监管自身业务流程，进行持续性的合规审核和合规评估。

九方灵犀十分注重服务的合规性，在训练语料合规质检、对齐训练等多个方面构建了合规质检体系，确保生成的内容合规。2022 年 4 月，公司结合人工智能、大数据等前沿技术构建了一套“智能合规风控平台”，可实现质检审核、内部协同数字化、管理决策可视化、风控智能化等功能，从三大能力域赋能企业高效、安全经营。九方灵犀借助智能合规管理工具实现了 7×24 小时全流程智能质检、多维风控管理和人机协同合规审核，显著提升了监测效率并降低了合规风险。

九方智投自研的两大合规质检产品“AI 监测官”和“AI 巡查官”可以针对展业过程中业务人员与客户的交互内容进行监测分析，可以精准识别和判断风险及异常，甚至可以通过大数据及 AI 技术，预测潜在的违规点和风险点，及时警示并进行阻断，保障公司依法合规开展业务、提供服务。

（1）AI 监测官：AI 监测官采用深度学习网络技术，能够实现对企业微信、电话等多渠道、全覆盖的行为监测，支持图片、视频等多种格式，深入理解上下文，及时识别客户情绪，第一时间提醒员工给客户提供支持。2024 年度累计 AI 监测 9.8 亿次，AI 有效识别风险超 3000 次，大大减少了合规的人工审核量。

（2）AI 巡查官：AI 巡查官覆盖各类型内容生产过程的内容审核。通过大数据及 AI 技术，针对文字、图片、视频等全类型素材，AI 巡查官实现全业务环节共 20 个内容审核场景下的 AI 敏感词识别，预测潜在的违规点和风险点，辅助审核量累计超 500 万次，及时阻断风险，保障内容合规，大幅降低了潜在的违规风险。

（二）九方智研

股票市场的信息来源广泛且分散，投资者需要从多个渠道获取相关信息，并进行筛选和整合。然而，由于信息的海量性和复杂性，投资者往往难以获取全面、准确的信息。同时，由于缺乏专业的金融知识和分析能力，投资者可能无法作出正确的投资决策，投资损失。由此，九方智研通过高效生成研究报告和智能交互，提升投资者的投研效率，做到对投资者的全方位支持。

1. 产品简介

九方智研是基于九章证券领域大模型和检索增强技术（RAG）研发的一站式智能投研平台，通过整合多源金融数据，利用先进技术手段进行智能筛选和分析，能针对不同研究方向筛选出投资者需要的数据信息，也能进一步实现数据智能筛选、智能分析，自动生成专业的投资报告，帮助用户快速洞察投资机会与风险，解决了传统投研场景中研究数据分散、人工筛选耗时、资讯价值难辨、综合分析困难的难题。

九方智研不仅降低了投资者的信息获取成本和分析难度，同时提高了投资决策的效率和准确性。同时，九方智研还通过智能交互等方式，帮助投资者更好地管理情绪和控制风险，从而在股票市场上取得更好的表现。与传统智能投研解决方案相比，九方智研在智能投研领域，借助 AI 和大数据，为用户自动、高效生成高质量报告，数据扎实、维度全面、洞察专业、交互智能，助力研究员和投资者在海量数据中迅速洞察市场趋势与投资线索，提升投研效率与水平（见图 4－8）。

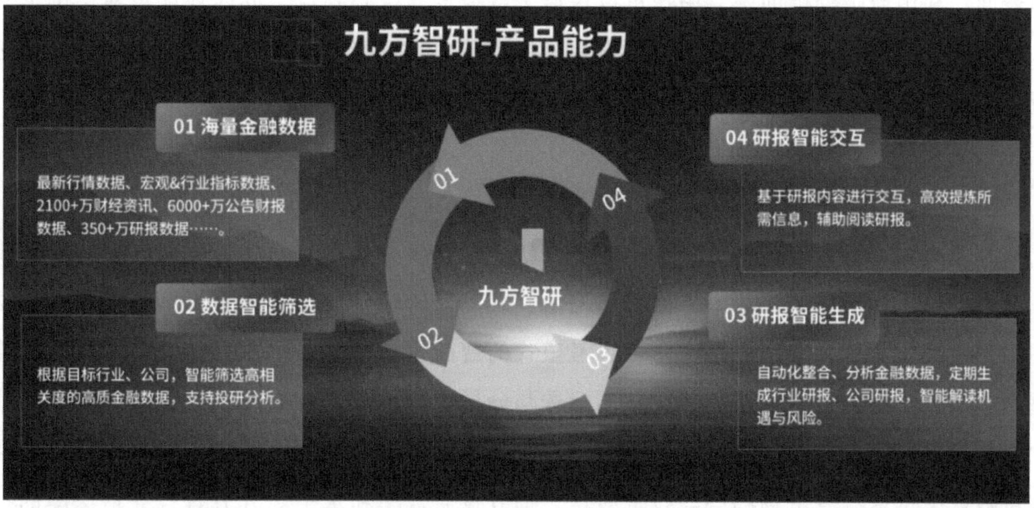

图 4－8　九方智研产品能力

2. 应用场景

九方智研为研究员和投资者提供一站式智能投研服务。行业报告的自动生成通过整合海量金融数据和专业投研内容，为投资者提供高效的投研支持；研报助手则能够为用户提供全面讲解，用更简单、更通俗的表述，让用户更便捷、高效地完成一次阅读体验。

（1）行业报告自动生成。

目前，九方智研行业周报的自动生成已经覆盖了所有申万二级行业，能够为用户提供全面、深入的行业洞察，帮助用户快速了解行业近况，报告涵盖行情回顾、宏观解读、行业要闻等五大分析维度。

其中，行情回顾从板块涨跌、市场资金、板块估值等维度帮助用户快速把握板块的市场动向；宏观解读聚焦宏观层面与行业基本面的关键信息，全面解读宏观政策、行业供需关系、市场格局、技术创新四大维度的最新消息；行业要闻汇总了行业指标数据、行业机构动态和行业公司新闻，帮助用户了解行业内部的实时动态和潜在机会；个股公告围绕龙头股和市场焦点展开解读，帮助用户了解个股的投资价值；机构观点对专业研究报告的内容进行了全面整合，帮助用户快速了解市场的主流投资观点，报告末尾也为用户提供了投资建议，供用户参考决策。

（2）研报助手。

由于行业周报内容翔实，阅读耗时较长，为了提高信息获取效率，九方智研为用户搭建了研报分析助手。对于普通投资者而言，大量碎片化信息的涌入往往让他们难以辨别和分析信息，又受限于有限的知识和专业工具的缺失，导致他们的分析通常只能停留在信息的表面。利用研报分析助手，用户可以快速了解报告的核心要点，同时还能以对话的形式从报告中获取信息，将原本烦琐的研报阅读过程转变为智能、高效的信息交互体验，用更短的时间获取对自己更有价值的研究结果。

（三）“AI＋投顾”产品总结

综上所述，“AI＋投顾”产品借助技术的力量实现了服务的创新与优化，为九方智投在金融科技蓬勃发展的浪潮中占据一席之地。九方灵犀结合金融实时资讯和行情数据，挖掘用户个性化需求，为用户提供深度思考模式的智能投顾助手对话服务。九方智研则智能整合多维高质量的金融数据，并在数据筛选与分析、研报生成与交互方式上全部实现智能化，使研报内容更专业、更有深度，阅读体验更舒适、更高品质，助力研究员和投资者在海量数据中迅速洞察市场趋势与投资线索，提升投研效率和水平。九方智投凭借深厚的投研底蕴、强大的科技创新能力和卓越的服务水平，正在帮助投资者实现智能投资决策。在未来，九方智投将引领证券投顾行业迈向更加智能化、个性化的新时代。

四、建议及对策

（一）智能投顾监管方向的相关政策建议

1. 完善智能投顾监管框架

随着技术的进步和市场的发展，智能投顾将在提高金融服务效率、降低服务成本、推动普惠金融等方面发挥更大的作用。但目前，我国对于智能投顾的界定以及监管规则较为笼统，尚未建立系统全面的智能投顾制度，传统法律监管体系发生部分失灵，导致智能投顾发展停滞。因此，监管部门需进一步完善智能投顾的监管框架，促进智能投顾健康有序发展。一方面，需明确市场准入标准和监管对象，制定与智能投顾特点相符合的市场准入标准，涵盖技术标准、操作规范和风险控制等方面，以提供清晰的法律框架，确保客户权益受到保护，同时促进金融创新与风险控制之间的平衡。另一方面，需加强对智能投顾运营的监管力度，加强对智能投顾算法和数据处理的监管，以及对智能投顾服务商的资质审查和业务监督，确保智能投顾业务的合法性，为智能投顾领域的发展创造更加良好的环境。

2. 健全投资者保护制度

智能投顾平台的主要用户群体是中小型投资者，而我国投资者群体构成恰好以中小型投资者占多数，这部分投资者往往缺乏充足的金融专业知识，对自动化交易、智能投顾产品等概念的理解并不充分，可能在平台交易中承担额外风险。因此，监管部门需要出台相关文件，让投资者在使用智能投顾服务之前充分了解智能投顾的服务模式和其中风险，防止因投资者了解不足而造成不符合预期或额外的经济损失引发的纠纷。此外，需建立有效的客户权益保护机制，完善智能投顾的客户适当性管理，加强对金融消费者的教育和对投资者的信息披露，提升金融消费者的风险识别和理解能力，保障智能投顾业务的公平性。

3. 强化算法监控体系

智能投顾核心技术算法黑箱具有天然不透明性，投资者和投顾平台的信息不对等，会使投资机构和投资者处于不平等的法律地位，无法满足市场交易规定的平等、自愿要求。为了确保智能投顾算法不会被恶意操纵，监管部门应持续加强对智能投顾算法的监管，确立算法的标准和规范，完善算法审查机制以保障其公平、安全和透明。同时，建立技术透明度和算法审查机制，监测算法运行以及时解决潜在风险，维护决策过程及数据的完整记录，妥善管理利益冲突，完善监管框架，以保障责任的落实和救济的有效性。

4. 推动数据安全合理开放共享

作为数字经济时代重要的生产要素，数据为智能投顾产业的持续健康发展提供了强劲动力，促进数据高效流通使用，才能发挥数据价值，激活人工智能发展新动能。在保障数据安全的前提下，建议相关政府部门积极推动数据开放与共享，加快建设大规模、高质量多模态数据集，鼓励人工智能科技领军企业探索构建涵盖硬件、软件、算法、模型和应用的开源开放体系，强化人工智能科技创新的基础要素支撑。

（二）智能投顾平台战略调整方向的政策建议

1. 持续加大技术研发力度

智能投顾通过大数据系统演算自动调整投资组合，但在应对市场突发状况方面尚无法实现全面自动化。智能投顾现阶段在算法、算力等方面仍存在一定瓶颈，导致智能投顾能够辅助决策，但自身投资的准确性仍有待提高。因此，为了推动智能投顾领域大模型应用和发展，仍需继续加大技术研发和投入力度，持续创新和突破算法，提升模型预测的准确度和可解释性，借助云计算等技术进行数据采集、传输、计算、存储与分析，耦合数据与算法，提升知识挖掘深度与广度。同时，持续开展与高校院所、科研机构的深度合作，加强数字人才培养，提升新科技的前沿技术协同攻关能力，打通基础研究与智能投顾应用场景之间的壁垒，推动先进技术在数智产品中的应用。

2. 积极拓展数据来源

数据是智能投顾服务最重要的资产与支柱，智能投顾平台利用大数据对客户进行精准画像，智能顾问的性能高度依赖于其能否准确评估投资者风险承受能力的能力。因此，建议智能投顾平台进一步拓展客户数据来源渠道，提升数据采集能力和数据多样性，定期收集和更新客户风险偏好、财务状况、投资需求等数据信息，保持客户数据时效性。同时，智能投顾平台应持续发挥技术优势，搭建专有数据管理平台，研发个性化的数据处理算法，强化数据处理能力和管理能力，提升客户画像的精确度，赋能业务发展，提升服务质量。此外，建议各金融机构利用先进技术融合数据，搭建统一平台打破孤岛，提升数据来源和质量，充分释放数据潜能，驱动创新。

3. 积极推进人才队伍建设

作为科技与金融高度融合的典型行业，智能投顾行业的高端人才需要具备金融投资行业与信息技术行业两方面的背景知识，从而更加剧了高端人才的稀缺性。建议金融机构积极推进科技人才队伍建设，加强青年人才培养和支持力度，完善高端人才引进与培养机制，强化对领军人才和核心专家的激励措施，优化科技人员发展通道，加快多元化的“金融＋科技”复合型人才团队建设。同时，加强国际技术合作，依托人工智能国际会议、论坛、展览等活动，推动全球人才技术交流，不断提升人工智能整体科技创新能力。

4. 聚焦开发多元化产品矩阵

智能投顾叠加大模型的优势，能够优化投资组合、提高投资效益和风险控制水平，为了提升智能投顾的收益和市场份额，建议智能投顾平台通过数据挖掘算法不断完善数据标签和客户画像，进一步丰富产品矩阵，提高客户黏性，搭建多元化财富管理产品矩阵。在其他一揽子金融产品服务中，加强与银行、保险等机构的合作，以需求为导向逐步发展教育、医疗、养老等大应用场景的业务条线，搭建财富管理综合金融平台，为不同年龄段和不同收入水平的客户制定投资规划、提供投资建议、实施投资跟踪并开展投后管理。

思考题

1. 九方智投如何利用AI大模型技术提升智能投顾服务质量和效率？
2. 九方灵犀和九方智研在提升投资者体验方面有哪些独特优势？
3. 九方智投如何确保智能投顾平台的合规性和安全性？
4. 九方智投可能面临的挑战有哪些？
5. 针对进一步完善智能投顾业务有哪些政策建议？

参考文献

[1] 纳超洪，陈玉秀，陈红．投资者情绪在趋向理性吗——来自股权质押集中暴雷事

件的证据［J］. 会计研究，2023（10）：143 - 160.

［2］Drexler A.，Fischer G.，Schoar A. Keeping it simple：financial literacy and rules of thumb［J］. American Economic Journal：Applied Economics，2014（2）：1 - 31.

［3］Hoechle D.，Ruenzi S.，Schaub N.，Schmid M. The impact of financial advice on trade performance and behavioral biases［J］. Review of Finance，2017（2）：871 - 910.

［4］D'Acunto，F.，Prabhala，N.，Rossi，A. G.. The promises and pitfalls of robo - advising［J］. The Review of Financial Studies，2019，32（5）：1983 - 2020.

［5］D'Acunto，F.，Rossi，A. G. Robo - advising［M］. Spring International Publishing，2021.

［6］Capponi，A.，Olafsson，S.，Zariphopoulou，T. Personalized robo - advising：Enhancing investment through client interaction［J］. Management Science，2022，68（4）：2485 - 2512.

［7］Alsabah，H.，Capponi，A.，Ruiz Lacedelli，O.，Stern，M. Robo - advising：Learning investors'risk preferences via portfolio choices［J］. Journal of Financial Econometrics，2021，19（2）：369 - 392.

［8］邓浏睿，谭婕. 智能投顾与最优投资决策——来自地级市层面的经验证据［J］. 湖南大学学报（社会科学版），2024（4）：63 - 74.

［9］路晓蒙，王一冰，吴卫星. 传统投资顾问和智能投资顾问：替代还是互补？［J］. 管理世界，2023（10）：74 - 93 + V - 1 - V - 4.

［10］Rossi，Alberto G.，Stephen Utkus. The diversification and welfare effects of robo - advising［J］. Journal of Financial Economics，2024（157）：103869.

案例 5

恒生光子

——场景式金融大模型应用平台

孙洁　王宇琦[①]

① 孙洁，上海立信会计金融学院金融学院副教授，研究方向为金融计量学、机器学习与资产定价。王宇琦，上海立信会计金融学院金融学院本科生。

大模型技术的发展掀起了人工智能革命新浪潮，给金融行业带来了颠覆性变革。本案例聚焦于中国金融行业人工智能大模型的应用，以恒生电子公司开发的基于金融大模型的智能金融应用平台——恒生光子为研究对象，研究分析其在智能投顾、智能投研、智能合规风控等金融业务方面的表现。通过对恒生光子智能金融应用平台的研究和实际测评，本案例发现金融大模型对传统金融业务的赋能显著提高了业务效率且具备高度的专业化程度，金融行业的数智化转型成为必然的发展趋势。恒生电子以国产算力和大模型为技术底座，构建了面向金融核心业务场景的智能金融应用服务平台，且具备高度的安全合规性，为金融大模型应用发展提供了值得借鉴的范本。

一、案例背景

近年来，人工智能技术发展突飞猛进。自 2022 年 11 月美国 OpenAI 公司推出 ChatGPT3.5 以来，基于 Transformer 架构的大语言模型（Large Language Model，LLM）以其优异的人机交互和内容生成能力让人耳目一新，开创了人工智能技术发展的新境界。2023 年是大语言模型爆发之年，科技领域各大巨头纷纷推出自己的大语言模型。2024 年，我国在大语言模型技术上取得突破性进展，DeepSeek - V3 和 DeepSeek - R1 推理大模型以极低的训练成本（约 557.6 万美元）实现了与 GPT - 4 等顶尖模型相媲美的性能，成为全球 AI 领域的焦点。

现代金融行业是数据密集型行业，海量数据与信息为大语言模型的训练提供了沃土，金融大语言模型成为大语言模型在行业应用的重要领域之一。国内外金融业巨头也纷纷推出面向金融的大语言模型平台，如 Bloomberg（彭博公司）推出的 BloombergGPT，国内阿里巴巴集团推出的通义千问金融大模型，百度推出的度小满轩辕大模型等。国内金融大语言模型均针对中文通用领域和金融领域进行了针对性的预训练和微调。

恒生电子是国内领先的金融科技产品与服务提供商，聚焦金融行业业务信息化，尤其侧重于资本市场信息化业务。基于强大的研发实力和金融行业信息提供商的丰富行业经验，恒生电子针对我国金融行业打造了 LightGPT 大语言模型，并在此基础上推出“光子”系列智能金融应用，对聚焦金融行业业务的人工智能应用具有显著的示范意义。因此，本案例选择恒生电子推出的基于金融大模型的“光子”智能金融应用平台作为研究对象。

二、恒生 LightGPT 大模型与“光子”应用

（一）公司简介

恒生电子是一家以“让金融变简单”为使命的金融科技公司，总部位于中国杭州。

1995 年成立，2003 年在上海证券交易所主板上市（600570. SH），在北京、上海、深圳、武汉、南京以及中国香港、新加坡等国家和地区设有研发中心和子公司。

恒生聚焦金融行业，致力于为证券、期货、基金、信托、保险、银行、交易所、私募等机构提供整体解决方案和服务。恒生已连续 16 年入选 FinTech 100 全球金融科技百强榜单，2024 年排名第 22 位，位列亚洲上榜企业第一，拥有超过 10000 名员工，产品技术人员占比约 67.2%。恒生坚持以技术服务为核心，每年以 35% 以上营业收入投入研发，2022 年获批设立国家级博士后科研工作站。

恒生电子推出的大模型平台主要包括 LightGPT、恒生 Light 平台及光子应用三部分。其中，LightGPT 是技术核心，恒生 Light 平台是技术支撑，光子应用平台是技术应用的体现，三者相互依存、协同发展，共同推动人工智能技术在金融行业的应用发展。

（二）LightGPT

LightGPT 是恒生电子自主研发的专为金融领域打造的大语言模型（见图 5－1），对金融领域相关问题的理解更具有专业性、合规性、轻量化部署的特点。

图 5－1　LightGPT 图标

在专业性上，其拥有超过 2000 亿中文 tokens 的金融领域数据基础，经 80 多个中文金融任务打磨，使用超过 4000 亿金融领域 tokens 的数据和超过 400 亿 tokens 的语种强化数据进行二次预训练，支持 80＋金融专属任务指令微调，确保了高度的专业性和准确性。

在合规性上，其学习了中国的金融法律法规，确保处理的数据遵循隐私法规，输出结果符合金融监管法律法规的要求，符合中国金融市场的需要。同时，模型能够随着监管环境的变化及时调整和更新，确保其输出始终保持在合规范围内。

在轻量化部署上，其支持私有化部署和云部署两种模式，推理端采用一机两卡部署，全面适配华为昇腾系列芯片等主流硬件平台，实现了部分模型的开源及模块化设计，更加灵活、经济。

（三）恒生 Light 平台

恒生 Light 平台作为技术支撑平台，拥有高性能计算、人工智能、区块链、云计算及大数据五大前沿技术作为核心竞争力，依托十大技术栈构建金融数字化的基础设施。同时，研发 Light 云平台，通过提供弹性计算资源、数据存储、网络连接等服务，支持金融机构快速部署和扩展业务应用，提高业务响应速度和市场适应性，满足了金融行业对云原生、高性能、数智化的技术需求。

（四）光子应用

恒生电子打造的“光子”，是金融应用对接大模型的“中控”部位，可以有效提升金融各场景下的 AI Agent 能力，帮助大模型应用更好地理解用户需求、处理复杂任务和提供个性化体验，推动应用的创新与升级，为用户提供更加智能和高效的服务体验，将进一步促进未来大模型应用生态的多样化发展。其具体包括光子善策、光子文曲、光子方圆等一系列产品（见图 5－2）。

图 5－2　光子应用界面

1. 光子善策

“光子善策”赋能每一次沟通，根据会话记录实时分析客户意图，精准定位客户标签，自动检索话题相关金融产品及资讯信息，生成专业的观点和建议。其具有以下功能：

（1）智能会话管理与意图洞察。实时分析多轮对话，精准定位客户意图与标签，洞悉客户需求与情绪变化，提供即时安抚与专业建议。

（2）智能服务匹配与内容生成。自动检索并匹配与客户话题相关的金融产品、资讯，生成个性化专业建议；同时，基于数据自动化创建产品宣传、祝福等多样化内容。

（3）智能工单管理与自动化流程。一键总结服务交互记录，智能识别待办诉求，自动生成并提交工单，优化服务流程。

光子善策能够汇聚各类金融数据，并以统一的“标准”对数据进行加工、存储、开放和使用。同时，其还具备从数据保护、访问控制、操作审计、法律遵从等方面实现数据的脱敏、合规、授权和追溯的能力（见图 5－3）。

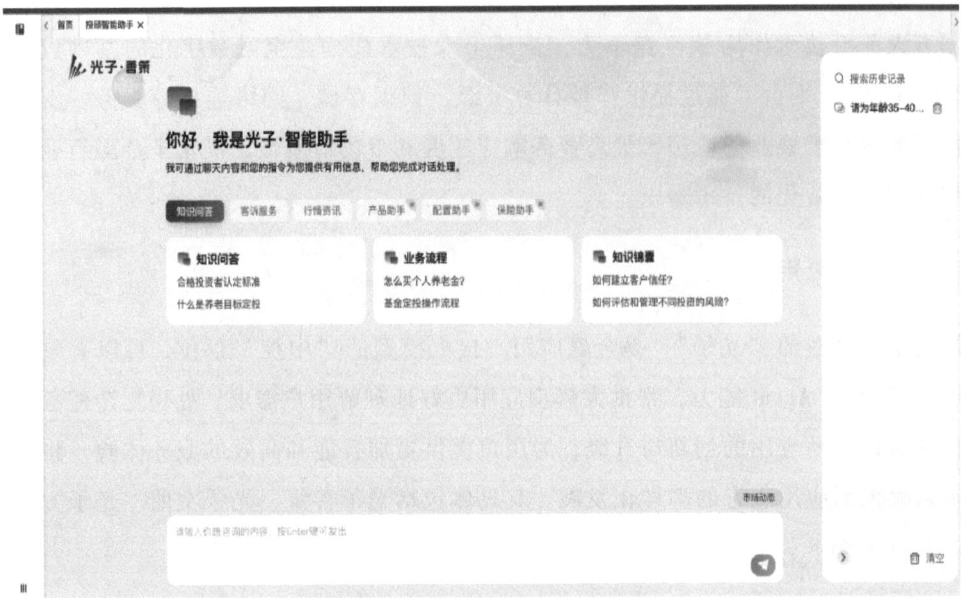

图 5－3　光子善策使用界面

2. 光子文曲

“光子文曲”是一站式内容创作平台，广泛应用于智能投顾、投研领域，提供先进的信息搜集与分析服务，助力从业者快速完成报告素材搜集、内容生成以及审核发布等工作，具体功能如下：

（1）智能文摘生成与文本润色。光子文曲支持用户分段落或者整篇报告生成，每次生成 3—6 个版本，有助于工作者自由选择。其提供 AI 问答助手，支持用户上传素材文档，进行文档对话以及内容润色的功能。

（2）自动信息搜集与数据处理。光子文曲能够自动在互联网上搜索和收集信息，使用算法优化搜索结果的相关性，并实现数据挖掘和分析，识别和提取包括文本、图片、视频等多种形式的有效信息。同时，其提供实时数据分析功能，随时跟踪市场动态，从而更准确地进行分析并提出建议。

（3）定制创作模板，智能排版导出。投研工作者可从选择模板快速开始，其根据不同需求分为报告、文案、素材、灵感及服务五个板块，并针对不同板块定制不同的模板，如在报告板块中提供每日市场点评、策略运行报告、个股观点分析等模板。同时，具有图表自动生成和一键发布导出报告的功能，支持报告中图表的自动化生成、报告一键导出或发布至系统审核（见图 5－4）。

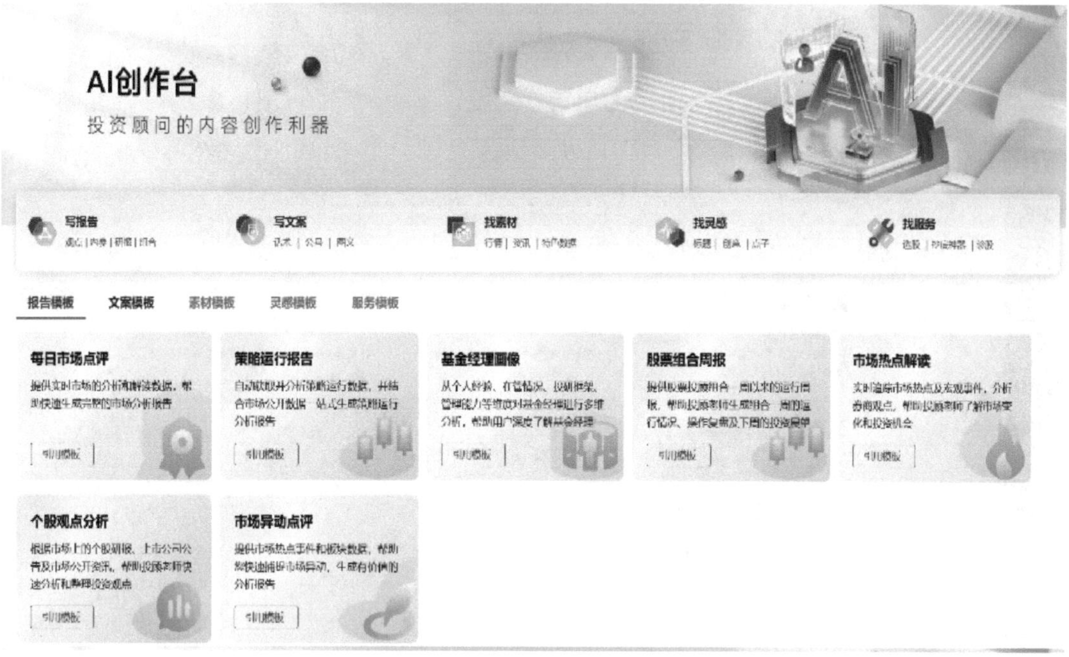

图5-4　光子文曲的AI创作台

3. 光子方圆

“光子方圆”聚焦金融机构投资合规领域，为合规和风控业务人员提供智能问答和一键式合规设置等服务，提升合规管理质量及效率，具体功能如下：

（1）法规检索和文件标签化管理。实现内外数据的统一管理，可快速检索所需文档，支持一键上传内部规定等文件，实现文件标签化管理。

（2）智能投资合规问答。基于内外规数据，借助LightGPT大模型，解决用户关于投资交易问题日常咨询的痛点。

（3）系统指标逻辑解答。给出指标计算公式，解决用户对于系统指标计算明细等不透明的痛点。

（4）一键生成合规设置。根据客户需求提供投资合规设置推荐方案，一键生成客户所需的合规设置（见图5-5）。

4. 光子慧营等应用

光子慧营多应用于智能运营，具有文档分片、要素提取、文字内容匹配、文件内容审核、文件内容溯源等功能，在智能参数提取、投监规则智能解析等场景中表现突出。光子问学在智能培训中作用显著，具有AIGC生成式场景、沉浸式陪练、个人陪练计划定制等功能，广泛应用于新员工上岗、新业务培训等场景。光子数据以智能数据搜索、智能数据管理等功能，准确、低门槛地实现了业务数据的智能检索、场景报表的智能推荐，复杂逻

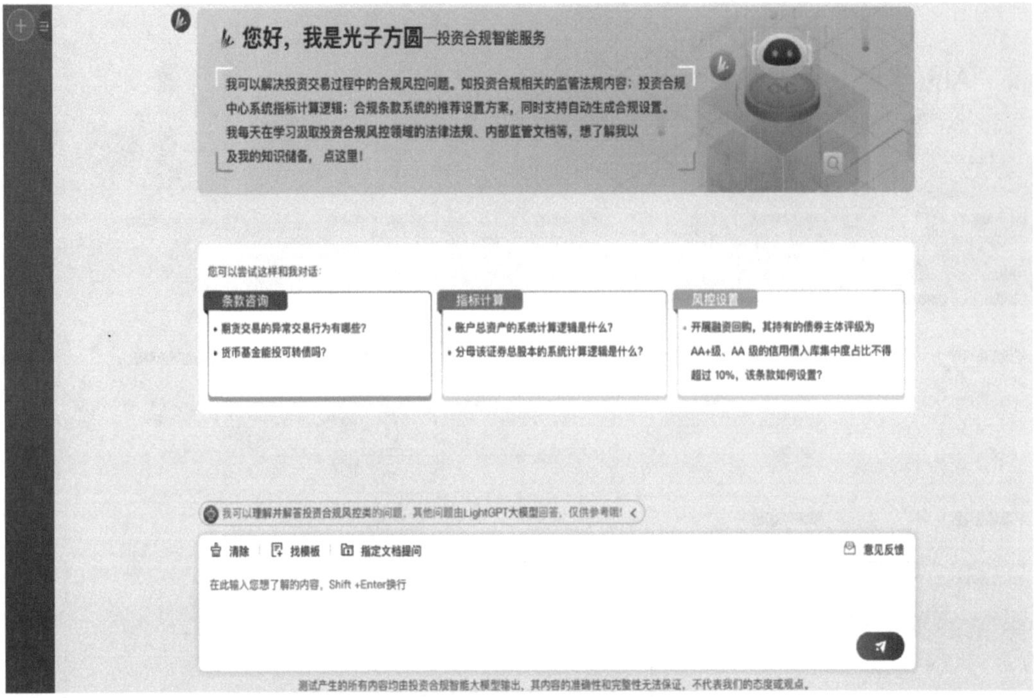

图 5－5　光子方圆界面

辑数据的智能生成等核心场景，建设了大模型时代下的虚拟数据管理体系。光子会悟具有智能文件管理、智能问答等功能，其依托金融大模型的专项领域知识，面向投资经理沟通、行业洞察交流、业务需求细化等金融会务场景深度赋能。

三、恒生“光子”的应用效果分析

（一）光子善策助力投顾工作

作为投顾智能助手，光子善策能够助力资产配置、行情分析、产品诊断、知识问答、客诉服务、保险管理等内容，全面提升了投顾工作效率。下面将从资产配置和行情分析的角度来检验其专业性。

1. 全面专业的回答助力提升投顾工作效率

我们用投顾业务中典型的投资分析问题检验光子善策回答的专业性。在探讨我国2024年以来的股票市场走势及其后续发展时，“光子善策”展现出卓越的市场洞察力与全面的宏观分析框架（见图5－6）。

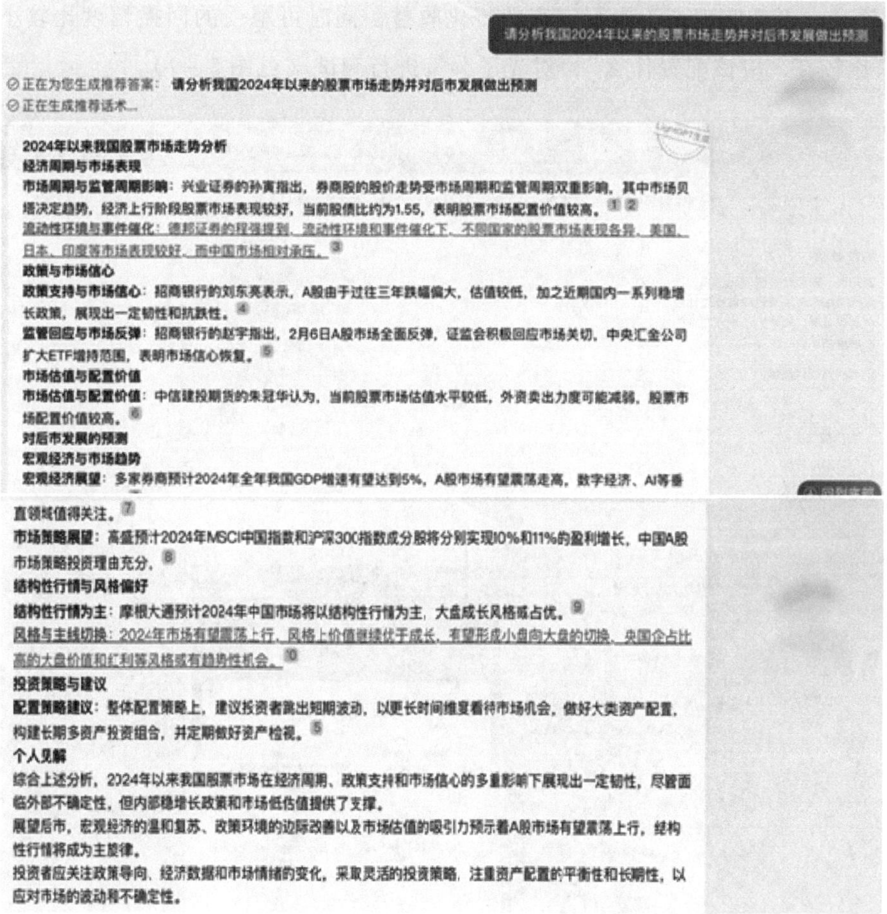

图 5－6 光子善策解答投资分析问题

其分析不仅深度挖掘了市场周期的演变规律，而且还精准把握了流动性环境的变化趋势，同时紧密结合了最新的政策导向与宏观经济数据，确保了分析的专业性和严谨性。在预测未来发展方面，光子善策展现了其强大的分析能力与前瞻性视野，提出了明确的盈利增长预期及市场策略展望。这些预测不仅基于详尽的数据支持，还融合了多家知名券商和金融机构的权威观点，确保了预测结果的科学性和可信度。同时，光子善策还为投资者提供了具体而明确的策略建议，包括但不限于构建稳健的长期多资产投资组合、定期进行资产检视与调整等。这些建议紧扣市场实际，旨在帮助投资者在复杂多变的市场环境中把握机遇、规避风险，从而实现资产的保值增值。

整体而言，光子善策的分析结果专业且全面，对于投顾工作人员具有较大的参考价值，可以预见在其助力下投顾人员的工作效率将得到大幅提高。

2. 精准的客户需求提升资产配置效率和专业性

为客户提供资产配置建议是投顾工作的常见任务。我们设计了以下问题——“有一笔

200 万元资金，希望实现高于银行定存的年化收益，同时可承受的回撤幅度比较小，对流动性要求比较高，应该配置什么”，对光子善策进行测试（见图 5 - 7）。

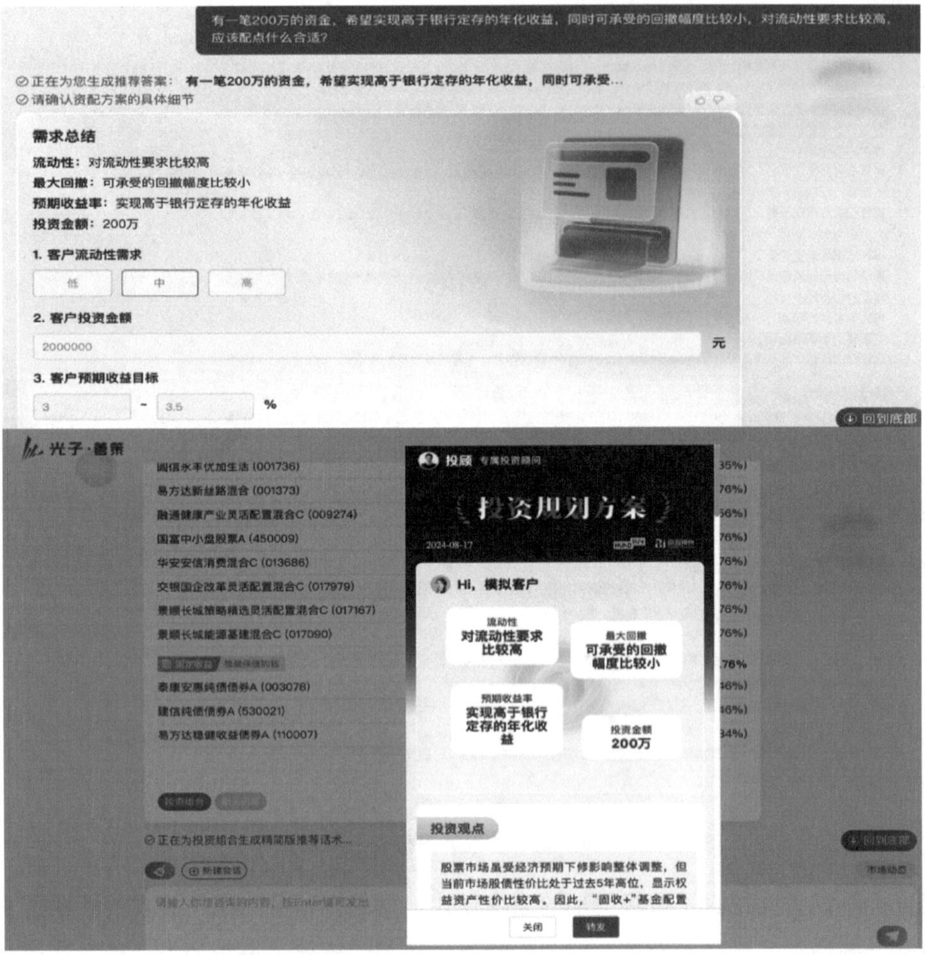

图 5 - 7　光子善策用于投资规划方案设计

在后续反馈中，光子善策综合用户需求，生成了包含具体证券、债券、货币基金及具体比例的详细投资规划方案。此方案从客户的个性化需求出发，结合对基金市场的深入了解，提出了符合客户需求的详尽的资产配置方案。光子善策能够助力投顾人员高效规划投资方案。它能对客户需求目标进行收益率目标、流动性需求等方面的量化，并结合近年市场行情特征进行量化分析，从基金库中选取合适的基金标的进行配置，通过内部优化模型确定各只基金的配置比例。最后，汇总生成包含客户需求、投资观点分析和具体配置方案的完整专业的投资规划方案窗口，方便转发给客户。

可以看出，在光子善策的助力下，整个投资规划流程科学、合理、流畅，投顾工作人员还可以进一步修改参数设置并向 AI 提出进一步的需求，极大地提升了投资规划业务的效率和专业度。

3. 提升信息获取效率与可靠性

光子善策实现了从生成结果到数据支撑的全方位呈现。其回答结构清晰，分为生成结果及详细数据来源两大部分，确保每项结论均有据可依。用户可轻松点击任一结论，追溯至相关数据、研究报告或政策文件，极大提升了分析结果的权威性和可信度。这一特性不仅使“光子善策”成为一个高效的问题解答工具，更充当了专业搜索引擎的角色，助力用户优化查询路径，提升信息获取效率与满意度。图 5 – 8 是光子善策收集资料时的页面展示。

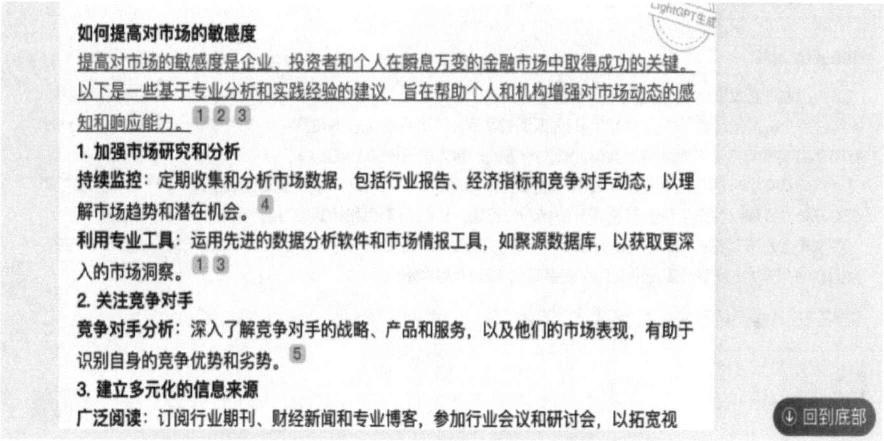

图 5 – 8　光子善策资料收集页面

（二）光子文曲助力投研工作

1. 提升报告的内容质量与优化排版结构

光子文曲的智能文摘生成与文本润色功能效果突出，大幅提升了文本内容的质量，确保报告内容的多样性和丰富性。图 5 – 9 为在每日市场点评板块提问“请帮我写一篇 2024 年 6 月 3 日的市场点评”问题时，光子文曲的输出结果。

针对该问题，光子文曲聚焦国内市场，进行深度市场分析。其输出结果囊括市场概况、策略及配置建议、市场聚焦三个部分，提供丰富量化数据，并附有参考文章进行溯源。该报告市场概述清晰，板块分析具体，并及时解读了苏州房地产政策，体现了较强的时效性与政策敏感性。同时，给予可靠的风险提示和多元的投资建议，体现了对风险管理的重视。此外，光子文曲支持分段创作、分段改写、重新生成等功能，每次改写都有新的侧重点，以更便捷的手段实现了对当日市场热点的全面追踪。

以下是光子文曲为您生成的【2024年6月3日市场点评报告】

市场概述

6月3日，沪深两市全天震荡分化，其中，上证综指下跌0.27%，收报3078.49点;深证成指上涨0.07%，收报9370.50点;创业板指上涨0.79%，收报1819.46点。铜缆连接概念、农业板块、存储芯片概念均表现活跃。从板块来看，铜缆连接概念、农业板块、存储芯片概念涨幅居前，而汽车拆解、小金属、AI医疗等板块则跌幅较大。总体而言，市场情绪较为谨慎，投资者应保持耐心，等待市场方向的选择。

策略及配置建议

6月3日,沪深两市成交额有所放大,场内约4400股飘绿。其中,有色、环保、地产板块跌幅居前,半导体板块逆市上扬。当前,稳地产政策的集中出台并未快速扭转地产市场偏弱运行的现实,市场的定价重心或从政策预期重新转向弱现实。建议投资者多看少动,等待信号,远离低价股谨防被ST的风险。同时,可以关注顺周期行业和大消费的主题,如建筑、建材、钢铁、煤炭、电力等周期性行业以及新质生产力下的低空经济、人工智能、智能机器,半导体、非银金融、新能源光伏、风电、汽车等赛道机会。

市场聚焦

《苏州房地产新政出台 全市范围不再审核购房资格》苏州出台房地产新政,全市范围内不再审核购房资格,实施换购住房个税退税优惠,实施购房契税补贴,取消首套房和二套房个人住房贷款利率下限,下调个人住房公积金贷款利率,购买或拥有合法产权住房且实际居住的非苏州户籍人员可申请办理落户。
《涉嫌内幕交易超75亿美元股票 马斯克遭特斯拉股东起诉》美国电动汽车制造商特斯拉公司的一名股东指控其CEO马斯克涉嫌内幕交易超过75亿美元的特斯拉股票。目前,马斯克和特斯拉方面尚未对此发表评论。
《多家车企公布5月交付量 均实现大幅增长》6月1日,多家车企如期对外公布了5月销量成绩单。从目前公布的数据看,多家车企5月交付量无论是同比还是环比均实现大幅增长。

参考文章：苏州房地产新政... 涉嫌内幕交易超7... 多家车企公布5月...

重新生成 引用

图5-9 光子文曲撰写的市场点评报告

此外，光子文曲的AI创作台能够智能润色文章，确保语法、风格和专业度符合业务要求，便于提取输出内容和报告的排版导出，还可智能生成图表，保证美观的同时减少重复性工作。其AI问答工具光子助手具有易懂、专业、均衡三种会话风格，满足了不同场景的需要（见图5-10和图5-11）。

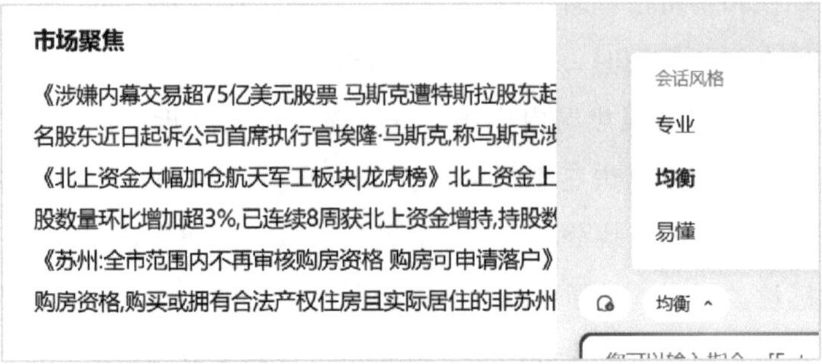

图5-10 光子文曲的不同会话风格

组合运作情况

上周,先锋2号组合策略下跌0.42%,业绩基准下跌0.22%,基金平均下跌0.22%;上线以来,先锋2号组合策略上涨0.12%,业绩基准上涨0.09%,基金平均上涨0.11%。

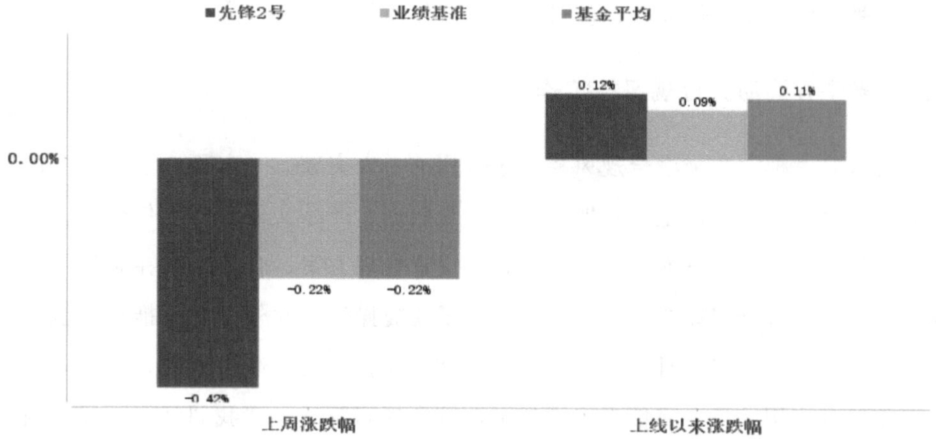

近期市场分析

上周债券市场整体呈现下跌趋势。其中,中债-综合全价(1年以下)指数下跌0.02%,中债-综合全价(总值)指数下跌0.36%,中证纯债型基金指数下跌0.23%。从这些数据可以看出,短债市场相对稳定,而长债市场则出现了较大的波动。这可能是由于市场对未来经济预期的不确定性增加,投资者对于长期债券的风险偏好下降所致。

基金代码	基金名称	权重	本周涨跌幅	同类排名	标签
000917.OF	**安康A	1.00%	0.16%	1.60%	种业+畜牧养殖
001257.OF	**产业债A	5.99%	-0.29%	2.30%	煤炭+黄金
001316.OF	**纯债A	7.09%	0.33%	0.90%	制造业
001324.OF	**短债A	5.89%	-0.54%	2.20%	黄金
002363.OF	**多策略A	6.94%	-0.07%	1.50%	科技

图 5－11　光子文曲智能生成图表与自动排版

2. 优化信息搜集的广度与深度

在金融投研领域，信息的搜集不仅要求广泛覆盖，更要求深入挖掘。光子文曲通过其自动信息搜集与数据处理功能，实现了对互联网、数据库、媒体报道、行业研报等多渠道信息的全面抓取。该平台利用先进的算法优化技术，提升了搜索结果的相关性和准确性，确保了信息搜集的广度。同时，通过数据挖掘和分析，识别和提取关键信息，包括文本、图片、视频等多种形式，深化了信息的利用价值。

其重要亮点是提供实时数据分析功能，使工作者能够随时跟踪市场动态，从而更准确地进行分析并提出建议。此外，其利用知识图谱技术构建了信息间的内在联系，极大地丰富了投研报告的内容深度和分析的多维度视角。

3. 提升报告的可信度与合规性

光子文曲 AI 创作台的内容生成经过精心训练和审核，确保内容高度可信且符合金融法规。其平台内置的专业审核机制对生成的文本进行实时校验，避免了语法错误和逻辑漏洞，并自动识别和过滤敏感信息，确保符合金融监管要求。同时，光子文曲的内容生成系统经过精心设计，确保所有数据和信息均来源于可验证和可追溯的渠道，增强了报告的透明度和可靠性，降低了合规风险，提升了投研工作质量。

（三）光子方圆助力合规风控工作

光子方圆是大模型在金融合规风控领域应用的一大突破。一方面，它实现了内外规数据统一管理，外部监管文件全量获取下发，内规数据、产品文件自行上传管理，合规检索结果具有可靠依据；另一方面，它提供了智能设置合规方案，合规条款在系统中的推荐设置方案及一键化生成合规设置，最大程度实现了便捷操作。此外，它还推出智能合规问答和指标解答，用于处理客户日常合规交易的咨询，使咨询更加透明高效。

为了检验其应用效果，我们提出了如下监管合规问题——“我司将要开展大额存款业务，请问监管对于该业务有哪些合规要求”。方圆的回答条理清晰，精准地援引了《中华人民共和国商业银行法》和《中华人民共和国银行业监督管理法》中关于大额存款业务的监管规定，同时提醒工作人员具体要求可能会因地区、行业而有所不同，还需咨询当地监管部门以确保业务开展符合地区和行业监管要求。其回复确保了合规工作的准确性与严谨性（见图 5－12）。

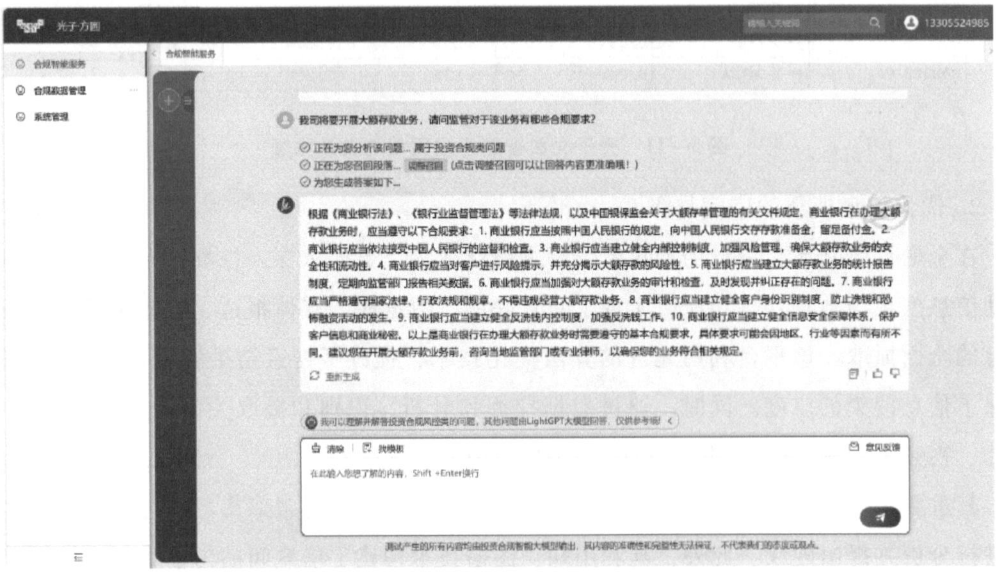

图 5－12　光子方圆回复风控合规问题

光子方圆以其先进的人工智能技术，显著提升了企业合规的稳定性和精准度，实现内外规数据的统一管理，通过大数据分析技术实现了实时更新新规，有效降低了传统合规中的人力和时间成本。同时，利用其智能算法快速检索所有法律法规和监管政策文件，高效生成推荐合规方案，并符合严格的合规标准，确保金融机构在复杂多变的市场环境中保持稳健运营，达到了对智能合规的高标准要求，极大地提高了企业合规的工作效率，为行业提供了高效可靠的合规方案。

（四）光子慧营、光子问学助力运营和培训业务

光子模型在智能运营、智能培训等方面亮点突出。在智能运营层面，以光子慧营为核心，集成最新 RPA 技术，利用机器学习和自然语言处理技术，有效提升了数据运营与预测功能，实现了智能化决策，大幅提升工作效率和响应速度。同时，光子数见提供了场景数据资产清单与数据网关，解决金融数据一致性、准确性、业务完整性难题，实现全场景的数据融合，保障透明化的数据安全；光子会悟进一步赋能金融专业领域，配合专项场景优化方案，为智能运营提供了更高的准确度。

在智能培训层面，光子问学以简单的配置、交互式的实战练习等，彻底摆脱了场地与时间的局限性，全面降低培训成本，实现了培训的多元化、碎片化、个性化，并依托优秀经验沉淀，通过话术的聚焦、打磨逐步实现客户需求精准把控、客户服务精细化，进一步提升培训效果。

现阶段光子模型只完成光子善策、光子文曲及光子方圆的开发，其他的产品仅有介绍但无法试用，因此，无法开展深入研究。我们相信随着后续的研发进展，光子系列应用将实现进一步的落地与优化，为金融行业数智化转型带来更多助力和更大提升。

四、金融大模型应用的模式分析

通过对恒生电子开发的基于金融大模型的“光子”智能金融应用平台的分析和应用测评，可以发现恒生电子构建起了以国产算力和顶尖大模型为技术底座，面向具体金融应用的智能金融服务体系，其模型及应用建立在严格的合规安全性的基础之上，符合我国金融监管要求，其智能金融应用构建模式为我国金融大模型的应用开发树立了良好的典范。

（一）以国产算力和大模型为技术底座

恒生光子大模型应用的底层基础是恒生电子自研的 LightGPT 大模型。它基于海量金融数据训练，对金融相关问题的理解比通用大模型更有优势。它拥有 2000 亿中文 tokens 的加持，通过 80 多个中文金融任务的打磨，对金融多领域应用场景进行了覆盖；并通过深度学习中国的金融法律法规，使业务输出更加符合中国金融市场的监管要求。

2025 年年初 DeepSeek 的横空出世，在大模型领域掀起了突破性的变革。其推理模型

DeepSeek－R1 以 ChatGPT 十分之一的训练成本，达到了顶尖模型的训练效果，从而开启了大模型底层技术的新变革。随后，国内各大应用平台纷纷接入 DeepSeek 大模型。2025 年 2 月，恒生大模型系列应用全面接入 DeepSeek 主流模型（DeepSeek－V3/DeepSeek－R1），覆盖金融投研、投顾、合规、运营、投行等核心业务场景。此次接入将充分发挥 DeepSeek“低成本＋高性能＋高开放度”的应用优势，助力大模型系列应用能力的全面跃升，为金融机构提供更智能、更高效、更低成本的智能解决方案。此外，通过光子 AI 应用中间件平台，恒生电子集成了 DeepSeek、通义千问等业界领先大模型，实现了多模型部署，可以为应用提供灵活的模型底座支持。

在算力层面，恒生联合华为昇腾，首发基于昇腾 910B 处理器和 Atlas800I 服务器的金融大模型解决方案，通过软硬件一体化，提升 DeepSeek 模型的推理效率，确保其在不同硬件环境中灵活高效运行，降低用户使用门槛，为金融机构提供安全可控的金融大模型一体化方案。

（二）面向金融业务的场景式大模型应用

通过对光子 AI 应用进行研究和实际评测，可以发现光子系列应用均面向金融行业中典型的业务场景和业务条线开展针对性的 AI 赋能。光子善策面向金融投顾业务，在洞察客户需求、生成专业的投资观点和进行科学、合理的投资规划方面极大地提升了投顾工作的效率和准确度。光子文曲面向智能投顾、投研领域，提供先进的信息搜集与分析服务，帮助从业人员快速完成报告素材搜集、内容生成以及审核发布等投研业务，提升报告质量，优化排版内容，确保研报的合规性。光子方圆面向风控合规领域，实现了内外规实时更新整合，确保合规工作的可靠性，并为合规风控业务人员提供智能问答和一键式合规设置等服务，提升合规管理质量及效率。

由此可见，金融大模型以解决金融行业中的实际业务问题和业务难点为着力点和最终目标，通过海量中文金融语料和多种金融任务训练和调校大模型，使之能够高质量地完成金融业务中的典型任务，具备较高的专业性和可靠性。金融大模型的推广使用极大地促进了金融行业的数智化转型升级。

（三）金融大模型应用需具备高度的安全合规性

对于金融行业而言，业务的合规性是首要前提。因此，金融大模型赋能业务开展必须确保其输出结果的安全合规性。在这方面，恒生电子在训练 LightGPT 大模型中建立了完备的安全机制，构建了包括语料安全、模型安全、模型评估等在内完善的安全机制，从八大评价维度确保大模型生成内容的安全合规，使其输出符合中国金融市场的监管要求。恒生光子智能金融应用对于安全合规性的高要求，为金融科技行业进行大模型的开发和应用树立了安全性方面的典范。

五、案例总结

随着以大语言模型为代表的人工智能技术的飞速发展，金融大语言模型的开发和应用开展得如火如荼。国内领先的金融信息技术服务商恒生电子凭借自身在AI技术方面的积累和丰富的行业经验，开发出了LightGPT金融大模型，并开发了针对各类金融业务场景的金融大模型应用——光子智能金融助手。其覆盖领域包括金融投顾、投研、合规、运营等典型业务场景，为金融机构和从业人员提供了高效、专业、便捷的AI智能服务。

为了实际评估光子AI助手的应用效果，本案例对光子善策、光子文曲、光子方圆三种AI应用进行了评测。运用投顾、投研和合规风控领域的经典业务问题检验其输出的有效性、合理性以及是否能够满足业务人员的需求。实际应用的结果表明，光子系列应用能够满足从业人员在投顾、投研和合规方面的业务需求，通过大模型技术能够高效地生成投资建议、开展投资规划、高效生成模式化研报以及可靠地完成合规咨询等，极大地提高了从业人员的工作效率，具备较高的专业性和可靠性。

恒生电子以国产算力和大模型为技术底座，打造了适合中国金融行业的场景式智能金融应用平台——恒生光子智能金融应用助手。其形成的合理的技术架构、一体化的智能金融解决方案以及符合中国金融监管要求的安全合规性，为金融行业大模型应用的开发提供了富有创造性并切实可行的解决方案。

思考题

1. 什么是金融大模型？

2. 恒生电子开发的大模型金融应用有何特征？

3. 请想出几个测评金融大模型应用的业务问题，并思考从哪些维度评价大模型回复的有效性和可靠性。

4. 你对金融大模型的发展有什么建议与想法？

参考文献

[1] 恒生电子官网．恒生电子金融大模型 LightGPT 能力全面升级，多款光子系列大

模型应用产品正式发布［EB/OL］.［2023－10－24］. https：//www. hundsun. com/newsview? id＝2196&crems＝%7B%22title%22%3A%22%E5%B8%82%E5%9C%BA%E6%B4%BB%E5%8A%A8%22,%22path%22%3A%22%2Fnews%2Fbazaar%22%7D.

［2］恒生客户服务平台．光子大模型系列产品．［EB/OL］.［2024－8－20］. https：//www. hs. net/lightgpt/#/index.

［3］恒生电子官网．恒生电子大模型应用全面接入 DeepSeek，携手国产算力助力金融 AI 应用新突破［EB/OL］.［2025－2－10］. https：//www. hundsun. com/newsview? id＝2471&crems＝%7B%22title%22%3A%22%E4%BA%A7%E5%93%81%E5%8A%A8%E6%80%81%22,%22path%22%3A%22%2Fnews%2Fproduct%22%7D&ctype＝0.

［4］汪寿阳，李明琛，杨昆，等．ChatGPT＋金融：八个值得关注的研究方向与问题［J］. 管理评论，2023，35（4）：3－11.

［5］白雪．数智化投研实践与新趋势［J］. 人工智能，2023（2）：90－99.

［6］华西计算机团队．AI＋金融：大模型引爆金融科技革命“AI＋应用”系列（二）［R］. 2023.

［7］Guo D，Yang D，Zhang H，et al. DeepSeek－r1：Incentivizing reasoning capability in llms via reinforcement learning［J］. arxiv preprint arxiv：2501. 12948，2025.

第二部分　绿色金融篇

随着全球对可持续发展的呼声日益高涨，绿色金融已成为推动经济绿色转型的核心力量。我国积极构建绿色金融政策体系，明确“三大功能”“五大支柱”的发展思路，为绿色金融的蓬勃发展筑牢根基。绿色金融以促进经济、资源、环境协调发展为宗旨，通过绿色信贷、绿色债券等多样化金融工具，引导资金流向绿色低碳领域，推动产业结构向绿色化、低碳化转型升级。从支持基础设施的绿色改造，到推动节能环保、清洁能源等新兴产业的崛起，绿色金融在各个领域都发挥着不可或缺的作用。本篇将结合相关政策文件，呈现绿色金融在优化资源配置、推动绿色发展方面的创新实践与积极探索。

案例 6

AI 赋能绿色金融提效

——以百融云创与 ESG 深度融合为例

王向进　彭淼汭[1]

① 王向进，上海立信会计金融学院金融学院副教授，研究方向为绿色金融。彭淼汭，上海立信会计金融学院金融学院本科生。

本案例以百融云创（6608. HK）为研究对象，探讨其在 AI 技术与 ESG（环境、社会、治理）深度融合的实践路径，重点分析其如何通过技术创新与治理优化赋能绿色金融提效，推动金融机构绿色转型。结合利益相关者理论和技术创新扩散理论框架，全面揭示 AI 赋能绿色金融的底层逻辑，解析百融云创在绿色金融解决方案、ESG 治理体系、技术赋能模式等方面的创新实践，为绿色金融学科的教学与科研提供理论与实践结合的参考范本。

一、案例背景

在全球范围内，各国积极推动绿色金融政策的制定与实施。欧盟于 2020 年颁布《可持续金融分类法案》，明确界定了 6 大环境目标，严格要求金融机构披露经济活动的绿色占比。以法国巴黎银行为例，2023 年其绿色资产占比已达 37%，成为欧盟绿色金融政策实践的典范。在中国，自 2016 年发布《关于构建绿色金融体系的指导意见》这一核心政策文件后，围绕绿色金融发展构建起“1 + N”政策体系，并不断完善。中国“双碳”目标（2030 碳达峰、2060 碳中和）的提出，为中国经济的绿色转型设定了明确的时间表和路线图。这一目标的实现，离不开绿色金融的强力支撑，绿色金融因此成为金融体系转型的核心方向。在政策层面，国家不断加强顶层设计，出台一系列政策法规推动绿色金融发展。2024 年《上市公司持续监管指引——可持续发展报告》的发布，标志着 ESG 强制披露时代的开启。这一举措促使上市公司更加重视自身的 ESG 表现，积极披露相关信息，以满足监管要求和投资者期望。

从宏观经济角度看，绿色金融的发展有助于引导资金流向绿色产业，促进产业结构调整和升级。根据中国人民银行研究局的测算，为实现“双碳”目标，2021—2050 年中国绿色投资需求累计将超过 400 万亿元。如此庞大的资金需求，需要金融体系发挥资源配置作用，将更多资金引导到低碳、环保、可持续发展的领域。

随着全球对可持续发展的关注度不断提高，ESG 投资市场规模迅速扩张。截至 2023 年，中国 ESG 投资规模超 33 万亿元，近三年复合增长率达 34%。国际投资者，如贝莱德等知名资产管理公司，将 ESG 评级作为核心投资标准之一，这一趋势倒逼国内企业提升 ESG 治理能力。在资本市场上，ESG 表现良好的企业更容易获得投资者青睐，融资成本相对较低。

从市场结构来看，ESG 投资涵盖了绿色债券、绿色基金、可持续发展挂钩贷款等多种金融产品。绿色债券市场规模持续增长，为绿色项目提供了重要的融资渠道。根据中央国债登记结算有限责任公司的数据，2023 年中国绿色债券发行量超过 8000 亿元，同比增长 20%。在绿色基金方面，越来越多的基金公司推出 ESG 主题基金，满足投资者对可持续投资的需求。这些市场数据表明，ESG 投资已成为中国金融市场的重要组成部分，且增长潜力巨大。

传统绿色金融在发展过程中面临诸多痛点。首先，数据碎片化，绿色项目识别难。由于缺乏统一的绿色标准，不同机构对绿色项目的界定存在差异，金融机构在筛选绿色项目时面临困难，并且环境数据分散于政府、企业、第三方平台，整合难度大，影响数据的全面性和准确性；其次，评估主观性，环境效益测算复杂，准确评估一个项目的环境效益需要考虑多个因素，如碳排放减少量、能源节约量等，测算过程烦琐且缺乏标准化方法；并且评估依赖人工判断绿色项目合规性，易受主观因素影响，缺乏客观性和一致性；再次，风险滞后性，传统的风险管理手段难以有效应对绿色项目的环境风险和社会风险，环境风险监测周期长，平均为 3—6 个月，难以及时发现和应对风险；最后，成本高企，小微绿色项目尽调成本占贷款额的 5%—10%，高昂成本限制了小微绿色项目的发展。

AI 技术的发展为解决这些痛点提供了新的思路。通过自然语言处理（NLP）技术，AI 可以对大量的文本数据进行分析，快速准确地识别绿色项目相关信息。大语言模型（LLM）能够整合多源数据，提高环境效益测算的准确性和效率。利用大语言模型对历史项目数据和环境数据进行学习，可以建立更精准的环境效益预测模型。在风险管理方面，AI 可以实时监测项目的环境和社会风险指标，及时发出预警信号，帮助金融机构提前采取措施降低风险（见表 6-1）。

表 6-1　传统绿色金融的四大痛点及 AI 解决路径

痛点	表现	AI 解决路径
数据碎片化	环境数据分散于政府、企业、第三方平台	NLP 技术整合多源非结构化数据
评估主观性	依赖人工判断绿色项目合规性	机器学习模型量化评估（如随机森林）
风险滞后性	环境风险监测周期长（平均为 3—6 个月）	实时舆情监控与预警系统
成本高企	小微绿色项目尽调成本占贷款额的 5%—10%	AI 自动化审批降低至 1% 以下

尽管 ESG 理念在国内得到广泛传播，但是多数企业的 ESG 实践仍流于形式，存在“漂绿”现象，即企业表面上宣称践行 ESG 理念，但实际上缺乏实质性的技术支撑和行动。

在推动绿色金融发展的进程中，百融云创积极践行 ESG 理念，通过技术创新和业务拓展，为金融机构提供了一系列绿色金融解决方案。百融云创通过全栈式 AI 技术构建绿色金融解决方案，在行业中脱颖而出，成为实践标杆。百融云创凭借其在 AI 技术领域的深厚积累，开发出一系列针对绿色金融的产品和服务。其自主研发的 AI 中台“赛博坦”（CybotStar）集成了大语言模型、OCR 等先进技术，为绿色金融业务提供强大的技术支持。

相比其他企业，百融云创不仅在技术上领先，更注重将技术与实际业务场景深度融合，切实解决绿色金融发展中的问题，推动行业的实质性进步。这些方案不仅帮助金融机构优化了业务流程，降低了资源和能源消耗，还提升了金融机构在绿色金融领域的竞争力，为绿色金融的高质量发展作出了积极贡献。下面我们将深入探讨百融云创在 ESG 方面的具体实践路径。

二、案例概述：百融云创与 ESG 深度结合的实践路径

百融云创（BAIrongInc.）成立于 2014 年，是中国领先的人工智能与大数据应用科技企业，总部位于北京。公司以“AI 赋能金融数字化转型”为核心定位，专注于为银行、保险、消费金融等金融机构提供智能风控、精准营销、客户运营等全链路数智化解决方案。依托自主研发的自然语言处理、知识图谱、机器学习等核心技术，百融云创构建了覆盖信贷全生命周期的智能决策系统，帮助金融机构提升运营效率、降低风险成本。成立至今，其服务已触达超过 7000 家金融机构，在 AI 金融应用领域占据头部地位。

近年来，百融云创积极践行 ESG 理念，将绿色金融纳入技术创新的核心场景，通过搭建环境风险评估模型、碳账户体系等工具，助力金融机构量化气候风险、识别绿色资产，推动资金向低碳产业精准配置。这一战略转型标志着公司从传统金融科技服务商向可持续发展赋能者的进阶，为行业提供了“科技 + 绿色”的融合范式。

（一）战略定位：ESG 融入核心业务与治理架构

1. 治理结构优化

百融云创高度重视 ESG 治理，在董事会下设企业管治委员会，负责制定和监督公司的 ESG 战略实施。将 ESG 目标纳入高管考核体系，从制度层面确保 ESG 理念贯穿公司的决策和运营全过程。这种治理结构的优化，使公司在追求经济效益的同时，更加注重环境和社会影响。MSCI 公司治理评级结果显示，百融云创位列行业第一，优于全球 76%、本土 96% 的同行。这一优异成绩体现了其在公司治理方面的卓越表现，包括董事会的独立性、信息披露的透明度、风险管理的有效性等方面。良好的公司治理为百融云创的 ESG 实践提供了坚实的制度保障，使其能够在可持续发展道路上稳步前行。

2. 技术驱动绿色金融

2023 年，百融云创的研发投入达到 3.79 亿元，占营收的 14%。持续的高研发投入确保了公司在 AI 技术领域的领先地位。自研 AI 中台“赛博坦”（CybotStar）集成了大语言模型、OCR 等先进技术，具备强大的数据处理和分析能力。该中台支持每日 5000 万次智

能语音交互，准确率高达 99%，为绿色金融业务的高效开展提供了技术支撑。

在绿色金融领域，“赛博坦”中台发挥了重要作用。通过大语言模型对海量的金融数据和环境数据进行分析，能够快速、准确地识别绿色项目，为金融机构提供精准的绿色信贷推荐服务。OCR 技术则提高了文档处理效率，降低了人工成本。这些技术的应用，使百融云创在绿色金融领域的竞争力不断提升，能够更好地满足市场需求。

（二）绿色金融解决方案的落地实践

1. 全流程数智化升级

百融云创与华夏银行合作开发的“数智化绿色金融解决方案”，实现了绿色金融业务的全流程数智化升级。该方案覆盖绿色识别、环境效益测算、风险管理等十大场景，入选工信部优秀案例。在绿色识别环节中，利用 AI 技术对企业的业务数据、财务数据和环境数据进行综合分析，准确判断企业是否属于绿色产业。在环境效益测算方面，通过建立科学的模型，结合大数据分析，实现对项目环境效益的精准测算。在风险管理方面，实时监测项目的风险指标，利用 AI 算法进行风险评估和预警。公司为某股份制银行搭建的绿色金融数智解决方案，通过“决策式 AI + 生成式 AI”技术，实现了绿色信贷项目的精准识别和全流程管理，绿色贷款识别效率提升 60%，环境效益测算误差率低于 5%。这一显著成效表明，数智化绿色金融解决方案能够有效提高金融机构的绿色金融业务效率和质量，降低风险。

2. 技术架构

该解决方案的技术架构分为三层：底层是 AI 算法和 NLP 技术，负责数据的采集、处理和分析；中间层是模型引擎，基于底层数据构建各种绿色金融模型，如绿色信贷识别模型、环境效益测算模型等；应用层则是面向金融机构的各种业务应用，如绿色信贷审批系统、绿色投资管理系统等。

这种分层架构设计具有良好的扩展性和灵活性，能够根据不同金融机构的需求进行定制化开发。底层的 AI 算法和 NLP 技术不断更新迭代，为上层应用提供更强大的技术支持。中间层的模型引擎可以根据市场变化和业务需求，快速调整和优化模型，提高模型的准确性和适应性。应用层的业务应用则直接面向用户，提供便捷、高效的服务体验。

3. 普惠与绿色融合

百融云创在推动绿色金融发展的同时，注重普惠金融与绿色金融的融合。通过 AI 模型优化信贷定价与风险管理，支持超 20 万家小微企业。在信贷定价方面，AI 模型综合考虑企业的信用状况、环境表现等因素，为小微企业提供合理的贷款利率。在风险管理方面，实时监测小微企业的经营状况和环境风险，及时采取措施降低风险。数据显示，百融云创支持的小微贷款逾期率低于行业均值的30%。这一成绩表明，通过将普惠金融与绿色金融相结合，不仅能够促进小微企业的发展，还能有效降低金融风险。同时，这也体现了百融云创在践行社会责任方面的积极贡献，为解决小微企业融资难、融资贵问题提供创新方案。

（三）环境与社会责任践行

1. 绿色运营

在自身运营过程中，百融云创积极践行绿色理念。数据中心作为公司的重要基础设施，是能源消耗的重点领域。通过采用先进的节能技术和设备，百融云创将数据中心电源使用效率（PUE）优化至1.3以下，碳排放强度同比下降15%。在日常办公中，公司推行无纸化办公、节能减排等措施，减少对环境的影响。通过优化办公流程，减少不必要的能源消耗和纸张浪费。鼓励员工采用绿色出行方式，降低碳排放。这些绿色运营措施不仅体现了公司的环保责任，也有助于降低运营成本，提高企业的可持续发展能力。

2. 公益创新

在社会责任方面，百融云创积极参与公益活动，通过技术创新为社会作出贡献。疫情期间，公司迅速部署“智能语音防疫机器人”，利用AI语音交互技术，为社区提供疫情防控信息通知、人员排查等服务。该机器人服务超100个社区，节省人工成本超2000万元。这一公益创新举措不仅提高了疫情防控效率，减轻了社区工作人员的负担，还展示了AI技术在社会公益领域的应用潜力。百融云创还积极参与其他公益项目，如支持教育扶贫、环保公益活动等，通过自身的技术和资源优势，为社会发展贡献力量。

三、模式分析：AI+ESG的融合逻辑与数据验证

（一）技术创新扩散理论基础

1. 技术采纳曲线

根据技术创新扩散理论，百融云创通过“平台+模型”输出模式，降低了金融机构AI应用门槛，加速了技术扩散。在技术采纳初期，百融云创通过与部分金融机构合作试点，展示了AI技术在绿色金融领域的应用效果和优势。随着试点项目的成功，越来越多的金融机构开始关注并采纳百融云创的技术和解决方案。通过不断优化产品和服务，百融云创逐渐扩大市场份额，推动AI技术在绿色金融行业的普及。这种技术扩散过程符合技术创新扩散理论中的S形曲线，即从少数创新者开始，逐渐扩散到早期采用者、早期大

众、晚期大众和落后者。百融云创在技术创新扩散过程中，发挥了引领者的作用，推动了整个行业的技术进步（见图6-1）。

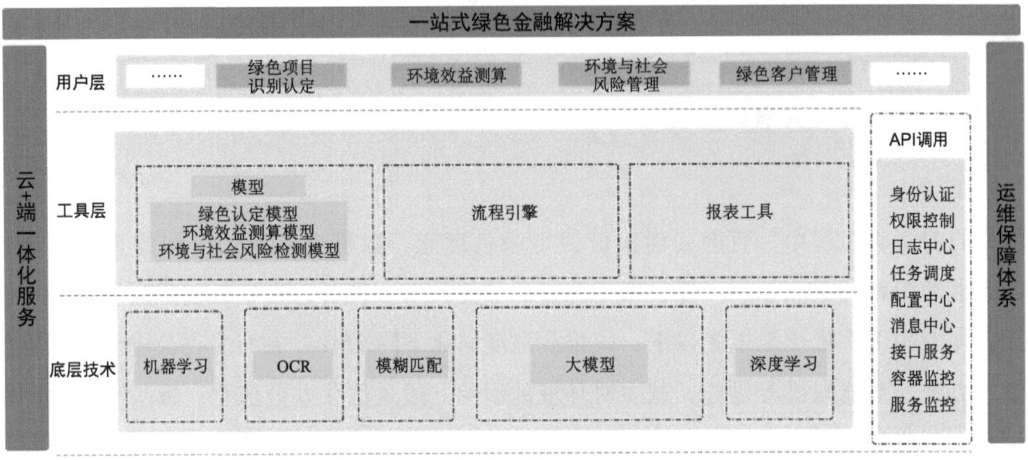

图6-1　百融云创基于“平台+模型”一体化思路搭建一站式绿色金融解决方案

2. 利益相关者协同

百融云创与政策层（工信部）、金融机构（华夏银行）、技术伙伴（DeepSeek）等利益相关者共建生态，形成了“技术—政策—市场”正反馈。在政策层面，工信部的支持和引导为百融云创的技术创新和业务发展提供了良好的政策环境。金融机构的需求则为百融云创的产品和服务提供了市场空间。技术伙伴的合作则为百融云创提供了技术支持和创新动力。

通过与利益相关者的紧密合作，百融云创不断优化自身的技术和产品，以更好地满足市场需求。同时，百融云创的创新实践也为政策制定提供了参考，推动了行业标准的完善。这种利益相关者协同机制，促进了绿色金融行业的健康发展，实现了多方共赢。

（二）技术创新赋能绿色金融智能解决模式

在“双碳”目标背景下，百融云创以“技术驱动、精准识别、高效评估、智能服务”为核心路径，构建了覆盖绿色金融全生命周期的智能解决方案体系，其模式创新可概括为以下四大维度（见图6-2）。

1. 技术驱动：构建AI原生的绿色金融基础设施

百融云创的技术驱动模式，是其赋能绿色金融的核心动力。百融云创以自主研发的垂直产业大模型BR-LLM为技术底座，结合决策式AI与生成式AI双引擎，构建了支持绿色金融业务的智能中枢系统。通过整合OCR、NLP、知识图谱等技术，实现从政策文本解

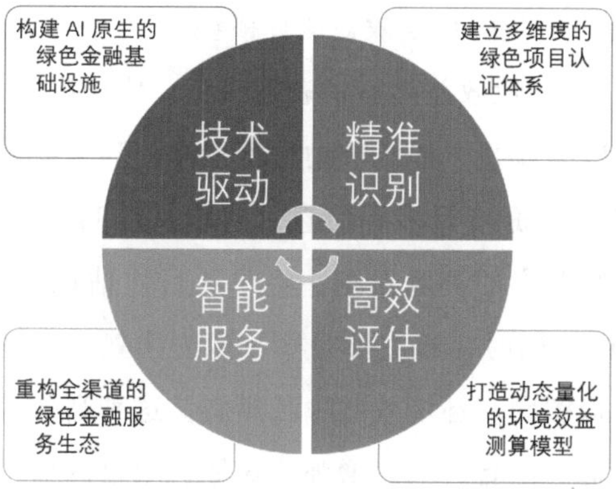

图 6 - 2 技术创新赋能绿色金融智能解决模式创新

析、项目合同分析到环境数据处理的全链条智能化。基于 BR - LLM 开发的绿色金融知识库，可实时对接《绿色产业指导目录》等政策文件，形成动态更新的标准映射体系，确保业务合规性与时效性。同时，通过 Cybot Star Agent Builder 智能体平台，实现业务流程的自动化编排与决策引擎的敏捷配置，支撑金融机构快速响应监管要求与市场变化。百融云创依托自研的 AI 大模型全栈开发体系，将主动大模型（BR - LLM - Proactive）与语音交互大模型（VoiceGPT）有机结合，形成了强大的技术支撑。这种技术组合不仅提升了模型的适应性和精准度，还实现了从数据采集到模型应用的全流程优化。语音交互大模型 VoiceGPT，已经实现 100% 全自研，支持 20 余种语言的实时交互，语义理解准确度高达 99%，通话延迟仅为 40 毫秒。这种技术能力使百融云创在客户服务、智能营销等多个场景中实现了高效应用。

2. 精准识别：建立多维度的绿色项目认证体系

在绿色项目识别中，百融云创的大语言模型（LLM）发挥了关键作用。针对传统人工识别效率低、主观性强等痛点，百融云创构建了"文本 + 图像 + 行为"多模态识别模型。通过对海量文本数据的学习和分析，LLM 能够准确提取绿色项目的关键信息，将识别准确率从 68% 提升至 95%，显著降低了误判风险。通过 BR - LLM 对项目申报材料的语义分析，结合卫星遥感图像识别技术，实现光伏、风电等 12 个重点领域的绿色属性精准判定。系统创新性引入模糊匹配算法，将项目特征与标准库进行动态比对，识别准确率从 68% 提升至 95%，有效防范"洗绿"风险。此外，通过知识图谱技术构建企业关联网络，识别潜在的关联交易与风险传导路径，为绿色客户准入提供立体化评估依据。

这种精准识别能力，不仅提高了金融机构的决策效率，还减少了因人工识别偏差导致的资源浪费。通过自动化和智能化的识别流程，百融云创帮助金融机构快速筛选出真正的绿色项目，确保资金流向符合绿色金融标准的领域。

3. 高效评估：打造动态量化的环境效益测算模型

百融云创的决策式 AI 在环境效益测算中表现出色。依托决策式 AI 的蒙特卡洛模拟技术，百融云创构建了覆盖碳减排量、能源节约量等指标的环境效益测算体系。该模型整合电力交易数据、碳排放权市场价格等多源信息，实现从项目立项到运营的全周期动态评估。例如，为某股份制银行开发的测算系统，将单项目评估耗时从 22 小时压缩至 6.5 小时，误差率控制在 5% 以内。同时，通过机器学习算法建立行业基准值库，支持差异化的信贷定价策略，推动金融资源向高环境效益项目倾斜。这种高效评估能力使金融机构能够快速响应市场变化，优化资源配置，同时增强了对绿色项目的监控和管理能力。

百融云创的一体化 AI 绿色金融业务解决方案，通过建立综合监控体系，利用外部绿色信息和内部政策，有效进行动态评估，让金融机构能够提前应对可能的风险，极大提升了风险管理的效率（见表 6－2）。

表 6－2　百融云创在绿色金融领域应用 AI 技术取得的显著成效

技术指标	应用前	应用后	提升幅度
绿色项目识别准确率	68%	95%	+27%
环境风险评估耗时	22 小时	6.5 小时	－70%
单客户服务成本	15 元	3 元	－80%

4. 智能服务：重构全渠道的绿色金融服务生态

语音交互（VoiceGPT）技术在远程绿色服务中的应用，显著提升了客户服务效率和质量。借助 VoiceGPT 技术，百融云创打造了支持多轮对话的智能客服系统，日均处理量突破 3000 万通，单客户服务成本下降 80%。系统通过情感计算与意图识别，将绿色金融产品咨询转化率提升 40%，形成“需求捕获—方案定制—服务交付”的闭环生态。此外，基于 Cybot Star Agent Builder 开发的环境信息披露自动化工具，可自动生成符合监管要求的报告，并通过区块链技术实现数据溯源，大幅提升披露效率与可信度。这种智能服务模式不仅提升了客户体验，还通过自动化和智能化手段大幅降低了运营成本。通过这种模式，百融云创不仅在绿色金融领域实现了技术与业务的深度融合，还为金融机构提供了可复制、可扩展的解决方案，推动了绿色金融的高质量发展。

（三）ESG 评级提升的三维治理框架

在金融行业 ESG 转型加速的背景下，百融云创通过构建三维治理框架，形成了独具特色的 ESG 风险管理模式。其核心在于将 ESG 治理体系嵌入公司战略、运营流程与客户关系管理全链条，实现评级提升与系统性风险降低的良性互动。

1. 环境治理（E）构建低碳技术创新体系

百融云创通过优化数据中心的能源效率，将 PUE 值从 1.8 优化至 1.3，达到国际 TierIII 标准，年减碳量相当于 12 万棵树的碳汇能力。这种绿色运营措施不仅降低了碳排放，还减少了能源消耗，提升了公司的环境绩效。公司更创新性地将碳足迹核算纳入产品生命周期管理（PLM），在绿色金融解决方案中嵌入碳效益测算模块，形成“技术创新—运营降碳—服务赋能”的闭环体系。公司通过制定明确的减排目标，并实施一系列节能减排措施，有效降低了运营过程中的碳足迹。

2. 社会治理（S）打造包容性价值创造生态

百融云创积极参与公益活动，履行社会责任，提升了公司的社会形象。基于利益相关者理论（Stakeholder Theory），百融云创建了“员工—客户—社区”三位一体的社会责任体系。公司注重员工多元化，女性高管占比 35%，超同业 20 个百分点，契合人力资本理论中的多元化创新效应。通过公益金融科技实验室与高校联合培养计划，累计输送 3000 + 专业人才，形成知识溢出效应。在供应链管理方面，供应商 ESG 审核率从 60% 提升至 95%，应用供应链协同理论（SCC）构建了绿色采购网络，确保 100% 供应商符合 SA8000 社会责任标准。

3. 治理（G）建立风险穿透式管理体系

依据现代公司治理理论，百融云创优化治理结构，构建“三会一层”的 ESG 治理架构，加强信息披露，确保公司运营的透明度和合规性。董事会下设 ESG 委员会，独立执行董事占比达 40%。通过区块链技术实现 ESG 信息披露全流程存证，披露合规率达 100%。反腐败培训覆盖率 100% 的实践，供应商 ESG 审核率从 60% 提升至 95%，加强了内部治理和供应链管理，符合《联合国反腐败公约》要求，构建了“预防—监测—处置”的廉政风险防控体系。公司更创新性地将 ESG 因素纳入关联交易管理，建立了基于图数据库的风险传导模型，有效识别潜在利益冲突。

四、建议及对策

（一）企业层面

（1）深化技术研发。企业应进一步扩大大模型在碳足迹追踪、供应链 ESG 管理等场景的应用。在碳足迹追踪方面，利用大语言模型对企业的生产、运输、销售等环节的数据进行分析，精准计算企业的碳排放量，并提供减排建议。在供应链 ESG 管理方面，通过大语言模型对供应链上的企业进行 ESG 评估，推动整个供应链的可持续发展。企业还应加强对其他新兴技术的研发和应用，如区块链技术在绿色金融数据安全和溯源方面的应用，物联网技术在环境数据实时监测方面的应用等。通过不断创新技术，提升企业在绿色金融领域的竞争力。

（2）强化数据治理。随着 ESG 数据的重要性日益凸显，企业面临的数据合规风险也在增加。构建隐私计算技术屏障，保护企业和客户的 ESG 数据安全。采用多方安全计算、联邦学习等隐私计算技术，在不泄露原始数据的前提下，实现数据的共享和分析。建立完善的数据管理体系，规范数据的采集、存储、使用和共享流程。加强数据质量控制，确保 ESG 数据的准确性和可靠性。通过强化数据治理，提升企业的数据管理能力，降低数据合规风险。

（二）政策层面

（1）完善标准体系。政府应推动绿色金融与 AI 技术的标准化互认，借鉴欧盟 CSRD 指令等国际先进经验，制定适合中国国情的绿色金融和 AI 技术标准。统一绿色项目的认定标准，规范 AI 技术在绿色金融中的应用流程和技术指标。建立 ESG 信息披露标准，明确企业应披露的 ESG 信息内容和格式要求。通过完善标准体系，提高绿色金融市场的透明度和规范性，促进市场的健康发展。

（2）激励创新试点。设立“AI + 绿色金融”专项基金，支持中小金融机构采购 AI 技术和绿色金融解决方案。对开展绿色金融创新试点的企业和金融机构给予税收优惠、财政补贴等政策支持。搭建“AI + 绿色金融”创新平台，促进企业、金融机构、科研机构之间的交流与合作。通过激励创新试点，激发市场主体的创新活力，推动 AI 技术在绿色金融领域的广泛应用。

（三）教育层面

针对这一层面，可注重跨学科课程设计。高校和科研机构应将“AI 技术伦理”“绿色金融模型”等课程纳入金融学核心课程体系。在“AI 技术伦理”课程中，探讨 AI 技术在金融领域应用可能引发的伦理问题，如算法偏见、数据隐私保护等，并培养学生的伦理意识和责任感。

思考题

1. 百融云创的 ESG 实践如何体现“技术创新”与“治理优化”的双向协同？
2. 在绿色金融场景中，AI 技术可能引发哪些伦理风险？如何规避？

3. 对比欧美 ESG 评级体系，中国企业在 ESG 披露与实践中需加强哪些环节？

参考文献

[1] Rogers E M. Diffusion of Innovations（5thed.）[M]. New York：Free Press，2003.

[2] 百融云创 .2023 环境、社会及管治（ESG）报告 [R]. 香港联交所披露文件，2024.

[3] 黄卓，王萍萍 . 金融科技赋能绿色金融发展：机制、挑战与对策建议 [J]. 社会科学辑刊，2022（5）：101－108.

[4] 李周佳睿，等 . 金融行业发展也需“追风”ESG [R]. 中央财经大学绿色金融国际研究院，2023.

[5] 吕鲲，管天宁，李北伟 . 绿色金融、数智赋能对区域创新生态系统韧性的影响 [J]. 科技管理研究，2024，44（16）：204－216.

[6] 马艳 .AI 赋能金融学课程创新：理论、实践与展望 [J]. 社会科学理论与实践，2025（1）：1－10.

[7] 欧阳日辉 . 生成式人工智能与金融业深度融合：理论机理及发展路径 [EB/OL].（2023－12－20）[2024－12－31]. https：//www. sohu. com/.

[8] 卿玲丽，季周，张雯悦 . 企业数字技术应用的减污降碳协同效应研究 [J]. 财经理论与实践，2024，45（4）：136－143.

[9] 施锦诚，王国豫，王迎春 .ESG 视角下人工智能大模型风险识别与治理模型 [J]. 中国科学院院刊，2024，39（11）：1845－1859.

[10] 王灿 .AI 赋能工业脱碳有哪些机遇与挑战？[R]. 中央财经大学绿色金融国际研究院，2023.

案例 7

全球碳预算数据库在金融实践中的应用：现状、案例及对我国的启示

陈修兰[①]

① 陈修兰，经济学博士，上海立信会计金融学院副教授，研究方向为国际金融。

本案例聚焦全球碳预算数据库在金融实践中的应用。通过详细阐述全球碳预算数据库的历史沿革、数据来源、数据类型及具体数据，全面介绍其基本情况。深入剖析美国、加拿大、英国、法国、德国等国家在金融实践中利用该数据库的研究案例，总结经验。在此基础上，探讨我国如何有效借助全球碳预算数据库推动绿色金融发展，为我国绿色金融领域的理论研究与实践探索提供参考。

一、案例背景

在“双碳”目标引领的时代浪潮下，各国纷纷出台政策大力推动碳金融发展，将其视为实现经济绿色转型的关键路径。2024 年 3 月 27 日，中国人民银行等多部门联合印发的《关于进一步强化金融支持绿色低碳发展的指导意见》中明确提出，要基本构建国际领先的金融支持绿色低碳发展体系。在这一政策指引下，碳金融市场主体日益丰富，产业规模持续扩大，展现出蓬勃的发展活力。与此同时，全球碳交易市场的蓬勃发展，促使碳金融概念不断扩容，逐渐涵盖更为多元的金融服务与产品，已然成为金融领域创新发展的前沿阵地。

全球碳预算数据库作为该领域的关键基础设施，深度嵌入诸多金融实践场景，发挥着不可替代的作用，有力推动了全球绿色金融进程。其能够贯通碳金融产业链各方需求，凭借翔实的数据助力资金精准流向绿色产业，为金融赋能低碳经济筑牢坚实后盾，因此，全球碳预算数据库在实践中的应用，是非常适合在金融专业本科阶段研究推广的教学案例。

二、全球碳预算数据库介绍

全球碳预算数据库（Global Carbon Budget Database），是一个旨在全面、系统地记录和分析全球碳循环相关数据的信息集合（见图 7 - 1）。它整合了来自全球范围内不同来源、不同类型的碳数据，包括但不限于化石燃料燃烧排放、土地利用变化导致的碳排放与吸收、海洋对碳的吸收与释放以及陆地生态系统的碳通量等多方面的数据（见表 7 - 1）。这些数据经过严格的收集、整理、验证和分析流程，以确保其准确性、可靠性和时效性。

全球碳预算数据库的发展历程是一个不断演进和完善的过程，其背后受到全球对气候变化问题日益关注以及科学技术不断进步的双重推动。全球碳预算数据库的起源可追溯至 20 世纪末。彼时，随着全球气候变化问题愈发严峻，极端天气事件频发，科学界对碳排放数据的系统性需求呈井喷式增长。早期，受限于技术手段与资源整合能力，一些科研机构仅能零散地收集和整理碳排放相关数据，这些数据在规模、精度与连贯性上均存在明显

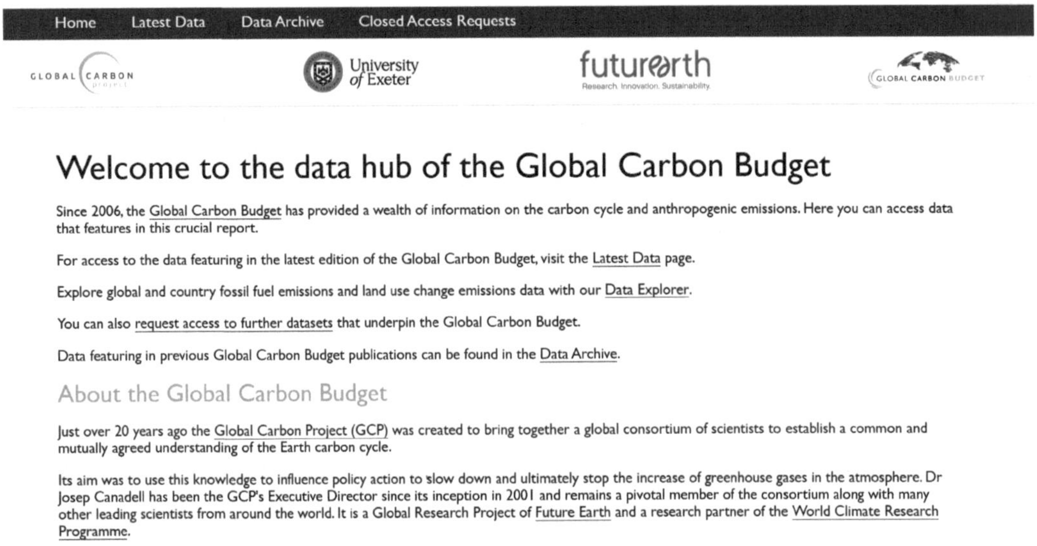

图 7－1　全球碳预算数据库

表 7－1　　全球碳预算部分数据

Year	fossil emissions excluding carbonation	land－use change emissions	atmospheric growth	ocean sink	land sink	cement carbonation sink	budget imbalance
1959	2.416672802	2.1134525	2.03904	1.008441074	0.368378446	0.012542147	1.101723636
1960	2.561956989	1.8302425	1.50804	0.999830204	1.096425621	0.013682051	0.774221613
1961	2.56960757	1.8614975	1.65672	0.879819334	0.845490983	0.014547674	1.034527079
1962	2.660285798	1.72781	1.18944	0.957408464	1.319125843	0.015679867	0.906441625
1963	2.802066652	1.6815725	1.21068	1.132297595	0.874708976	0.016652984	1.249299597
1964	2.954275682	1.599025	1.04076	1.262686725	1.586865758	0.018219985	0.644768214
1965	3.086954269	1.535235	2.3364	1.362475855	0.369738698	0.01923258	0.534342136
……	……	……	……	……	……	……	……
2020	9.586933986	0.93859	4.8852	2.900425616	3.038086797	0.206857741	－0.505046168
2021	10.09599789	0.969645	5.26752	2.800063925	3.506609539	0.216462506	－0.725013079
2022	10.1784488	0.96644	4.6728	2.722721253	3.870798369	0.217489274	－0.338920099
2023	10.31429277	0.98933	5.92596	2.880720693	2.302042382	0.214049113	－0.019149418

不足。进入 21 世纪，国际社会对气候变化的关注度持续攀升，从《京都议定书》到《巴黎协定》，一系列国际气候协定的签署彰显了全球应对气候变化的决心。在此背景下，多个国际组织和科研团队敏锐地意识到，打造一个全面、权威的全球碳预算数据库迫在眉睫。他们跨越地域、机构的界限联合起来，投入大量人力、物力与财力。经过长达数年的

艰苦努力，不断攻克数据收集、整合与验证的难题，该数据库逐渐发展完善。全球碳预算数据库由全球碳项目组于 2006 年搭建，整合海量数据，精准呈现全球碳循环全貌，涵盖各国家、地区碳排放源、碳汇数据，以及碳通量在生态系统、能源产业间的动态变化，为金融活动提供扎实的数据根基。如今，它已涵盖全球范围内众多国家和地区不同时期的碳排放数据，时间跨度从工业革命初期到当下，详细记录了碳排放的动态变化，成为研究气候变化与经济金融关系的不可或缺的重要数据支撑平台。

三、全球碳预算数据库的数据内容

（一）数据来源

全球碳预算数据库的数据来源广泛且多元，涵盖了实地监测、卫星遥感、模型模拟等多个方面，这些不同来源的数据相互补充，共同为数据库提供了全面且丰富的信息。

1. 政府机构监测数据

各国环保部门、能源部门等官方机构通过实地监测、能源统计等方式收集本国的碳排放数据。例如，美国环境保护署（EPA）通过对国内各类污染源的监测，收集工业、交通、能源等领域的碳排放数据，并定期向全球碳预算数据库提供。

2. 科研团队实地调研

许多科研团队在全球范围内开展实地调研，对特定区域的生态系统、森林碳汇等进行测量和分析。例如，针对热带雨林地区进行研究，通过实地测量树木生长、碳储量变化等，为数据库提供关于陆地生态系统碳循环的数据。

3. 卫星遥感数据

利用卫星遥感技术可以获取全球尺度的碳排放信息，如监测大气中二氧化碳浓度分布等。卫星遥感数据能够弥补地面监测的局限性，提供大面积、连续的碳排放数据，成为全球碳预算数据库重要的数据来源之一。

（二）数据类型

全球碳预算数据库的内容十分丰富，为金融实践提供了多维度的分析视角。其涵盖的行业数据与生态数据，对理解碳排放的来源和碳汇的作用有关键意义。

1. 碳排放总量数据

全球碳预算数据库精准记录各国每年二氧化碳及其他温室气体的排放总量。这一数据是衡量国家在全球碳排放格局中地位的关键指标，反映了国家整体的碳排放规模。以中国为例，庞大的经济体量和快速的工业化进程，使中国的碳排放总量在全球名列前茅。通过对不同年份碳排放总量数据的对比分析，能够清晰洞察国家碳排放趋势，为制定宏观层面的碳减排战略提供基础依据。在国际气候谈判中，各国的碳排放总量数据是重要的谈判筹码，也是衡量各国对全球气候变化责任贡献的重要标准。

2. 分行业碳排放数据

数据库对工业、能源、交通、建筑等不同行业的碳排放数据进行详细划分。各行业由于生产方式、能源消耗结构不同，碳排放特征差异显著。德国作为工业强国，其工业部门的碳排放数据极具研究价值。汽车制造、机械加工等行业，因大量使用化石能源、运行高能耗设备，成为碳排放的重点领域。通过分析这些行业的碳排放数据，有助于识别碳排放的关键源头，从而有针对性地制定行业减排政策，如推动工业企业进行技术改造，采用更清洁的生产工艺和能源，提高能源利用效率，降低碳排放强度。

3. 碳汇数据

涵盖森林、湿地等关键生态系统的碳汇能力数据，这些数据对理解地球生态系统的碳循环和应对气候变化至关重要。以加拿大为例，其拥有广袤的森林资源，是全球森林碳汇的重要贡献国之一。加拿大森林每年吸收二氧化碳的具体数值，经专业研究机构长期监测与精确计算，展现出庞大的碳汇规模。这些详细的数据为深入理解全球碳循环过程提供了关键依据，助力科学家们更准确地模拟碳在大气、陆地和海洋之间的流动路径，进而为制定科学合理的碳减排策略提供了宝贵参考。

全球碳预算数据库凭借其强大的数据收集与整合能力，精确记录了各国历年碳排放的关键信息。这些数据清晰界定了各国碳排放的规模、结构及动态变化趋势，为深入剖析各国在全球碳循环体系中的角色与责任提供了坚实的数据基础。依据 2020 年数据，美国的碳排放总量约为 48 亿吨二氧化碳当量，其中能源行业碳排放占比约为 35%，工业占比约为 25%。英国在 2020 年的碳排放总量约为 3.5 亿吨二氧化碳当量，交通行业是其碳排放的主要来源之一，占比约为 30%。中国 2020 年碳排放总量约为 100 亿吨二氧化碳当量。这些数据在全球碳预算数据库中均有翔实记录。

四、各国利用全球碳预算数据库在金融实践中的案例

全球碳预算数据库为各国在金融实践领域的探索与创新提供了坚实的数据基石。在应对气候变化的时代浪潮下，各国积极挖掘该数据库的价值，将其深度融入金融实践的各个环节，衍生出一系列富有成效的应用案例。这些案例不仅展现了各国在绿色金融发展道路上的独特智慧，也为全球范围内的金融与环境协同发展提供了宝贵经验。通过对美国、加

拿大、英国、法国、德国等国家相关实践的深入剖析，我们能够更清晰地洞察全球碳预算数据库在金融实践中的巨大潜力与多元应用路径。

（一）美国

1. 金融机构风险评估

美国的一些大型金融机构，如摩根大通，利用全球碳预算数据库中的碳排放数据评估企业的环境风险。通过分析企业所在行业的碳排放强度以及企业自身的碳排放数据，评估其在气候变化背景下可能面临的风险，如政策风险、转型风险等。对于高碳排放行业的企业，金融机构可能会提高贷款利率或收紧信贷额度，以此引导企业降低碳排放。

2. 绿色金融产品创新

美国的金融市场上，一些基金公司基于全球碳预算数据库开发了绿色指数基金。贝莱德旗下的一只绿色指数基金，通过筛选在全球碳预算数据库中表现良好的低排放企业，构建投资组合。该基金的投资决策紧密依赖数据库中的碳排放数据及企业的减排趋势，为投资者提供了参与绿色金融投资的渠道。

（二）加拿大

1. 碳金融衍生品交易

加拿大的碳排放交易市场较为活跃，全球碳预算数据库为其提供了重要的数据支持。在碳期货、碳期权等衍生品交易中，交易参与者利用数据库中的历史碳排放数据和预测数据，分析市场趋势，制定交易策略。有些能源企业通过对数据库中加拿大能源行业碳排放数据进行分析，预测未来碳排放配额的价格走势，从而在碳期货市场上进行套期保值操作。

2. 绿色债券发行

加拿大的一些企业在发行绿色债券时，参考全球碳预算数据库中的数据来证明其项目的环境效益。一些林业企业计划开展森林保护项目，通过引用数据库中该地区森林碳汇数据，向投资者展示项目实施后将增加的碳汇量，吸引投资者购买其绿色债券，为项目筹集资金。

（三）法国

1. 可持续投资评级

法国的评级机构在对企业进行可持续投资评级时，将全球碳预算数据库中的碳排放数据作为重要参考指标。法国某评级机构在评估一家汽车制造企业时，根据数据库中该企业及汽车行业的碳排放数据，结合企业的减排措施和目标，给予相应的可持续投资评级。高评级企业更容易获得金融机构的资金支持和投资者的青睐，促使企业积极采取减排措施。

2. 绿色信贷项目评估

法国的银行在审批绿色信贷项目时，借助全球碳预算数据库评估项目的环境效益和可持续性。银行在为可再生能源项目提供贷款时，通过分析数据库中该地区能源结构和碳排放数据，评估项目实施后对当地碳排放的减少作用，以此决定是否给予贷款及贷款额度和利率。

（四）德国

1. 工业企业转型金融支持

德国的工业企业在向低碳转型过程中，金融机构依据全球碳预算数据库中的行业碳排放数据为企业提供金融支持。例如，德国的一些银行针对钢铁、化工等高碳排放行业企业，根据其在数据库中的碳排放表现及减排计划，为企业提供定制化的贷款方案，支持企业进行技术改造和节能减排项目，助力企业实现低碳转型。

2. 碳捕获与封存（CCS）项目融资

德国在积极推进碳捕获与封存项目，全球碳预算数据库为这些项目的融资提供数据依据。投资者和金融机构通过分析数据库中与碳捕获和封存相关的数据，如潜在的碳减排量、项目实施地区的碳排放现状等，评估项目的可行性和投资回报率，为 CCS 项目提供资金支持，推动碳减排技术的发展和应用。

上述各国在金融实践中对全球碳预算数据库的应用，充分展现了数据驱动下绿色金融发展的多元化路径。美国通过风险评估与绿色产品创新引导资本流向低碳领域，加拿大依托数据库活跃碳金融交易并支持绿色项目融资，法国将数据嵌入评级与信贷体系强化可持续发展导向，德国则借助数据助力工业转型与碳减排技术落地。这些实践既体现了不同国家的金融市场特色与政策目标，也共同验证了全球碳预算数据库在金融决策、风险管控、产品设计等环节的核心价值。在借鉴这些国际经验的基础上，我国应如何有效利用全球碳预算数据库实现“双碳”目标，这将成为推动中国绿色金融高质量发展的关键课题。

五、各国应用全球碳预算数据库对我国的启示

在全球绿色发展浪潮中，各国都积极践行绿色发展理念，大力推进绿色金融体系建设。我国应借鉴其他国家做法，有效运用这一数据库，将其深度融入绿色金融的政策制定、产品创新、风险管理以及国际合作等各个环节，助力我国实现碳达峰、碳中和目标，

在全球绿色经济竞争中抢占先机。具体而言，我们可以借鉴其他国家对该数据库的应用，从以下方面来利用全球碳预算数据库推动绿色金融发展。

（一）完善绿色金融政策体系

在全球积极应对气候变化的大背景下，完善绿色金融政策体系是我国实现碳减排目标、推动经济绿色转型的关键举措。全球碳预算数据库为我国绿色金融政策体系的优化提供了不可或缺的数据支撑。

1. 基于数据制定减排目标

我国的相关部门在制定减排目标时，需要深入分析全球碳预算数据库中我国的碳排放数据。该数据库详细记录了我国历年碳排放总量的动态变化，以及各地区、各行业的碳排放具体数值。例如，从地区维度来看，东部沿海经济发达地区，由于工业聚集、人口密集，能源消耗量大，碳排放总量相对较高；而中西部一些生态资源丰富、工业发展相对滞后的地区，碳排放总量则较低。从行业维度分析，钢铁、水泥、化工等传统重工业，因其生产过程中对化石能源的大量消耗，成为碳排放的重点行业；相比之下，新兴的电子信息、生物医药等行业，碳排放强度则较低。

我国在制定碳减排目标时，需紧密结合经济发展规划。“十四五”规划明确提出要加快推动绿色低碳发展，这就要求减排目标的设定既要符合当下经济发展的实际情况，又要具有前瞻性，为未来经济向绿色转型预留空间。同时，我国对国际社会作出了碳减排承诺，如二氧化碳排放力争于 2030 年前达到峰值，努力争取 2060 年前实现碳中和。基于此，相关部门应依据全球碳预算数据库中的数据，制定科学合理的阶段性碳减排目标。针对不同地区的发展水平和碳排放现状，制定差异化的减排目标。对于东部沿海地区，可设定更为严格的减排指标，促使其加快产业升级，提高能源利用效率；对于中西部地区，在推动经济发展的同时，引导其走绿色发展道路，合理控制碳排放增长速度。在行业层面，对高碳排放行业，如钢铁行业，制定分阶段的减排目标，要求其逐步降低单位产品的碳排放强度；对新兴的低碳行业，则鼓励其持续创新，进一步降低碳排放。通过这种精细化、差异化的减排目标的制定，为绿色金融政策的制定提供明确、可操作的方向，引导金融资源向符合减排目标的地区和行业倾斜。

2. 优化绿色金融激励政策

参考全球碳预算数据库中的数据，对符合碳减排目标的企业和项目给予更具针对性的金融激励政策，是激发市场主体参与绿色发展的重要手段。在数据库中，清晰记录了各企业的碳排放表现，包括碳排放总量、碳排放强度以及减排趋势等信息。对于那些碳排放表现良好且有进一步减排计划的企业，应给予全方位的金融支持。

税收优惠是常见且有效的激励方式之一。例如，对在数据库中碳排放强度持续下降、积极采用节能减排技术的企业，可给予企业所得税减免。通过降低企业税负，增加企业的利润空间，使其有更多资金投入到绿色技术研发和生产设备更新中。同时，财政贴息政策也能发挥重要作用。对实施绿色项目的企业，如建设可再生能源发电项目、开展资源循环利用项目等，政府可对其贷款给予贴息支持。此外，还可设立绿色产业发展基金，从全球碳预算数据库中筛选出具有良好发展前景、符合碳减排目标的企业和项目，给予直接的资金支持。通过这些金融激励政策的协同发力，鼓励企业加大绿色投资，推动绿色产业的蓬勃发展，形成绿色经济发展的良性循环。

（二）加强绿色金融产品创新

全球碳预算数据库所蕴含的海量精准数据，也为我国绿色金融产品创新提供了坚实的数据基础与方向指引。

1. 开发碳相关金融衍生品

我国碳金融市场可以借鉴国际上成熟的碳金融市场，如欧盟碳排放交易体系（EU-ETS）下丰富多样的碳金融衍生品交易经验，我国可充分利用全球碳预算数据库中的数据开展本土化创新。一方面，可以深入分析数据库中我国碳排放数据的历史走势、波动特征以及不同行业、地区的碳排放差异。例如，通过对钢铁、电力等高碳排放行业多年来碳排放总量及强度变化数据的挖掘，精准把握其碳排放规律与未来趋势。基于这些数据，合理确定碳期货、碳期权等金融衍生品的基础标的。在碳期货合约设计方面，依据数据库中碳排放数据所反映的市场供需关系，科学设定期货合约的标的数量、交割期限以及交割地点等关键要素。对于碳期权，参考数据库中碳排放数据的不确定性及市场风险状况，确定期权的行权价格、行权期限等参数，以确保衍生品价格能够真实反映碳排放市场的风险与价值。另一方面，在交易规则制定上，可以借助全球碳预算数据库，考量不同市场参与者的交易需求与风险承受能力。对于大型能源企业，由于其碳排放规模大且交易频繁，可制定与之适配的大宗交易规则，提高交易效率；对于中小微企业及金融机构投资者，设计灵活的小额交易规则，降低交易门槛，扩大市场参与度。通过这些精心设计的碳相关金融衍生品，为市场参与者提供多样化的风险管理工具。这些举措将极大地活跃我国碳金融市场。

2. 设计绿色指数基金

绿色指数基金作为引导社会资本流向绿色产业的重要金融工具，其设计与开发离不开全球碳预算数据库的有力支撑。我国可依托该数据库，全面筛选在国内碳排放方面表现卓越的企业。在企业筛选过程中，深入分析全球碳预算数据库中企业的碳排放数据，不仅关注企业当前的碳排放总量与强度，更要考察其减排行动的持续性与减排目标的明确性。对于那些制定了科学合理的减排计划，并在实际运营中逐步实现减排目标的企业，优先纳入筛选范围。以这些精选企业为样本，构建具有代表性的绿色指数。在指数构建过程中，合理确定各企业的权重，可根据企业的市值规模、行业影响力以及碳排放改善程度等因素综合考量。

基于构建的绿色指数，开发绿色指数基金。通过专业的基金管理团队，将投资者的资金集中起来，按照绿色指数的成分股构成及权重进行投资配置。这样一方面，为投资者提供了分享我国绿色经济发展红利的机会；另一方面，引导资金源源不断地流向低碳、环保企业，为这些企业的技术研发、产能扩张等提供充足的资金支持，加速我国产业结构调整，推动传统高耗能产业向绿色低碳转型，促进绿色经济蓬勃发展，助力我国实现碳达峰、碳中和目标。

（三）提升金融机构风险管理能力

有效借助全球碳预算数据库，提升自身风险管理能力，不仅是金融机构顺应时代发展潮流的必然选择，更是保障其稳健运营、推动绿色金融可持续发展的关键所在。

1. 建立环境风险评估体系

金融机构，涵盖银行、证券、保险等各类主体，在日常业务开展中，与众多企业建立了紧密的资金往来关系。为精准把控因企业碳排放问题带来的潜在风险，金融机构需借助全球碳预算数据库中的海量数据，构建一套完善且科学的环境风险评估体系。首先，深入分析全球碳预算数据库中企业所在行业的碳排放强度。金融机构通过研究这些数据，能够清晰了解各行业在碳排放方面的风险等级，为后续评估企业风险提供行业基准。其次，聚焦企业自身的碳排放数据。数据库中包含了企业历年的碳排放总量、单位产值碳排放等关键信息。金融机构可通过分析某一企业在数据库中的碳排放数据，判断该企业在同行业中的碳排放水平，是处于领先的低碳排放区间，还是处于高碳排放的落后阵营。同时，关注企业碳排放的动态变化趋势，若企业近年来碳排放总量持续下降，表明其在节能减排方面作出了积极努力，风险相对较低；反之，若碳排放数据呈现上升态势，则需警惕潜在风险。最后，预测企业未来的减排趋势至关重要。金融机构可结合企业公开披露的减排目标、技术研发投入以及行业发展趋势等信息，借助全球碳预算数据库中的相关数据模型与分析工具，对企业未来的碳排放情况进行合理预测。

基于以上多维度分析，金融机构能够全面评估企业面临的环境风险。在信贷业务方面，对于高碳排放、减排前景不明朗的企业，合理收紧信贷额度，避免过度放贷导致资金风险；同时，提高贷款利率，以补偿潜在的风险损失。在保险业务中，根据企业的环境风险评估结果，科学确定保险费率。对于环境风险高的企业，收取较高的保险费用，促使企业重视环境风险管理；对于积极减排、环境风险低的企业，则给予一定的费率优惠，激励企业持续保持良好的碳排放表现。通过这些举措，金融机构能够有效降低自身面临的环境风险，保障资产质量安全。

2. 加强碳金融专业人才培养

金融机构要在绿色金融领域占据竞争优势，必须大力加强对碳金融专业人才的培养，使其能够熟练运用全球碳预算数据库中的数据，高效开展风险评估和金融产品设计等核心业务。

在内部培训方面，金融机构应制定系统、全面的培训计划。定期组织员工参加碳金融知识讲座，邀请行业专家、学者深入解读全球碳预算数据库的架构、数据内涵以及在金融实践中的应用技巧。金融机构也可与高校联合开设碳金融相关专业课程，为在校学生提供实践教学基地，使学生在学习理论知识的同时，能够接触到真实的金融业务场景和全球碳预算数据库的实际应用。企业也可以与科研机构合作，共同开展碳金融领域的前沿研究，如开发基于数据库数据的新型风险评估模型、创新金融产品设计等，让员工在参与科研项目的过程中掌握最新的行业动态与技术方法。

（四）促进国际合作与交流

在全球绿色金融一体化趋势日益凸显的背景下，积极促进国际合作与交流，已成为我国推动绿色金融发展、提升国际竞争力的关键路径。

1. 参与国际碳金融标准制定

我国作为全球最大的发展中国家，同时是碳排放大国与绿色金融发展的重要力量，积极参与国际碳金融标准的制定具有深远意义。我国可结合自身经济发展阶段、产业结构特点以及碳减排目标，提出符合我国国情和发展需求的标准建议。通过积极参与国际碳金融标准制定，我国能够在国际碳金融规则制定过程中充分表达自身诉求，发挥更大的建设性作用，逐步提升在全球碳金融领域的话语权，为我国绿色金融机构、企业“走出去”创造有利的国际规则环境。

2. 开展跨境绿色金融合作

我国应借助全球碳预算数据库，全方位加强与其他国家在绿色金融领域的合作。与在碳金融领域积累了先进经验的国家，如英国、美国、德国等，开展深度联合研究。在研究过程中，双方研究团队可共同分析全球碳预算数据库中不同国家、不同行业的碳排放数据，探讨碳排放与金融市场之间的复杂关联机制，以及如何通过金融手段更有效地推动碳减排目标实现。

在共同开发绿色金融产品方面，我国可与其他国家携手，整合各方资源与技术优势，积极推动跨境绿色投资和融资，鼓励我国金融机构与企业参与国际绿色项目投资，吸引国际资本流入我国绿色产业。也可以建立跨境绿色金融合作平台，利用全球碳预算数据库中的项目碳排放数据及投资回报数据，为跨境投资和融资提供精准的信息服务与风险评估，降低交易成本与风险，促进全球绿色金融市场的互联互通，实现全球绿色金融资源的优化配置，共同推动全球绿色经济发展迈向新高度。

思考题

1. 全球碳预算数据库在金融机构碳核算与风险评估应用中，存在数据时效性与金融决策需求不匹配的问题，应如何优化数据更新机制与分析模型？

2. 寻找我国绿色债券发行的典型案例，并探讨全球碳预算数据库在提升绿色金融产品可信度和国际竞争力方面，如何发挥更大协同效应？

3. 当前全球碳预算数据库应用存在区域发展不平衡现象，中国在推动其本土化应用时，如何平衡与国际标准的对接和自身金融市场特色的关系？

4. 面对跨境碳金融中数据互认难题，参考全球碳预算数据库的国际合作经验，中国应如何构建更高效的跨境碳数据共享与监管机制？

5. 从全球碳预算数据库的应用现状来看，未来中国金融机构在开发基于碳数据的创新金融产品时，可能面临哪些挑战？又该如何应对？

参考文献

［1］ Smith，J. The Role of Global Carbon Budget Database in Financial Decision – Making［J］. Journal of Carbon Finance，2020，35（2）：45 – 60.

［2］ Johnson，A. & Brown，L. Carbon Emission Data and SustAInable Investment［J］. SustAInability Finance Review，2019，22（3）：78 – 92.

［3］ Green，R. Using Global Carbon Budget Database for Carbon Derivatives Trading［J］. Journal of Financial Markets and Climate Change，2018，15（1）：23 – 38.

［4］ European Central Bank. Green Finance and Climate Change Data［R］. ECB Working Paper Series，No. 2234，2019.

［5］ International Energy Agency. World Energy Outlook and Carbon Emission Data［R］. IEA Report，2020.

［6］ United Nations Environment Programme. Global Carbon Budget and Sustainable Development [R]. UNEP Report, 2018.

[7] Grubb, M. Carbon Finance and the Role of DatA In Policy - Making [J]. Climate Policy, 2017, 17 (5): 567 - 582.

[8] Stern, N. The Economics of Climate Change and the Importance of Carbon Data [J]. Oxford Review of Economic Policy, 2016, 32 (2): 345 - 360.

[9] 胡晓喆，单红军．“双碳”背景下我国蓝碳金融体系规制检视及调适路径 [J]. 山东社会科学，2025 (2): 110 - 117.

[10] 蒋惠琴，等．“碳账户”政策对城市工业企业碳排放量的影响研究——基于浙江省衢州市的实证分析 [J]. 城市问题，2025 (1): 85 - 93.

案例 8

我国电力行业碳中和债券发行实践分析

——以“21 华能 GN001”为例

田原　韩一丹[①]

① 田原，上海立信会计金融学院，研究方向为绿色金融。韩一丹，上海立信会计金融学院。

华能国际电力股份有限公司作为发行首批国内碳中和债券的企业之一，迈出了碳中和债券市场探索的一步，为其他企业提供参考。本案例选择华能国际发行的“21 华能 GN001”为研究对象，首先从行业角度介绍了华能国际发行碳中和债券的背景、公司的基本情况、债券产品的基本要素及资金用途，再从政策、行业、企业三个层面对其发行动因进行了分析，可见华能国际发行碳中和债券在响应国家政策的同时，配合了电力行业及企业自身转型。在此基础上又展开说明了发行碳中和债券后的财务、社会、环境效益，发现发行碳中和债券不仅能降低企业的融资成本、改善债务结构，还可以产生显著的社会效益，提升公司形象。在保护环境方面，碳减排效益显著。最后结合结论，对政府、企业、投资者提出了一些建议。

一、案例背景

（一）行业背景：电力行业绿色转型

根据 IEA 统计，2022 年中国与能源相关的碳排放量为 121 亿吨，较上年减少了 0.2%。电力行业二氧化碳排放量增长速度与过去十年的平均水平相比有所减缓，但在总量中占比高达 45%。由于目前中国以化石能源为主的能源消费结构尚未改变，随着各行业的深度电气化，电力作为二次能源仍呈现增长趋势，尤其是近年交通运输行业电动化水平的大幅提升，对电能的需求也在增加，电力消费将成为我国未来最主要的能源消费方式。2022 年我国总发电量为 83886 亿千瓦时，具体数据如图 8－1 和图 8－2 所示。

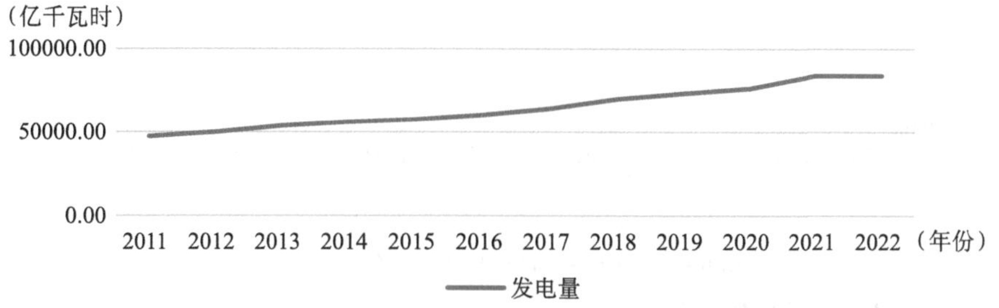

图 8－1　2011—2022 年国内发电总量

资料来源：东方财富 Choice 数据。

目前国内供电总体平稳有序，从供电结构来看，火力发电仍占比较高，太阳能发电从 2021 年开始增速迅猛，发电量达 58531 亿千瓦时，是电力行业绿色转型的重要标志之一。2022 年，风电、光伏发电量达 1.19 万亿千瓦时，同比增长 21%，占全社会用电量的 13.8%。

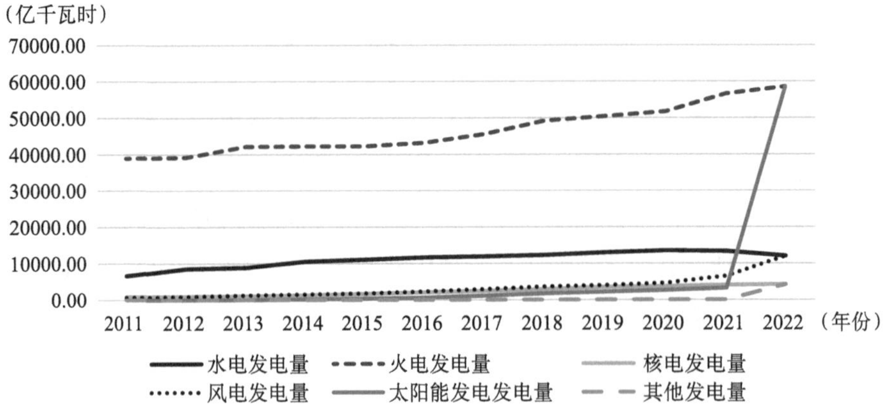

图 8－2　2011—2022 年国内电力各结构发电量

资料来源：东方财富 *Choice* 数据。

可再生能源发电量达 2.7 万亿千瓦时，占全社会用电量的 31.6%，可再生能源在保障能源供应方面发挥的作用越来越明显。

从电力需求角度来看，2020 年社会用电量增速放缓，主要原因是 2020 年全国新冠疫情严重，大多数企业面临暂时性停工停产。2021 年用电量同比增长 10.35%，2022 年同比增长 3.6%。在所有产业结构中，第二产业的用电量最高，2022 年达到 57001 亿千瓦时，同比增长 1.2%，其中工业同比增长 3.6%。近十年社会用电量数据如图 8－3 和图 8－4 所示。

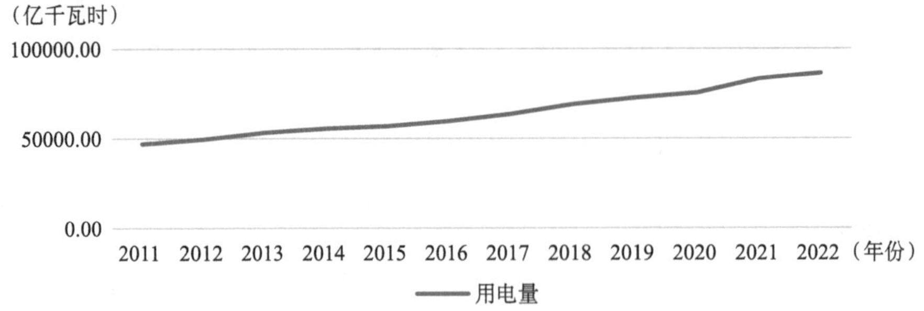

图 8－3　2011—2022 年国内社会用电总量

资料来源：东方财富 *Choice* 数据。

经过整理分析社会发电量、社会用电量的数据，可以看出电力行业是碳减排的关键所在。无论是供电供能方式的革新，还是碳管理行业的发展，都与电力行业息息相关。麦肯锡全球碳中和模型的测算得出：如果要实现 1.5 摄氏度控温目标，全球电力行业需在 2050 年前几乎要做到“净零排放”。从“双碳”目标提出之后，全国发电量中非化石能源的比重呈增长趋势，说明这两年电力行业对于可再生能源的发展越来越重视，并积极作出了调

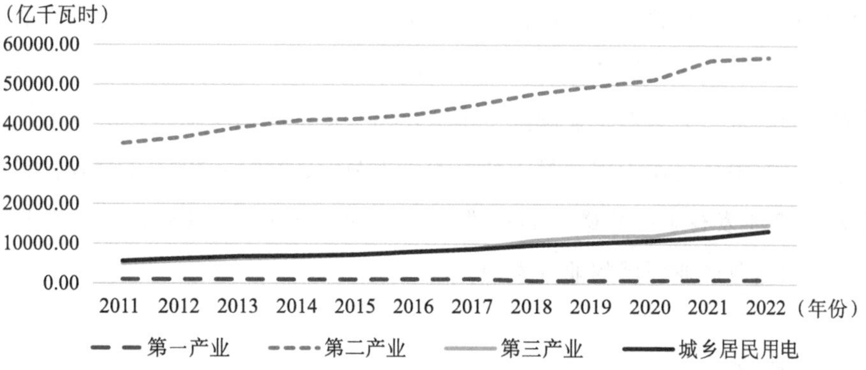

图 8－4　2011—2022 年国内产业及居民用电量

资料来源：东方财富 *Choice* 数据。

整，以电代煤，以电代油，大力发展新能源领域。当前电力系统正向着低碳、清洁、高效、安全、数字化、新能源的方向加速转型，随着能源结构的调整和电力体制改革的深化，我国电源结构不断优化，清洁能源发用电比例稳步提高。

华能国际也积极响应“双碳”目标的号召，根据公司发布的《2021 年可持续发展报告》，低碳清洁能源装机容量共 26577 兆瓦，完成火电结构的持续优化，清洁板块贡献突出。

（二）金融背景：电力行业发行绿色债券

回顾 2021 年，由于“双碳”目标及相关政策利好，我国绿色债券市场迎来跨越式发展。根据数据资料，2021 年，中国境内发行绿色债券总规模（不含绿色地方政府债券）约 6072.42 亿元，占全国债券发行规模的 0.98%；发行数量为 484 只，占全国债券发行数量的 0.90%。2022 年，中国境内外发行绿色债券规模约 9838.99 亿元，发行数量为 568 只。其中，境内绿色债券新增发行规模为 8746.58 亿元，发行数量为 521 只；中资机构境外绿色债券新增发行规模约 1092.41 亿元，发行数量为 47 只。截至 2022 年年底，中国境内外绿色债券存量规模约 3 万亿元，且绿色债券创新品种不断增加，发行规模持续扩大。

2021 年国内电力行业绿色债券发行规模达 1878 亿元，较 2020 年增长 1519 亿元；截至目前，总体上电力行业发行绿色债券数量占总体绿债数量的 4% 左右。电力行业目前处于结构调整、绿色转型的关键时期，绿色债券的发行有助于缓解融资困难。虽然银行贷款和国家财政资金仍然是主要资金来源，但电力企业仍然需要依靠发债、股权融资等方式来确保项目建设的长期稳定资金需求。绿色债券相对灵活的发行期限，可以同时满足公司短期和长期的资金需求。随着各种政策的出台，电力企业成功发行绿色债券的案例也越来越多。

例如，2014 年 5 月 12 日，中广核电发行了我国首只与碳收益挂钩、期限为 5 年的碳债券——中广核风电附加碳中期票据，该债券采用固定利率与浮动利率相结合的形式，浮动利率的高低与下属公司碳资产（*CCER*）收益呈正相关。中广核电通过新型债券品种实现了较低成本的融资，为更多企业起到了示范作用，促进我国绿债市场的发展。此外，中国长江电力股份有限公司作为国内最大的电力上市公司，2021—2022 年共发行了 6 只绿色债券，其中 2022 年发行了一只碳中和债券“22 长电 *GN*001”，以补充日常经营所需流动资金，支持公司绿色产业领域的业务发展。

二、案例概述

（一）公司介绍——华能国际电力有限公司

1. 公司基本情况与股东架构

华能国际电力股份有限公司（简称“华能国际”）成立于 1994 年 6 月 30 日，2001 年在上海证券交易所上市，发行 *A* 股 3.5 亿股（代码：600011），是中国境内首家在纽约（*HNP. NYSE*）、香港（00902. *HK*）、上海三地上市的发电公司，目前总股本为 157 亿股。公司的主要业务是在全球范围内开发、建设和运营大型发电厂，向电网运营商、工业企业、居民销售电力、热力产品，并向用户提供综合能源服务。公司境内电厂分布在 26 个省、市、自治区和直辖市，多位于沿海沿江地区、煤炭丰富地区或电力负荷中心区域。公司也积极推进电煤港运产业协同，煤炭自供能力、港口储存运输能力都有所提升。

华能国际目前的第一大股东是华能国际电力开发公司，实际控制人及最终控制人为国务院国有资产监督管理委员会。具体股东架构如图 8 – 5 所示。

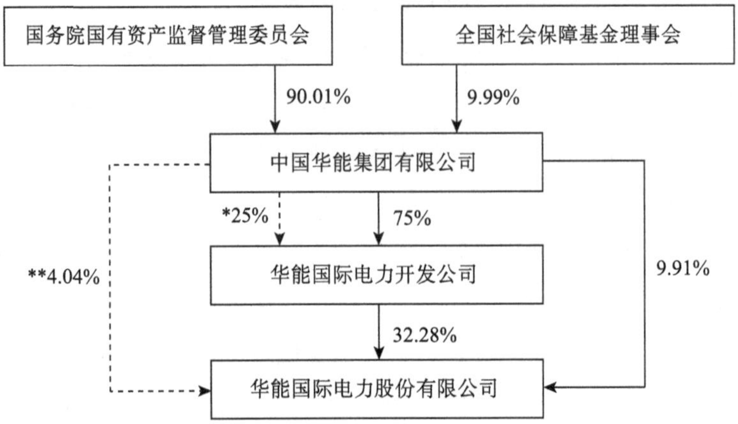

图 8 – 5　华能国际股东架构情况

资料来源：华能国际公司官网。

2. 公司发展与信用状况

华能国际是目前全球最大的火力发电运营商，自成立以来坚持创新，在电厂主营、多项技术研发及项目建设、清洁能源发展等方面取得显著成果，创造了多项国内行业第一，推动了中国电力事业蓬勃发展。创立时期于三地上市，成长时期大力拓展火电业务，并在新加坡收购了一家电力营运公司，逐步扩大海外业务范围；2014 年起，公司进入转型期，开始大力发展风电、光电等清洁能源发电项目。截至 2021 年年底，公司总装机容量为 118.7*GW*，位列行业第一。整体来看，华能国际的组织架构清晰，管理水平及公司发展水平在我国电力行业处于领先位置。中诚信国际信用评级有限责任公司出具的 2021 年年度跟踪评级报告显示，华能国际主体信用等级为 *AAA*，评级展望为稳定。华能国际在优质的电力资产、持续增长的装机容量、不断优化的电源结构、不断提升的盈利能力、极强的获现能力和畅通的融资渠道等方面的优势支撑了公司整体信用实力，第三方机构予以肯定。

本案例所选案例——“21 华能 *GN*001”碳中和债券，其募集说明书中包含了联合资信评估股份有限公司对华能国际当时的信用评级，结果为主体、债项均为 *AAA*。

3. 公司财务状况

（1）盈利能力。

本案例选取了净资产收益率 *ROE*、总资产净利率、销售净利率、销售毛利率四项指标对华能国际的近五年盈利能力进行分析，根据表 8－1 可以看出 2017—2019 年各项指标波动幅度较小，2020 年逆势上扬，发生大幅提升，考虑到前期煤炭价格高，火电是华能国际发电结构的主力军，市场燃料价格上涨导致企业经营成本上升。后期业务实现翻盘的主要原因有三个：一是该公司在电力和热力方面的生产销售，因为国家对于环境保护、节能减排方面审查较之前更严格，关停了一些未达到标准的地区自备电厂，有工业用热能需求的企业只好转而投向华能国际这种大型发电集团，吸纳了更多有热能需求的工业领域的客户，所以公司的供热收益有所增长；二是华能国际控制了燃料成本；三是华能国际电厂布局广，其中有 25 家火电厂位于沿海经济发达地区，其火电机组的利用率很高。但是 2021 年各项指标急速下滑，主要是受“印尼限煤”与“俄乌冲突”等国际形势影响导致煤价增长。2021 年，华能国际电力和热力领域的燃料成本达到 1465.39 亿元，占总成本的 73.54%。2021 年出现的负值说明华能国际经营现金流不佳，尤其是 *ROE* 明显过低，说明股东投资回报率不容乐观。

表 8－1　　　　华能国际盈利能力相关指标

指标	2017 年	2018 年	2019 年	2020 年	2021 年
净资产收益率（%）	2.37	1.73	1.71	3.81	－19.15

续表

指标	2017 年	2018 年	2019 年	2020 年	2021 年
总资产净利润率（%）	0.62	0.62	0.58	1.34	-2.73
销售净利率（%）	1.41	1.42	1.37	3.37	-6.19
销售毛利率（%）	11.31	11.30	14.59	17.44	-0.33

资料来源：华能国际公司年报。

（2）营运能力。

公司的营运能力表现在各项资产周转率和营运周期上，能够反映一个公司运用各项资产赚取利润的能力，本案例选取营业周期、存货周转率、应收账款周转率、总资产周转率这几个指标，由表 8－2 可知，2017—2020 年存货周转率数值较高，2021 年有所下降，电力行业通常不存在大量存货，因此电力比其他行业的存货周转率要高。应收账款周转率逐年递减，说明公司资金周转速度较慢，资金使用效率降低，同时总资产周转率维持在 0.4 左右，但一般企业设置的总资产周转率标准值为 0.8，也反映出公司资金利用效率不高，这和电力行业发电量全年不平均有关，因制冷和供暖的需求，夏季用电量最大，冬季次之，导致全年平均资产的利用率不高。综合来看，华能国际的资金利用效率有待提升，资产综合利用有进一步优化的空间。

表 8－2　　华能国际营运能力相关指标

指标	2017 年	2018 年	2019 年	2020 年	2021 年
营业周期（天）	61.25	69.50	74.27	77.28	80.80
存货周转率（次）	18.96	17.80	16.08	18.07	17.53
应收账款周转率（次）	8.52	7.31	6.94	6.28	5.97
总资产周转率（次）	0.44	0.43	0.42	0.40	0.44

资料来源：华能国际公司年报。

（3）偿债能力。

分析公司的偿债能力一般以资产负债率、速动比率、流动比率、产权比率为主要分析指标，通常企业的资产负债率大于 70%，表明发生债务危机的可能性较大，40%—60% 偿债风险较小，小于 40% 基本没有偿债风险。电力行业属于重资产行业，平均资产负债率为 67.34%。从表 8－3 中可以看出，华能国际的资产负债率明显高于行业水平，且流动比率和速动比率都较低，短期内偿债能力弱，偿还流动负债压力大。产权比率通常可以反映企业资本结构的合理性以及借款经营程度，华能国际的产权比率在行业中较高，债权人会承担较大风险。

表 8－3　　华能国际偿债能力相关指标

指标	2017 年	2018 年	2019 年	2020 年	2021 年
资产负债率（%）	75.65	74.77	71.64	67.71	74.72
速动比率（%）	0.24	0.34	0.34	0.35	0.35
流动比率（%）	0.31	0.45	0.43	0.43	0.50
产权比率（%）	3.79	3.62	3.01	2.44	3.48

资料来源：华能国际公司年报。

（二）产品介绍——“21 华能 GN001”

1. 产品基本信息

华能国际发行的碳中和债券“21 华能 GN001”属于国内首批成功发行于银行间市场的碳中和债券，发行规模为 10 亿元，募集资金全部用于华能国际风力发电绿色低碳产业项目，属于“清洁能源”类项目，具体信息如表 8－4 所示。

表 8－4　　“21 华能 GN001”基本要素

债券名称	华能国际电力股份有限公司 2021 年度第一期中期票据（碳中和债）
债券简称	21 华能 GN001
债券代码	132100012
发行人全称	华能国际电力股份有限公司
主承销商	中国银行股份有限公司
发行（创设）总额（亿元）	10
发行（创设）价格（元/百元面值）	100
面值（元）	100
发行（创设）日	2021－02－07
登记日	2021－02－09
流通日	2021－02－10
流通结束日	2024－02－08
期限	3 年
到期（兑付）日	2024－02－09
产品评级	AAA
主体评级	AAA
评级机构	联合资信
计息方式	附息固定
票面年利率（%）	3.45
付息频率	每年付息，到期还本付息
起息日	2021－02－09
发行范围及对象	全国银行间债券市场的机构投资者（国家法律、法规禁止的购买者除外）

资料来源：上海清算所官网、募集说明书。

2. 募集资金用途

“21华能GN001”募集资金用于偿还华能国际下属子公司的风电项目前期金融机构借款，包括华能如东海上风电（300MW）项目、华能昌图老城风电场（48MW）项目、华能昌图太平风电场（49.5MW）项目，三个项目均已并网，拟使用募集资金分别为8亿元、0.5亿元、1.5亿元。具体信息如表8－5所示。

表8－5　“21华能GN001”用以偿还银行借款情况　（单位：万元）

开立银行	借款金额	到期日	拟使用募集资金	投放项目
中国工商银行铁岭分行	15300.00	2021.7.15	5000.00	华能辽宁清洁能源有限责任公司“华能昌图老城风电场48MW项目”
中国工商银行铁岭分行	20455.00	2021.7.15	15000.00	华能辽宁清洁能源有限责任公司“华能昌图太平风电场49.5MW项目”
中国工商银行北京南礼士路支行	120000.00	2021.9.29	80000.00	华能如东八仙角海上风力发电有限责任公司“华能如东海上风电项目（300MW）”
合计	155755.00	—	100000.00	—

资料来源：募集说明书。

针对募集资金的监管，华能国际设立了专门的资金监管账户对下属单位实施收支两条线管理，既提高了资金使用效率，又降低了资金分散管理的风险。

3. 相关碳中和债券产品对比

银行间市场交易商协会于2021年2月9日推出碳中和债券，次日中国南方电网、三峡集团、华能国际、国家电投、四川机场集团、雅砻江流域公司六家公司在银行间债券市场发行了国内首批碳中和债券，发行金额总计64亿元。具体信息如表8－6所示。

表8－6　国内首批碳中和产品信息对比

发行人	债券简称	所属行业（申万）	募集资金用途	主承销商	评估认证机构	期限	规模（亿元）	票面利率	碳减排效益
华能国际电力股份有限公司	21华能GN001	公用事业	三个风电项目建设	中国银行	联合赤道	3年	10	3.45%	每年可减排 CO^2 69.60万吨、SO^2 178.18吨，节约标煤29.19万吨
中国长江三峡集团有限公司	21三峡GN001	公用事业	白鹤滩水电站建设	中国银行	中诚信绿金	3年	20	3.45%	每年可减排 CO^2 3367.79万吨、SO^2 11794.19吨，节约标煤1847.76万吨

续表

发行人	债券简称	所属行业（申万）	募集资金用途	主承销商	评估认证机构	期限	规模（亿元）	票面利率	碳减排效益
国家电力投资集团有限公司	21 中电投 GN001	公用事业	吉林三井子风电场一期项目、临泽县 50MW 光伏并网发电项目、高台县高崖子滩 50MW 光伏并网发电项目	中国银行	联合赤道	2 年	6	3.4%	每年可减排 CO^2 22.23 万吨、SO^2 50.58 吨，节约标煤 8.29 万吨
四川省机场集团有限公司	21 四川机场 GN001	交通运输	成都天府机场项目	工商银行 中信银行	联合赤道	3 年	5	3.6%	每年可减排 CO^2 1.97 万吨、SO^2 5.32 吨，节约标煤 0.87 万吨
中国南方电网有限责任公司	21 南电 GN001	公用事业	抽水蓄能电站的建设及运营	兴业银行	绿融投资	3 年	20	3.45%	每年可减排 CO^2 74.34 万吨、SO^2 6862.56 吨，节约标煤 33.64 万吨
雅砻江流域水电开发有限公司	21 雅砻江 GN001	公用事业	两河口水电站项目	建设银行 农业银行	联合赤道	3 年	3	3.65%	每年可减排 CO^2 628.76 万吨、SO^2 2057 吨，节约标煤 337.04 万吨

资料来源：募集说明书。

三、华能国际发行碳中和债券动因及效应分析

（一）发行动因分析

1. 应对电力行业改革

要想如期实现“双碳”目标，我国必须调整目前以化石燃料为主要发电原料的格局，电力行业的碳排放量较大，对于行业向低碳转型来说是一项极大的挑战。未来，能源结构的革新是电力行业的趋势所在。国家对新能源行业的政策支持将会使新能源发电在发电结构中的占比进一步提升。这对整个电力行业来说是一个极具变革的过程，发电企业要顺应政策的方向，积极在新能源发电领域加快布局。行业的改革转型促使华能国际调整自身发展方向，通过发行碳中和债券拓宽清洁能源发电项目融资渠道，提升企业竞争力，提高绿

色发展下的利润增长。

2. 配合企业自身转型

华能国际是华能集团核心产业的核心企业，一直以“双碳”目标为引领，贯彻构建新型电力系统的总体要求，持续优化火电结构，制定“三改”联动方案，深入推进新能源开发，着力提高绿色低碳能源的利用效率，大力发展光伏、风电等新能源项目，并发挥自身优势，与政府及相关企业强强联合，加快自身从传统火力发电向新能源发电转型的速度。发行碳中和债券是配合完成企业转型路上的一把利器，契合了华能国际发展的战略目标。

3. 满足企业资金需求

随着全国碳排放权交易市场的上线，企业碳减排的成效将直接与经济效益挂钩。国家对碳中和的支持政策有力地推动了社会资金向绿色领域的倾斜，加上创新型碳中和金融工具的推出，企业获得绿色资金的可能性提高。根据对公司的财务分析，发现公司有一定的资金压力，而且电力行业普遍融资需求大，资金回流慢。根据优序融资理论，若华能国际不能通过内部融资满足资金需求，则会使用外部融资。但股权融资发行程序较复杂，时间较长，融资成本较高，因此发行债券融资是最佳融资方式。且与其他债券相比，碳中和债券的票面利率更低和融资成本更低，又有国家政策支持，可见碳中和债券融资具有明显优势。

（二）产生效应分析

1. 财务效应

盈利是企业履行社会责任的保障，发行碳中和债券可以帮助公司拓宽融资渠道、降低融资成本，节约财务费用、改善债务结构。

（1）降低融资成本。

Wind 数据显示，华能国际发行的债券类型主要包括中期票据、超短期融资券、短期融资券、公司债券及定向工具。为了证明碳中和债券的融资成本优势，本案例选取了华能国际发行的 10 只债券种类、融资期限、评级与“21 华能 GN001”相同的中期票据进行对比（包括“21 华能 GN001”），如表 8－7 所示。

表 8－7　　华能国际发行的 10 只中期票据情况

债券简称	发行日期	票面利率	发行金额（亿元）
21 华能 GN001	2021－02－07	3.45%	10
20 华能 MTN003	2020－08－17	3.99%	20
20 华能 MTN002	2020－06－17	3.60%	35
20 华能 MTN001	2020－04－09	3.18%	30

续表

债券简称	发行日期	票面利率	发行金额（亿元）
19 华能 MTN003	2019-10-23	4.05%	20
19 华能 MTN002	2019-10-16	4.08%	20
18 华能 MTN002	2018-07-09	4.41%	20
18 华能 MTN001	2018-04-27	4.80%	30
17 华能 MTN001	2017-07-10	4.69%	50
14 华能 MTN001	2014-07-11	5.30%	40

资料来源：东方财富 Choice 数据。

将这10只债券根据以下公式求得加权平均票面利率。

$$R_A = \frac{\sum_{i=1}^{i=10} R_i S_i}{\sum_{i=1}^{i=10} S_i}$$

其中，R_A 表示债券的加权平均票面利率，R_i 表示每只债券的票面利率，S_i 表示每只债券的发行规模。

经过计算得出10只债券的加权平均票面利率为4.28%，比“21华能GN001”的票面利率——3.45%高出了83个基点。综合来看，华能国际发行碳中和债券的成本要低于发行普通债券，有效降低了公司的融资成本。

（2）改善债务结构。

由于电力行业项目周期长、利润回报时间久的特殊性，公司一般需要采取资金量大、融资期限长的融资方式为正常经营提供有效资金来源。公司要想改善自身的债务结构，可在一定范围内适当增加长期负债的占比。由表8-8可知，自2021年华能国际发行“21华能GN001”后，其流动负债规模有所下降，相对应，其长期负债占比上升，明显起到了改善公司负债结构的作用，减小了公司短期偿债压力。可见，碳中和债券的优势在一定程度上帮助企业改善债务结构，使企业可以更平稳地运行。此外，由表8-9可知，华能国际的财务费用占营业收入的比例整体呈下降趋势，发行碳中和债券偿还了下属单位低碳项目的前期贷款，因此可以减少银行还本付息的金额，降低财务费用。

表8-8　2018—2022年第三季度华能国际负债情况

指标	2018年	2019年	2020年	2021年	2022年第三季度
短期借款（亿元）	610.39	671.19	663.11	918.97	873.00
流动负债（亿元）	1382.06	1416.20	1540.48	1863.98	1689.00
非流动负债（亿元）	1634.49	1546.87	1426.82	1797.78	1974.00
负债合计（亿元）	3016.55	2963.07	2967.30	3661.76	3663.14

资料来源：公司年报。

表 8 - 9　　2018—2022 年第三季度华能国际费用及营收情况

指标	2018 年	2019 年	2020 年	2021 年	2022 年第三季度
财务费用（亿元）	104.70	107.09	88.36	85.50	72.65
营业收入（亿元）	1698.61	1734.85	1694.39	2046.00	1840.00

资料来源：公司年报。

2. 社会效应

（1）为行业发行碳中和债券提供参考，起到引领作用。

作为首批发行碳中和债券的公司，华能国际的实践经验给电力行业发行碳中和债券提供了参考，为推动行业低碳转型发展，以及其他企业发行碳中和债券融资发挥了引领示范作用。华能国际发行碳中和债券表明：碳中和债券的审批速度更快、发行成本更低，对于电力公司而言，发行碳中和债券进行融资更具优势。未来发展过程中，电力企业发行碳中和债券不仅可以融资，还可以促进公司低碳转型，向绿色、清洁方面发展，因此，华能国际发行碳中和债券为电力企业提供了宝贵的经验借鉴，也为其他行业的企业提供了启发。

（2）强化公司社会责任感，提升公司形象。

近年来，国家层面越来越重视 ESG 实践，投资者自然对此保持高度关注。ESG 通常作为投资理念或企业评价标准使用，据中国上市公司协会消息，华能国际上榜“2022 年 A 股上市公司 ESG 最佳实践案例”，并且通过网络可以检索到很多有关华能国际发行碳中和债券的资讯报道，经过新媒体宣传以及官方信息的披露，有利于公司面向公众树立良好的公司形象，展现企业担当。此外，在发行碳中和债券时一般对发行主体要求严格，所以这也是一个可以证明公司实力的方式，能进一步提升公司声誉。

（3）创造可观就业需求，提升人员素质。

“21 华能 GN001”已投项目全部为风力发电项目，与传统火力发电相比，风力发电项目具有排污量小、生态影响小、环境风险低等优势，随着风电场的相继开发运营，风电发展带动就业的优势越来越显著，创造了一批技术要求高、服务水平高的岗位，并且风电对高科技和技术工艺的需求也进一步促进了就业人员素质的提升。

3. 环境效应

根据“21 华能 GN001”公开披露的信息，该债券共涉及 3 个募投项目，联合赤道机构根据相关规范标准，测算了其 2021 年度存续期内投资项目的碳减排效益及其他环境效益。三个项目年实际上网电量为 97395 万 KWh，与同等火力发电上网电量相比，合计二氧化碳减排量为 71.37 万 t/a，节约标煤 29.69tce/a，二氧化硫减排量为 155.83t/a，烟尘减排量为 31.16t/a。截至 2022 年 6 月 30 日，分别依据各项目使用资金占总投资金额的比例，对每个项目产生的环境效益进行折算，并累计加和，得到本期募投项目2022年上半年实现节约标准煤2.61万吨，减排二氧化碳6.48万吨、二氧化硫8.74吨、氮氧化物13.15吨、烟尘1.90吨。

根据华能国际ESG报告披露（见表8-10），可以发现近三年公司二氧化碳及其他污染物排放都有所下降，碳中和债券的碳减排效益显著。

表8-10　　2019—2021年华能国际排放情况

年份	CO^2（万吨）	SO^2（吨）	NOx（吨）	烟尘等（吨）
2019年	33615.42	25355.58	52501.67	3583.00
2020年	33328.88	25990.39	50875.08	3264.55
2021年	—	28712.24	58347.32	3636.08

资料来源：公司ESG报告。

四、结论与建议

（一）结论

本案例以华能国际发行的首只碳中和债券“21华能GN001”为案例，在了解相关概念及理论的基础上，对碳中和债券发行现状、其公司所在行业背景、公司内部财务等具体情况以及产品要素、发行动因、发行后产生的效益等进行了分析后，得出以下结论：

第一，我国目前碳中和债券市场处于起步发展阶段，虽然我国已出台许多政策，不断对绿色债券、碳中和债券的评判标准、信息披露进行完善，但依然存在发行主体缺乏积极性、大部分发行主体都集中于国企和公用事业，需要更多的企业了解、参与到碳中和债券市场中，通过发行碳中和债券将可持续发展理念渗透其中，为实现“双碳”目标共同努力。

第二，通过对华能国际发行碳中和债券的动因分析，发现在宏观背景下有“双碳”目标作引领，中观行业背景下电力行业目前正处于结构调整的转型关键时期，企业需要抓住机遇提升自身竞争力。从企业内部视角来看，发行碳中和债券相比较而言成本更低，且享有国家政策支持，是更适合电力企业项目性质的融资方式。

第三，华能国际发行碳中和债券后可产生多种正向效益。首先，通过对包含“21华能GN001”在内的10只中期票据计算求得加权平均票面利率后，对比下来，“21华能GN001”的票面利率比加权平均票面利率低83个基点，说明发行碳中和债券可以有效降低公司的融资成本。其次，发行碳中和债券一定程度上能改善企业的债务结构，节约财务费用。最后，对其社会及环境效益方面进行分析后，发现华能国际发行首只碳中和债券不仅能为其他企业发行碳中和债券提供参考，还可以提升本公司的形象，为市场创造可观的就业机会，推动行业的绿色发展。此外，在环境效益方面，更加体现了碳中和债券的优势——碳减排效益可量化，直观地表明了二氧化碳及其他污染物的排放减少量。

（二）建议

1. 基于政府角度

第一，政府需要统一标准化的碳中和债券发行规则。目前碳中和债券市场存在最明显的问题是不同市场间发行规则和相关机制不统一，各监管部门出台的政策不一致，容易导致市场发展过程中出现混乱，增加运行成本。第二，需要优化发行程序，鼓励企业发行碳中和债券。现阶段的碳中和发行机制较严格，参与主体更多来自国有企业，加上碳中和债券的发行需要正规第三方认证机构进行评估认证，一定程度上削弱了企业通过发行碳中和债券进行融资的动力。因此，政府需要加大政策支持力度，优化相关程序，激发企业的积极性，鼓励更多中小企业参与碳中和债券的发行工作。第三，需要培育合格的中介机构和第三方认证机构。由于债券中介机构和第三方认证机构在碳中和债券成功发行的过程中有着重要作用，第三方认证机构需要鉴别主体及债券是否符合发行标准，所以需要强化这类机构的建设，加强监管，提高其评估能力。

2. 基于企业角度

第一，发行主体自身能力需要提升。目前碳中和债券市场的发行主体以实力稳健的国有企业为主，对于想要参与碳中和债券发行但经验及实力有限的中小企业来说，自身能力的不足也是发行之路的一道阻碍。所以，大部分企业仍需努力提升自身水平，积极学习相关政策，加大人才培养力度，增加对碳中和市场的了解，从企业 ESG 方面层层渗透，达到理论和实践相结合，提升发行主体能力，更好地参与碳中和债券市场。第二，企业要做好相关信息的披露工作。通过积极发布 ESG 报告等形式向社会公众释放绿色发展信息，承担相应的社会责任，树立良好的公众形象。尤其对于碳中和债券的发行主体，要自觉严谨地披露债券的项目情况、资金用途、环境效益等信息，接受社会监督，确保每笔募集资金用于碳中和专项，减少信息不对称性。

3. 基于投资者角度

一方面，鼓励投资者增加对绿色金融、碳中和债券的了解程度，日常对政策风向、市场情况、公司发展等多多观察，保持对市场的敏感度，对投资碳中和债券有一定清晰的认知，提高自身对 ESG 投资意识。另一方面，投资者投资碳中和债券仍需谨慎。碳中和债券本质上也是有风险的债券类产品，且市场正处于发展初期，尚待完善，存在第三方认证机构少、风险管理机制不严密等问题，投资者需要慎重对待投资选择，进行理性投资，在对自身风险有所防范的同时，参与到碳中和市场中，对碳减排作出贡献。

思考题

1. 碳中和债券作为绿色债券的子品种，具有哪些独特的特点？
2. 碳中和债券的发行对电力行业有哪些影响？
3. 碳中和债券的发行对投资者有何吸引力？
4. 华能国际发行碳中和债券后产生了哪些正向效益？
5. 我国碳中和债券市场目前处于什么发展阶段？存在哪些问题？

参考文献

［1］黄世忠．支撑 ESG 的三大理论支柱［J］．财会月刊，2021（19）：3－10.

［2］崔艳娟，彭丽丽．绿色金融发展、绿色研发投入与企业全要素生产率提升［J］．工业技术经济，2023，42（2）：28－36.

［3］刘锋，黄苹，唐丹．绿色金融的碳减排效应及影响渠道研究［J］．金融经济学研究，2022，37（6）：144－158.

［4］范德成，张修凡．绿色金融改革创新对高排放企业碳减排的效果分析［J］．工程管理科技前沿，2022，41（4）：55－61.

［5］鲁政委，叶向峰，钱立华，等．“碳中和”愿景下我国碳市场与碳金融发展研究［J］．西南金融，2021（12）：3－14.

［6］陈骁，张明．碳排放权交易市场：国际经验、中国特色与政策建议［J］．上海金融，2022（9）：22－33.

［7］Laskowska A. The green bond as a prospective instrument of the global debtmarket［J］. Copernican Journal of Finance & Accounting，2017，6（4）：69－83.

［8］Baker M，Bergstresser D，Serafeim G，et al. The pricing and ownership of US green bonds［J］. Annual Review of Financial Economics，2022，14：415－437.

［9］张亚蕾，李红霞．碳中和债券市场的实践与建议［J］．金融纵横，2021（7）：46－51.

案例 9

从 0 到 1 的突破：云南能投集团“双重 ESG 架构”绿色及可持续发展挂钩美元债券的创新实践

王瑶　彭珊　钱家乐[①]

① 王瑶，云南财经大学金融学院。彭珊，云南财经大学金融学院。钱家乐，云南财经大学金融学院。

在全球能源产业重大变革的背景下，尽管面临诸多质疑，云南能投集团通过在绿色能源领域的深入探索与创新实践，成功实现了从传统能源企业向绿色能源领导者的转型。本案例深入分析了云南能投集团的公司背景、绿色能源战略、资本结构优化以及多元化的创新实践，特别关注了其“双重 ESG 架构”债券的发行过程、创新亮点、资金运用及其成效。这一创新举措不仅为云南能投集团开辟了新的融资途径、优化了财务结构，还促进了新能源技术的突破与创新，确立了其作为绿色企业的典范地位。集团为云南省乃至全国的“双碳”目标贡献了重要力量，并为全球能源转型提供了中国智慧和力量。

一、引言

在全球能源产业经历重大变革的背景下，云南能投集团面临诸多质疑：传统能源企业的转型之路布满荆棘，难以实现；所谓的绿色发展策略可能仅是一时的口号，难以落实。这些质疑反映出外界对云南能投集团是否能在绿色转型的竞赛中脱颖而出持怀疑态度。

然而，云南能投集团并未在挑战面前退缩。自其成立伊始，便在能源领域不断开拓进取，从默默无闻到崭露头角。面对外界的质疑，云南能投集团以实际行动证明了在能源绿色转型的浪潮中，它能够克服重重困难。通过此次美元债券的发行，云南能投集团将开启一条属于自己的绿色发展新路径，为公司、地区乃至全球能源转型贡献其力量。

二、公司背景

（一）绿色能源先锋：云南能投集团的崛起与使命

2012 年，云南省能源投资集团有限公司（简称“云南能投集团”）在昆明成立，注册资本为 116.15 亿元，是以能源、现代物流、绿色能源新材料为三大主业的省属国有重要骨干企业，是云南省能源战略实施和能源产业改革创新发展的重要平台。

云南能投集团的成立依托云南省丰富的能源资源。作为中国重要的能源基地，云南水能资源理论蕴藏量居全国第三位，可开发水电装机容量超 1 亿千瓦；煤炭资源储量丰富，主要分布在滇东和滇东北；天然气资源，尤其是页岩气，潜力巨大。此外，云南还拥有丰富的太阳能、风能等可再生能源，为绿色能源发展提供了广阔空间。表 9 - 1 为 2024 年云南省能源发电量及增长比率情况，从表中可以看出，清洁能源在云南省发电过程中占据了重要地位。

表 9－1　　云南省能源发电量统计

能源类型	发电量（亿千瓦时）	同比增长率	特征
水电	3107.26	+6.9%	占清洁能源发电量的主要部分
火电	599.66	-6.5%	火力发电量持续下降
风电	374.30	+32.6%	风电装机容量和发电量快速增长
太阳能发电	281.70	+151.0%	太阳能发电量增长显著，增速最快
其他清洁能源	737.00	—	包括新能源发电（风电、光伏等）
各项能源发电占比图	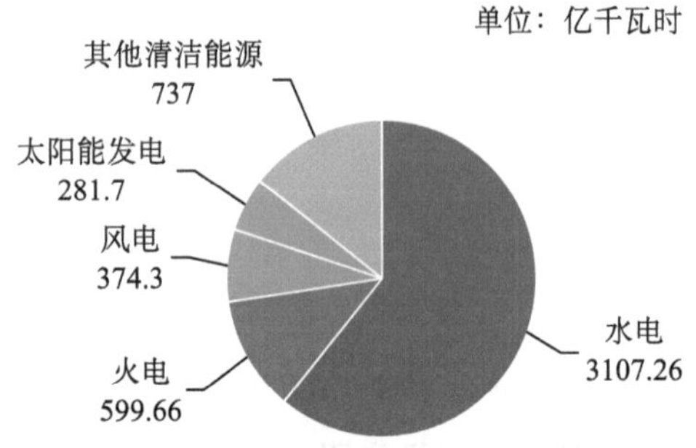		

资料来源：参见 https：//news. bjx. com. cn/html/20250123/1424346. shtml。

自成立伊始，云南能投集团迅速崛起为云南省能源战略实施及能源产业创新改革的关键平台。云南能投集团秉承“立足云南、服务全国、辐射南亚东南亚”的发展定位，紧密围绕云南省构建世界一流“绿色能源牌”的战略目标，积极促进能源产业结构的优化与升级。通过整合云南省内的能源资源，集团在水电、风电、光伏等清洁能源领域取得了卓越成就，成功建设了多个标志性项目。这些项目不仅为云南省提供了稳定的清洁能源供应，而且对全国“西电东送”战略的实施作出了显著贡献。

2016 年，云南能源投资集团成为云南盐化控股股东，并将氯碱化工业务剥离，随后将云南盐化更名为云南能投。自此，云南能投成为云南能源投资集团下唯一的新能源运营平台，其主营业务涵盖盐业以及天然气、风电、光伏等清洁能源领域，明确了公司未来发展的核心方向。集团近年来发展情况如图 9－1 所示。

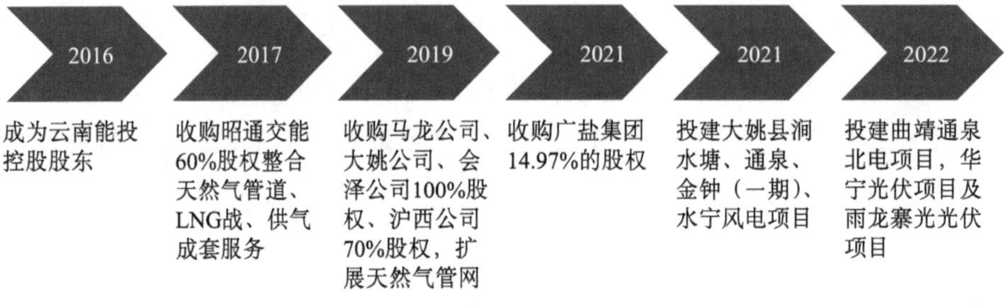

图 9－1　集团历史沿革示意图

资料来源：参见 https：//zhuanlan. zhihu. com/p/513088971。

（二）绿色领航者：云南能投的“四化”驱动与能源革命

2018 年，云南能投集团正式确立了“打造世界一流绿色能源企业”的战略目标，将目光聚焦在绿色能源、现代物流和数字经济这三大主业上，全面推动绿色化、市场化、一体化和数字化的“四化”发展进程。该战略的提出，不仅为集团从传统能源企业向绿色能源领军企业的转型按下了“加速键”，也为其未来发展注入了新的活力。

截至 2024 年，云南能投集团权益装机容量达到 2200 万千瓦，约占云南省电力总装机容量的 15%，其中绿色电力装机占比超 80%，彰显了集团在清洁能源领域的领先地位。这一成就的背后，是集团在绿色能源项目开发、建设和运营方面的持续投入和创新。云南能投集团在金沙江、澜沧江流域建设了多个大型水电站，年发电量超过 1000 亿千瓦时，为东部地区输送了大量清洁电力；在滇中、滇西地区建设了大规模的风电场和光伏电站，进一步提升了云南省可再生能源的利用效率。

作为国务院国资委“双百行动”的标杆企业，云南能投集团以深化改革和创新机制为引擎，在市场化经营和混合所有制改革方面交出了一份亮眼的成绩单。截至 2024 年末，集团不仅成功跻身中国企业 500 强第 223 位，还在中国能源企业 500 强中位列第 40 位，同时在中国物流企业 50 强中位列第 36 位。这些成绩不仅彰显了集团在行业中的重要地位，也展现了其强劲的竞争力和持续发展的活力。

（三）绿色新引擎：云南能投集团的多元创新之路

集团以绿色能源为核心，充分利用云南省得天独厚的水电、风电、光伏等清洁能源资源，加速构建多能互补的能源供应体系，朝着全球绿色能源领域的标杆企业目标大步迈进；同时，积极拓展现代物流和数字经济领域，逐步构建起多元化的产业布局，为云南省经济社会的高质量发展注入了源源不断的新动能。在绿色能源领域，集团通过“风光水火储”一体化基地建设，推动绿色能源与绿色制造的深度融合，探索出一条可持续发展的新路径。例如，曲靖花山 40 万吨有机硅项目巧妙地利用当地丰富的水电资源，成功实现了清洁能源与高端制造业的有机结合，为云南省打造世界级绿色硅材产业集群奠定了坚实基础，为云南省能源结构的优化和绿色低碳转型贡献了重要力量。

在现代物流领域，集团依托云南省区位优势，融入“一带一路”建设，打造高效智能的物流网络。通过整合铁路、公路、航空等运输方式，构建覆盖云南省、辐射全国的物流体系，并推动跨境物流合作；在数字经济领域，集团以科技创新驱动能源与数字技术的融合。布局新能源汽车充电桩建设，投运 4788 辆新能源汽车，建成 83 个充电站、1205 个充电桩，充电规模位居云南前列。此外，集团建设能源大数据平台，实现能源生产、传输、消费的智能化管理，提升能源利用效率。例如，光伏电站引入智能运维系统，通过无人机巡检和 AI 算法分析，降低运维成本，提高发电效率。

（四）“借款跷跷板”：云南能投的资本结构失衡与突围之路

由表 9－2 可知，2019—2021 年，云南能投集团的资本结构显示出短期借款波动较大且长期借款占比过高的特点。尽管集团的资产负债率相对稳定（2019 年为 41.67%，2021 年为 42.74%），但短期借款从 2019 年的 51.41 亿元骤降至 2020 年的 13.48 亿元，2021 年又回升至 39.63 亿元，这种不稳定性增加了流动性风险。与此同时，长期借款占比始终较高，2019—2021 年分别占总负债的 65.68%、55.89% 和 58.83%，表明集团过度依赖长期债务融资，资本成本压力较大。尽管营业收入从 2019 年的 193.31 亿元增长至 2021 年的 225.88 亿元，但净利润却从 28.63 亿元下降至 27.04 亿元，可能与利息支出增加有关。

表 9－2　　云南能投集团发行“双重 ESG”债券前的部分财务状况

项目	2019 年	2020 年	2021 年
流动资产（亿元）	278.29	263.42	261.01
非流动资产（亿元）	611.32	691.80	722.09
总资产（亿元）	889.61	955.22	983.10
短期借款（亿元）	51.41	13.48	39.63
流动负债（亿元）	122.30	175.96	160.56
长期借款（亿元）	243.46	233.63	247.21
总负债（亿元）	370.73	417.97	420.16
营业收入（亿元）	193.31	199.03	225.88
净利润（亿元）	28.63	25.96	27.04
资产负债率（%）	41.67%	43.76%	42.74%
流动比率（%）	227.54%	149.71%	162.56%

资料来源：云南能投 2019—2021 年年度报告。

该现象中长短期借款配置的失衡，导致了资本结构的不合理性，进而增加了偿债压力。为缓解资金压力，集团需优化债务结构，调整短期借款与长期借款比例，同时积极寻求多元化的融资途径，如绿色债券或股权融资，旨在降低资本成本并提升财务稳健性。此外，提升资产运营效率和现金流管理水平，亦是确保可持续发展的重要策略。

三、融资的明智之选：云南能投“双重ESG”债券的完美答卷

（一）全球绿色浪潮：可持续发展挂钩债券的崛起

在全球应对气候变化、强调绿色低碳转型的背景下，可持续金融工具的应用受到了极大的关注和重视，其中可持续发展挂钩债券的发展尤为瞩目，实现了快速增长。我国“30·60目标”提出后，为加大金融对传统行业低碳转型的支持力度，银行间市场交易商协会于2021年4月发布《可持续发展挂钩债券（SLB）十问十答》，正式推出可持续发展挂钩债券，之后可持续发展挂钩债券市场在我国也实现了快速增长。

2021年4月28日，银行间市场交易商协会发布的《可持续发展挂钩债券（SLB）十问十答》为我国可持续发展挂钩债券提供了具体的指导标准和发行依据。自2021年5月首批可持续发展挂钩债券发行以来，我国可持续发展挂钩债券市场实现了快速、稳健的发展。从图9-2中可以看出，截至2024年年末，我国累计发行178只可持续发展挂钩债券，累计发行规模达到1662亿元。2024年我国可持续发展挂钩债券发行规模实现了32.5%的增长，达到530亿元；发行数量为70只，较2023年增长37.25%。

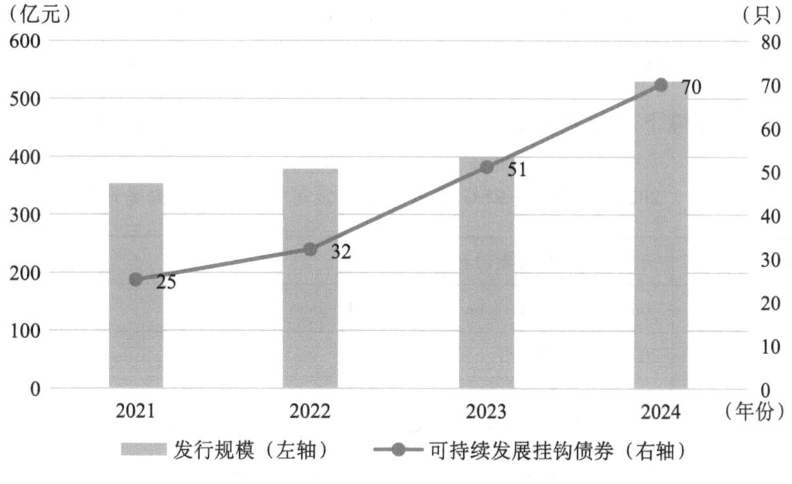

图9-2 我国可持续发展挂钩债券发行规模和发行数量

资料来源：参见 http：//ccxgf. com. cn/article/342. html。

可持续发展挂钩债券（Sustainability-Linked Bonds，SLBs）通过将债券条款与发行人的可持续发展绩效目标（如碳排放强度、可再生能源装机容量等）相挂钩，为企业提供了低成本融资渠道，并激励企业实现绿色转型。作为云南省绿色能源领域的领军企业，云南

能投集团的绿色能源项目布局与可持续发展挂钩债券的核心优势高度契合。通过发行可持续发展挂钩债券，集团不仅可以拓宽融资渠道、降低融资成本，还能通过设定明确的可持续发展目标（如提高绿色电力装机占比、降低碳排放强度等），进一步提升环境、社会及治理（Environmental，Social，and Governance，ESG）表现和市场声誉。

此外，可持续发展挂钩债券的发行有助于云南能投集团吸引更多关注绿色投资的国际和国内资本。随着全球环境、社会及治理（ESG）投资需求的增长，可持续发展挂钩债券将成为连接企业与绿色资本的重要桥梁。通过这一工具，集团能够加速绿色能源项目的落地，为云南省实现“双碳”目标和绿色低碳转型提供强有力的资金支持，同时巩固其在绿色能源行业的领先地位。

（二）首笔“双重 ESG”债券：云南能投的绿色金融创新秀

2022 年 4 月 13 日，本集团成功发行首笔具备“双重 ESG 架构”的绿色及可持续发展挂钩美元债券，募集资金达 2.3 亿美元，票面利率为 5.3%，实现了约 2 倍的超额认购，最终定价较初始指导价缩小了 50 个基点。

本次发行债项评级为惠誉投资级，联席全球协调人——汇丰银行作为独家绿色结构顾问，联合境内外多家金融机构共同承销完成。云南能投集团于 4 月 12 日宣布交易后，以电话会议形式进行亚洲及欧洲投资者路演，向海内外资本市场展现了集团良好的发展态势，坚决落实绿色可持续发展的承诺以及积极开拓创新型金融产品的意愿，在近期波动较大的境外资本市场环境下，超过百家投资者仍高度关注本次债券发行（见表 9－3）。

表 9－3　2022 年“双重 ESG 架构”绿色及可持续发展挂钩美元债券

发行主体	云南省能源投资集团有限公司
发行人	Yunnan Energy Investment Overseas Finance Co Ltd
起息日	2022 年 4 月 21 日
到期日	2025 年 4 月 21 日
期限	3 年
发现金额	230000000.00
币种	美元
票息	5.3%
募集资金用途	符合可持续发展金融框架所列准则的合格绿色项目的融资和（或）再融资
关键绩效指标	1. 能投集团风电项目装机规模 2. 能投集团光伏项目装机规模

续表

可持续发展绩效目标	1. 截至 2023 年风电项目装机规模较 2021 年基准线 432.6 兆瓦增长 173% 2. 截至 2023 年光伏项目装机规模较 2021 年基准线 1.112.7 兆瓦增长 43%
可持续发展挂钩债券要求	在规定日期（2024 年 6 月 30 日）若未达成绩效目标债券票息利率将进行跳升（目标 1 未达成跳升 15 基点；目标 2 未达成跳升 10 基点）
本金偿还方式	到期一次还本
外部认证机构	香港品质保证局（HKQAA）
国际证券识别代码	XS2445143329

资料来源：参见 https：//wap. cnyeig. com/gggs/202306/t20230601_1423988. html。

债券资金使用状况如表 9－4 所示，2021 年，能投集团陆续开工了 1570 兆瓦风力发电项目，按照能投集团资金使用的统筹管理和安排，在 2022 年 4 月份完成双重 ESG 债券发行工作后，全部募集资金用于能投集团投产风电项目、光伏项目。

表 9－4　　　　债券募集资金分配情况

项目名称	投资主体	能源类型	分配金额（亿美元）
曲靖市马龙区通泉风电站	马龙云能投新能源开发有限公司	风电	0.20
红河州永宁风电站	会泽云能投新能源开发有限公司	风电	0.37
会泽县金钟风电站	红河云能投新能源开发有限公司	风电	0.20
榕耀公司光伏项目群	云南榕耀新能源有限公司	光伏	1.53
			合计：2.30

资料来源：参见 https：//www. cnyeig. com/xxgk/gggs/202407/t20240702_53694. html。

可持续发展挂钩债券的债券条款与关键绩效（KPI）情况挂钩，债券发行时发行人会设置与关键绩效指标相对应的定量可持续发展绩效目标（SPT），若未实现预设的目标则会影响到债券结构调整。能投集团“双重 ESG 认证”美元债券分别设置了 2023 年风电和光伏项目装机规模目标，通过两项指标是否达成来衡量可持续发展绩效目标的质量。2023 年能投集团权益装机达 1981.5 万千瓦，绿色电力装机占比约 80%；其中已投产控股和参股的风电、光伏项目权益装机 328.95 万千瓦，较 2021 年基准线指标增长 114.91%，增长效果明显；KPI 指标的完成主要得益于马龙通泉、红河永宁两个省级重点风电项目的投产，以及集团参股投资的华能澜沧江水电有限公司（全国第二大水电上市公司，持股 28.26%）和青海黄河上游水电开发有限责任公司新能源项目装机规模显著提升，具体 KPI 指标完成情况如表 9－5 所示。

表 9-5　　　债券 KPI 完成情况

关键绩效指标（KPI）	2021 年基准线	可持续发展目标（SPT）	2023 年实现目标	较 2021 年增长
能投集团风电项目装机规模	432.6 兆瓦	增加风电项目装机规模 173% 2023 年达到 1183.1 兆瓦	1608.82 兆瓦	272%
能投集团光伏项目装机规模	1112.7 兆瓦	增加光伏项目装机规模 43% 2023 年达到 1592.4 兆瓦	1712.15 兆瓦	54%

资料来源：参见 https://www.cnyeig.com/xxgk/gggs/202407/t20240702_53694.html。

2024 年 6 月 28 日，云南能投集团正式发布 2023 年可持续发展融资年度报告，该报告由全球知名商业认证机构挪威船级社进行评估，获得此次认证标志着能投集团的可持续发展管理实践和绿色金融工作得到了国际领先认证机构的权威认可。经过挪威船级社的严格审查，能投集团在 2021—2023 年期间风电项目装机增长率为 272%，光伏项目装机增长率为 54%，两项关键绩效指标均超额完成，集团绿色能源项目装机增长跑出加速度（见图 9-3）。

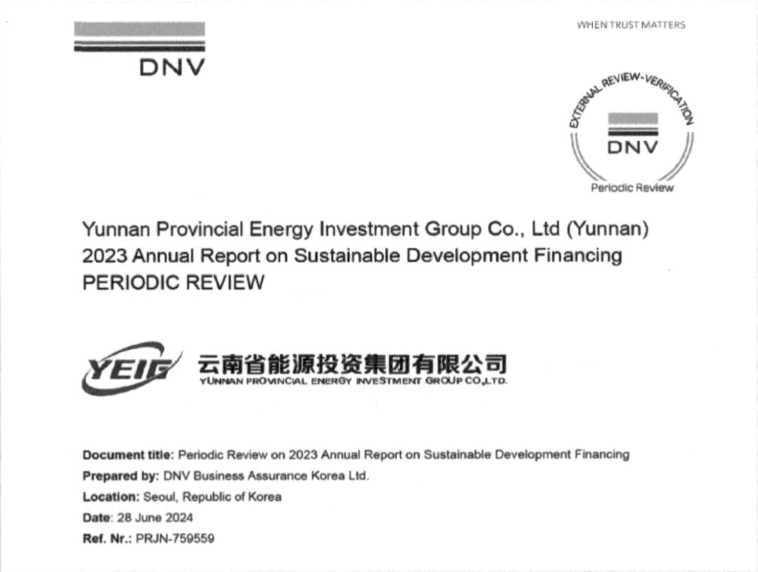
DNV

WHEN TRUST MATTERS

EXTERNAL REVIEW-VERIFICATION
DNV
Periodic Review

Yunnan Provincial Energy Investment Group Co., Ltd (Yunnan)
2023 Annual Report on Sustainable Development Financing
PERIODIC REVIEW

YEIG 云南省能源投资集团有限公司
YUNNAN PROVINCIAL ENERGY INVESTMENT GROUP CO.,LTD.

Document title: Periodic Review on 2023 Annual Report on Sustainable Development Financing
Prepared by: DNV Business Assurance Korea Ltd.
Location: Seoul, Republic of Korea
Date: 28 June 2024
Ref. Nr.: PRJN-759559

图 9-3　云南能投集团 2023 年可持续发展融资年度报告获挪威船级社认证

资料来源：参见 https://www.cnyeig.com/xwzx/jtxw/202407/t20240702_53692.html。

（三）事毕分析

双重 ESG 架构绿色美元债券的发行与云南能投集团现阶段的改革发展策略高度契合，并与集团长远发展规划保持一致。此举不仅彰显了集团在产融结合领域的深化，更是其稳健发展态势的具体体现。集团依托自身坚实基础，积极拓展国际市场，成功塑造了国际绿色能源品牌的形象。

绿色债券通常享有较低的融资成本优势。云南能投集团此次发行的2.3亿美元绿色债券，最终定价相较于初始定价指导值缩减了50个基点。这个利率优势不仅降低了企业的融资成本，而且吸引了更广泛投资者的关注，实现了约2倍的超额认购。相对而言，普通债券的利率通常更高（如非绿色普通债券中最高票息达到6.3%），并且缺乏绿色债券所享有的政策支持和市场吸引力。

云南能投集团在发行前进行了充分的准备工作，确保募投项目符合绿色债券的规范要求。集团通过香港品质保证局的双重认证，确保债券符合国际绿色金融标准，并设定了关键绩效指标（KPI）。并且此次债券创新采用了绿色债券和可持续发展挂钩债券双认证，是国内首单进行双ESG认证的债券发行，在境内外可持续发展金融领域创下先河，获得了香港品质保证局的高度评价。在发行过程中，通过多种方式提高了集团的国际影响力。

从绿色债券发行的五个步骤可以看出，绿色债券的发行是一个系统化、规范化的过程，强调透明度、合规性和可持续性。而与绿色债券（碳中和债）规定的资金必须投向绿色项目相比，可持续发展挂钩债券是目标导向型的融资工具，对发行主体、发行方式、资金投向无硬性要求，更着重企业自定的目标是否达成，资金用途更加灵活（见图9－4）。

图9－4　绿色债券发行五步骤

资料来源：参见 https：//www. iisd. org/system/files/publications/how－to－issue－green－bond－china－ch. pdf。

云南能投集团在2022年和2023年都出色地完成了KPI。此次“双重ESG架构”绿色及可持续发展挂钩美元债不仅促进了绿色产业的健康发展，也为发行企业带来了实实在在的利益。不仅展现了云南能投集团在绿色金融领域的创新实践，还通过目标导向型的融资模式，强化了企业的可持续发展承诺。“双重ESG架构”绿色及可持续发展挂钩美元债使资金使用更加灵活，能够更好地适应企业的战略需求。这种机制不仅提升了企业的ESG表现，还通过设定明确的环境和社会目标，增强了投资者对集团绿色转型的信心。同时，云南能投的这一举措也体现了企业、投资者和监管机构在推动可持续发展金融方面的协同努力，为绿色金融市场的多元化发展提供了新的范例。

四、债券的正确用途：云南能投推动绿色产业的发展与创新

（一）聚焦研发：助力新能源技术突破

在云南能投实施的多元化发展战略中，科技创新的持续进步发挥着至关重要的作用。自2022年绿色债券发行以来，云南能投在建工程规模持续扩大，截至2023年已增至49.79亿元，占总资产的28.32%。这一增长趋势与云南能投在绿色能源领域的战略部署密切相关。云南能投特别重视风能、太阳能等领域的技术革新，与科研机构的紧密合作使该集团在高效太阳能电池的研发、智能风电控制系统的优化等尖端技术研究项目上取得了显著成果。

2024年三季报显示（见表9-6），在建工程规模为31.16亿元，较2023年下降了37.40%，占总资产的比率也降至16.95%。这一变化可能与部分在建项目完工并转入固定资产有关，如永宁项目及华宁葫芦地项目。这表明公司在绿色能源项目上的建设进度正在稳步推进，部分项目已经进入运营阶段，开始为公司贡献现金流。

表9-6　　云南能投2021—2024年三季报在建工程情况

年份	在建工程（亿元）	占总资产比率（%）	同比增长（%）
2021年	18.24	18.57	1.15
2022年	28.59	21.40	2.83
2023年	49.79	28.32	7.88
2024年三季报	31.16	16.95	-37.40

资料来源：云南能投2021—2024年年度报告。

从表9-7可以看出，通过采用这些技术革新和项目的实施，云南能投集团显著提升了新能源发电的效率，并大幅削减了发电成本，同时显著增强了企业在新能源市场的核心竞争力。这些显著的成就不仅为云南省的能源转型提供了坚实支持，也为全国新能源技术的发展树立了典范。

表9-7　　云南能投研发绿色项目整合表

领域	项目内容	合作方	成果/进展	时间
储能技术研发	锂/钠离子储能示范项目和风电配套储能应用	立方新能源	实现了技术与资源的深度融合，推动储能技术在风电领域的应用	2023年

续表

领域	项目内容	合作方	成果/进展	时间
高效太阳能电池研发	推动1123.2万千瓦光伏项目的开发	多个州市和省属企业	提升了光伏装机容量，降低了发电成本，推动了光伏与储能的耦合发展	2023年
智能风电控制系统优化	会泽金钟风电场智能化改造		设备可利用率平均值达到99.45%，平均利用小时数为2533小时	2022年
智能风电控制系统优化	大姚涧水塘梁子风电场智能化改造		设备可利用率平均值达到99.45%，平均利用小时数为2533小时	2022年
风电场扩建项目	4个风电场扩建项目，总装机容量达67.125万千瓦		项目列入云南省2023年第二批新能源项目建设清单，2024年获得项目核准	2023—2024年

资料来源：云南能投2022—2024年年度报告。

从表9-8的2021—2024年三季报固定资产情况看出，云南能投的固定资产规模持续增长，2024年三季报显示，固定资产达到91.70亿元，同比增长40.99%，占总资产的比率升至49.85%。这一增长主要得益于永宁项目及华宁葫芦地项目的完工并转入固定资产。

表9-8　　　　云南能投2021—2024年三季报固定资产情况

年份	固定资产（亿元）	占总资产比率（%）	同比增长（%）
2021年	40.01	42.70	1.15
2022年	42.89	32.09	2.83
2023年	65.04	36.99	7.88
2024年三季报	91.70	49.85	40.99

资料来源：云南能投2022—2024年年度报告。

表9-9展示了在风能和太阳能这两个主要的新能源领域，集团得以顺利推进多个关键项目，这些项目的实施不仅加速了新能源技术的应用，还显著增加了集团的新能源装机容量，为可持续发展作出了重要贡献。

表9-9　　　　云南能投绿色能源项目表

领域	项目内容	进展	成果	时间
“8+3”风电项目	风电	累计投产140万千瓦，新增签约446万千瓦风光新能源资源	项目顺利推进，新增大量新能源装机容量	2023年
华宁县宁州葫芦地光伏电站二期项目	光伏	项目实现全容量并网发电	总装机容量达到6万千瓦	2024年

续表

领域	项目内容	进展	成果	时间
红河电厂70万千瓦清洁煤电扩建项目	清洁煤电	推进70万千瓦清洁煤电扩建	预计2025年一季度投产并网	2024年
新能源发电量与售电量提升	能源效率提升	通过技术改造和设备升级，降低能源损耗，提高利用效率	2024年前三季度发电量30.09亿千瓦时（同比增长111.75%），售电量29.18亿千瓦时（同比增长114.09%）	2024年前三季度

资料来源：云南能投2023—2024年年度报告。

（二）人才吸引：打造绿色能源人才高地

为了进一步提升企业的创新能力和技术水平，云南能投集团秉持“人人皆可塑才”和“人人皆向善向上”的理念，巧妙运用债券资金，精心构建了一支高素质的人才队伍。从表9－10可以发现，集团以优厚的薪酬待遇、广阔的职业发展空间以及先进的科研环境作为吸引人才的核心优势，成功吸引了来自国内外众多能源领域的专家和技术人才。这些人才的汇聚，如同涓涓细流，成为推动企业高质量发展的强大动力，为云南能投集团的创新之路注入了持续不断的活力。

表9－10　　公司人才培养部分方式表

领域	具体内容	实施方式	成果	时间
薪酬待遇	提供具有竞争力的薪资	根据岗位和层级差异化薪资待遇	本科岗位平均工资达到17.5K	2023年
薪酬待遇	激励员工提升技能	技能等级提升培训和薪酬改革	员工技能提升，收入水平提高	持续推进
职业发展	构建职务职级并行体系	畅通技能人才职业发展通道	提升员工职业发展机会	持续推进
职业发展	推行“师带徒”模式	经验丰富的党员师傅“一对一”指导	青年员工快速成长	持续推进
职业发展	提供展示平台	“匠心云能群英会”等活动	提升员工职业成就感	持续开展
科研环境	建立创新团队和大师工作室	省级创新团队和大师工作室	推动技术创新和专利成果产出	持续推进

资料来源：参见http：//www.yncegc.com.cn/cnMb/gsyw/1072.html。

通过执行上述策略与措施，云南能投集团不仅为员工开辟了广阔的职业发展路径，提供了丰富的成长机遇，同时为企业的高质量发展注入了强大的人才动力，确保了公司在行业中的竞争力和领先地位。

五、债券的突出优势：为云南能投资金保驾护航

（一）拓宽融资渠道，缓解资金压力

云南能投集团借助发行具备“双重ESG架构”的美元债券，成功开辟了创新的融资渠道，吸引了国际资本的投入。此举显著缓解了公司在推进绿色能源项目过程中所遭遇的资金压力。与传统融资方式相比，该债券的融资成本更为低廉，大幅减轻了企业的财务负担。此外，通过构建多元化的融资渠道，公司降低了对单一融资模式的依赖性，不仅提升了资金的稳定性，还增强了企业应对市场波动时的抗风险能力。

（二）优化财务结构，提升财务健康度

通过对云南能投绿色债券发行后的数据进行分析，表9-11整理了企业2022—2024年第三季度的负债相关数据。结果显示，债券发行后，云南能投集团的财务结构得到了显著优化。长期资金的增加导致非流动负债在总负债中的比例上升，而流动负债的比例相应下降，资产负债率亦有所降低。这一结果表明，企业的债务结构更为合理，偿债能力得到增强，财务风险进一步降低，从而为企业的长期稳定发展提供了坚实的财务基础。

表9-11　　2022—2024年第三季度云南能投资本结构

项目	2022年	2023年	2024年第三季度
流动负债（亿元）	25.62	28.80	27.19
非流动负债（亿元）	30.67	67.06	72.64
总负债（亿元）	56.29	95.86	99.83
流动负债/总负债（%）	45.52	30.04	27.24
非流动负债/总负债（%）	54.48	69.96	72.76
资产负债率（%）	54.52	54.52	54.28
总资产收益率（%）	2.06	2.38	2.95

资料来源：云南能投2022—2024年年度报告。

（三）推动技术创新，增强市场竞争力

借助债券资金在研发和人才培养方面的巨额投资，云南能投集团在新能源技术领域取

得了多项具有突破性的创新成果。以该集团研发的新型储能技术为例，该技术显著提升了新能源电力的存储效率和系统的稳定性，同时有效降低了储能环节的成本。这些技术的进步使云南能投集团在竞争激烈的新能源市场中脱颖而出，获得了显著的竞争优势。技术创新不仅推动了产品线的升级，还促进了服务的优化，从而极大地增强了企业在国内外能源市场的竞争力。随着市场份额的不断扩大和盈利能力的持续提升，云南能投集团在新能源领域的地位和影响力得到了进一步巩固和提升。

（四）树立绿色形象，提升企业声誉

云南能投集团成功发行了具备“双重 ESG 架构”的绿色及可持续发展挂钩美元债券，此举充分彰显了公司在绿色增长及社会责任承担方面的坚定决心与承诺。公司在推进绿色能源项目方面取得了显著成就，并在全球气候变化抗击中扮演了关键角色，为社会可持续发展作出了积极贡献。通过此类举措，云南能投集团不仅提升了品牌价值与企业声誉，还吸引了更多关注可持续发展议题的投资者与合作伙伴。对绿色与可持续发展承诺的强化，为公司长期发展营造了有利的外部环境，并为社会绿色转型与可持续发展树立了典范。

六、未来已来——尾声

在全球能源产业经历深刻变革的背景下，云南能投集团通过技术创新和资金引入的创新模式，证明了传统能源企业亦能在绿色转型的浪潮中崭露头角。通过发行具有“双重 ESG 架构”的绿色及可持续发展挂钩美元债券，拓展融资途径，改善财务结构，促进新能源技术的突破与创新，确立了绿色企业的标杆。

截至 2024 年，云南能投集团的风电和光伏项目装机容量实现了显著增长，超额完成了可持续发展挂钩债券所设定的关键绩效指标。凸显了集团在绿色能源领域的领先地位，同时为云南省乃至全国的“双碳”目标作出了显著贡献。

七、债券发行全程解析：助力云南能投绿色转型与财务优化

在全球能源行业经历变革与绿色转型的背景下，云南能投集团采取了发行“双重 ESG 架构”绿色及可持续发展挂钩美元债券的策略，有效地拓展了融资渠道，促进了绿色能源项目的发展。

在项目启动的初期阶段，云南能投集团对潜在项目进行了详尽的筛选与评估，确保其符合绿色债券的相关规范，并成功获得了双认证，为债券的成功发行奠定了坚实的基础。

在债券发行过程中，集团明确了债券的具体条款，并与境内外金融机构合作进行承销。通过电话会议形式在亚洲和欧洲进行投资者路演，充分展示了集团的实力与潜力，顺利完成了债券的发行。此次“双重 ESG 架构”绿色债券筹集的资金被精确地投入到绿色能源项目中，推动了风电、光伏等项目的装机规模增长与技术进步，同时优化了集团的财务结构，降低了资产负债率，提升了财务的稳定性和健康度。

尽管如此，该债券也存在一些不足之处，如市场波动应对策略仍待完善、投资者地域集中度较高、持续沟通机制具有的优化需求、债券条款的灵活性不足等。这些经验与教训为其他企业在绿色金融领域的发展提供了宝贵的参考，有助于推动整个行业的可持续发展。

思考题

1. 请结合本案例，分析企业发行绿色债券的条件与步骤。

2. 本案例提到的绿色债券给企业多元化发展战略提供了资金支持，云南能投集团为什么会采取这样的融资方式？

3. 结合云南能投集团的案例，思考绿色债券融资给企业带来了哪些影响？

4. 结合云南能投集团的案例分析，发行“双重 ESG 架构”债券的创新实践对其他传统能源企业有何启示？

参考文献

［1］万志宏，曾刚．国际绿色债券市场：现状、经验与启示［J］．金融论坛，2016，21（2）：39－45.

［2］王静．我国绿色金融发展驱动因素与进展研究［J］．经济体制改革，2019（5）：136－142.

［3］吕颖菲，刘浩．可持续发展挂钩债券的现状及会计问题研究［J］．财会月刊，2022（24）：55－61.

［4］任晓姝．绿色债券发行与企业 ESG 表现［J］．当代经济管理，2024，46（4）：71－83.

［5］李日强，王峰娟．绿色债券的发展实践与建议——绿色债券的发行要点与发展建议［J］．财务与会计，2017（9）：18－21.

［6］边卫红，张珏．全球 ESG 债券市场发展前景［J］．中国金融，2021（22）：89－91.

案例 10

西部矿业集团股份有限公司可持续发展挂钩债券发行案例

梁蕊娇　朱瑞汶[①]

① 梁蕊娇，青海民族大学经济与管理学院讲师，研究方向为区域金融。朱瑞汶，西部矿业集团财务有限公司。

西部矿业集团有限公司 2024 年发行的可持续挂钩中期票据（SLB）是中国绿色金融支持“双碳”目标的标杆案例。本案例作为全国首单矿业领域兼具“双碳”目标与地方战略协同的创新型债券，以“单位产值能耗”为核心绩效指标，通过利率调升机制绑定企业减排责任。案例创新性地将区域资源禀赋与金融工具结合，形成“政策杠杆撬动 + 金融创新驱动 + 产业转型落地”的可复制路径。该模式为高耗能行业绿色转型提供“青海方案”，推动绿色金融从“贴标融资”迈向“实效驱动”，并为资源型地区提供差异化模板。

一、案例背景

在“双碳”目标与西部高质量发展战略协同推进的时代背景下，企业的绿色转型与金融创新实践成为学界关注焦点。西部矿业集团有限公司（简称“西部矿业”）2024 年中期票据（可持续挂钩）的发行，不仅是企业融资模式的创新尝试，更展现了政策导向、资源禀赋与金融工具的协同作用机制，为金融实践研究提供了典型案例。

作为青海省战略性矿产资源开发主体，西部矿业拥有铜铅锌等有色金属全产业链布局及盐湖锂钾镁等关键战略资源储备。在“双碳”政策约束下，企业通过三重变革实现发展范式转换：一是生产体系重构，主动退出自然保护区矿业权 7 处，淘汰落后产能 30 万吨/年；二是生态治理创新，投资 4.2 亿元实施矿山生态修复工程，植被覆盖率提升至 82.5%；三是制度规则再造，建立基于 ISO14064 标准的碳排放核算体系，确立“三不生产”环境红线。在迈向高质量发展的关键阶段，西部矿业积极响应国家绿色发展战略，主动调整发展模式，融入青海省“四地”建设，将绿色发展理念深度融入企业战略与运营实践。

此次发行的可持续发展挂钩债券，以“能耗降低率”为核心指标，建立债券成本与企业减排绩效的动态关联机制，探索高耗能行业绿色转型的金融解决方案。这一实践体现了绿色金融工具从形式化“贴标”向实质性“实效”的转变，为区域资源优势转化为高质量发展动能提供了可借鉴的实践路径。相关经验不仅有助于推动高耗能行业的绿色转型，也为其他地区实现资源可持续开发与经济高质量发展提供了参考。

（一）公司背景

西部矿业作为青海省唯一一家中国 500 强企业，已连续 18 年入围，其多元化产业格局涵盖矿山冶炼、盐湖化工、文化旅游、建筑地产、金融贸易及科技信息六大领域。企业深度挖掘“矿山、盐湖、生态”三大资源禀赋，以绿色发展理念为行动纲领，系统构建“绿色矿山、绿色工厂、绿色产品”三位一体的发展体系，通过创新绿色发展模式，成功实现经济增长“含金量”与发展“含绿量”的良性互动。

在绿色实践层面，西部矿业取得了显著成效。其所属矿山全部达到省级及以上绿色矿山标准，冶炼化工单位均符合省级及以上绿色工厂要求。其中，6 家单位入选国家级绿色矿山，9 家单位跻身国家级绿色工厂行列，1 家单位获评国家级“大宗固废综合利用骨干企业”。在节能降耗领域，企业表现尤为突出：万元产值能耗从 2021 年的 175 千克标准煤降至 136 千克标准煤，降幅达 22%，显著优于行业平均水平；清洁能源占比从 46.39% 提升至 73.35%，固体废物安全处置率实现 100% 全覆盖，展现出卓越的绿色发展能力。

在绿色环保产业发展战略构建上，西部矿业制定的《西部矿业集团有限公司碳达峰与碳中和实施方案》具有重要的理论与实践价值。该方案以全面推进节能降耗为核心，通过淘汰落后设备与工艺、强化能源精细化管理、突破能耗制约瓶颈等举措，实现能源消耗的合理化、计划化与经济化。依托科技创新，企业积极探索绿色低碳能源的高效利用路径，以满足国家、行业及地方“双碳”目标要求。具体实施路径包括：严格执行能源消耗总量与强度“双控”制度，对新、改、扩建项目实施严格的节能评估审查，从源头把控能源消耗；大力推进节能技术改造，如青海铜业公司熔炼工序烟气余热回收能源利用项目等低温余热利用技术开发，显著提升能源利用效率；持续优化能源结构，推动能源消费结构从高碳向低碳、从化石能源主导向清洁能源主导转变。此外，下属单位持续深化清洁生产审核工作，致力于将碳排放控制水平提升至国内领先行列；通过统筹矿山、冶炼、盐湖化工产业，构建内部循环经济体系，实现综合效益最大化；加强废弃物资源化利用与低碳化处置，达成经济效益、生态效益与社会效益的协同共赢；以青海铜业、西藏玉龙铜业股份有限公司、肃北蒙古族自治县西矿钒科技有限公司为试点，推进减污降碳协同治理与智能化升级，为行业提供可复制的实践经验。

在碳达峰、碳中和的时代背景下，西部矿业以绿色发展为引领，以科技创新为核心驱动，通过重点推进环保生产工艺技术革新与节能技术改造，成功实现有色金属生产的节能低碳转型，为有色金属行业的可持续发展提供了创新范本。作为国有企业，西部矿业积极发挥生态文明建设的引领与示范作用，发行可持续发展挂钩债券，将生态环境保护深度融入业务发展规划，为推动绿色、低碳的可持续业务发展提供了创新的金融支持模式与实践路径，具有重要的学术研究价值与行业借鉴意义。

（二）宏观政策支持

1. 国家层面“双碳”政策深化

（1）顶层设计：构建“双碳”目标下的行业转型框架。

自我国确立“双碳”目标以来，国务院开展系统性顶层设计，为各行业的绿色转型铺就明晰路径。《2030 年前碳达峰行动方案》作为纲领性文件，明确将有色金属行业列为重点攻坚领域，并设定量化指标，要求“到 2025 年，有色金属行业能效标杆水平产能占比须达 30% 以上”。此目标设定既顺应全球应对气候变化的战略趋势，又旨在推动有色金属行业淘汰落后产能、加速技术革新。政策要求企业借助先进冶炼工艺、优化能源结构等手段，提升资源利用效率，降低单位产品能耗与碳排放强度。

从行业发展视角分析，该政策对资源型企业形成倒逼机制。一方面，能效标杆水平产能占比的提升，促使企业加大在节能减排技术研发、设备升级改造等方面的投入，推动行业整体向绿色低碳方向转型；另一方面，政策引导金融资源向符合能效标准的项目倾斜，为可持续发展挂钩债券等绿色金融工具的发展奠定政策基础。企业可通过发行可持续发展挂钩债券，将债券条款与能效提升目标挂钩，获取低成本资金支持，加速实现产能升级与绿色转型。

（2）金融创新试点：拓宽绿色债券资金使用边界。

2023 年，国家发展改革委发布的《绿色债券发行指引》在绿色金融领域备受瞩目，该指引首次将“矿山生态修复”纳入绿色债券资金用途，这一突破性举措是对我国矿业发展现状与生态保护需求的深刻回应。我国矿山开采历史悠久，部分矿区因长期开发存在生态破坏、土地退化等问题，矿山生态修复已成为实现资源可持续利用、推进生态文明建设的关键环节。

2. 青海省高质量发展战略

习近平总书记于 2021 年参加十三届全国人大四次会议青海代表团审议时指出，要规划特色发展，结合青海优势和资源，加快建设世界级盐湖产业基地，打造国家清洁能源产业高地、国际生态旅游目的地、绿色有机农畜产品输出地。西部矿业持续融入青海省“四地”建设，实现产业布局再升级。矿山、盐湖采选规模不断升级，做强矿山主业；持续提高产能利用率和全流程综合回收能力，提升经营效益，做精冶炼产业；在盐湖资源综合利用中打造“西矿品牌”，创建茶卡盐湖 5A 级景区，做优盐湖资源；推进传统产业升级，提高产业低碳化绿色化程度，做实新质产业。

通过嵌入青海省“四地”建设、清洁能源优势及生态补偿机制，本案例揭示了区域高质量发展战略如何借助绿色金融工具转化为企业转型动力，宏观政策与地方禀赋的深度融合，为金融工具创新提供了“青海化”实践范例。

二、案例概述

西部矿业集团有限公司于 2024 年 4 月成功发行青海省首单可持续发展挂钩债券（SLBs），发行规模 10 亿元，期限 3 年，票面利率 3.5%，此次发行的债券设定利率调升机制，由华夏银行、中国银行担任主承销商。

（一）可持续发展挂钩债券

可持续发展挂钩债券（Sustain ability - Linked Bonds，SLBs）作为环境金融工具的创新范式，其本质是通过契约条款的动态绑定机制，将发行人的融资成本与预设的可持续发展绩效目标（Sustain ability Performance Targets，SPT）相关联，从而构建市场化驱动的绿色转型激励结构。与传统绿色债券的“资金用途锁定”模式相比，SLBs 实现了两大范式突破：一是从资金监管转向绩效监管，通过关键绩效指标（Key Performance Indicators，KPI）的量化验证，降低“洗绿”风险；二是运用激励相容契约设计，以利率调整、本金偿还条款等金融工具嵌入环境治理成本内部化机制。

SLBs 通过绩效挂钩机制实现三个扩展：一是适用性扩展，覆盖钢铁、化工等高碳排行业，突破绿色资产不足的融资瓶颈；二是灵活性扩展，允许资金用于一般公司用途，降低绿色认证的行政成本；三是有效性扩展，动态调整条款可持续激励企业提升环境治理水平，避免“一次性减排”问题。

（二）利率调升机制

若青海铜业未满足可持续发展绩效目标 1，即青海铜业 2024 年度铜冶炼工序单位产品综合能耗未达到低于 277.00kgce/t 的目标，则本期债券第二个计息年度（2025—2026 年）的票面利率相较初始利率上调 15 个基点；若满足可持续发展绩效目标 1，则第二个计息年度（2025—2026 年）的票面利率不发生变化。若青海铜业未满足可持续发展绩效目标 2，即青海铜业 2025 年度铜冶炼工序单位产品综合能耗未达到低于 272.00kgce/t 的目标，则本期债券最后一个计息年度（2026—2027 年）的票面利率相较初始利率上调 15 个基点，且附第 2 年末投资人回售选择权；若满足可持续发展绩效目标 2，则最后一个计息年度（2026—2027 年）的票面利率不发生变化，且附第 2 年末投资人回售选择权。

作为发行人有色金属采选冶炼板块中专注于铜冶炼业务的核心子公司，青海铜业构建了具备规模化生产能力的产业体系，涵盖年产 35 万吨阴极铜、44 万吨硫酸以及金银铂钯硒等贵金属的冶炼工程。公司所采用的富氧底吹熔炼—底吹吹炼连吹技术，系我国自主研发的创新成果，该技术不仅荣获“中国有色金属工业协会科技进步奖一等奖”与“国家科技进步奖二等奖”，更被科技部等九个部委联合指定为炼铜（铅）的标准化工艺，彰显了其在行业技术领域的领先地位。

在生产运营过程中，青海铜业秉持“节能优先、效率优先”的理念，严格遵循国家与地方政府的能耗管控要求，将能耗指标控制纳入企业核心管理体系。通过实施系统化的能源管理方案，结合节能降碳技术改造等一系列举措，公司实现了单位产品能耗的逐年稳定下降。这种持续优化的能源管理模式，不仅有效降低了铜冶炼加工成本，更为企业创造了显著的利润增长空间，增强了市场竞争力。

从长远发展战略来看，青海铜业将持续聚焦节能降碳目标，不断优化市场布局，提升技术创新能力。通过深化技术研发与工艺改进，公司致力于为发行人核心业务板块的高质量发展提供坚实支撑。本期债券所设定的关键绩效指标：铜冶炼工序单位产品综合能耗，高度契合发行人的整体可持续发展战略，与西部矿业未来业务发展方向形成良好协同，对于推动企业绿色转型与可持续发展具有重要意义。

三、可持续挂钩中期票据案例模式分析

（一）西部矿业

1. 关键绩效指标（KPI）的行业针对性

基于矿业行业高能耗的典型特征及青海省绿电替代战略导向，选取“单位产品综合能耗”作为核心 KPI。相较于传统碳排放指标，该指标更精准地反映有色金属采选冶炼过程中的能源消耗强度，有效规避因产业结构差异导致的指标统计偏差，为绿色发展目标的量化评估提供适配性更强的度量工具。

2. 利率调升机制的双重激励效应

建立基于可持续发展目标达成情况的非对称惩罚条款。若青海铜业未能实现可持续发展绩效目标 1 与可持续发展绩效目标 2，票面利率将较初始利率上调 15 个基点；反之，若企业达成上述目标，则维持票面利率不变。该机制通过经济激励与约束手段，强化企业减排动力，推动其向绿色低碳转型。

3. 利率波动管理的财务风险对冲

引入投资者回售权条款，允许投资者在债券发行后第 2 年末行使回售权，将债券久期由原 3 年（“2 + 1”结构）缩短至 2 年。这一设计有效降低利率波动风险，增强债券的流动性与市场吸引力。

（二）国内资源型企业 SLBs 实践

1. 陕煤集团

陕西煤业化工集团有限责任公司（简称“陕煤集团”）作为发行主体，于 2021 年 5 月成功发行煤炭行业首批可持续发展挂钩债券，发行规模达 10 亿元，债券期限设定为 5 年，

票面利率为4.48%。该债券创新构建了多维度挂钩指标体系，同时设置“吨钢综合能耗”“火电供电标准煤耗”“新能源装机规模”等量化指标。其激励机制设计呈现双向约束特征，若企业达成任一挂钩指标，将获得利率优惠；未达标情况可能触发赎回条款。同时，引入中诚信绿金科技作为第三方机构，在发行前开展全面评估，并在债券存续期内进行持续性跟踪验证，确保目标达成的透明度与可信度。

该债券通过“钢铁能效提升＋火电清洁化改造＋新能源装机规模扩张”的复合指标体系，突破传统单一维度减排模式，实现对煤炭企业上下游产业链的系统性覆盖。这种设计理念深度契合全生命周期减碳逻辑，将减碳目标贯穿于能源生产、转化及消费的各个环节，形成闭环式碳排放管理体系，为煤炭行业低碳转型提供了可复制的实践样本。

2. 云南能投

云南省能源投资集团有限公司（简称“云能投”）于2022年4月发行的2.3亿美元双认证债券，是中国首单“绿色债券＋可持续发展挂钩债券”融合型融资工具，本债券期限3年，票面利率较同类普通债券低50个基点。

该债券通过绿色债券与可持续发展挂钩债券的双重认证机制，创新构建了“资金用途约束＋绩效目标挂钩”的复合融资框架。作为制度性突破，其将绿色债券的“专款专用”属性（100%募集资金投向风电、光伏等低碳项目）与SLBs的“动态激励”机制（利率与ESG绩效挂钩）有机融合，形成了“前端资金配置，后端效果验证”的闭环管理体系。这种双重架构既满足了国际资本市场对绿色资金流向的严格监管要求，又通过市场化激励推动企业整体ESG表现提升，为高碳行业融资工具创新提供了可复制的制度模板。ESG三维度整合模式，打破了传统绿色金融工具聚焦单一环境指标的局限，形成“环境效益—社会效益—治理效能”的协同提升路径，符合全球可持续投资对ESG体系化评估的前沿趋势。

四、建议与对策

（一）对发行人的建议

1. 优化KPI设定与动态调整机制

在KPI设定方面，发行人应摒弃传统静态的目标设定方式，结合行业基准与技术进步趋势，采用滚动式目标设定法科学设定KPI阈值。滚动式目标设定法可使企业在动态变化的市场环境中，保持目标的灵活性与适应性，及时调整战略方向以应对不确定性。同时，为增强企业应对外部风险的韧性，需进一步扩展不可抗力豁免条款的范围。除大宗商品价格波动外，应将自然灾害、供应链中断等情景纳入其中，运用风险管理理论，明确各情景的触发条件与修正方法，构建完善的风险应对体系，降低企业因不可抗力因素导致的经营风险。

2. 强化资金使用效率与透明度

基于信息不对称理论和委托代理理论，发行人应积极接入青海省区块链能源监测系统，共同构建数字化监管平台。区块链技术的分布式账本、不可篡改等特性，能够实时追踪资金流向与项目碳足迹，有效解决资金使用过程中的信息不对称问题，提升资金使用效率。同时，将部分数据对外部投资者开放，有助于增强投资者信任，降低代理成本，促进企业与投资者之间的良性互动。

（二）对投资者的建议

1. 深化 ESG 尽职调查

（1）第三方机构评估：投资者在选择第三方评估机构时，应重点审查其在矿业领域的审计经验。要求机构披露历史项目误判率及纠偏机制，通过分析误判率可评估机构的专业能力和严谨性，纠偏机制则体现其对错误的修正能力，以此筛选出可靠的评估机构，提高 ESG 尽职调查的准确性。

（2）政策持续性分析：运用公共财政理论，通过对青海省财政预算公开数据的深入分析，如绿电补贴占比、生态补偿基金规模等指标，评估地方政府支持力度的可持续性。财政补贴政策的稳定性对企业的长期发展至关重要，投资者需准确判断政策趋势，降低因政策变动带来的投资风险。

（3）压力测试模型：基于金融风险评估理论，构建情境分析模型，模拟铜价下跌 30% 等极端情况。通过对这些情景下 KPI 达标概率与债券违约风险的量化分析，投资者能够更全面地了解投资项目的风险状况，提前制定风险应对策略，提高投资决策的科学性。

2. 灵活运用衍生品对冲风险

针对 SLBs 利率上浮风险，依据金融衍生品定价理论和风险管理理论，投资者可采用利率互换策略。通过锁定最大损失敞口，将利率风险控制在可承受范围内，保障投资收益的稳定性。

（三）对监管机构的建议

1. 完善 SLB 标准化框架

（1）监管机构可通过制定《矿业类 SLBs 发行指引》，强制要求纳入单位水耗、尾矿库安全等级等指标，从制度层面杜绝“选择性披露”现象。通过明确行业特定指标，规范企业信息披露行为，提高市场信息透明度，为投资者提供更全面、准确的决策依据。

（2）根据未达标程度设置阶梯式利率上浮惩罚机制。例如，未达 15% 罚 20 个基点，未达 10% 罚 50 个基点，通过这种分级惩罚方式，增强条款威慑力，促使发行人严格遵守 KPI 标准，保障市场秩序。

（3）要求发行人在募集说明书中承诺，若 KPI 数据造假，则按本金的 1% 赔偿投资者，并由承销商连带担保。该制度明确了各方责任，保护投资者合法权益，增强投资者信心，维护市场的公平与稳定。

2. 构建区域绿色金融基础设施

（1）数据共享平台。

在青海省试点“矿业 ESG 数据库”，整合企业能耗、碳排放、生态修复等数据，并向金融机构定向开放接口。数据共享平台的建立能够促进信息流通与资源整合，提高金融机构对企业 ESG 状况的评估效率，推动绿色金融业务的发展。

（2）区域性碳普惠市场。

允许企业将节能降耗产生的碳普惠指标（如单位产值能耗下降超额部分）用于 SLBs 利息支付，拓宽企业融资渠道。这种创新机制将企业的节能减排成果转化为经济价值，激励企业积极践行绿色发展理念，同时丰富了绿色金融产品的形式。

（3）政策激励与风险缓释。

结合保险学理论和风险分担理论，联合保险公司开发“SLBs 绩效保险”。若因技术失败导致 KPI 未达标，由保险赔付利率上浮部分的 50%，通过保险机制分散风险，减轻企业负担，提高企业参与绿色金融活动的积极性。

思考题

（一）基础分析题

1. 什么是可持续发展挂钩债券（SLBs）？与传统绿色债券相比，SLBs 的核心区别是什么？

2. 解释西部矿业 SLBs 中“单位产品综合能耗”作为 KPI 的合理性，结合青海省的资源禀赋说明原因。

（二）利率机制设计

1. 若 SLBs 仅设置利率上浮惩罚（无下调奖励），对发行人和投资者的行为可能产生哪些影响？

2. 计算该债券的实际融资成本（假设发行人获得青海省 1% 的发行奖励，利率为 3.8%）。

（三）风险管理

什么是久期？若该债券含 2 年末回售权，其久期是大于还是小于普通 3 年期债券？为什么？

（四）金融产品创新设计

若将西部矿业的碳汇收益打包为资产支持证券（ABS），请设计其分层结构（优先/次级），并说明目标投资者类型。

（五）政策建议模拟

作为青海省发展改革委官员，请制定一项政策以吸引更多企业发行 SLBs（提示：可考虑财政激励、数据基础设施或市场流动性支持）。

（六）伦理与商业平衡辩论

正方：SLB 的利率惩罚机制足以约束企业绿色转型，无须政府补贴。
反方：若无政策支持，SLB 难以在高耗能行业推广。
（需引用案例中的数据进行论证）

参考文献

[1] 陈诗一，许璐，吴海鹏．“双碳”目标下中国产业链绿色低碳转型的理论阐释与实现路径［J］．广东社会科学，2024（5）：63－74＋286.

[2] 高艳妮，王世曦，杨春艳，等．基于矿山生态修复的生态产品价值实现主要模式与路径［J］．环境科学研究，2022，35（12）：2777－2784.

[3] 吕冠华，郭收库．ESG 评级对企业发行可持续发展挂钩债券融资成本的影响［J］．商场现代化，2024（13）：137－139.

[4] 胡德宝，赵诗乐．防范绿色金融“洗绿”风险［J］．中国金融，2023（13）：73－74.

[5] 王慧．绿色金融工具创新与区域经济低碳转型研究［J］．合作经济与科技，2024

(23)：54－56.

［6］朱宁，孙曾昊，许艺煊．绿色金融对煤炭产业链韧性的影响研究——基于绿色金融改革创新试验区的准自然实验［J］．财经理论与实践，2024，45（6）：27－34.

［7］文雷，梁雅昆．“双碳”目标背景下可再生能源发展对区域碳排放效率的影响评估［J］．南华大学学报（社会科学版），2023，24（3）：21－31.

第三部分　普惠金融篇

普惠金融肩负着让金融服务覆盖社会各阶层的使命，尤其聚焦小微企业、“三农”、低收入群体等传统金融服务的薄弱环节。自党的十八大以来，我国普惠金融发展成绩斐然，已初步形成多层次、广覆盖、差异化的供给格局，金融服务的可得性与满意度大幅提升。2023年中央金融工作会议将普惠金融纳入“五篇大文章”，国家金融监督管理总局也明确了建成高质量普惠金融体系的目标。在政策的持续推动下，普惠金融不断创新发展，移动支付、数字信贷等新兴业务如雨后春笋般涌现，有效提升了重点领域的金融服务水平。然而，普惠金融发展仍面临着诸多挑战。本篇将聚焦普惠金融的实践案例，展现不同主体在普惠金融领域的积极实践，促进社会公平与经济均衡发展。

案例 11

蚂蚁集团“数智”技术赋能 ESG 发展案例研究

黄元君　马卓楠[①]

① 黄元君，博士，上海立信会计金融学院金融学院副教授，研究方向为智能优化、数字经济。马卓楠，上海立信会计金融学院金融学院本科生。

随着数字经济与人工智能技术的快速发展，国内外企业纷纷开启了“数智”化转型征程，蚂蚁集团作为中国金融科技的领军企业，在“数智”技术赋能 ESG 方面走在了前列。本案例围绕该企业从数字普惠、科技创新、绿色低碳和开放生态四位一体系统化的角度，对“数智”技术如何赋能 ESG 发展进行了案例总结与实践模式的探讨。首先，通过相关事件和数据的统计，分析了蚂蚁集团“数智”技术赋能可持续发展如何实践及取得的成效，主要涉及数字普惠、科技创新、绿色低碳和开放生态四位一体的案例内容；其次，总结出其实践模式；最后，给出了相关的经验启示，为企业和管理部门的决策提供实践参考价值。本案例不仅可为理解“数智”技术如何赋能 ESG 发展提供新视角，而且可为其相关的理论研究与实践教学提供范例参考。

一、案例背景

随着全球对 ESG，即环境（Environmental）、社会（Social）和公司治理（Governance）的关注度不断提升，企业在追求经济利益的同时，也需要承担相应的社会责任并注重可持续发展。与此同时，在数字化与智能化背景下，“数智”技术可帮助企业重塑产品、服务和业务模式，赋能企业在数智化浪潮中不断探索新的商业模式和价值观，激发企业更加积极地去拥抱 ESG 转型。

“数智”技术赋能是以大数据、人工智能、云计算、物联网等一系列新兴技术为主，将智慧数据与知识作为重要的生产要素，智能技术作为核心的驱动因素，通过深度融合智慧数据、知识等数字资源，重新架构或整合数智类生产要素，赋能利益相关者发挥技术创新、生产生活、科学发现与应用转化等方面的能力，将资源高效利用起来，最大限度发挥资源的效用，促进组织系统实现价值共创。“数智”技术在赋能企业 ESG 发展过程中，发挥着多方面的重要作用。例如，在环境保护方面，企业可通过数智化技术实现能源管理和废物减排，降低对环境污染的影响；在社会责任方面，企业可通过数字技术提供更安全、有保障的产品提升其社会形象和品牌价值；在公司治理方面，数智化技术有助于提升企业决策的透明度和效率，增强风险管理和合规性。因此，企业的“数智”化技术转型不仅是企业技术进步的表现，更是企业提升其 ESG 的重要途径。

党的二十大再次强调，要把新发展理念贯彻到经济社会发展全过程和各领域，加快发展方式绿色转型，深入推进环境污染防治，积极稳妥推进碳达峰碳中和。这些重大战略举措，为 ESG 理念在中国落地实践带来了宝贵的新机遇。随着国家出台相关规定，对企业 ESG 信息披露和具体实施进行规范和指导，使以蚂蚁集团为代表的一些大型企业已对 ESG 进行了较好的实践探索，这为本案例探讨“数智”技术赋能 ESG 发展提供了较好的素材。

二、案例分析

（一）案例简介

蚂蚁集团起步于2004年诞生的支付宝，经过二十年的发展，已成为世界领先的互联网开放平台。其目前在“数智”技术方面的业务板块主要涉及：数字支付、数字互联、数字金融、数字科技及全球化。同时，蚂蚁集团注重ESG发展理念，将其全面融入公司的整体发展战略，并建立了ESG可持续发展组织架构（见图11－1），该组织架构可配合高效的横向协作机制，履行制定ESG政策、监督ESG目标的实现、推动ESG理念融入业务战略等职责。例如，ESG可持续发展委员会由公司高层直接领导，确保了ESG战略能够与公司的整体战略紧密结合，并得到充分的资源支持。此外，委员会的设立及其职责明确，为ESG工作的开展提供了制度保障。同时，将风险管理和ESG可持续发展纳入公司年度考核，并与高管薪酬挂钩，提升了治理效能和透明度。

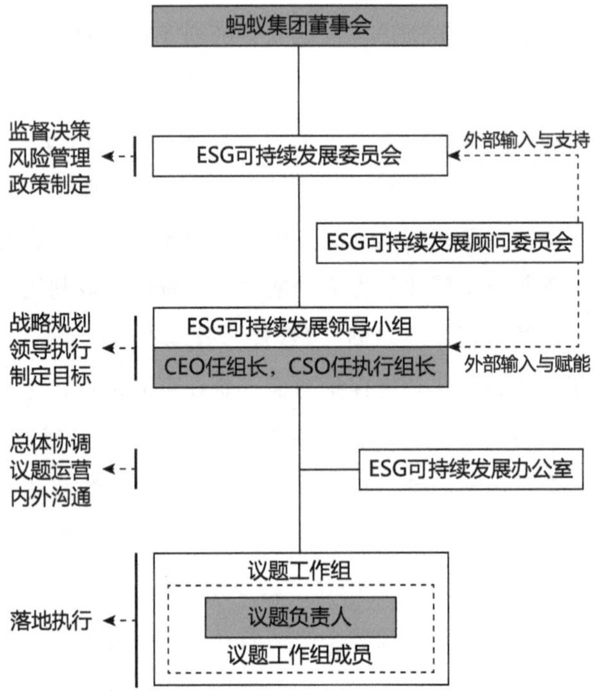

图11－1　蚂蚁集团ESG可持续发展组织架构

（二）“数智”技术赋能 ESG

近年来，蚂蚁集团提出了“数字普惠”“科技创新”“绿色低碳”和“开放生态”四位一体的 ESG 可持续发展战略（见图 11－2），并将一体发展贯穿到所有的经营实践中。因此，本案例围绕以上四方面展开分析，力求从更加体系化的视角来看 ESG 发展与经济、社会和环境之间的关系，剖析“数智”技术如何赋能 ESG 发展。

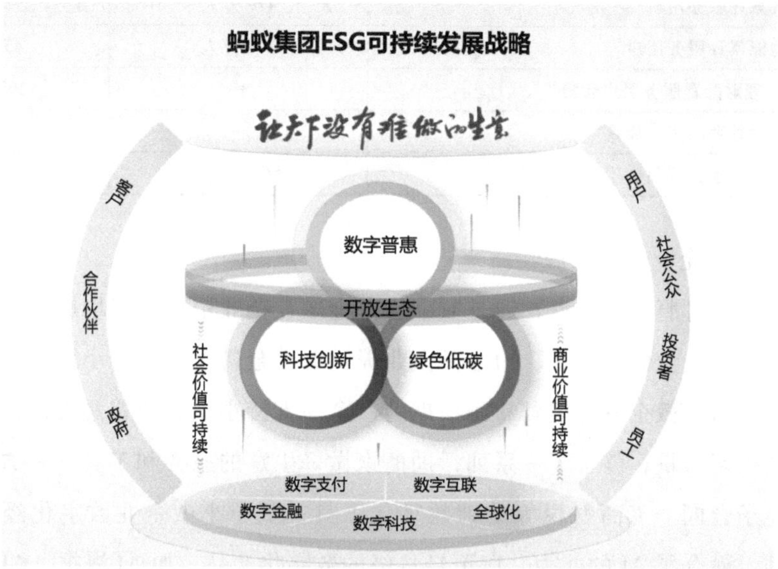

图 11－2　蚂蚁集团四位一体的 ESG 发展战略

1. 数字普惠

蚂蚁集团以数字普惠为工具，借助科技与平台之力惠及、服务于大众与企业。蚂蚁集团在普惠服务的广度上不断拓展，涵盖广大群众、小微企业与助农兴农；在深度上，它加速拥抱 AI，推动产品与服务智能化升级，推出系列创新产品与方案，降低用户获取数字服务门槛；还利用 AI 技术为小微企业增添活力，助力各行各业的可持续发展，积极提升数字政务服务能力，让数字普惠惠及各方。

（1）普惠产品及服务，扩大客户群体。

蚂蚁集团通过强化产品规范及管理机制、提供更普惠的产品及服务、倡导金融健康与普及金融教育等措施，不断探索将大数据与人工智能应用于产品和服务中，从便捷支付到普惠金融，再拓展至普惠服务，形成了一个多层次、全方位的服务体系。例如，在生成式 AI 迅速发展的今天，蚂蚁集团积极探索用前沿的 AI 技术升级产品及服务，不断将前沿科技融入产品及服务，努力降低使用门槛，让更多的人轻松地享受安全便捷、全面易用和广泛可及的优质产品及服务。从表 11 - 1 统计出的有关事件数据可见，加大数字普惠产品及服务，增加了客户群体。

表 11 - 1　　数字普惠产品服务提升有关事件及数据统计

具体事件	年度进展	
	2022 年	2023 年
支付宝“用户保护中心”累计用户访问次数	4 亿次	4.1 亿次
支付宝长辈模式累计服务用户	479 万人	783 万人
支付宝无障碍功能累计服务用户	191 万人	458 万人
开启“三笔钱”理财配置服务用户数量	—	2000 万人
提供保险知识互动教育的用户数量	—	近 4800 万人
推广金融普惠教育覆盖人群数量	5688 万人	1 亿人

（2）助力小微企业普惠发展。

蚂蚁集团以支付服务为起点，通过数字化、金融、企业信用、跨境服务四个路径，采取数字化支持小微企业做好生意、为小微企业提供普惠金融服务、为小微企业提供企业信用应用体系、助力小微企业跨境贸易四项措施，全面支持小微企业普惠发展。同时，发挥支付宝平台的生态力量，整合了一系列帮助商家做好生意的服务和工具。一方面，提供了数字支付、电子合同、工商财税等基础数字化工具，赋予小微企业数字化经营的基础能力；另一方面，融合了 AI 的能力，以更轻量级的数字化产品，如 AI 海报、AI 营销文案和数字人视频教学等，帮助小微企业进一步提升经营效率和能力。从表 11 - 2 统计出的有关事件数据结果可见，蚂蚁集团不断助力小微企业的普惠发展。

表 11 - 2　　助力小微企业普惠发展有关事件及数据

具体事件	年度进展	
	2022 年	2023 年
累计为小微企业和小微经营者提供了普惠支付和金融服务的数量	8600 万次	超 8700 万次
享受支付宝平台提供小程序等服务的商家数量	395 万家	427 万家
为小微企业和小微经营者降费让利金额	68 亿元	70 亿元
开启无门槛信用管理账户的小微企业数量	—	953 万家

（3）助农兴农。

蚂蚁集团通过发挥平台优势，围绕产业助农、金融科技助农、人才助农和公益助农四个方面，助力县域产业高质高效发展；同时，整合资源，探索以县域为单位的帮扶示范。从表 11 - 3 统计的有关事件数据结果可见，蚂蚁集团通过数字普惠，不断推进助农兴农工作。

表 11－3　　助农兴农有关事件及数据

具体事件	年度进展	
	2022 年	2023 年
助农行动累计助力全国脱贫县特色农产品品牌升级的数量	118 个	296 个
助农行动累计打造农产品品牌数量	—	超 1400 个
享受纯信用无抵押信贷服务的种植户的数量	123 万家	169 亿家
开启无门槛信用管理账户的小微企业数量	—	953 万家

（4）服务数字社会建设。

十几年来，蚂蚁集团不断在数字政务、数字医疗与数字出行等领域寻求突破，以技术创新满足不断涌现的多样化社会需求，积极参与数字社会建设，为更多用户提供数字化生活便民服务。从表 11－4 总结的有关事件数据结果可见，蚂蚁集团通过数字技术，不断推进数字社会建设。

表 11－4　　服务数字社会建设的有关事件及数据

具体事件	年度进展	
	2022 年	2023 年
享受“数字市民中心”线上公共服务的用户数量	7 亿人	超 8 亿人
“一网通办”累计服务用户数量	5.7 万人	超 6 万人
支付宝累计激活医保电子凭证用户数量	4.3 亿人	5.3 亿人
可提供数字化医疗便民服务的城市	300 个	340 个
可提供数字化医疗便民服务的医院	3500 家	3600 家
支付宝数字化出行服务累计用户数量	—	超 4 亿人

2. 科技创新

蚂蚁集团秉持科技是核心生产力的理念，以科技解决社会问题的理念。一方面，专注前沿科技探索与研发，提出 AI First 战略方向，坚定投入科研，经费连续三年增长且位居民企前列。另一方面，注重科技助力产业发展，将多领域科技创新成果应用于多产业。

（1）专注前沿科技探索与研发。

蚂蚁集团关注三个核心命题：促进专业技术领域突破、促进科技生态建设、促进技术开源开放。因此，蚂蚁集团持续加大对大数据和人工智能技术的投入，为人工智能的大规模产业应用提供坚实的基础：围绕隐私计算和区块链等技术，构建了安全可信的技术底座；围绕图计算、绿色计算、分布式数据库，打造稳定强大的分布式计算体系。同时，蚂蚁集团建立了开放式研究创新体系，扩大和深化外部科研协作网络；在前沿科技领域孵化及运营开源项目与产品，促进基础软件技术的开源社区共建与产学研协同发展。从

表 11 -5 有关事件统计数据结果可见，蚂蚁集团在科技探索与研发上不断加大推进力度。

表 11 -5　　科技探索与研发相有关事件及数据

具体事件	年度进展	
	2022 年	2023 年
年度科技研发投入金额	204.6 亿元	211.9 亿元
全球共持有授权专利数量	18678 件	22102 件
新增标准立项	167 项	195 项
联合实验室数量	11 家	16 家
开源仓库数量	—	超 1900 个

（2）科技助力产业发展。

蚂蚁集团通过分布式数据库、云原生、移动科技、安全科技等关键技术，帮助企业进行数字化升级；通过探索区块链、人工智能、隐私计算、物联网技术的融合，为产业协作提供可信的数字化“契”和“约”，让数据价值充分流动；通过数字化和数据要素流转，推动产业协作更加可信、高效，助力数实融合。从表 11 -6 有关事件的统计数据可见，蚂蚁集团通过自己的科技技术不断助力产业发展。

表 11 -6　　科技助力产业发展有关事件及数据

具体事件	年度进展	
	2022 年	2023 年
数字科技板块累计服务企业数量	—	13000 个
OceanBase 分布式数据库累计服务行业客户数量	400 家	超 1000 家
服务 APP 提供移动开发平台数量	—	超 2000 个

3. 绿色低碳

蚂蚁集团以“绿色”为基因，积极扮演“绿色发展的践行者”“绿色转型的带动者”和“绿色技术的探索者”三重角色。一是投身绿色运营，践行绿色发展。二是贯彻绿色低碳生活，带动绿色转型。三是探索绿色技术，助力产业碳中和。

（1）投身绿色运营，践行绿色发展。

2021 年 3 月 12 日，蚂蚁集团践行国家“双碳”目标，发布了自身碳中和目标，成为国内率先提出碳中和目标的互联网公司，并于 2022 年 4 月 22 日发布《蚂蚁集团碳中和路线图》，承诺从 2021 年起实现运营排放碳中和，2030 年实现净零排放。其中，2023 年蚂蚁集团实际运营排放（范围一、二）碳中和（见图 11 -3），已降至温室气体排放量 15045.13 吨二氧化碳当量，人均温室气体排放量为 0.50 吨二氧化碳当量。并通过推进低碳运营、使用可再生能源、推行绿色建筑等措施，实现运营排放（范围一、二）指标（见图 11－4），较基准年 2020 年下降了 43.19％。

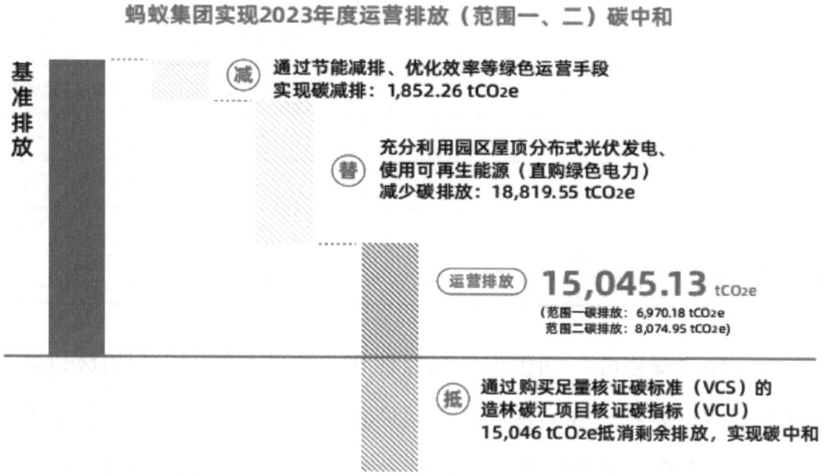

图 11－3　蚂蚁集团 2023 年度运营排放（范围一、二）碳中和情况

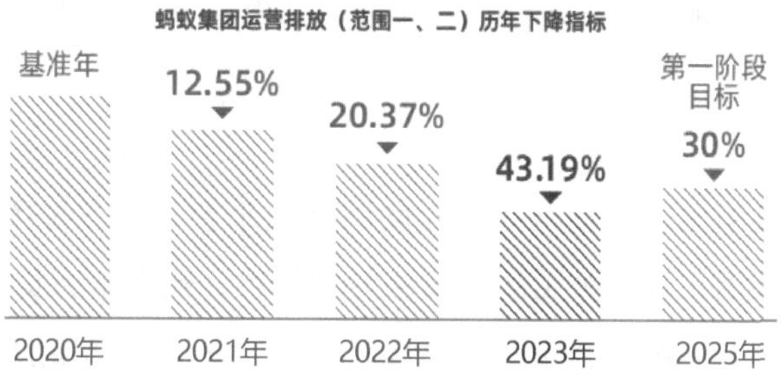

图 11－4　蚂蚁集团运营排放（范围一、二）历年指标

（2）贯彻绿色低碳生活，带动绿色转型。

为了落实党中央和国务院关于碳达峰、碳中和战略决策部署，积极响应国家号召开展全民绿色低碳行动。蚂蚁集团也参与其中，带动更多个人和社会力量一起加入绿色低碳的生活实践：从我到我们——蚂蚁集团联动更多的合作伙伴加入绿色生活。一方面，通过“绿色能量行动”不断发现生活中的低碳行为和场景，如携手 638 家品牌及行业合作伙伴共同提供低碳产品和服务；另一方面，蚂蚁集团联合机构和平台，推进大型赛事等方面的绿色低碳合作。从表 11－7 有关事件统计数据结果可见，蚂蚁集团在贯彻绿色低碳生活，带动绿色转型方面取得了很大进展。

（3）探索绿色技术，助力产业碳中和。

蚂蚁集团通过强化绿色计算、区块链、人工智能、物联网等技术在绿色低碳领域的应用和开发，如通过绿色计算技术创新，6 年时间使 CPU 效率提升 5 倍，并应用蚂蚁百灵大

表 11 - 7　贯彻绿色低碳生活有关事件及数据

具体事件	年度进展	
	2022 年	2023 年
累计参与蚂蚁森林公众数量	超 6.5 亿人	超 6.9 亿人
累计减排产生“绿色能量”	2600 万克	超 3100 万克
“绿色能量行动”开放合作伙伴数量	—	638 家
合作低碳场景	—	超 60 种
参与亚运碳中和人数	—	超 1 亿人
参与蚂蚁森林丨神奇海洋推广知识科普活动人数	9000 万人	近 1.3 亿人

模型以降低能耗；将“碳矩阵”和供应链溯源数字化技术相结合，利用区块链和人工智能物联网（AIoT）技术，帮助企业实现产品碳足迹核算和供应链溯源，链接价值链上下游的利益相关方，实现链上多方高效协作，共同打造绿色生态。另外，蚂蚁集团坚信技术是应对气候变化的关键，将加大探索与开放力度，积极协同智库、高校、协会等机构开展研究合作，跟踪各行业碳减排前沿技术趋势，为 ESG 可持续发展提供更多绿色发展创新模式与技术方案。

4. 开放生态

蚂蚁集团作为立足中国、服务全球的互联网开放平台，全方位关注各方利益相关者。对内重视员工健康与发展，重视员工的归属感与价值感；致力于为员工打造多元、平等与包容的职场环境；对外开展国际合作，寻求共同发展、支持商家保护品牌资源，并引导供应商践行 ESG 发展理念。

（1）注重员工关怀与发展。

蚂蚁集团建立完善的员工职业发展体系，支持员工成为更好的自己；从身心健康、家人健康、风险保障三个方向，让员工在蚂蚁集团安心发展，健康成长；打造开放透明、简单互信、求真务实的工作方式和文化，增强员工工作的成就感与幸福感。从表 11 - 8 对员工关怀和发展有关事件的数据统计可见，蚂蚁集团越来越注重员工技术培训和兴趣发展。

表 11 - 8　注重员工关怀与发展有关事件及数据

具体事件	年度进展	
	2022 年	2023 年
员工人均培训时长	43 小时	36 小时
蚂蚁集团兴趣社团的参与人数	1.2 万人	1.6 万人
技术人才占比	—	60.8%

（2）打造多元、平等与包容的职场。

蚂蚁集团打造多元平等与包容（DEI）的职场，从自身到生态、内外联动、相互激发（见图 11－5）。对内，尊重并发挥个体差异带来的优势，通过建立 DEI 工作体系，打造平等包容的职场环境，构建包容性领导力，使个体与组织都更有活力和创造力。

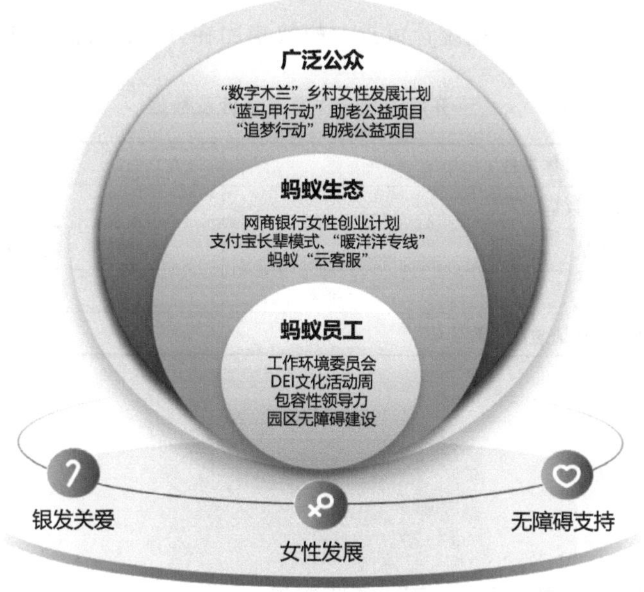

图 11－5　蚂蚁集团包容（DEI）矩阵结构示图

对外，将 DEI 融入蚂蚁的产品设计，让产品“润物细无声”地体现包容平等；同时，蚂蚁集团还联合行业伙伴，共同促进价值链和商业生态的多元平等；面向更广泛的社会层面，发起一系列公益项目，持续支持女性、老年人及残障群体发展。从表 11－9 的统计数据可见，蚂蚁集团不断推进打造多元、平等与包容的职场环境。

表 11－9　打造多元、平等与包容的职场有关事件及数据

具体事件	年度进展	
	2022 年	2023 年
蚂蚁集团女性管理层比例	27.4%	29%
累计为女性提供免费保险数量	375 万次	460 万次
为乡村女性提供技能培训及新型数字岗位数量	1 万个	1.5 万个
女性创业者享受减息、免息贷款支持数量	100 万次	111 万次
“蓝马甲”助老公益行动线下服务老人数量	90 万人	144 万人
蚂蚁集团公益捐赠实际支出	7.9 亿元	8.1 亿元

(3) 开展国际合作，寻求共同发展。

蚂蚁集团致力于以科技和创新加强全球合作，成为全球商业生态中最受信任的数字化服务连接者之一，推动全球数字商业普惠、绿色、可持续发展，让每个企业实现蓬勃成长。通过服务全球中小企业数字能力建设、全球人才培育，助力主要市场旅游业和跨境贸易数字化转型，以“Travel，Trade，Technology，Talent”四“T”路径推动全球数字经济生态繁荣。从表 11 - 10 有关数据统计可见，蚂蚁集团在开展国际合作中取得许多成效。

表 11 - 10　　开展国际合作有关事件及数据

具体事件	2023 年年度进展
Alipay + 覆盖海外消费者账户数量	超 5 亿人
万里汇服务全球跨境商户数量	超 100 万家
客户跨境交易月均增长量	35.5%
10 × 1000 科技普惠计划成功认证学习者数量	6243 名

三、发展模式分析

(一)“数字”技术推动 ESG 多元领域发展

蚂蚁集团以“数字”支付为基础，通过数字化、金融科技、企业信用、跨境服务等路径，助力小微企业普惠发展，为小微企业提供全方位支持，促进了 ESG 在经济领域的发展。同时，在助农兴农方面，充分发挥“数字”平台优势，围绕产业、人才和公益等多维度助力县域产业发展，探索以县域为单位的帮扶示范，缩小城乡数字经济差距，推动了 ESG 在社会公平和共同富裕领域的发展。此外，蚂蚁集团积极参与数字政务、数字医疗、数字出行和数字就业等领域的建设。例如，在数字政务中助力“一网通办”“一件事一次办”；在数字医疗中推广医保电子凭证和提升医疗服务便捷性；在数字出行中提高跨区域出行效率并鼓励绿色出行；在数字就业方面搭建数字化平台，助力灵活就业需求，多方位提升社会治理水平，从而推动 ESG 多元领域发展。

(二) 人工“智能”赋能 ESG 创新与绿色转型

首先，蚂蚁集团的支付宝加速拥抱人工智能，推动产品与服务智能化升级，推出创新产品与方案，提升客户体验，体现了“智能”技术对经济与社会维度的创新赋能。其次，蚂蚁集团秉持科技是核心生产力理念，加大科研投入，如提出了 AI First 战略，自研“蚂蚁百灵”等大模型并在多领域应用，且通过多领域技术融合为产业协作提供可信支撑，推动产业数字化升级与数实融合，体现“智能”技术对研发创新和产业提升的赋能。最后，蚂蚁集团运用人工智能深化绿色计算，如创新绿色计算技术提升 CPU 效率，并应用于大模型降低能耗；利用区块链和 AIoT 技术实现产品碳足迹核算和供应链溯源，带动产业碳中和，都为环境可持续发展和企业绿色转型贡献了智能技术的力量。

（三）大数据与数字经济、人工智能三者融合构建开放生态

面对新技术带来的数据安全挑战，首先，蚂蚁集团融合了大数据、人工智能构建 AIGC 数据安全防护体系，与超 3300 万商户建立联防共治机制，保障了数字经济生态安全稳定，为构建开放的 ESG 发展体系提供了安全支撑。其次，以大数据、数字经济和人工智能为依托，通过 Alipay +、万里汇及“10 × 1000 科技普惠”等计划，从支付、跨境金融及人才培养方面发力，以全球视野，推动数字经济开放生态的繁荣。最后，关注各方利益相关者，对内重视员工发展，对外支持合作伙伴，秉持“利他和普惠”理念，携手推动包容、绿色和开放的可持续发展生态。

四、经验启示

蚂蚁集团的发展历程及其利用大数据、数字经济与人工智能技术在 ESG 可持续发展方面的实践，产生了多维度的深远影响，为企业提供实践经验参考和相关启示。

其一，依据大数据科学识别 ESG 议题，合理规划资源，确保 ESG 战略有的放矢。大数据凭借其强大的洞察能力，使企业能够精准聚焦特定群体及重点场景的需求，如蚂蚁集团通过大数据搜集与筛选海量信息，不仅解决了支付便利性问题，提升支付服务的普惠性，还深入分析各利益相关方反馈，合理规划各方面资源的利用，明确 ESG 关键议题。因此，企业应积极搭建完善的大数据收集与分析体系，敏锐捕捉客户、社会与环境需求，以数据驱动产品与服务的优化升级，贴合不同群体需求定制 ESG 相关产品与服务。

其二，利用“数字”技术，惠及和拓展 ESG 可持续发展的空间。蚂蚁集团借助数字经济，在助力小微企业成长、推动助农兴农事业以及参与数字社会建设等方面成效斐然，彰显了数字经济推动经济均衡发展、增进社会福祉的巨大潜力。因此，银行金融机构和相关企业可借鉴此经验，依托“数字”技术搭建综合性服务平台，为小微企业提供涵盖数字化工具、金融支持与信用服务等全方位的赋能，促进产业协同共进。同时，深度参与数字政务、医疗、出行及就业等领域的数字化转型，提升公共服务的数字化水平与可及性，推动社会可持续发展迈向新高度。

其三，人工“智能”是ESG创新与绿色转型的核心驱动力。蚂蚁集团借助人工智能实现产品与服务的智能化变革，提升客户体验，为企业注入发展活力，尤其在绿色低碳领域，通过技术创新助力节能减排与产业碳中和。因此，相关企业可以借鉴，根据自身实力，加大对人工智能研发的投入力度，积极探索其在产品创新、服务优化、运营管理等多方面的应用场景，以智能化手段提升资源利用效率与运营效能。此外，强化人工智能在绿色低碳领域的深度应用，如研发并应用绿色计算技术、推动人工智能与区块链及物联网融合，实现产品碳足迹精准核算与供应链绿色溯源，引领产业向绿色生态转型。

其四，大数据、数字经济与人工智能深度融合，为构建开放可持续发展的数字经济生态系统提供了有力支撑。蚂蚁集团凭借三者融合，不仅构建了AIGC数据安全防护体系，保障了数据安全，还以全球视野推动全球数字经济生态的繁荣发展，兼顾各方利益相关者，践行普惠、包容与绿色的可持续发展理念。因此，有实力的大型企业也需紧跟这一趋势，通过技术融合构建稳固的数据安全防线，运用大数据与人工智能技术实时监测与防范数据安全风险。同时，秉持利他与普惠的理念，借助数字经济平台与人工智能技术，在自己的产品、销售、研发及人才培养等方面积极开展国际合作，推动全球经济生态的可持续协同发展，实现多方共赢，共绘ESG发展的宏伟蓝图。

思考题

1. 数智化技术是否有助于ESG发展？
2. 蚂蚁集团从哪四个方面提出了“四位一体”的ESG可持续发展战略？
3. 蚂蚁集团通过哪些数智技术赋能ESG发展？
4. 蚂蚁集团赋能ESG发展的模式是什么？
5. 蚂蚁集团给其他企业带来了哪些经验启示？

参考文献

[1] 肖红军. ESG发展20年：回溯与瞻望 [J]. 西安交通大学学报（社会科学版），2025 (1)：1-15.

[2] 王悦，万立军. 数智赋能视域下农村养老优化路径探析 [J]. 国际公关，2024 (14)：26-28.

[3] 兰荣镖. “双碳”目标下企业数智化能力与ESG表现提升策略探究 [J]. 现代工业经济和信息化，2024，14 (5)：181-183+189.

[4] 张为国，解学竟．行胜于言：以 ESG 促进企业价值提升与可持续发展［J］．财会月刊，2024，45（18）：22－35.

[5] 黄世忠．共享价值创造的实践论——基于蚂蚁集团的案例分析［J］．财会月刊，2023，44（13）：3－11.

[6] 于健南，陈泽琪．数智化对广东高新技术企业绩效的影响及其对策研究［J］．经济界，2024（6）：51－59.

[7] 吴媄，张伟，王晓蒙．对推进中国特色 ESG 理论实践的几点思考［J］．中国银行业，2024（8）：36－39.

案例 12

保山市隆阳区农村信用社信贷风险管控

李江城[①]

① 李江城，云南财经大学金融学院教授，研究方向为金融物理。

农村信用社作为农村广大农业工厂、农民个体主要的融资渠道，为不同乡镇企业以及农户提供不同程度的资金支持，在助力农户和乡镇企业维持自身生产经营活动的同时，积极响应乡村振兴战略，凝心聚力实现现代化新农村建设。但随着信贷业务的加剧、农村经济及金融的自由化发展，农信社信贷业务风险管控也应受到重视。针对当下隆阳区农村信用社在信贷业务人员、信贷风险管控制度、评级与风险预警体系不完善等问题，提出针对性的措施及建议，在提高县级农村信用社信贷风险管控水平的基础上，发挥县级信用社金融融资主力军作用，为同行业的银行信贷风险管控提供一定的借鉴价值。

一、案例背景

在 2022 年召开的党的二十大会议中，明确提出了“深化金融体制改革，建设现代中央银行制度，加强和完善现代金融监管，强化金融稳定保障体系”的方针。在此基础上，2023 年 10 月，中央金融工作会议进一步要求“牢牢守住不发生系统性金融风险底线，全面强化机构监管、行为监管、功能监管、穿透式监管、持续监管”。同年，中共中央、国务院发布的中央一号文件——《关于做好 2023 年全面推进乡村振兴重点工作的意见》中特别指出“加快农村信用社改革化险，推动建立长效普惠金融机制”。2024 年国务院机构改革方案中增设的国家金融监督管理总局，从制度层面构建起覆盖“所有金融活动”的立体化监管框架。这一系列政策演进表明，农村金融机构的风险管控已从单一的合规要求，升级为统筹发展与安全的国家战略部署，县域农信社改革将成为健全农村金融服务体系的关键攻坚点。值得注意的是，监管层对县域农信社提出了双重使命——既要作为“农村金融主力军”履行普惠职能，又需在农业弱质性、信息不对称等约束下实现风险可控。在 2023 年银保监会统计数据中可以发现，县域农信社涉农贷款不良率较全行业均值高 2.1 个百分点。那么，如何在政策刚性要求与地方实践间探索适配路径，成为深化金融改革的关键突破口。

县域农村信用社是我国县级金融市场中重要的组成部分，是地方性金融机构和农村金融主力军，在推进新型城镇化与农业现代化协同发展方面具有不可替代的作用。金融机构需提升服务可及性，强化风险控制，确保资源合理配置。相较其他金融机构，农村信用社的核心职能是支持“三农”发展，并为农村经济提供金融保障。因此，助力乡村振兴战略不仅是其重要职责，更是其发展的核心使命。研究表明，农户借贷行为与其经济和社会地位密切相关，只有少数资金需求较大的非农经营农户依靠正规金融获取资金。农村经济的发展易受农村交通、生态环境、农村居民文化程度良莠不齐等因素影响。农业工商户或小微企业贷款以及农户个体贷款都在不同程度上存在一定的风险性，所以对县级农村信用社信贷风险进行有效管控，才能持续推动当地农村经济健康发展。农村信用社信贷风险的管控是保持其可持续发展的关键，特别是在农村经济快速发展时，信贷风险的有效管理对保障金融体系的稳健至关重要。

保山市隆阳区农村信用社属于县级金融机构，以服务“三农”为宗旨，为促进保山市隆阳区与“三农”有关的各类经济主体（包括农业工商户、小微企业和农户个体）提供信贷服务。信贷业务是农村信用社的主要资产业务，也是主要收入来源。随着隆阳区经济的快速发展，越来越多的商业银行看到农村地区金融格局不断扩大，开始进驻农村信贷金融市场。农村信用社扩大其经营服务范围，相应的信贷业务量也在增加，同时其信贷风险也在加大。这不仅有碍于隆阳区农村信用社的健康发展，而且对促进农村经济发展产生一定的制约效应，因此，分析信贷风险成因，构建更为全面完善的信贷风险管控体系是非常必要的。

二、隆阳区农信社

保山市隆阳区农村信用社一直致力于服务“三农”，在推动当地农业经济发展和优化农村经济环境方面发挥了重要作用。它不仅在一定程度上缓解了乡镇企业及农户的融资难题，还改善了他们的生产经营状况，提高了生产能力。同时，该机构助力乡镇企业和农户增加收入、提升生活水平，为隆阳区农村经济的持续发展提供了有力支持。

目前，隆阳区农村信用社在岗工作人员共281名，本科生67人，占比为18.15%，无硕士研究生，大中专学历的员工占比较大，占比约为95.73%，初高中毕业生为12人，全体员工的平均年龄约40岁。根据2015年2月隆阳区农村信用社的执行情况，截至年底，信贷资产规模达486383万元，较年初的470683万元增加15700万元，增长3.3%。其中，农业及农户贷款达到337123万元，中小微企业贷款合计177799万元。此外，年末存款总额807823万元，较年初增长23543万元。同时，经营业绩稳步上升，收益较上年同期增加2088万元，利润总额达到8971万元，展现出持续向好的发展趋势。在此背景下，隆阳区农村信用社的信贷业务也表现出较为强劲的增长势头，支农惠农款项增长，相应功能下所获得的利润也在稳定增加。贷款额度不断增加，信贷风险凸显，合理有效的风险管控制度体系才能实现隆阳区金融市场与农村经济的共同进步与发展。

（一）存贷款业务

在存款方面，2014年存款余额稳步增长，年底存款余额为784370万元，1—6月，隆阳区农村信用社个人临时性存款占比较大，6—12月单位存款占比较大。相较年初基准数据，2015 年 2 月隆阳区农村信用社单位存款余额出现 5594 万元的降幅，在此资产负债结构调整过程中，个人临时性存款与定期存款构成了该机构的核心负债来源。

在贷款方面，中小微企业作为隆阳区农村信用社投放对象的中坚力量，贷款余额为 218231 万元，占贷款总额的 45%；重点大额贷款项目不断取得突破，最大单户贷款余额攀升至 5150 万元；与此同时，不良贷款率也在同步增加，与 2014 年的不良贷款率相比上升了 2.6%。

（二）制度体系

隆阳区农村信用社为加强信贷风险管控，增设预警中心，与其他部门彼此协作分工（见图 12－1）。

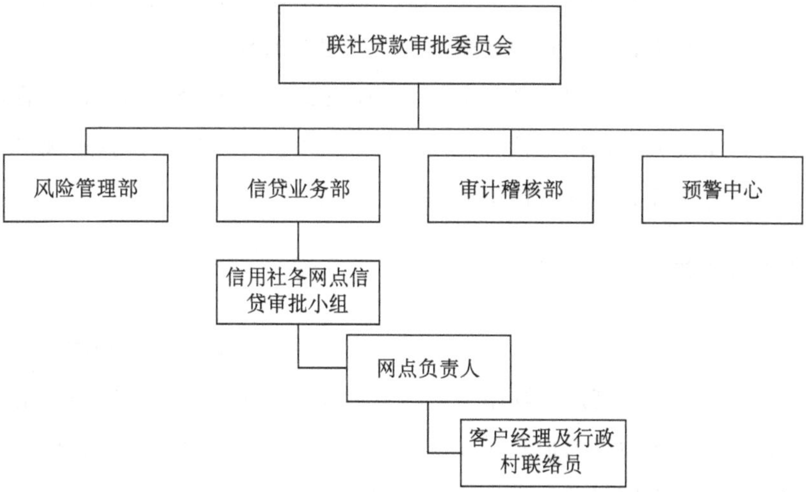

图 12－1 信贷风险管控组织结构

在合适的时机对重复贷款与逾期贷款进行提醒，并及时确保贷款资产的安全，是开设预警中心的关键。同时，对贷款债权人的权利进行延续。行政村联络员在农村信用社较为普遍，其主要职责在于向农村村民大力宣传信用社信贷方针、存贷款政策及利率；对农户家庭开展基本情况调查与统计工作，建立农户经济档案，并进行农户信用等级评定；协助农村信用社做好小额农贷发放工作。

隆阳区农村信用社在监事会的有效监督下，严格落实上级指示，各部门之间协同配合，确保权责明确、相互制约，促进管理体系的高效运作。而作为隆阳区主要信贷风险业务的信贷资产业务，在风险管控方面：第一，坚持安全性、流动性、效益性的原则，保障信贷资金的安全性、收益性；第二，坚持岗位责任制度与法律约束机制，确保贷前调查、贷时审查和贷后管理相互独立运行，从而有效降低信贷风险，并明确各环节的责任承担；

第三，通过购买保险和担保公司提供担保将信贷风险进行转移。

隆阳区农信社的不断发展，基于农户与小微企业对农村信用社的信贷风险认识不断深化，对重复审批、重复贷款、贷款债权等开发了风险预警系统，可以做到及时进行预警提示，与此同时，大力运用法律手段协助不良贷款催收。隆阳区农村信用社的信贷风险管理制度大致可分为以下四个方面：

（1）严格坚持贷前检查、贷时审批、贷后检查三个部分职能相互分离，同时建立科学合理的信贷资金投放机制。这样的机制可以降低信贷风险、保障信贷资金安全性，也可保障贷款投放的合理性。

（2）根据贷前调查、贷时审查及贷后跟踪检查三项审查机制，可精准掌握农村贷款人的基本信息，在防范和化解贷款风险的同时，有效降低信贷投放风险。

（3）对于负责人离职或岗位调整，应对其任职期间的各项工作进行全面审计和调查，以核实是否存在违规行为，确保管理规范性和责任追溯的有效性。

（4）实行贷款综合管理制度，为加强对隆阳区农村信用社贷款的规范化管理，信用社建立由经办人员、审批人员及挂片领导共同监管的制度。一旦发生贷款违规操作，三方负责人须共同承担管理责任，以降低信贷风险。

（三）信贷资产管理

隆阳区农村信用社在服务好“三农”工作以外，也要维持自身的利润来源，农村信用社的利润主要来源便是贷款利息。隆阳区农村信用社贷款业务的迅猛发展，增加了该信用社贷款利息收入，同时推动了当地农村经济发展。信贷风险是由多种因素导致的，包括农村信用社自身的信贷管理模式及外部经济环境的影响。

隆阳区农信社的经济发展相对来说较为平稳，但 2015 年之前隆阳区农信社经济形势严峻，且大型企业缺乏，经营基础不牢固，抵御经济风险的能力较弱，小微企业及个体农户的数量占比较大，小微企业遭受风险冲击的可能性大，这在一定程度上会加剧农村信用社的信贷风险。同时，信用社内部信贷管理的疏漏也会造成不良贷款反弹，除了确实存在部分客户生产经营困难，还款能力不足，也存在部分贷款客户故意拖欠贷款，赖账不还等现象。部分农村客户及个体工商户的信用意识较为薄弱，逾期甚至恶意拖欠现象较为突出。此外，由于小额农户贷款主要依赖信用评定发放，缺乏强制性约束措施，一旦出现不良贷款，回收难度将大幅增加。

2025 年之后，隆阳区农村信用社已构建较为完善的风险管理体系，有效识别、预防和化解潜在风险。但信贷风险并非一成不变，是随着时代进步与社会经济发展不断变化和复杂化的，所以对信贷风险的管理一直处于探索试验阶段。隆阳区农村信用社主要存在的信贷风险分为道德、市场、操作、信用等风险。为定量化风险利于风险管控，隆阳区农村信用社通过问卷调查方式对当地贷款情况进行分析，并依据调查结果评估信贷风险的构成，最终确定四类主要风险在信贷风险中的占比（见图 12 – 2）。

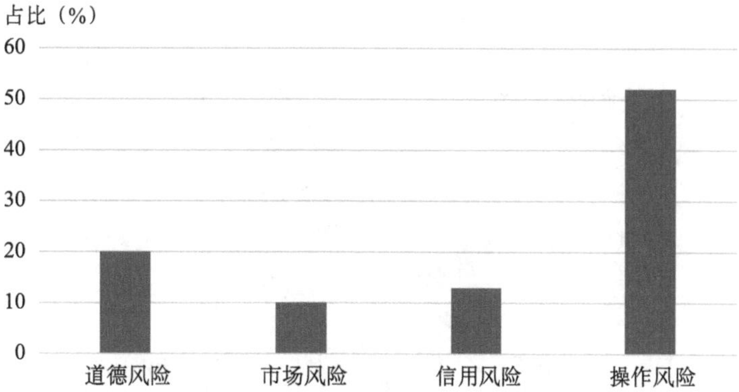

图 12 – 2　保山市隆阳区农信社的主要信贷风险

其中，道德风险是指与人的品德有关的无形的因素造成的风险，即指由个人思想道德的偏差造成银行财富的损失，隆阳区农村信用社也爆发了多起内部员工自批自贷并无法按时偿还等案件。在隆阳区农村信用社，道德风险是产生不良贷款、增加信贷风险的因素之一。然而，道德风险加剧主要源于其贷款审批流程与贷后监管制度的缺陷，使部分员工存在侥幸心理并有机会钻空子；此外，员工的职业道德素养、个人修养及自律能力也是影响因素。然而，这并不意味着单位可以完全免责，相反，单位需承担主要责任。这反映出其在职业道德培训、案件警示教育上的不足，同时也暴露了薪酬分配机制的不合理性。

操作风险是指信贷业务流程存在缺陷或信贷人员未严格遵循既定操作规范，导致信贷资金面临损失的风险。尽管隆阳区农村信用社的信贷操作流程较为完善，但内部信贷人员的操作失误仍是导致操作风险上升的主要原因。

信用风险是指受多种因素影响，如借款人破产或信用意识不足，导致其无法按期偿还贷款本息，从而引发的债务违约风险。农村村民信用意识淡薄，且信用价值不高，借款人信用受损或破产无法对他们产生强有力的威慑性，其根本在于信用借款人信用水平较低，这在一定程度上加剧了隆阳区农村信用社的信用风险。

市场风险是指由于基准利率调整、汇率变动、股市波动、商品市场价格动荡等造成借款人遭受损失，进而无力归还贷款本息的风险。隆阳区农村信用社市场风险受利率及商品价格变化影响，但基于利率的变化不大，因此造成隆阳区农村信用社市场风险的主要因素就是商品价格的变化。同时，为适应社会经济发展需要，隆阳区农村信用社也在不断增加对中小微企业及个体工商户的投资，这样也导致面临的市场风险越来越多。隆阳区农业产业类型多样，农产品品种丰富，其市场价格的变动对当地农村信用社的贷款风险产生重要影响。由图 12－3 可知，涉及农业生产的贷款（涵盖农产品种植、农户其他贷款及养殖业投资）占总贷款额的69%。因此，农产品价格的波动成为影响隆阳区农村信用社信贷市场风险的关键因素。

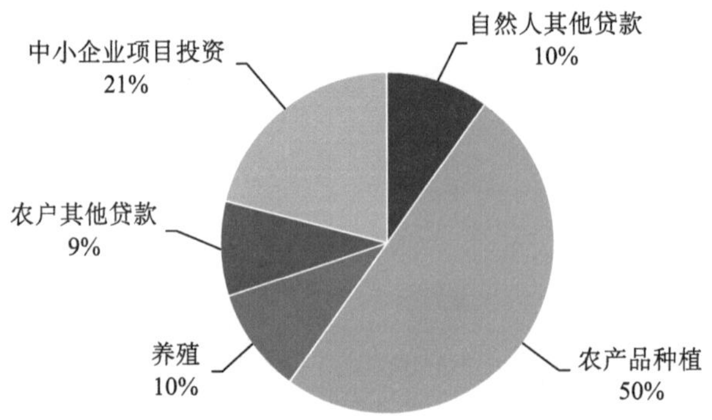

图 12－3　隆阳区农村信用社贷款投资行业的占比情况

三、隆阳区农村信用社信贷风险成因

隆阳区农村信用社信贷风险问题的产生，是由多方面因素共同作用导致的，但主要涉及借款人、农村信用社自身及其他影响因素。

（一）借款人

农村信用社的客户群体主要是个体农户和小微企业，这些客户自有资金有限，信用评价较低，且信用意识相对淡薄。多重因素叠加，导致其在筹集资金方面存在诸多阻碍。隆阳区农村信用社在借款人方面的信贷风险影响因素主要包括经营不善、提供虚假信息和恶意欺诈三个方面。

1. 经营不善

农户自身生产管理水平较低，且受天气变化等自然灾害等因素影响，使其农产品产量及收入降低，从而导致借款人无法按期偿还贷款，增加不良贷款率，加剧信贷风险。农户及小微企业在管理方面存在管理能力不足、市场适应性较差以及财务结构不合理等问题，这些因素共同影响了其经营稳定性和偿贷能力。管理者缺乏专业的企业管理相关知识，在经营管理实践中缺乏实战经验导致降低公司运营效率、加大经营风险；同时，个体农户与农村小微企业专业技术不到位，创新技术未能适时引进，且技术工作人员也缺乏创新能力，加大被市场淘汰的风险；此外，农村小微企业因缺乏专业财务管理人员及相应的专业知识，无法将企业自有资金效率最大化，极易导致企业资金链紧张或断裂。

2. 提供虚假信息

部分借款人为了获得农村信用社的信用评级与授信，伪造自身资产和财务等信息。由于工作量大且工作人员少，隆阳区农村信用社无法做到对所有借款的农村用户都进行信息调查验证，虚假信息无法及时甄别，而授信后发现借款客户生产经营不善，无法按时偿还贷款。当然也存在借款人虽然主观意愿上愿意偿还贷款，但因为自身管理不善或者外部因素导致经营管理不力与收益减少，加大形成不良贷款的风险。

3. 恶意欺诈

存在小部分小微企业和农户以自己名义为他人贷款，或者为了获取农信社的信贷资金采取欺骗性手段，在借款名义上虽然以正常投资经营为幌子，将信贷资金用于违法活动或挪作他用。同时，部分借款人可能采取不正当手段贿赂农村信用社工作人员，企图获取信任，从而非法获取贷款资金，也造成了农村信用社不可能收回信贷资金的问题，从而演变为信贷风险。这不仅影响农村信用社的内部管理，而且会削弱经济利益。

（二）农信社自身

1. 工作人员专业化水平低

工作人员专业化水平低，职业道德意识薄弱，造成工作人员思想道德扭曲，过分追求个人利益而忽视职业道德与职业职责所在。隆阳区农村信用社的工作人员或多或少，职位或高或低都存在一定的裙带关系，而这样的状况导致录用的工作人员整体素质偏低，工作能力欠缺，影响整体工作氛围与工作效率，工作质量也在一定程度上存疑，同时晋升机制无法强有效且公平地执行。统计结果表明，隆阳区信用社工作人员整体素质较低是导致操作风险较高的关键因素之一。工作人员之间相互借鉴陋习，对于新业务与新问题无法快速上手落实，导致各类问题大批量爆发。这样的工作氛围也会影响其他积极的工作人员，使他们丧失斗志，无法充满战斗力地面对工作，常常出现工作懈怠，浑浑噩噩的状态。

2. 薪酬制度不合理

隆阳区农村信用社的薪酬体系由基本工资、绩效工资、单项奖和净增奖四个部分组成。其中，基本工资包括工龄工资、学位工资、技能工资及基本保障工资等。然而，基本工资主要受员工的学历水平和工作年限影响，个体间的差异较小，因此难以有效激发员工的工作积极性。此外，绩效工资是否起到激励作用关键还得看绩效的落实情况。隆阳区农村信用社由九个职能部门组成，各部门分工明确，协同运作。其中，安全保卫部主要负责保障安全并调配现金，科技部承担业务指导工作，信贷业务部专门处理超权限贷款审批，会计部负责整理日常会计事务及管理凭证，统计部负责数据的整合与分析。办公室的职能涵盖人事档案管理、会议组织及接待安排，审计稽核部专注于稽核检查，风险管理部主要负责诉讼资料的提交，而业务发展部则致力于市场推广和业务拓展。且每个部门的工作人员均能参与绩效分配，未明确区分与细分需要激励的部门，导致每位工作人员的工作热情都得不到激励，反而促进了工作人员的惰性与投机取巧，都想利用最低的劳动投入换取最高的收益。由表 12－1 可知，每位经理的绩效工资系数为 2.4，每位副经理的绩效工资系数为 2.2，一般工作人员每位的绩效工资系数为 1.5，各乡镇农村的网点负责人分配的绩效工资系数为每人 2.4，信用社会计与客户经理每人的绩效工资系数为 1.7，信用社柜台工作人员每位的绩效工资系数为 1.4。

表 12－1　　　　隆阳区农村信用社其中工资分配情况

薪种金额/系数 工种及人数	基本工资（元）	绩效工资（系数）	单项奖	净增奖
联社经理（9 人）	1600	2.4 弹性小	0	0
联社副经理（7 人）	1500	2.2 弹性小	0	0
网点主任（38 人）	1500	2.4 弹性大	网点均分，不稳定	网点均分，不稳定
网点副主任（5 人）	1500	2.2 弹性大	网点均分，不稳定	网点均分，不稳定
联社一般员工	1500	1.5 弹性大	无	无
网点助理主任	1500	1.7 弹性大	网点均分，不稳定	网点均分，不稳定
网点大堂经理	1500	1.5 弹性大	网点均分，不稳定	网点均分，不稳定
网点客户经理	1500	1.7 弹性大	网点均分，不稳定	网点均分，不稳定
网点柜员	1500	1.4 弹性大	网点均分，不稳定	网点均分，不稳定
业务引导人员	2000	0	0	0
临时工	1500	0	0	0

3. 奖金激励措施不充分

结合表 15－1 可知，该信用社单项奖和净增奖都仅仅存在于存款业务，且该部分奖金分配全员参与。然而，隆阳区农村信用社的客户经理职责单一，仅负责贷款业务，而不涉及存款或其他相关工作，导致工作主动性不足。此外，部分客户经理工作作风拖沓，柜员对业务需求也常表现出消极态度。在现行的薪酬分配制度下，柜员往往倾向于仅满足基本的柜面服务要求，而不主动提升工作效率。同样，客户经理在缺乏信贷业务激励的情况下，虽可通过存款奖励获取部分收益，但因贷款业务需承担风险，反而降低了业务拓展的积极性。长此以往，客户经理的工作惰性加剧，内部矛盾日益激化。尽管表面上未出现直接冲突，但整个组织已呈现出缺乏凝聚力的状态。因此，该部分的奖金也未起到真正的激励作用。

（三）其他因素

1. 国家宏观环境方面

国家经济增速放缓，市场消费动力不足，中小微企业授信资质较差且还款能力较弱，导致融资越发困难；在当地政府政策推进方面，为促进当地农村的经济发展，隆阳区农村信用社响应政府号召承担招商引资企业的信贷任务，当地的一些所谓“龙头企业”资金链出现问题时，农村信用社作为农村主要融资金融机构有义务扶持当地“龙头企业”发展，但是有些“龙头企业”并不是用贷款来解决当下的生产经营问题及资金危机，而是从事转移资产等非法活动，带来信贷风险；此外，农村信用社与借款人的信息不对称，借款人信息不足且真实性存疑，而信用社获取信息的渠道单一，真实性无法保证，加大信贷风险。

2. 预警体系滞后

隆阳区农村信用社的信贷风险预警体系存在滞后性，主要体现在以下两个方面：一方面，预警手段较为落后，技术应用不足。目前的预警机制在数据分析、风险预测和防控方面仍存在较大局限，难以及时发现潜在的信贷风险，也无法有效制定相应的规避措施或预案。另一方面，信贷风险评估缺乏动态管理。目前，部分信贷业务人员对借款人的基本信息掌握不全面，贷后管理不到位，难以对每笔贷款进行持续跟踪。

四、隆阳区农村信用社信贷风险解决措施

（一）针对借款人

1. 强化信贷风险意识

隆阳区农村信用社应将信贷风险管理与防范意识灌输到信用社内部各个层级中，让全体员工均能强有效地意识到信贷风险管理的重要性，提高信贷资金的安全性不仅仅是工作人员单方面的事情，也是需要全体社会人员共同协作来规避风险的。而关于如何有效地强化全体工作人员的管理意识，大致可分为以下三点：

第一，加强信用社专业的管理培训与沟通交流，逐步提升员工业务素质与职业素养。大力普及信贷风险管理的必要性意识，加强员工间沟通交流与业务探讨，在互相学习与督促间提高信贷风险管理效率。

第二，转变传统的信贷风险管理视角与观点。隆阳区信用社应把信贷风险管理计划与具体措施进行预处理，预先制定信贷风险防范措施，将事后风险处理改为事前风险防范控制。

第三，强化风险承担的责任意识。农村信用社因一直以来当地政府的传统观念根深蒂固，具有浓厚的行政机构色彩，使其在承担责任方面意识薄弱，为进一步推动农村信用社的发展，必须建立信贷责任制度。首先，为避免基层网点信贷责任与分社混淆，无法切实追究责任的问题，必须明确信贷管理责任，责任实打实落到个人。这不仅有利于完善追责制度，也有利于提高信贷人员的职业责任感。

2. 严格执行信贷流程

严格进行贷款审查，在贷款前要认真审查借款人信息，在贷款审批之后，经常保持与借款人的沟通联系，及时了解借款人动态，在有需要的时候帮助借款人提高信贷资金利用率。在进行贷款评估的过程中，认真仔细审查借款人的资产规模、经济实力、管理经营状况及变现能力；与此同时，切实关注借款人的信用等级与信用状况，从借款人的思想品德、责任意识方面综合评价来降低信贷风险。需要注意以下三个方面：

第一，对借款人贷款用途审查，避免借名贷款与非法使用贷款资金的行为。

第二，在对借款人进行信息审查的过程中，对借款人的担保人资格也要进行详细的资格审查，不仅要对担保人的信用等级与担保能力进行审查，也要对担保人的担保物可控性进行审查，避免失误从而加剧信贷风险。

第三，在签订合同时，担保人必须自愿签署担保承诺书，并由担保人亲自签字盖章，与此同时借款人也要亲自签字盖章，避免出现借款人或担保人冒名顶替的情形，加大操作风险导致合同失效。

（二）针对农信社自身

1. 强化专业人员

针对内部工作人员，注重培养和内部专业培训。首先，隆阳区农村信用社可采用邀请专家或高管进行经验分享，针对国家宏观政策与信贷政策进行不定期培训。隆阳区农村信用社的业务培训应摒弃传统幻灯片讲解的单一模式，在条件允许的情况下，推行“一人一机”实操培训，让每位学员通过实际操作掌握业务技能。其次，不同网点和区域间也可交流学习，互相分享经验，借鉴彼此之间高效且切实可行的操作技巧；当然也可以鼓励信贷工作人员自主进行学历提升及积极参加职业资格证考试，提升专业技能与文化水平。最后，隆阳区农村信用社也可适时引进优秀的专业人才，改变内部信贷人员的结构，也可在一定程度上激励信贷团队；人才录用遵循公平、公正、公开的原则，优先录用高学历、高素质、专业技能较强的专业人才。

2. 合理分配酬金、奖金

具有针对性地建立激励机制。针对以上对隆阳区信用社激励机制有效性欠缺的特点，该信用社应对信贷人员实行专业知识与职业道德素养的综合考核制度，根据综合考核分数排名及时进行岗位调整与末位淘汰制。与此同时，将根据综合考核排名将信贷人员分为不同层级，给予不同程度的物质与精神奖励，以此激发工作人员的工作热情与创新能力，从而降低信贷风险。具体来看：一是建立以岗位价值为核心的差异化薪酬体系，运用海氏评估法对信贷客户经理、风险管控等关键岗位进行价值重估，将客户经理基本工资系数从1.7提升至2.0，并增设风险溢价系数；二是构建动态激励机制，打破绩效工资“职级一刀切”模式，设立贷款业务专项激励池，实施存贷比、不良率、普惠贷款增速等多维考核。通过薪酬弹性化、激励长期化、考核精准化的三维重构，着力解决“重存款轻信贷”“权责利失衡”等积弊。

（三）针对其他因素

1. 建立健全信用社的预警体系

第一，建立信息数据库。将借款人的基本信息、信用等级、经济状况及担保信息、生产经营状况进行切实登记，对其资产与还款能力进行定量化信息数据分析。同时，由专业人员负责实时更新数据并维护系统，以确保信贷风险预警系统的高效运行，从而最大程度发挥其预警功能。

第二，设置信贷风险预警指标，量化信贷风险并作出正确预警判断。在设置指标时，为保障指标的科学性和合理性，尽量将财务指标与非财务指标结合起来。

第三，风险预警值测算。将风险预警指标量化后可以通过计算机专业人员，进行风险预警值测算，得出预警值结果。根据测算结果将风险预警值按高低排序分出不同风险等级，在之后的信贷过程中就可以根据该分级帮助信贷工作人员判断信贷风险的高低，从而作出明智的决策，进一步降低信贷风险。

2. 丰富业务种类

随着隆阳区农村信用社的不断发展，单一的金融产品无法满足市场及客户需求。针对农村开展的信贷业务，贷款投放对象主要是农户，贷款用途主要是为农产品增收和增强小微企业的生产经营能力。但此类信贷业务成本高、利润低，属于低端金融类产品。因此，为了促进农村经济发展，应顺应市场需求，有针对性地进行调研，增加多样化金融产品，提升农村信用社的服务水平及利润水平。首先，可以因地制宜不断开发支持农业发展的小额信贷业务。推行惠民卡、惠农卡、惠商卡，三惠卡贷款的期限及授信有效期具有较大的灵活性，以吸引更多优质客户，优化资产质量。其次，应继续推进创业贷款、贷免扶补及红色贷款的投放。从统计数据来看，隆阳区农村信用社的农户创业贷款和项目贷款等创业型贷款基本不会产生不良贷款，因此可作为重点业务方向。再次，应优化营销策略，主动拓展市场，以改善当前的资产状况。最后，应积极拓展个人贷款业务，特别是汽车贷款等信用社享有商品处置权的贷款类型，以此拓宽收入渠道，为县级农村信用社的长期发展开辟更广阔的市场空间。

思考题

1. 试分析当下的信贷风险度量模型是否合理?

2. 试分析隆阳区农村信用社的创新点与不足?

3. 在信贷风险管控中主要面临着道德风险、信用风险、操作风险、市场风险，根据四种风险防范和化解措施，分析此前存在的主要问题?

4. 为进一步促进隆阳区信用社的经济发展，降低信贷风险，还应该采取哪些方面的措施?

参考文献

[1] 黄益平. 金融助力乡村全面振兴 [J]. 中国农村经济，2024 (1)：12 - 16.

[2] 贺莎莎. 农户借贷行为及其影响因素分析——以湖南省花岩溪村为例 [J]. 中国农村观察，2008 (1)：39 - 50 + 80 - 81.

[3] 刘兴昱. 浅谈农村信用社如何防范信贷风险 [J]. 时代金融，2020 (26)：20 - 21.

[4] 李岩，赵翠霞，兰庆高. 农户正规供给型信贷约束现状及影响因素——基于农村信用社实证数据分析 [J]. 农业经济问题，2013，34 (10)：41 - 48.

[5] 袁婷婷. 论农村信用社信贷风险及其防范措施 [J]. 金融经济，2018 (18)：63 - 64.

[6] 张珩，罗剑朝，牛荣. 产权改革对农信社资本充足率的影响及其区域差异研究——以陕西省为例 [J]. 农业技术经济，2016 (4)：59 - 70.

[7] 莫媛，陈晶仪，曹瓅. 信用风险约束下农村信用社支农力度研究 [J]. 金融监管研究，2020 (5)：16 - 30.

案例 13

农村信用社推进普惠金融发展实践案例研究

——以贵州省为例

冯祎宇[①]

① 冯祎宇，贵州大学经济学院。

乡村振兴战略的全面推进对农村金融服务提出了更高要求，普惠金融作为农村金融体系的核心支撑，已成为破解“三农”领域融资难题的关键突破口。在此背景下，推动普惠金融服务与乡村振兴战略的深度融合，对于写好金融助农时代答卷具有重要战略价值。农村信用社立足“支农支小”市场定位，主动扛起地方金融机构责任担当，通过构建“省联社统筹 + 县级法人推进”的双层运营体系，依托网点扎根基层的天然优势，在普惠金融与乡村振兴服务协同发展实践中探索出“服务网络下沉、金融产品适配、数字科技赋能、风险防控加固”的特色发展路径。通过打造“物理网点 + 普惠驿站 + 移动银行”三级服务网络，创新“整村授信 + 产业信贷 + 绿色金融”产品矩阵，建立“人缘地缘 + 大数据风控”融合机制，为中小金融机构提升普惠金融覆盖面、增强农村金融服务可得性提供了具有复制价值的实践样本，特别是其“小法人 + 大平台”的发展模式，对完善农村普惠金融服务体系具有重要示范意义。

一、案例背景

金融排斥现象对小微主体生存发展、民生福祉改善和区域经济均衡构成持续性威胁，随着服务空白期的延长，其覆盖盲区扩大化、贫富差距显性化和资源固化趋势将愈发凸显。因此，经济发展亟须构建包容性金融体系，通过拓展数字支付、小额信贷等普惠服务触达半径，消除中低收入群体、小微企业和农村地区的系统性金融排斥，方能实现可持续发展与经济增长。党的二十届三中全会审议通过《中共中央关于进一步全面深化改革、推进中国式现代化的决定》提到“深化金融体制改革”，特别指出要积极发展“普惠金融”。国务院对此高度重视，早在 2015 年就发布了《推进普惠金融发展规划（2016—2020 年）》，将普惠金融提升至国家战略层面，明确了其发展目标、主要任务和政策措施。此后，“全国金融工作会议”进一步强调构建普惠金融体系，为我国普惠金融的发展绘制了清晰蓝图。

作为我国县域金融服务体系的核心主体，农村信用社历经七十余年发展，始终肩负着“支农支小”的战略使命，在普惠金融实践领域形成了独特的制度基因与组织优势。根据中国人民银行《普惠金融指标体系》框架，农村信用社系统通过构建三级服务网络体系，在基础金融服务覆盖、弱势群体金融可得性、乡村振兴产业支撑三个维度持续深化普惠金融改革；在基础服务维度，依托 2129 家法人机构①，创新“金融联络员 + 移动终端”服务模式，消除金融服务“最后一公里”盲区；在产业振兴维度，开发“龙头企业 + 合作

① 资料来源：中国农村金融杂志社．全国农信机构 2129 家！最新名单来了［EB/OL］（2024 - 05 - 07）［2025 - 04 - 05］．https：//mp. weixin. qq. com/s/paJDYicAbdwOeyNRFToGJg.

社 + 农户”产业链融资模式，将信用建档与新型农业经营主体培育相结合；在金融创新维度，借助大数据风控技术建立“整村授信”标准化流程，破解农村信用体系建设难题。随着乡村振兴战略的纵深推进，传统存贷汇基础服务已难以满足县域经济多元化需求，数字普惠金融凭借场景嵌入性强、服务边际成本低、风险识别精准等技术特性，正在重构农村金融生态。然而，当前农村普惠金融发展仍面临三重悖论：金融供给普惠性与商业可持续性矛盾突出，信贷产品同质化与服务需求差异化形成错配，数字技术应用深化与数字鸿沟扩大产生对冲效应。根据北京大学数字普惠金融指数（2023），县域数字金融使用深度较城市低 38.7 个百分点，且呈现“西低东高”的显著区域差异。

在此背景下，如何通过制度创新实现普惠金融“量增、面扩、价降、质提”的协同发展，已成为检验农村信用社能否突破金融排斥困境、构建乡村振兴金融服务共同体的关键命题，其改革路径对完善农村金融基础设施、推动共同富裕具有显著的政策示范效应。

二、贵州省农村信用合作社普惠金融业务发展概述

（一）贵州省农村信用合作社基本概况

贵州省农村信用社联合社（简称“贵州农信”）是经中国银行业监督管理委员会批准，于 2003 年 12 月 30 日成立的省级地方性金融机构，总部设立于贵阳市。作为全省规模最大的地方性银行业金融机构，贵州农信由省人民政府授权管理，实行社员入股、民主管理、主要为社员服务的合作制原则。经过二十年的改革发展，现已形成由 1 家省级联社、84 家县级行社（含农商银行、农村合作银行、县级联社）、2293 余个营业网点构成的普惠金融服务网络，构建了覆盖全省 88 个县（市、区）、1510 个乡镇的“省—县—乡”三级法人治理体系。

在普惠金融发展方面，贵州农信始终秉持“深耕本土、支农支小”的战略定位，通过实施“普惠金融大走访”三年行动（2019—2021 年），累计建立农户经济档案 853 万户，评定信用农户 742 万户，创建信用组 13.42 万个、信用村 1.37 万个、信用乡镇 1138 个。截至 2022 年，其创新推出的“黔农村村通”工程，在全省建成 13969 个农村金融便民服务点，实现行政村基础金融服务全覆盖，有效解决了农村地区“最后一公里”金融服务难题。

根据贵州省农村信用社 2023 年度信息披露报告，截至 2023 年年末，全系统资产总额突破 1 万亿元，各项存款余额达 9860 亿元，贷款余额 6729 亿元，其中涉农贷款占比 72.3%，小微企业贷款占比 58.6%，均显著高于全国农信系统平均水平。在风险控制方面，资本充足率达 12.8%，拨备覆盖率达 203.5%，持续保持监管达标。作为全国首个实现农民工金融服务省级全覆盖的金融机构，其“农民工金融服务中心”模式被原银保监会

作为典型案例在全国推广。

在履行社会责任方面，贵州农信深入实施“乡村振兴·金融先行”战略，累计发放乡村振兴贷款3860亿元，创新推出“乡村振兴产业贷”“特色农产品贷”等12个专项产品。在绿色金融领域，2024年绿色信贷余额达1208亿元，支持生态农业、清洁能源等项目327个。在公益事业方面，设立“信合公益基金会”，累计捐赠资金3.8亿元，实施教育、医疗等公益项目620余个①。

当前，贵州农信已发展成为全省存贷款规模最大、支农支小力度最强、普惠金融覆盖面最广的地方金融机构。根据《贵州省银行业金融机构服务能力评估报告（2023）》，其在县域金融服务覆盖率、农户贷款可得性、普惠型小微企业贷款增速等12项核心指标均位居全省首位。凭借“小法人＋大平台”的独特优势、“线上＋线下”深度融合的服务体系，以及“金融＋科技＋场景”的创新模式，正朝着建设“治理完善、经营稳健、服务高效、特色鲜明的现代普惠银行”目标稳步迈进。

（二）贵州省普惠金融业务发展历程

作为贵州省农村金融主力军，贵州省农村信用社（简称“贵州农信”）始终将普惠金融作为核心战略方向，其发展历程与我国农村金融改革、脱贫攻坚及乡村振兴战略紧密交织，呈现出“夯基垒台—提质扩面—数智赋能”三阶段演进特征（见图13－1）。

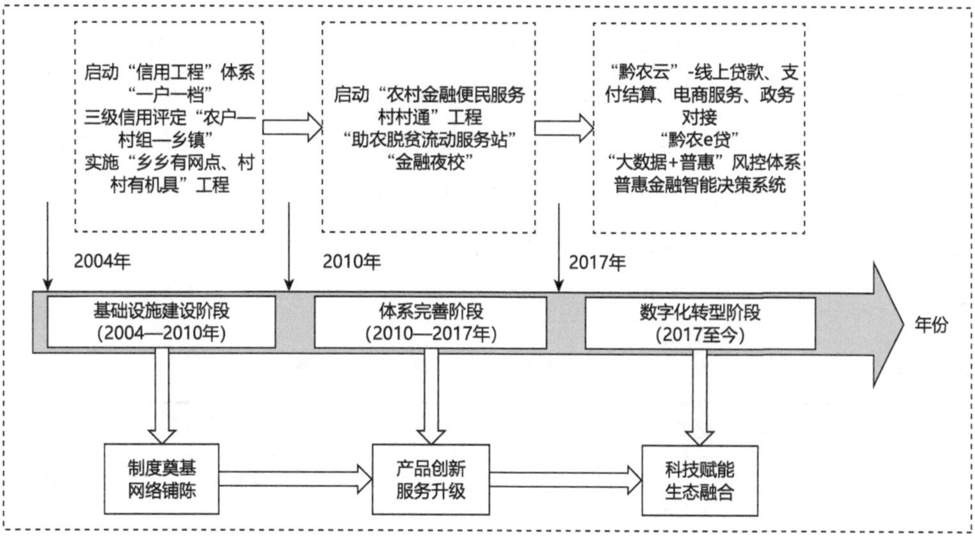

图13－1　贵州农村信用社普惠金融发展历程

① 资料来源：中华合作时报农村金融．标准先行生态赋能！看这省农信社如何实现绿色普惠信贷全覆盖［EB/OL］（2025－03－26）［2025－04－05］．https：//mp. weixin. qq. com/s/BDnrWEuffbGJ40V7313－EA.

1. 基础建设阶段（2004—2010 年）：制度奠基，网络铺陈

2004 年，贵州农信启动以“信用工程”为核心的普惠金融体系建设，率先在毕节市开展农户信用评级试点，通过建立“一户一档”经济档案、实施“三级信用评定”（信用农户—信用村组—信用乡镇），破解农村地区抵押物缺失难题。截至 2010 年年末，全省累计建立农户经济档案 420 万户，评定信用农户 286 万户，创建信用村 3200 个，信用乡镇覆盖率达 35%。此阶段，贵州农信同步推进物理网点下沉，实施“乡乡有网点、村村有机具”工程。截至 2010 年，营业网点增至 1856 个，布放 ATM 机 1023 台、POS 机具 2.1 万台，填补了全省 76% 行政村的金融服务空白（见表 13－1）。

表 13－1　2010 年末贵州农信基础服务设施建设情况

项目	数量	覆盖率
营业网点	1856 个	乡镇覆盖率 100%
ATM 机具	1023 台	县域覆盖率 92%
POS 终端	21000 台	行政村覆盖率 76%
助农取款服务点	3200 个	贫困村覆盖率 68%

2. 体系完善阶段（2011—2017 年）：产品创新，服务升级

2011 年，贵州农信启动“农村金融便民服务村村通”工程，创新“助农脱贫流动服务站”“金融夜校”等服务模式。截至 2017 年年末，建成“村村通”服务点 1.2 万个，配备移动服务车 380 台，开展金融知识宣讲 4.8 万场次，惠及农户 620 万人。

在产品体系方面，2013 年推出“特惠贷”精准扶贫产品，向建档立卡贫困户提供 5 万元以下、3 年期、免抵押、财政贴息贷款。截至 2017 年年末，累计发放“特惠贷”326 亿元，支持 66.3 万户贫困户发展产业，带动贫困发生率下降 12.7 个百分点（见表 13－2）。

表 13－2　2013—2017 年“特惠贷”投放情况

年度	发放金额（亿元）	受益户数（万户）	贴息率	不良率
2013 年	28	5.6	4%	0.8%
2014 年	45	9.1	4%	1.2%
2015 年	78	15.7	5%	1.5%
2016 年	95	19.2	5%	1.8%
2017 年	80	16.7	3%	2.1%

3. 数字化转型阶段（2018 年至今）：科技赋能，生态融合

2018 年，贵州农信推出“黔农云”数字普惠金融平台，集成“线上贷款、支付结算、电商服务、政务对接”四大功能模块。截至 2023 年年末，平台注册用户突破 1200 万户，累计发放“黔农 e 贷”4580 亿元，线上贷款占比提升至 67%。

此阶段，贵州农信构建“大数据 + 普惠”风控体系，接入贵州省政务数据共享平台，整合农户征信、土地确权、社保缴纳等 42 类数据，开发“普惠金融智能决策系统”。2023 年，系统实现 98.6% 的农户贷款自动化审批，户均放款时间缩短至 8 分钟。

在监管指标方面，贵州农信普惠型小微企业贷款连续五年增速超 20%，涉农贷款不良率稳定控制在 2.5% 以内，普惠金融服务达标率位居全国农信系统前三（见表 13 – 3）。

表 13 – 3　　2023 年贵州农信普惠金融关键指标

指标名称	数值	同比增速
普惠型小微企业贷款余额	1850 亿元	+23.6%
农户信用贷款占比	68.7%	+5.2%
数字渠道交易替代率	91.3%	+8.9%
普惠金融服务站功能复用率	3.2 项/站点	+40%

资料来源：上文中数据和图表资料来源于贵州农村信用社官网，图由作者手动整理。

（三）贵州省农村信用社发展普惠金融机制

农村信用社依托“县域法人独立经营 + 省级联社统筹管理”的双层治理架构，在普惠金融领域形成了“下沉服务重心、深耕本土客群、适配乡土经济”的差异化竞争优势。基于“地缘人缘亲缘”的天然纽带、县域全量信用数据积累、小微金融产品快速迭代三项核心能力，农村信用社紧密对接乡村振兴战略与共同富裕目标，通过构建“数字普惠 + 产业金融 + 信用工程”三维协同机制，探索出普惠金融可持续发展的创新路径：在服务渠道维度，打造“物理网点 + 普惠驿站 + 移动银行”立体化触达体系，破解农村金融“最后一公里”覆盖难题；在产业赋能维度，创新“新型农业经营主体主办行”制度，将信贷资源精准配置至种业振兴、农机装备、冷链物流等农业现代化关键领域；在技术应用维度，依托省级政务数据平台建立“农户信用画像模型”，实现小额信贷“无感授信、按需增信”的数字化转型（见图 13 – 2）。

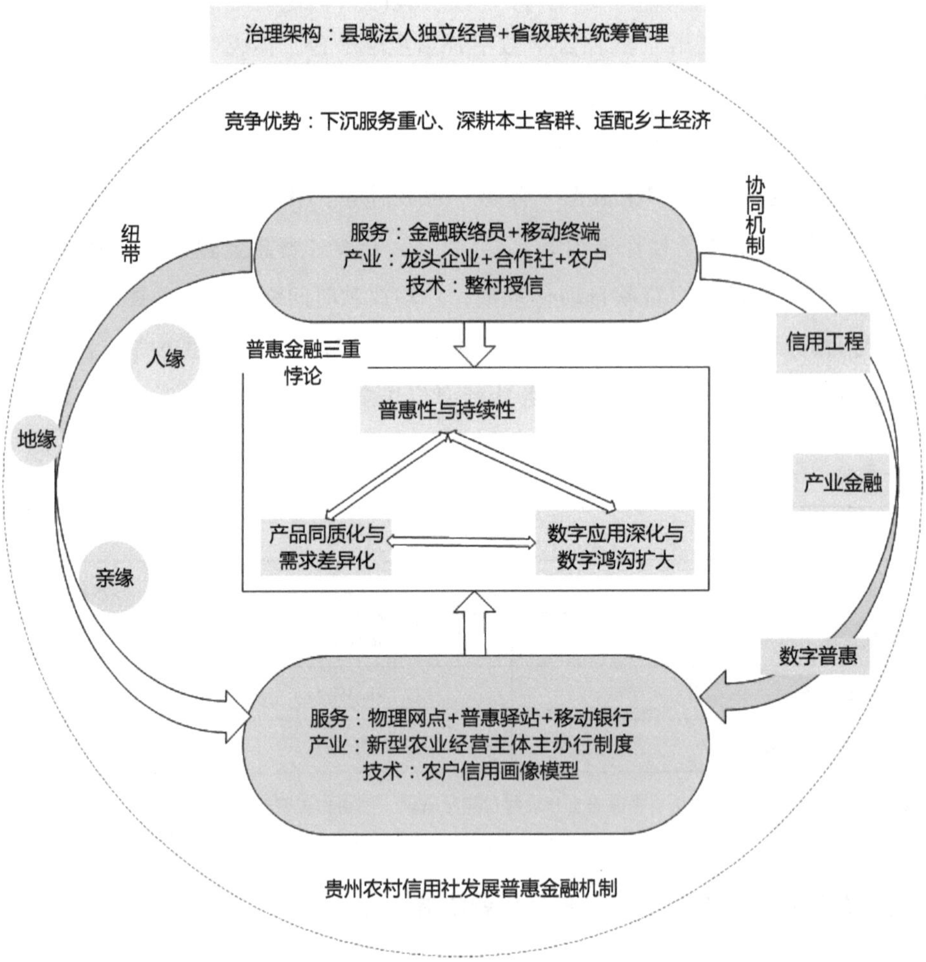

图 13－2 贵州农村信用社发展普惠金融机制

三、农村信用社推进普惠金融模式

（一）贵州省农村信用社小额贷款模式

农信社联社推出的“一小通”小额信贷是此类模式的典型代表，其创立了包括信贷理念、行为准则、工作精神、工作方法在内的一整套小额信贷企业文化，成立专设机构，组建专业队伍，制定专项流程，开发专列产品，设立专项基金，实现了责权明晰、赏罚分明、激励有效、约束到位，较好消除了借款农户与贷款人员双方信息不对称，降低经营费率，提高了农民的信贷可得性。该模式流程图如图 13－3 所示。

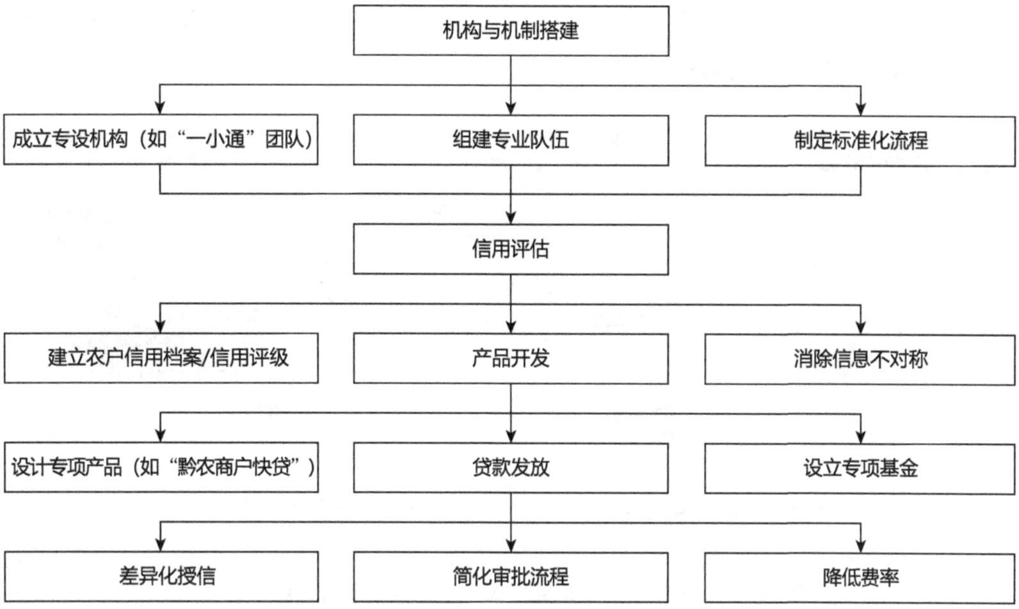

图 13-3 小额信贷模式流程图

（二）服务“三农绿惠模式”和小微企业模式

对于当前国内绿色信贷大环境的分析，其主要贷款对象都在大企业、大银行等发展绿色产业、绿色金融，但对于以支农支小、发展普惠金融为主的中小金融机构来说，落实起来较为困难①。

为促进绿色金融与普惠金融的有机融合发展，贵州农信在全国率先发起研制和运用绿色普惠信贷标准，为引导更多绿色金融资源流向农业农村和广大普惠群体提供了根本依据，充分发挥绿色金融与普惠金融的协同作用，将绿色金融资源延伸到“三农”、小微等薄弱领域。同时，降低了普惠群体绿色认证成本，提高了金融机构绿色识别效率，解决了涉农普惠群体绿色转型发展中融资难、融资贵的问题。

其典型的案例就是贵州农信在全省率先落地“古屋贷”。“古屋贷”是金融机构向辖区内被列入中国传统村落名录且符合条件的主体发放的新型绿色普惠贷款，最终用于古屋生态环境综合改善、古屋改造计划及发展乡村旅游产业，旨在最大化利用古村古屋资产、保护中国传统村落、助力生态资源价值实现、支持乡村绿色振兴②。

自“古屋贷”打响绿色普惠金融转型发展“第一枪”，银行的“绿色+普惠”金融实

① 资料来源：李丽萍．贵州：创启绿色普惠金融激活县域发展势能［EB/OL］（2023-05-07）［2025-04-05］．http：//gz.people.com.cn/n2/2023/0507/c222152-40405451.html.

② 资料来源：参见 http：//em.chinanshw.cn/content/2024-03/06/1。

践逐步走向深入。坚守普惠的金融，个人用户占比99.97%，其中农户占比89.6%；开拓绿色普惠新赛道。该模式流程图如图13－4所示。

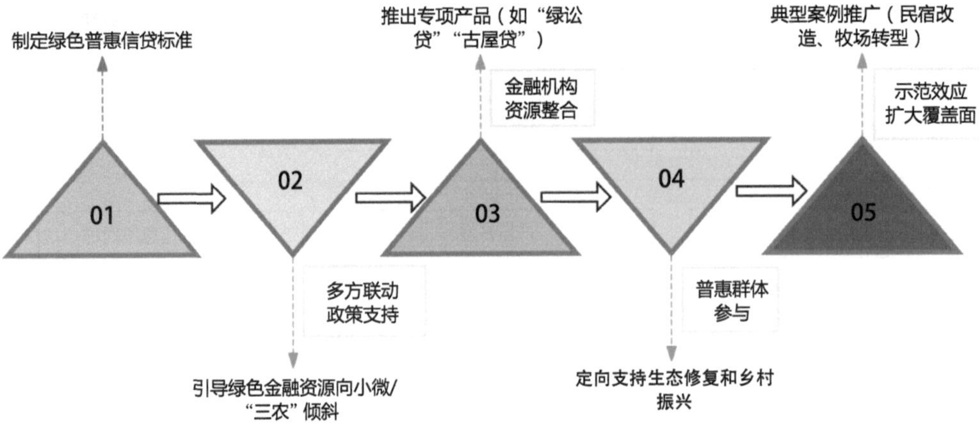

图13－4　服务“三农绿惠模式”和小微企业模式流程图

（三）推行“绿色生态账单模式”

如何打通生态价值与经济价值的双向转化通道，贵州农信进行了创新实践与探索。铜仁市江口县是贵州省首批5个生态产品价值实现机制试点县之一。2022年9月，全国首个生态账户——“梵净生态账户”（简称“生态账户”）在江口县创建。

贵州农信出台的《“生态账户”优化运用实施方案》及相关管理与评价工作意见，将生态资产、生态经营、生态生活、生态保护、生态金融“五项指标”量化为“生态积分”。客户凭借“生态积分”可享受授信额度提升、贷款利率优惠、存款产品定制、“绿色通道”等金融服务，正向引导激励民众形成绿色低碳的生产方式和生活方式。

为迎合江口县旅游发展的需要，江口县联合公交汽车公司将公交车全部调整为新能源汽车，同时改换的新能源汽车也能为环境一年减轻3536吨二氧化碳，也能为江口县公共汽车公司提供生态积分用于享受授信额度，减轻贷款利率。

贵州苗药生物技术有限公司成立于2008年6月，是一家专注于贵州道地中药基地建设、中药提取、中药保健产品研发生产及市场营销的科技型民营企业。公司位于江口县贵州梵净山大健康医药产业示范区，可年加工缬草药材1200吨、艾片（天然左旋龙脑）20吨、藤茶等提取物20吨。

据了解，该公司主要通过在闲散地、荒料地上进行药材种植获取原材料、选择绿色有机肥料进行生产经营、提炼加工后出售绿色有机产品等生态行为，在江口县农信联社获得“生态积分”425分；凭借这份较高的生态贡献，在不消耗“生态积分”的前提下，江口县农信联社对该笔贷款使用了人民银行再贷款低利率产品进行支持；为企业开通“绿色VIP 通道”，按需为企业提供“移动柜台”定制服务。该模式流程图如图 13－5 所示。

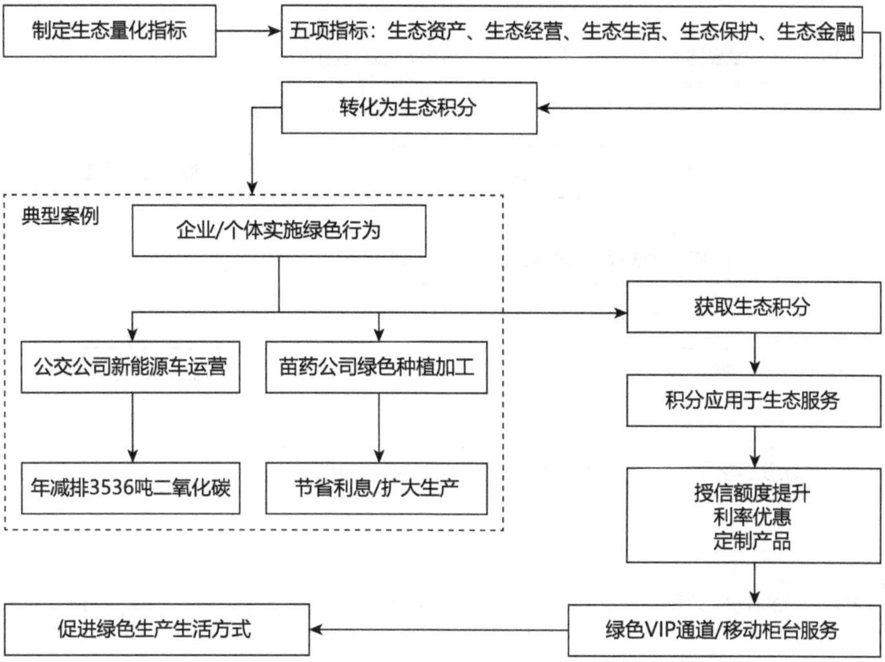

图 13－5　“绿色生态账单模式”流程图

（四）“检察公益诉讼＋绿色普惠金融＋产业”新发展模式

产业振兴是乡村振兴的基石。近年来，大方县依托丰富的农牧业资源，大力发展家庭牧场，推广“藏牛于户、分户饲养、集中育肥”养殖模式，提高肉牛养殖群体数量。然而在其发展背后也留下了一些环境污染难题，但大方县双元村的苏某家庭牧场，在提高肉牛养殖数量的同时，环境污染的难题却没有困扰着他。

其最重要的功劳就是大方县农商银行为其提供的“绿讼贷”。据了解，前期不重视环境保护，没有修建相应排污设施，导致环境污染，苏某收到了大方县检察院环境修复的建议。正当他为改建资金为难的时候，大方农商银行的工作人员主动找到了他。在大方农商银行三元支行的引导下，苏某使用堆积的粪便作为肥料种植食用菌冬荪以及中药材白芨，这一良性循环成为“检察公益诉讼＋绿色普惠金融＋产业”新发展模式的最佳案例，同时为普惠金融的模式发展提供了更加多元的路径。目前企业生产经营正常，养殖生态、周边环境良好，经环保和相关部门的联合检测，牧场在模式上将绿色、生态、环保三要素一体化发展结合，实现了废渣粪污循环利用、牧场生态化养殖的三要素模式。该模式流程如

图 13－6 所示。

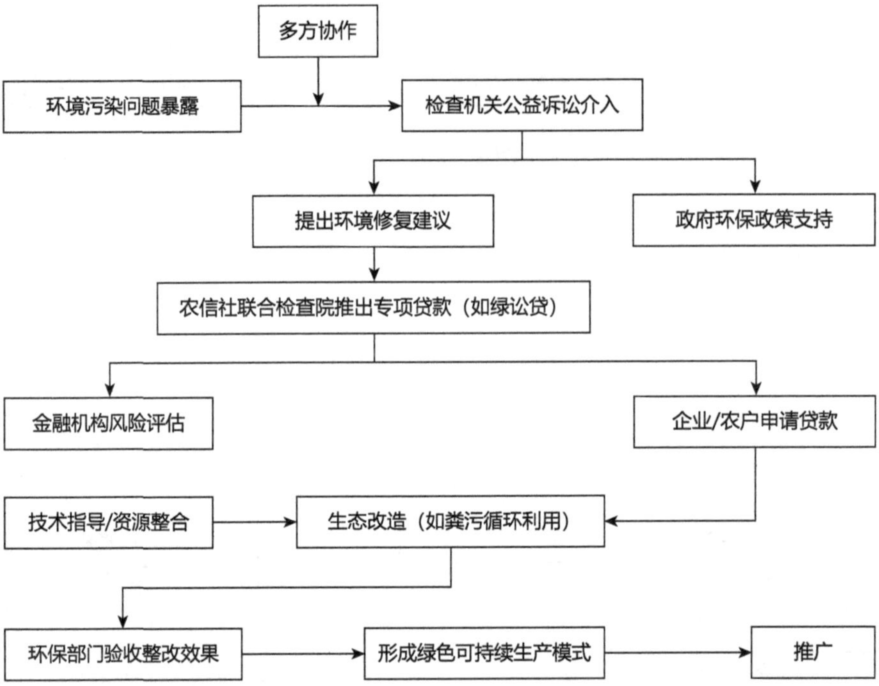

图 13－6 “检察公益诉讼＋绿色普惠金融＋产业”新发展模式流程图

四、建议与对策

（一）贵州省农村信用社区域经济体系完善

县域农村信用社作为地方金融体系的核心构成单元，必须深度融入区域经济发展战略框架，以服务农业、农村和农民（简称“三农”）为根本宗旨，持续强化对小微企业及地方特色产业的金融支撑力度。机构布局应严格遵循行政区划改革方案，建立与各级党政机关政策导向相匹配的网格化服务体系。基于对区域发展规划的差异化分析，信用社应当构建动态调整机制，使普惠金融资源配置与党政规划目标、社会经济发展需求形成协同效应，最终实现服务网络全域覆盖。

在政策执行维度，信用社需要系统梳理市、区、乡镇三级政府在普惠金融领域的政策图谱，重点强化对民营经济的精准扶持。通过建立“零积压”管理机制、“绿色通道”服务体系以及移动端审批系统，严格践行“三不”信贷原则，即不随意断贷、不无故抽贷、不恶意压贷，确保实体经济的全产业链金融服务供给。创新实施的业务骨干驻点产业园区制度，通过深度参与园区规划论证与企业需求调研，为制定“一园一策”的定制化金融服务方案提供决策支撑。

（二）不断跟进“三农”发展需求与提升

贵州农村信用社以“三农”发展需求为根本导向，着力构建城乡融合的普惠金融服务体系。具体实施路径包含三个战略维度：

首先，深化驻村金融服务机制，通过党建融合与干部互派机制，选派思想政治素质过硬、热爱农村事业、精通金融业务且具备奉献精神的工作人员，建立定期驻村服务制度。将物理服务终端延伸至行政村域，形成“1 个中心网点 + N 个村级服务点”的空间布局，显著提升金融服务的空间可达性与时间连续性。

其次，构建乡村振兴综合服务体系，通过与地方政府签署战略合作备忘录，强化乡村金融服务站的基础设施建设。同时，实施精准化普惠服务工程，运用市场细分理论将农村客户群体解构为场镇商户、社区居民、种养殖专业户等六类主体。通过制度性走访机制，采用参与式观察法深度获取客户金融需求画像。

最后，推进信用环境系统化建设，依托整村授信模式完善农户信用信息数据库，建立三级信用评定体系从信用户到信用村再到信用镇的评定体系。通过动态授信额度调整机制与弹性利率定价策略，形成信用资本积累与金融资源供给的正向反馈机制。

（三）建立健全网格化服务与党建融合的普惠服务

信用社在推进网格化服务与党建融合的普惠服务过程中，需立足农村实际，充分发挥党建引领作用，将党组织优势转化为服务基层、服务群众的能力。建议以“党建引领、网格覆盖、资源整合、服务下沉”为核心思路，构建“党组织 + 网格员 + 普惠金融”的联动机制。通过将基层信用社党支部与乡镇、村社网格化管理体系对接，划分责任片区，由党员骨干担任网格金融服务联络员，定期走访农户、小微企业和新型农业经营主体，精准对接融资需求，推广普惠金融产品。

同时，依托党建共建平台，联合地方政府、村“两委”和农业合作社，整合涉农政策、产业信息和信用数据，建立“党建 + 信用村”评价体系，对信用良好的网格区域给予利率优惠、额度提升等政策支持。政策层面可推动地方政府将普惠金融纳入乡村振兴考核，配套财政贴息、风险补偿等激励机制，引导信用社创新“党建网格贷”“乡村振兴先锋贷”等特色产品，利用移动金融终端和数字化工具延伸服务触角，确保每个网格内基础金融服务“村村通”、特色产业服务“户户联”。此外，强化党员队伍能力建设，通过“双培双带”工程，即业务骨干培养成党员、将党员培养成业务骨干，打造一支懂农业、爱农村、善金融的复合型服务团队，最终实现党建与业务深度融合、金融服务与基层治理协同增效。

（四）创新与构建“以品推惠”的金融产品体系

贵州省农村信用社在构建“以品推惠”的金融产品体系时，需紧密围绕地方特色产业和农户实际需求，以产品创新为驱动，通过差异化、场景化的金融服务推动普惠金融落地。建议以“产业聚焦、产品适配、政策协同、科技赋能”为主线，深度挖掘贵州农业特色资源，开发“一县一品”“一链一策”的专属金融产品。

政策层面需强化跨部门协作，推动地方政府整合财政补贴、农业保险、担保增信等资源，建立“产业＋金融＋政策”联动的风险分担机制，对重点品牌产品实施定向贴息、保费补贴或担保费率优惠，降低农户融资成本。

同时，可探索“品牌信用评价体系”，联合行业协会、电商平台等建立品牌价值评估模型，将企业或合作社的品牌影响力、市场占有率等转化为授信依据，创新“品牌质押”“订单融资”等模式。技术支撑上，依托大数据和物联网技术，动态监测特色农产品的生产、流通和销售数据，开发“智慧农品贷”等线上化产品，实现“数据授信、随借随还”。

此外，通过“金融＋电商”融合，联合“黔货出山”等平台，为品牌农产品提供销售渠道对接、消费金融支持等增值服务，形成“以品拓市、以市促融”的闭环。最终，通过产品创新与政策引导的双向发力，推动金融资源精准滴灌特色产业，助力“小特产”升级为“大品牌”，实现普惠金融从“广覆盖”向“深赋能”转变。

（五）不断深化普惠金融服务机制的创新实践

贵州农村信用社需不断推进创新普惠服务机制，为客户提供更加便捷的服务，以提升普惠服务的体验感。

首先，构建客户分层管理体系，基于行业信贷政策导向与区域产业发展特征分析，将客户群体细分为战略合作型、重点支持型、稳健维持型、适度压缩型及退出型五类主体。通过建立客户价值评估矩阵，实施差异化资源配置策略，确保信贷资本向产业关键节点与民生薄弱环节精准滴灌，实现渐进式提升。

其次，创新协同服务模式，依托党建共建机制与战略协作关系，形成“机构—商会—园区—产业链”四维联动体系。通过构建信息共享平台，破解传统金融服务中的信息孤岛困境，实现对商业集群、供应链成员及特定客群的穿透式服务。

最后，深化政银服务融合，协同人力资源社会保障部门、税务机构及不动产登记中心等行政主体，推进“放管服”改革向基层延伸。利用农村信用社的渠道网络优势，构建“金融 + 政务”综合服务大厅，扩大政银服务圈，对圈内的主要服务对象精准定位，改善基层整体服务环境。

思考题

1. 为做好普惠金融大文章，农村信用社进行了哪些尝试？
2. 农信社深耕养老金融领域主要依赖哪些资源？
3. 贵州农信如何通过“普惠金融智能决策系统”实现农户贷款的自动化审批？
4. 针对进一步推动普惠金融发展，贵州农信的经验有哪些政策启示？
5. 贵州农信未来应如何进一步深化普惠金融改革，推动乡村振兴与共同富裕目标的实现？

参考文献

[1] 田雅群，何广文，范亚辰．农村信用社股份制改革能有助缩小县域内城乡居民收入差距吗？——兼论农信社并购改革［J］．农村经济，2024（8）：74－86.

[2] 福建农信锚定金融支持实体方向做好“五篇大文章”［N］．农村金融时报，2024－12－30（A04）.

[3] 秦涛．牢记初心使命助力乡村振兴——访贵州省农村信用社联合社党委书记、理事长马林波［J］．当代贵州，2021（41）：38－39.

[4] 段学慧，常柯函．农村普惠金融“普惠”难题破解之道［J］．河北经贸大学学报，2023，44（1）：75－84.

[5] 刘皓，杨小友．信用“金钥匙”开启致富门［N］．贵州日报，2024－08－26（001）.

[6] 王敦毅．以金融之笔绘绿色画卷［J］．当代贵州，2024（38）：50－51.

[7] 张婧，秦涛．改革创新绿色普惠金融融合发展［J］．当代贵州，2023（Z3）：52－53.

案例 14

“五篇大文章”协同共振，助力新时代乡村全面振兴

——基于陕西省宜君县金融创新发展实践

周晶　王雅琪[①]

① 周晶，女，西安财经大学经济学院副教授，博士，硕士生导师，研究方向为金融风险管理。王雅琪，女，西安财经大学经济学院硕士研究生，研究方向为金融风险管理。

作为全国首个县级“农村普惠金融综合示范区”，宜君县通过“政策执行 + 创新实践”双轮驱动的方式，构建具有县域特色的金融助农体系，为新时代助推乡村全面振兴提供了参考样本。宜君县一方面精准对接中央战略部署，通过金融工具创新落实“五篇大文章”要求；另一方面立足县域实际，探索出“技术赋能、生态优先、普惠筑基、保障兜底、数字驱动”的乡村全面振兴新范式，既为同类地区提供可复制经验，也为思政实践注入鲜活素材，生动诠释了金融创新服务国家战略的实践逻辑与价值意蕴。本案例聚焦中央金融工作会议提出的“五篇大文章”，以陕西省铜川市宜君县金融创新发展成果及存在的问题为研究对象，探索“五篇大文章”在乡村全面振兴中的协同共振效应，为推动宜君县金融经济高质量发展献计献策。

一、案例背景

2023 年中央金融工作会议明确提出，要做好科技金融、绿色金融、普惠金融、养老金融、数字金融“五篇大文章”，所涉及的五大领域既各具特色、各有侧重，又相互依存、相互促进，共同构成了推动经济转型升级、实现高质量发展的关键引擎。科技金融以创新驱动的力量，为产业升级提供资本与技术支持，加速科技成果向现实生产力转化，构筑乡村全面振兴的现代化金融科技支撑体系与产业协同发展新生态。绿色金融则聚焦于环境保护与可持续发展，引导资金流向绿色产业，助力乡村构建生态文明，实现经济与环境的双赢。普惠金融强调金融服务的广泛性和包容性，通过降低门槛、优化流程，确保乡村地区也能享受到便捷高效的金融服务，为乡村产业融合发展注入源头活水。养老金融针对人口老龄化趋势，提供多样化的养老保障方案，不仅满足了乡村老年人的养老需求，也为乡村社会的和谐稳定贡献力量。数字金融作为新兴领域，利用大数据、云计算等先进技术，提升金融服务的智能化、个性化水平，为乡村产业的高质量发展提供强有力的数据支撑和决策依据。“五篇大文章”相互交织、协同发力，不仅为金融支撑服务经济指明了方向，更为乡村全面振兴战略的实施提供了强有力的金融保障。

自 2016 年 4 月被中国人民银行正式批复为农村普惠金融综合示范区以来，陕西省铜川市宜君县在金融监管部门与地方政府的紧密协作下，围绕“创新金融产品、普及金融教育、完善基础设施”三大核心议题，全力推进示范区建设，荣获了陕西省“万企兴万村”典型县（2023 年）、陕西省县域经济社会发展“争先进位县”（2021 年）、陕西省“脱贫攻坚奖组织创新奖”（2020 年）等荣誉称号。通过持续探索与实践，宜君县在金融产品创新上不断突破，推出了一系列贴合农村实际需求、操作简便、风险可控的金融产品，有效满足了农户、小微企业等群体的多样化融资需求，为乡村全面振兴注入了强劲动力。同时，金融教育普及工作深入乡村，通过线上线下相结合的方式，广泛举办金融知识讲座、技能培训等活动，切实提升了居民的金融素养和风险识别能力，增强了群众金融消费的自我保护意识。在基础设施建设方面，宜君县大力推动金融服务网点向乡村延伸，优化支付结算体系，实现了基础金融服务全覆盖。经过多年的精耕细作，宜君县已经形成了具有鲜明地方特色的金融创新发展模式，不仅促进了地区经济的持续健康发展，也为同类地区提供了可借鉴、可复制的宝贵经验。

二、案例概述

（一）科技金融：激发产业升级与创新创业的新引擎（数字经济创新中心）

近年来，宜君县紧抓阿里巴巴集团帮扶的历史性机遇，以“产业招商、数字赋能、创新孵化”为战略导向，开启了数字经济产业快速发展的新篇章。特别是以人工智能标注师项目为先锋，宜君县在科技领域取得了突破性进展，为县域经济的转型升级注入了强劲动力。宜君县政府专门注资打造了总面积达2600平方米的数字经济创新中心，集孵化、办公、培训、会议洽谈等功能于一体，自2021年5月正式启用以来，已成为驱动县域数字经济发展的重要引擎，吸引了人工智能产业孵化项目、“速卖通假发”项目等纷纷入驻，不仅丰富了中心的业态布局，更为县域经济增添了新的增长点。

爱豆科技有限公司是创新中心的入驻企业之一，也是铜川市第一家人工智能数据标注企业，主要从事数据标注服务和人工智能训练师的孵化，是阿里巴巴、蚂蚁集团的数字公益项目服务商，服务淘宝、天猫、支付宝、网商银行、高德等多个平台。近年来，公司累计培育数字人才1000余人，完成35.8万余项标注任务，实现年产值3500余万元。“AI豆计划”作为阿里巴巴脱贫基金和支付宝公益基金会共同推出的“AI+扶贫”公益新模式，在宜君县落地生根、开花结果。通过实施一系列创新举措，该项目成功为当地创造了近千个就业岗位，特别是吸引了大量外出返乡务工青年和大学生返乡就业，人均月工资超过3500元，不仅有效解决了当地居民的就业问题，更为乡村全面振兴储备了宝贵的人才资源。同时，“AI豆计划”以其投资小、门槛低、上手快、见效大的特点，成为铜川市在粤港澳大湾区精准招商的典范之作。

（二）绿色金融：驱动经济迈向可持续未来的核心力量（工商银行宜君支行）

作为宜君县内工商银行的唯一分支机构，宜君支行勇立潮头，依托科技创新的强大力量，积极运用农业卫星遥感AI识别技术，将技术贯穿于贷款申请、审批、发放及贷后管理的全周期，精准高效地解决了传统农业信贷领域长期存在的信息不对称、风险评估难等痛点问题，推动了智慧农业的现代化发展。

同时，为了进一步精准优化资源配置，满足农作物生长周期中多样化的资金需求，宜君支行于 2022 年 10 月推出了“种植 e 贷”融资产品。“种植 e 贷”以灵活便捷的融资方案，精准对接了农作物种植、管理、收获、销售等各个环节的资金需求，有效缓解了农户及农业企业的资金压力。同时，宜君支行还实施了“整村授信”政策，通过深入乡村、贴近农户，将贷款服务延伸至乡村全面振兴的最前线，为农村经济的全面发展提供了强有力的金融支持。

（三）普惠金融：共同富裕之路的坚固基石（宜君县信用合作联社）

作为县域金融服务的中坚力量，宜君县信用合作联社拥有一支超过 130 名职工的队伍。通过不懈努力，联社已在全县范围内建立了 12 个标准化服务网点，实现了对全县 6 镇 1 乡 1 个街道办事处的全面覆盖。目前，联社已拥有多个成熟的产品体系，涵盖了三十余种信贷产品，能够精准满足不同客户群体的多样化金融需求。近年来，联社在贷款市场的份额稳居全县 50% 以上，充分彰显了其在金融服务领域的领先地位。为了进一步提升服务质量，联社建设了 117 个标准化双基联动工作站，运用大数据技术，实现了数据采集的集约化和风险防控的线上化，极大地提高了工作效率和风险管控能力。全县已累计建档评级 21268 户，授信签约 455 户，授信额度高达 3.11 亿元，为当地居民提供了坚实的金融保障。

此外，信用联社积极响应科技智能化的浪潮，对全辖营业网点进行了标准化改造。通过增设自助设备和智能体验设备，联社不仅提升了客户的业务办理效率，还增强了客户的互动体验。联社还建立了宜君县首家“乡村全面振兴金融 e 站”，不仅提供全面日常的金融业务服务，还销售便民生活用品，真正实现了“网点到村、党员到户、服务到家”的普惠金融服务目标，得到了广大居民的认可和好评，为联社树立了良好的社会形象。

（四）养老金融：建设和谐社会的现实需求（中国人民保险宜君支公司）

作为大型金融企业，中国人保深入落实人口老龄化国家战略，积极探索“保险 + 养老健康服务 + 科技”新商业模式，不断丰富第三支柱养老保险产品供给。例如，推出了金裕颐养两全保险、福寿优选两全保险、鑫享福 2024 两全保险以及岁悦风华养老年金保险等多款产品；针对市民养老保障不足、收入不稳的痛点，开发业内首个新业态灵活就业人员专属养老团体项目——“司机专属商业养老保险计划”，为多地网约车司机提供保障；开发定价科学、投保便利、收益稳健、服务多元的养老保险，推出“人保寿险管家”APP，为用户提供专业化、一站式保险综合服务，引导家庭及个人提前建立养老财富储备；支持养老服务产业发展，通过优化银行卡助农取款服务、送金融服务进村等举措，为农村老年群体提供养老金查询、存取款等金融便捷服务，推动农村养老服务设施建设和网络布局，加快补齐农村养老服务短板。

（五）数字金融：开展扶贫工作的重要力量（电子商务公共运营服务中心、菜鸟乡村农产品上行中心和共配中心综合体）

作为国家第四批电子商务进农村综合示范项目，电子商务公共运营服务中心占地面积约 1500 平方米，内部功能区域划分明确，包括多功能服务区、宜君特色产品展示区、多媒体办公区以及公共直播区等，为电商企业和个人提供了全方位的服务。在中心的推动下，宜君县的电商企业数量实现了快速增长，截至 2023 年年底，全县电商企业已达 200 余家。在人才培育方面，中心按照“立足实际、针对引导、个性发展”的原则，联合阿里巴巴兴农学堂等优质教育资源，为当地培养了一大批懂农业、爱农村、善经营的“新农人”。在中心的带动下，宜君县农产品销售渠道不断拓宽，农民经济收入持续增长。2023 年电商销售额达到 2.2 亿元，培训电商从业人员 810 人次，开展直播带货 517 场次。此外，中心加强与丝路创客网络科技有限公司、知行天晟网络科技有限公司等电商企业之间的合作，在淘宝、京东、拼多多等主流电商平台设立“宜君特色馆”，大力开展直播带货和社交电商等多元化活动。这些举措不仅有效带动了群众人均增收，更让宜君县电商产业成为全县经济发展的新亮点。

2021 年初，在全国首个县级“菜鸟乡村农产品上行中心和共配中心综合体”落地宜君后，宜君县物流快递中转仓迅速成为西北地区最大的中转仓之一，为全县乃至全市、全省的电商发展提供了坚实的物流保障。中心与各大快递物流公司相邻，仓内设施完善，包括 900 平方米的冷库、500 平方米的库房以及 3000 余平方米的综合分拣仓，确保了农产品的储存和分拣效率。相比之前，物流平均每单能节约 1—2 天时间，且整体费用大幅下降，进一步提升了宜君县在全国物流网点中的节点地位。中心秉承“合伙物流共配仓，订单处理惠全民”的理念，积极推动宜君县在数字经济时代物流新基建的发展，并以智能化管理和双向物流等方式，实现了对全县物流快递收发网点的智能化管理，形成了现代化辐射全县的物流模式。菜鸟上行中心和共配中心的成功实践不仅为宜君县的电商发展提供了有力的支撑，更为其他地区的物流发展提供了有益的借鉴和启示。

（六）“五篇大文章”在乡村全面振兴中的协同效应典型成果：哭泉镇

哭泉镇作为宜君县首家“信用 + 金融”助力乡村全面振兴试点镇，通过实现信用村全覆盖，有效改善了农村信用环境。例如，由于接触手机的时间较短，一些年长村民对智能设备的使用较为困难、容易出错，仍采用现金缴费，而哭泉镇金融综合服务站通过提供助农取款、现金服务、线上支付等多功能服务，进一步夯实了金融基础设施建设，满足了农村基础金融的需求，有效降低了农户获取金融服务的成本，减轻了农户奔波劳累之苦，提升了农村金融服务可得性，打通了农村金融服务的“最后一公里”，有效推动了乡村全面振兴战略的实施。在金融教育培训等方面，县政府邀请金融机构的专业人士，经常性举办讲座或表演，将金融知识、反诈知识融入歌曲、舞蹈、快板等娱乐节目当中，在丰富村民文娱生活的同时，达到更理想的宣传教育效果。

2017 年以来，在县政府及金融机构的大力支持下，哭泉镇居民曹太锋通过信合联社信用贷款，在原厂房的基础上先后成立了宜君县鑫丰玉米专业合作社、宜君县鑫锋核桃专业合作社及哭泉曹氏老烧酒坊，先后借贷金额共达 100 万元。依托宜君县金融创新举措，曹太锋积极参与苏陕协作项目，采取“致富带头人 + 合作社 + 村集体经济联合社 + 贫困户”模式成立了泉丰农林科技开发有限公司，并在助力脱贫攻坚方面获得多项荣誉，具体包括三秦帮扶善星、铜川市脱贫带动示范户、农村科普带头人、脱贫带动示范户、省级脱贫攻坚工作先进典型等，在促进村民就业、贫困户脱贫等方面也作出了突出贡献，产生的“示范效应”先后助力哭泉镇 11 个村脱贫，公司还曾参与浙江网商银行“千人千社”金融助农项目。

三、问题及成因分析

（一）特色农产品附加值不足，宣传效力不佳

目前，宜君县规模以上工业企业中仅有棋智核桃乳等 4 家企业涉及农产品加工，且经营规模较小。宜君县的主要农产品大多以初、中级农产品的形态向外销售，还没有形成深加工的产业链条，附加值挖掘不够。在产品包装方面，阿里巴巴设计师结合宜君特色，将创新与宜君农民画结合起来，为宜君三大产品设计出极具宜君特色的包装。但宣传效力不佳、推广不足导致特色农产品存在知名度低下等问题，畅销区域限制在铜川及周围市区内，面临营销瓶颈期。

（二）高素质人才短缺，人才问题迫在眉睫

随着云计算、大数据等数字技术的快速应用，数字经济加速向县域广泛渗透，为农业农村数字化建设提供了良好的契机。宜君县在阿里巴巴集团、蚂蚁集团等的帮扶下大力推动的人工智能训练师项目成果可观。但人工智能标注师专业要求并不高，使企业难以吸收到所需的科技化专业人才，导致公司员工综合素质不高。企业或机构对于高知分子和专业

人才的薪酬水平相对较低，无法与一线城市相比，导致人才流失的现象较为严重，难以真正走向创新之路。

（三）乡村劳动力流失现象严重，制约经济发展

基于经济发展的需求和自我实现的追求，宜君县大多数劳动力或外出务工，或在外求学，形成“城市人口过剩，乡村只剩妇孺”的局面。尽管随着数字经济创新中心、阿里巴巴集团、蚂蚁集团以及浙江支付宝公益基金会发起的如“AI豆计划”等人工智能产业孵化项目的落地，增加了就业岗位，但是由于县域基础设施和公共服务落后，工资水平低，发展机会少，年轻劳动力流失问题并没有得到较大程度的缓解，仍有大量劳动力选择外出，难以吸引本地优质劳动力。

（四）农村居民金融素养有限，金融知识匮乏

宜君县农民对信贷、抵押贷款和农业保险等方面的知识有一定了解，但农民对金融专业知识的知悉和接受程度仍存在较大问题，主要表现在商业保险购买意识不强等方面。除此之外，农村居民对于金钱的观念较为保守，对金融工具存在普遍不信任的现象，认为“金融”意味着较高风险，有的金融工具不会带来收益，甚至会造成更大损失的固有观念，所以大部分人更愿意将钱存在银行来保护自己的财产。另外，由于历史原因和地理位置偏僻的影响，宜君县居民的普遍受教育程度不高，从而使金融素养较低。

（五）现有保险服务体系单一，定损技术落后

宜君县保险业发展仍以农业保险为主，人身保险以及其他财产保险较少，结构失衡现象比较严重。此外，宜君农业遭遇自然灾害损失较大，以核桃产业为例，核桃黑斑病、核桃枯枝病、核桃溃疡病等病虫害严重影响挂果核桃树的产量和质量；冰、霜、干旱等自然灾害对核桃的产量有着严重的影响，尤其是每年的“倒春寒”对核桃的危害更为严重。由此带来农业损失的不确定性为宜君县保险定损造成了极大困难，保险公司仍然依赖于传统的人工定损流程，人力物力损耗极大，精度低且极易受主客观因素影响。目前，哭泉镇开始实施“大山雀”技术，但受技术专业能力限制，任务仍较为艰巨。

四、建议与对策

（一）加强宣传力度，打造宜君特色产业链

（1）塑造良好口碑，讲好品牌故事。以宜君县主要特色产品——宜君蜂蜜为例，政府

可以为宜君蜂蜜打造精美包装，在省、市、县级官方平台进行宣传，树立一个经官方认证的口碑品牌，有利于保护当地蜂蜜正品效益，防止出现假冒伪劣产品，又可以树立品牌优势，促进产品销售。养蜂农户可以通过拍摄短视频、图文宣传等方式记录完整的蜂蜜产业链，在各类媒体平台进行发布，对宜君蜂蜜进行大面积的宣传推广，丰富产品文化故事和品牌内涵，提升附加价值。

（2）打造农业旅游产业链，发挥核心竞争优势。依托宜君生态优势，大力发展以农业观光休闲为重点的乡村旅游，加强绿色生态、高附加值产品的开发，探索“农业＋旅游”产业发展新模式，推动乡村新产业新业态发展，不断延伸和健全农业产业链条，打造特色品牌，打响宜君知名度。

（二）重视对数字人才的培养，建立产学研合作的长效机制

（1）点亮情怀觉悟，培养复合人才。政府应紧扣人才引领高质量发展主题，大力实施人才强县战略，以乡情人情为纽带，以激励关爱为根本，着力破解人才队伍存量不足、流失严重等突出问题，重点加强“农业＋信息技术”复合型人才的培养培训力度。同时，建立政府组织、农业部门主导、农科教相结合的农民教育培训体系，充分利用文艺演出、科教宣传等各种渠道和载体，结合宜君农业特点，有效提供技术、信息、培训等服务，促进农村农民人才的发掘，让技术助力乡村全面振兴发展的理念深入人心。

（2）加强产学研合作，创造就业机会。引导和联合西安、铜川等综合发展较好地区的科研机构、高等院校开展数字农业关键技术的研发和应用，加快产学研结合，提升科技创新水平，吸引高知分子和专业人才参与宜君县县域经济发展的伟大事业中来，创造更好的就业机会，形成良性循环。

（三）留住和吸引战略相结合，减少劳动力流失

（1）打通返乡通道，搭建联络平台。通过走访考察、问卷调查等多种方式对宜君县在外人才进行全面摸底，准确掌握在外人才资源状况，对有意返乡人才加强联系。同时，通过媒体平台，介绍宜君经济社会发展成果和返乡创业扶持政策，征求在外人才意见，增强在外人才对家乡事务的参与度和归属感，吸引各方人才关注和支持家乡发展。例如，建立领导干部联系服务在外高层次人才机制，引导在外人才为家乡发展牵线搭桥、建言献智，服务家乡发展。

（2）强化农村人才奖励机制，完善待遇薪资体系。加大对农村优秀人才的培养，建立与制定荣誉奖励机制，改善工作环境，设立宜君县乡村人才专项资金，增强人才获得感与幸福感。各地方村委会还需持续关注和及时解读省、市、县级关于人才振兴方面的动态及

相关政策，鼓励大学生返乡创业，为大学生提供机会和平台，为大学生创业提供帮助。对于外来人才引进，要做好住房补贴、人才奖励等相关的保障措施。

（四）培养金融素养，提高基层服务力度

（1）线上与线下相结合，政府与企业相衔接。设立专门机构，向群众提供免费的金融知识普及服务，并通过电视、广播等方式传播金融知识；通过电商、通信软件等互联网平台进行大范围的传播，积极引导村委会定期开展知识普及活动，将金融机构和监管机构相互联系，实现二者共同引导；鼓励宜君县银行、信贷和保险等企业在农村地区设置金融知识普及网点，通过线上和线下全方位的活动进行知识普及，以提高居民对金融知识的认知度。

（2）加快数字平台更新，培养基层服务能力。通过引入更先进的科技手段，如人工智能、区块链、云计算等，提高现有平台的安全性、效率和用户体验；改进平台的用户界面和交互设计，使其更加简洁、直观和易于操作，降低用户门槛；提升金融创新基层工作人员的服务能力，打破信息壁垒，提供更易于理解和接受的金融服务，帮助农民更好地参与金融活动，享受金融便利，并提升金融素养。

（五）提升群众保险意识，打破行业间信息壁垒

（1）针对性普及宣传活动，设立便捷服务哨点。针对不同年龄和性别的农村人口积极进行保险、金融知识的普及宣传活动，挖掘不同群体的潜在需求，提高学习兴趣，将专业性的术语转化成通俗易懂的常识，结合手册、指南等方式增进农村居民对知识的理解，并进行相关的示范培训，以提高他们的动手操作能力，加深农村居民对网上银行、第三方支付和投资理财等金融方面知识的了解。

（2）落实政策方针，加强多部门合作。构建完善的金融体系需要政府、企业、金融机构等多方主体支持，主体在金融创新发展中的职能各不相同，需要相互联系、相互协调，共同促进农村金融体系建设，实现其高效运行。其中，政府要充分发挥主导地位作用，各金融机构要以地方为主导，因地制宜，充分利用宜君县域优势，加快县域农村信用体系建设。加强与金融机构、人民银行的相互联系，以此相互促进，实现协同发展，突破各行业间的信息壁垒，减少相互间的资金流动所消耗的时间、经济成本，实现有效衔接。

五、结语

宜君县紧扣中央金融工作会议“五篇大文章”要求，在乡村全面振兴中打出金融

“组合拳”，形成科技金融、绿色金融、普惠金融、养老金融、数字金融五大领域的协同共振效应。科技金融以数字经济创新中心为引擎，引入人工智能等前沿技术，既培育了新产业增长点，又为绿色金融提供技术支撑，如工商银行利用卫星遥感 AI 优化“种植 e 贷”风控模型，破解农业“看天吃饭”难题。普惠金融通过县域全覆盖的网点和“乡村全面振兴金融 e 站”，将金融服务触角延伸至养老、农业等场景，如中国人保寿险的“福寿年年”养老保险依托普惠网络深入农村，补上养老保障短板。数字金融则构建“电商服务中心 + 物流共配网络”生态，拓宽了农产品销售渠道，物流效率得到提升。在五大领域协同中，科技金融释放创新动能，绿色金融激活生态价值，普惠金融扩大服务半径，养老金融兜底民生保障，数字金融串联产业链，共同编织成乡村全面振兴的支持网络，正推动宜君县走出一条金融与产业、生态、民生深度融合的乡村全面振兴之路。

思考题

1. 结合中央金融工作会议“五篇大文章”要求，分析宜君县实践中科技金融、绿色金融、普惠金融、养老金融、数字金融五大领域的协同机制，思考金融工具如何形成乡村全面振兴的“组合拳”效应？

2. 宜君县构建的“政策执行 + 创新实践”双轮驱动模式具有哪些特色？该模式如何平衡政策刚性与地方创新性，对同类地区有何启示？

3. 工商银行“农业卫星遥感 + 信贷”模式如何实现生态资产向金融资本的转化？这对破解农业融资难问题提供了哪些新思路？

4. 中国人保推出的一系列养老保险产品与服务，如何满足留守老人、返乡青年等不同群体的差异化需求？这对完善农村养老保障体系有何借鉴意义？

5. 案例中的政府、金融机构、科技企业、农户四大主体如何实现利益协同？是否存在潜在的利益冲突点？对构建乡村全面振兴共同体有何启示？

参考文献

［1］高祥晓，王永强，卢秀茹．数字金融创新对农民农村共同富裕的影响［J］．统计与决策，2024，40（20）：152－156.

［2］罗剑朝，胡杰，王宗林．金融赋能西部农业农村现代化与乡村全面振兴——学术研讨会综述［J］．西北农林科技大学学报（社会科学版），2023，23（6）：155－160.

［3］任喜萍．金融科技高质量服务乡村全面振兴的理论逻辑、现实挑战与路径选择

[J]. 当代经济管理，2023，45 (7)：63 - 70.

[4] 温涛，何茜. 全面推进乡村全面振兴与深化农村金融改革创新：逻辑转换、难点突破与路径选择 [J]. 中国农村经济，2023 (1)：93 - 114.

[5] 宋志秀，周尊荣，葛翔宇. 乡村全面振兴进程中的金融体系创新 [J]. 宏观经济管理，2022 (11)：66 - 74 + 82.

[6] 宜君县人民政府 [EB/OL]. [2024 - 12 - 05]. http：//www.yijun.gov.cn/.

第四部分　养老金融篇

我国正处于人口老龄化的关键阶段，养老金融的重要性愈发凸显。中央金融工作会议首次将养老金融列为“五篇大文章”之一，党的二十届三中全会也强调积极发展养老金融，为养老金融发展注入强大动力。养老金融涵盖养老金金融、养老财富金融和养老产业金融等多个层面，对于完善多层次养老保障体系、满足多样化养老需求、推动养老产业发展意义重大。但目前我国养老金融发展仍存在养老保险体系三支柱发展不均衡、产品服务水平有待提升、产业金融支持不足等问题。此篇将结合政策要求，探讨养老金融在推进养老事业与产业协同发展中的创新实践与有效路径。

案例 15

年金科技：泰康养老第二支柱年金资产管理实践案例

张珺涵[①]

① 张珺涵，经济学博士，上海立信会计金融学院副教授，研究方向为创新战略管理。

企业年金与职业年金，作为我国养老保障体系的第二支柱，对于强化养老保险体系和完善职工退休生活质量具有关键作用。泰康养老保险作为国内年金受托管理的先行者，凭借深厚的受托资产管理积累，其管理规模持续快速增长，多年领跑业界。公司致力于自主研发，融合大数据、人工智能等前沿科技，成功打造业内领先的“核心驱动，双翼齐飞”年金资产管理生态系统，这一创新模式极大地推动了年金业务的快速发展，为提升整个行业的年金管理水平树立了标杆。本案例深入剖析该生态系统，提炼泰康养老在科技应用上的成功实践，旨在为科技助力年金管理提供有益的参考和启示。

一、案例背景

全球人口结构呈现深度老龄化趋势，根据第七次全国人口普查及世界银行统计，我国60岁以上群体规模突破2.64亿，较之前十年增长2.51个百分点，其中65岁以上人口达1.91亿，占全球老年人口总量的26.4%，凸显“未备先老”的社会保障压力。在2023年中央金融工作会议将养老金融纳入国家战略框架后，作为多层次养老保障体系核心的第二支柱（含企业年金、职业年金）规模已突破5.7万亿元，成为改善退休生活质量的关键支撑。然而，现行年金管理体系普遍存在运营效能不足、风控机制薄弱及数据协同障碍等痛点。

泰康养老凭借近二十载行业深耕，以5500亿元受托管理规模稳居市场前列，企业年金年均复合增长率达36.9%。通过构建“科技+专业”双轮驱动模式，该机构率先研发新一代智能受托系统，运用数字技术重构业务流程，强化投资监督智能化水平，有效破解传统管理中的“数据孤岛”难题。依托持续的技术迭代与场景创新，泰康养老正着力打造年金科技生态体系，为守护国民养老资金安全构筑坚实的技术壁垒。

二、泰康养老年金资产管理平台概述

（一）第二支柱年金概述

作为我国多层次养老保障体系的重要组成部分，企业年金是由用人单位与职工自愿建立的补充养老制度，其资金来源于企业和个人的弹性缴费机制，双方在政策框架内自主协商确定缴存比例，具有非强制性特征。与之形成对照的是职业年金制度——该体系面向机关事业单位工作人员，在基本养老保险基础上实行强制性补充保障，由单位按8%、个人按4%的法定比例缴纳，全部资金计入专属个人账户进行封闭管理。两类年金制度共同构成劳动者退休生活的核心经济保障。

从治理架构来看，企业年金采取四元管理模式：受托机构统筹协调、账户管理机构处理数据、托管机构监管资金、投资管理机构实现资产增值，通过信托制管理模式形成风险隔离机制。其中，受托机构承担战略规划与全流程监督职责，被誉为年金资产的“中枢协调者”。职业年金虽沿用相同的制度框架，但创新采用分账户管理模式，单个计划内设置多个子账户并由不同受托机构平行运作，通过代理人考核机制形成管理机构的动态竞争格局，这种设计显著提升了资金运作效能。

（二）泰康“一核两翼”年金资产管理生态体系

泰康养老作为保险业内唯一不涉足年金投资管理业务的受托机构，其独立受托模式天然形成风险防火墙机制，在业务隔离性和专业化治理方面具有显著优势。为应对日益复杂的年金管理需求，企业自主研发的“一核两翼”数字生态系统（核心为投资监督中枢“全益宝”，两翼分别为职业年金监管平台“职金宝”和企业年金服务平台“企金宝”）已实现全流程智能化管理。该系统深度整合客户服务、资产与运营管理、投资监督等核心功能，构建起覆盖12家受托机构、22家投资管理机构及10家托管银行的协同网络，累计管理规模突破数万亿元，守护超千万职工的养老资金安全。

在运营架构层面，企业创新采用“智能中枢+数字化工作台”的融合管理模式，通过智能决策系统提升运营精度；在服务外延方面，依托三大核心平台将二十余年积累的受托管理经验转化为标准化数字解决方案，为中央国家机关及16个省职业年金管理机构提供智能监管服务，同时赋能全国百余家大型企业年金理事会实现风险可控的资产配置。这种“科技+专业”双轮驱动的创新模式，不仅重塑了年金管理的行业标准，更确立了企业在养老金融科技领域的标杆地位。

1. “全益宝”

全益宝作为年金科技领域的创新解决方案，其技术架构深度融合大数据分析、智能算法与区块链技术，打造了贯穿资本运作全周期的智能风控体系。该平台已实现对万亿级资产的数字化管控，日均处理交易指令突破2万笔，风险识别精准度达92.3%，显著高于行业平均水平。

其突出特点体现在三个方面：首先，创新构建的多层穿透式监控网络，通过与80余家金融机构建立API生态连接，实现资产数据的原子级解析；其次，自主研发的量化决策系统整合了16维风险因子分析模型，运用深度学习方法将策略生成效率提升40%；最后，动态可视化中枢支持多维数据交互呈现，提供可定制的三维资产热力图与风险图谱。这些技术创新有效解决了传统监管存在的信息孤岛与响应延迟问题。

在实践应用层面，该平台助力国家级养老基金完成数字化升级，针对年金管理特性开发的智能再平衡系统，通过植入精算预测算法与长寿风险缓释机制，使千亿级投资组合的夏普比率提升了 35 个基点。

平台已取得信息安全技术网络安全等保三级与 ISO27001 双认证，第三方审计数据显示其可使资金周转效率提升 28%，操作风险下降 63%。技术团队正推进与央行数字货币系统的对接测试，着力探索可编程监管协议在资产确权、自动清算等场景的应用，为资管行业数字化变革提供新的技术范式。

2. “职金宝”

2018 年，我国职业养老保险基金受托管理机构遴选工作全面铺开。中央国家机关养老保险管理机构经过对多家专业机构综合评估后，与泰康养老建立战略合作关系，联合研发职业年金智能监督平台（简称“职金宝”），该数字化解决方案于次年成功投入运营。依托泰康在投资研究领域的优势资源，该平台为社保部门提供了覆盖年金管理全周期的智能化解决方案，创新性构建了多维度分析框架：横向开展跨机构业绩比对，纵向实施资产穿透式监测，同步实现收益追踪、风险预警及战略配置的动态管控。通过专有终端部署保障信息安全，运用标准化数据接口提升协同效率。平台集成近百种智能分析模型，融合主客观评价维度构建自动考评体系，采用模块化架构实现敏捷开发，配备全景可视化看板实时呈现运营态势，有效支撑监管部门风险管理、绩效分析及资产穿透等核心职能。目前该平台监管规模逾千亿元，服务覆盖全国超千万参保人员，不仅发展成为职业年金领域权威的智能监管工具，更构建起行业共享的数字化管理生态，推动养老保险基金运营管理效能整体提升。

3. “企金宝”

泰康养老打造的数字化年金管理平台“企金宝”基于金融科技构建全流程服务体系，其智能可视化系统将复杂年金运作转化为 20 余项动态数据看板，涵盖资产配置、收益趋势及风险指标等核心维度，实现管理全景“一屏洞察”。创新研发的智能监管体系采用穿透式监测技术，对受托资产实施全天候动态追踪，当投资偏离阈值时即刻触发预警机制，配合专业团队的定制化调仓方案，形成完整的资金安全保障闭环。

该平台重构了传统投资监督模式，将企业年金管理的关键功能迁移至云端。客户可在线完成策略调整、管理人评估及收益对比等核心操作，系统自动生成精算级分析报告，较传统模式提升决策效能超 60%。移动端应用支持实时数据推送与多维交互，突破时空限制实现管理触达无界化。

截至目前，平台已为 368 家龙头企业提供解决方案，涵盖制造业、金融业等重点领域，受托规模逾 580 亿元。通过持续迭代升级，相继推出智能投研智库、养老金精算模型等创新模块，构建从方案设计到收益优化的全周期服务体系。依托 AI 技术的深度应用，平台正逐步构建智慧年金管理生态系统，为推动我国养老保障体系数字化转型提供创新实践范本。

三、泰康养老年金运作绩效

企业年金规划涵盖单一、集合及其他多种方案，其中集合计划的收益表现成为人力资源社会保障部公开评估受托机构资产管理效能的关键指标之一。泰康企业年金集合计划以资金集约化运作为核心，通过整合多企业资源形成规模优势，旨在提升整体收益水平并有效节约运营开支。该计划依托专业投研团队和动态资产配置模型，在确保资金流动性与安全边际的前提下，着力实现养老资产的保值增值目标。

根据人力资源社会保障部最新统计，截至 2024 年 9 月底，全国累计设立企业年金制度的企业达 15.55 万家，覆盖参保职工 3218.53 万人次，基金总规模突破 3.52 万亿元。在受托管理机构中，泰康养老保险以 2222.16 亿元的管理规模位居行业第四位（见表 15－1）。当前全市场年金投资组合达 5781 个，对应资产净值 3.49 万亿元。从收益表现来看，2024 年三季度实现投资收益 533.24 亿元，季度及年内加权平均收益率分别为 1.56% 和 3.56%。

表 15－1　2024 年三季度企业年金基金法人受托管理情况

排名	企业年金基金管理机构	企业数（个）	职工数（人）	受托管理资产金额（万元）
1	中国人寿养老保险股份有限公司	39206	7884775	78753011.27
2	平安养老保险股份有限公司	27568	5269771	52178397.57
3	中国工商银行股份有限公司	13485	3287312	31995616.18
4	泰康养老保险股份有限公司	10944	2300983	22221632.95
5	太平养老保险股份有限公司	13684	1947497	18901065.5
6	长江养老保险股份有限公司	9568	1658494	15930223.36
7	建信养老金管理有限责任公司	6602	1547987	15914962.02
8	中国农业银行股份有限公司	11495	1002574	10717509.25
9	中国银行股份有限公司	1682	485846	6152676.94
10	中信信托有限责任公司	204	196109	4242659.54

资料来源：中华人民共和国人力资源和社会保障部，2024 年三季度全国企业年金基金业务数据摘要。

值得注意的是，第三季度企业年金受益人规模达 264.24 万人，其中选择一次性提取方式的参保人共计 2.59 万人，其余 261.65 万人采取分期领取模式。从资金支取结构分析，当期发放总额 265.75 亿元中，分期支付占比达 93.45%（248.34 亿元），而一次性支取金额为 17.41 亿元。该数据反映出企业年金在养老保障体系中持续发挥长效补充作用。

在已揭晓的 61 项集合计划产品中，泰康养老保险公司脱颖而出，拥有 11 项计划实现了超过 2% 的收益，更有 10 项超过了 3% 的收益率（见表 15 - 2）。尤为值得一提的是，泰康通泰企业年金集合计划以 5.51% 的高收益，位居市场榜首。在 2024 年度的集合计划收益排行榜前十名中，泰康养老保险受托管理的产品占据了四席显著位置（见表 15 - 3）。这一系列成就不仅有力证明了泰康养老保险在年金管理领域的深厚积累，同时凸显了其在投资监管方面卓越的专业能力。

表 15 - 2　　2024 年前三季度泰康集合计划管理情况

排名	计划名称	企业数（个）	职工数（人）	资产金额（万元）	前三季度加权平均收益率（%）
1	泰康通泰企业年金集合计划	458	40477	266038.60	5.01
2	泰康鸿泰企业年金集合计划	712	38340	278693.15	4.30
3	泰康金色瑞泰企业年金集合计划	891	183473	664126.86	3.91
4	泰康永泰企业年金集合计划	1335	132421	779991.99	3.66
5	泰康恒泰企业年金集合计划	882	160237	1122740.28	3.41
6	泰康祥瑞信泰 B 款企业年金集合计划	142	7901	74349.02	3.27
7	泰康祥瑞信泰企业年金集合计划	292	18133	192978.47	3.26
8	泰康阳光开泰企业年金集合计划	98	10083	68447.47	3.26
9	泰康民生民泰企业年金集合计划	146	15140	80184.10	3.20
10	泰康富泰企业年金集合计划	92	16706	100706.32	3.04
11	泰康养颐乐泰企业年金集合计划	807	56997	357480.68	2.38

资料来源：中华人民共和国人力资源和社会保障部，2024 年三季度全国企业年金基金业务数据摘要。

表 15 - 3　　2024 年前三季度企业集合计划收益前 10 名

排名	计划名称	前三季度加权平均收益率（%）
1	泰康通泰企业年金集合计划	5.01
2	长江金色林荫企业年金集合计划	4.94
3	泰康鸿泰企业年金集合计划	4.30
4	长江金色典礼企业年金集合计划	4.30
5	长江金色共富企业年金集合计划	3.93
6	泰康金色瑞泰企业年金集合计划	3.91
7	招商银行金色人生尊享企业年金集合计划	3.75
8	平安鹏程企业年金集合计划	3.71

续表

排名	计划名称	前三季度加权平均收益率（%）
9	中信信托股盈盈长青企业年金集合计划	3.69
10	泰康永泰企业年金集合计划	3.66

资料来源：中华人民共和国人力资源和社会保障部，2024 年三季度全国企业年金基金业务数据摘要。

从长期绩效视角观察，泰康养老保险展现出了愈发显著的“持久战”优势。自 2013—2023 年底，根据人社部公布的企业年金集合计划收益数据，泰康养老保险受托管理的集合计划年平均收益率高达 5.75%，显著超越了市场 4.83% 的平均水平，稳居行业榜首。在此期间，累计收益排名前十的集合计划中，泰康养老保险受托管理的产品占据了八个席位。特别地，泰康永泰企业年金集合计划在 2013—2023 年实现了接近 90% 的累计收益（见表 15－4），较市场平均累计表现高出近 21 个百分点，彰显了其卓越的长期投资管理能力。

表 15－4　2013—2023 年集合计划累计收益前十中的泰康产品

排名	集合计划名称	2013—2023 年集合计划累计收益
1	泰康永泰企业年金集合计划	88.14%
2	泰康祥瑞信泰企业年金集合计划	87.44%
3	泰康金色瑞泰企业年金集合计划	85.69%
4	泰康养颐乐泰企业年金集合计划	85.14%
5	泰康通泰企业年金集合计划	82.12%
6	泰康阳光开泰企业年金集合计划	81.48%
7	泰康鸿泰企业年金集合计划	81.32%
8	泰康恒泰企业年金集合计划	79.86%

资料来源：中华人民共和国人力资源和社会保障部，2024 年三季度全国企业年金基金业务数据摘要。

2024 年 9 月 6 日，泰康养老保险荣获了中国证券报颁发的第四届“保险业投资金牛奖”中的“企业年金集合计划投资卓越奖”。该金牛奖被誉为中国资本市场极具权威性的奖项之一，广受业界认可。此番获奖，不仅是对泰康养老保险在养老金管理领域长期稳健投资业绩的认可，也是对其综合管理能力的高度赞扬。

四、科技赋能泰康养老年金运作特色

（一）年金领域科技成果丰硕

泰康养老在年金领域持续推进数字化转型，通过优化受托资产管理、运营流程及客户服务体系，构建了新一代“大受托”系统，实现全流程精细化管理，有效提升资产运营效能。截至2024年，该企业在知识产权领域取得显著成果：累计提交专利申请663件（受理332件），完成商标注册192项、著作权登记235项及内容保护169份，形成全方位技术壁垒。

作为行业标准制定者，泰康养老主导编制《职业年金投资监督数据接口规范》及区块链技术应用的相关行业标准，推动全国职业年金监管体系数字化升级。据IPRdaily最新发布的2024年金科专利榜单显示，泰康保险集团以85件专利申请量连续三年稳居榜首（见表15－5），与同业金融机构及科技公司形成明显技术代差。值得注意的是，头部三家企业专利储备均突破40件，反映出金融机构正通过技术创新加速布局年金业务赛道。

表15－5　　IPRdaily年金科技：2024年专利排行榜

排名	申请人	专利申请数量/件	排名	申请人	专利申请数量/件
1	泰康保险集团	85	16	蚂蚁集团	4
2	中国建设银行	47	17	天津铭匠网络科技有限公司	4
3	中国平安保险集团	41	18	长沙星际泛函网络科技有限公司	3
4	中国银行	30	19	中航信托股份有限公司	3
5	中国工商银行	24	20	北京艾摩瑞策科技有限公司	3
6	浪潮集团	10	21	摩根大通国家银行	3
7	招商银行	10	22	中国太平保险集团	3
8	中国农业银行	10	23	中国光大银行	3
9	中国人寿保险（集团）公司	7	24	派衍信息科技（苏州）有限公司	3
10	京东集团	7	25	遥相科技发展（北京）有限公司	3
11	杭州复杂美科技有限公司	6	26	易方达基金管理有限公司	3
12	腾讯科技（深圳）有限公司	5	27	咨询服务支持公司（美国）	3
13	航天信息股份有限公司	5	28	华泰证券股份有限公司	2
14	美国银行公司	5	29	上海浦东发展银行	2
15	中信银行	5	30	交通银行	2

2024年8月14日，泰康养老科技凭借卓越管理实践成功入围“CMMI中国区2024年度十佳案例”。该评选覆盖全国所有认证单位，经过CMMI研究院组织的权威评估，最终以专业实力脱颖而出。此次获奖不仅彰显企业在智能养老领域的创新突破，更标志着其科技管理体系已符合国际认证标准，为行业数字化转型树立了新标杆。

（二）创新实现区块链与年金管理场景融合

区块链技术亦称分布式账本技术（Distributed Ledge Technology，DLT），与传统技术相比，具有防止篡改、易于审计、透明度高、可靠性强、智能合约可自动执行等优势，被认为是新一代金融市场基础设施，已经引起全球金融行业的广泛关注。在企业/职业年金管理过程中，委托人/代理人、受托人、托管人、账户管理人、投资管理人多个角色各司其职、共同参与年金总体运营。区块链的去中心化、可追溯、防止篡改等特点非常契合年金业务管理模式。

泰康养老针对年金资产管理中的行业痛点，创新引入区块链技术构建智能化管理体系。依托分布式账本的去中心化特性，系统重构了跨机构协同机制：通过智能合约实现业务流程标准化，建立统一的数据接口规范，突破传统机构间异构系统的交互壁垒；基于链式存储的可溯源性及加密算法，构建全链路穿透式监管体系，有效防范信息不对称导致的合规风险；借助点对点网络传输架构，将原有网状协作模式升级为星型拓扑结构，显著降低系统对接复杂度及运维成本。该方案通过分布式信任机制实现了资产数据确权、流程穿透监管和协作效能提升的三维突破。

截至2022年，在“年金+区块链”领域，泰康养老已申请专利30余项，并获得国家网信办备案（京网信备11010221173227230022号）。2024年泰康保险集团股份有限公司还成功获得了名为“基于区块链的年金数据监管方法、装置、设备及介质”的专利（授权公告号CN114417400B）。这一成果无疑为金融科技领域注入了新的活力。

五、建议及对策

泰康养老保险凭借近二十年的年金受托管理经验，建立了业内领先的年金服务框架，其核心理念在于确保基金安全、稳定投资回报及提供高品质服务。在此过程中，公司形成了独特的战略资产配置能力、投资监督与风险管理机制、投管人遴选体系、受托系统构建及运营服务实力。展望未来，泰康养老计划从以下维度强化年金管理能力。

（1）深化技术应用，构建集成服务平台。年金管理涉及多环节、多管理人，需向监管机构提交详尽报告。泰康养老将依托自身科技实力，利用区块链等数字化、智能化技术，构建一体化服务平台，提升流程效率，推动产品、服务及模式创新。同时，加快自主研发与底层平台革新，推动年金科技自立自强。

（2）扩大年金集合计划供给，适应中小企业需求。过去，企业年金计划多由国有大中型企业设立，中小企业参与度较低。但随着老龄化问题加剧和养老体系完善，中小企业对年金的兴趣日益增长。鉴于单一计划成本较高，集合计划以其灵活高效的特点成为中小企业的优选。泰康养老通过集合计划统一运作中小企业年金资产，不仅能提升投资收益，还能有效分摊成本，降低管理费用。

（3）强化长期业绩导向，优化投资管理人策略。在考核中，明确区分受托人与投资管理人的职责，前者负责资产配置收益，后者负责主动管理增值。考核体系需综合考虑投资期限、目标、风险及基准，鼓励长期收益最大化，避免绝对收益承诺和频繁排名对投资策略的干扰。同时，基于大类资产配置和风格配置，选择专业特长突出的投资管理人执行具体策略，实现风险分散，提升业绩稳定性和持续性。

（4）打造单一计划成功案例，引领行业发展。全球职业养老金投资存在趋同现象，规模经济效应显著。泰康养老拟通过扩大年金规模、推动行业内单一计划合并、减少投资组合数量、发展养老金产品等策略，实现规模经济。特别地，鼓励大型单一计划成立养老资产管理公司，完善治理、提升专业、优化配置、重视长期业绩，树立行业标杆。这些成功案例的经验将迅速传播，带动整体年金投资水平的提升。

思考题

1. 泰康养老在第二支柱年金管理中有什么突出的特点？
2. 企业年金对我们的影响有哪些？
3. 企业年金和职业年金的作用分别是什么？
4. 怎么提升企业年金和职业年金的投资收益率？

参考文献

［1］段国圣，段胜辉．年金投资管理：评价、问题与建议［J］．保险研究，2020（4）：3－15.

［2］姜岩，杜秋萱，叶菁菁，等．企业年金扩面与集合计划创新研究［J］．保险理论与实践，2024（12）：54－71.

［3］葛亮．美国中小企业养老保险制度对我国企业年金集合计划发展的启示［J］．上海保险，2024（9）：41－5.

［4］中华人民共和国人力资源和社会保障部．2024年三季度全国企业年金基金业务数据摘要［R］．2024.

［5］中诚信国际．泰康养老保险股份有限公司2023年度跟踪评级报告［R］．2023：15－27.

案例 16

泰康保险 ESG 投资实践案例研究

张云[①]

① 张云，经济学博士，上海立信会计金融学院讲师。

在应对气候变化及环境问题的探讨中，推进环境、社会和治理的长期协同发展、共促经济社会以及生态和谐已成为国际共识，ESG 理念逐步深入人心。泰康保险集团于 2021 年 6 月正式签署 RPI，通过制定 ESG 投资发展规划、完善自身 ESG 投资组织架构，探索全覆盖的本土化的 ESG 投资方法论，在投融资实践流程中提升绿色因素占比，积极参与二级市场投资，大力提高直接融资比例，充分发挥保险资金作为多层次资本市场“压舱石”参与投资定价、提升资本市场效率的作用。泰康保险在强化 ESG 顶层战略规划、优化组织架构、协同整合多元化投资工具、加强信息披露与透明度等维度的实践经验，为构建中国特色保险公司 ESG 投资体系提供了参考与借鉴。

一、案例背景

近年来，全球极端气候事件频发，其强度、频率和影响范围均呈显著上升趋势。IPICC（2023）第六次报告显示，工业化以来，全球平均气温上升 1.1 摄氏度，如果不采取更加及时有效的举措，21 世纪的升温有可能超过《巴黎协定》中 1.5 摄氏度的目标，对气候、环境以及人类生存发展带来更大的挑战[①]。推进环境、社会和治理的长期协同发展、共促经济社会和谐已成为国际共识。以长期可持续发展为目标，以推进环境、社会和治理（ESG）的长期协同发展为着力点，积极应对气候变化既需要政府的关注与引导，也需要绿色金融提供的资金支持。

2004 年，联合国全球契约组织发布《Who Cares Wins》，首次系统化提出将环境（Environmental）、社会（Social）和公司治理（Governance）因素纳入投资决策的框架。2023 年 10 月，中央金融工作会议提出，做好绿色金融等“五篇大文章”。绿色保险作为绿色金融的重要组成部分，可以从负债和资产两端同时发力，充分发挥损失补偿、风险减量、资金引导的作用，助力经济社会全面绿色转型。2024 年 4 月 25 日，国家金融监督管理总局发布《关于推动绿色保险高质量发展的指导意见》，提出在绿色投资维度，倡导建立健全投资管理体系，完善投资管理制度和流程，将环境、社会、治理因素纳入公司治理、投资决策和风险控制流程。探索建立绿色投资业绩评价和考核体系，优化激励和约束机制，加大对绿色投资的内部资源投入力度。

保险行业作为经济减震器与社会稳定器，是践行绿色金融国家战略的核心力量之一，不仅可以为应对环境风险、气候风险提供创新产品，通过费率机制将环境成本内部化，同

① 资料来源：IPCC：Summary for Policymakers. In：Climate Change 2023：Synthesis Report. Contribution of Working Groups I，II and III to the Sixth Assessment Report of the Intergovernmental Panel on Climate Change［R］. 2023.

时能作为重要的机构投资者，从投资端引领绿色投资，助力经济社会的绿色低碳转型。ESG 作为一种创新的投资理念，能够通过引导资金流向环保和社会责任良好的企业，推动资源优化配置和产业绿色转型，为新质生产力发展提供支持。保险行业对 ESG 投资的探索具有重要的现实意义。

保险行业从战略角度推进绿色保险，将 ESG 理念融入公司治理、投资决策及日常运营之中，为推进实体经济的绿色低碳转型提供了动力支持。与传统投资相比，ESG 投资构建了“财务回报 + 社会价值”的双重评价体系，反映了资本市场的价值观进化。

根据中国保险行业协会数据，2023 年，共有 66 家保险机构建立了 ESG 管理制度，占参与调研公司的 50%。从负债端来看，绿色保险提供的风险保障规模日益扩大，绿色保险产品创新实践不断推进，2023 年绿色保险业务原保险保费收入 2298 亿元，提供保险保障 709 万亿元。保险资金绿色投资余额达到 1.3 万亿元，占比 10%[①]。泰康保险作为先行者，其在 ESG 投资领域的创新实践，能够为其他保险公司及金融机构提供参考与借鉴。

二、案例概述

泰康保险集团股份有限公司（简称“泰康保险”）是中国领先的大型保险金融服务集团之一，成立于 1996 年，总部位于北京。公司成立初期以寿险业务为核心，2000 年后逐步拓展至资产管理领域。2010 年起，泰康前瞻性地布局医养产业，提出“从摇篮到天堂”的全生命周期服务理念，通过整合保险支付与实体医养服务，构建“保险 + 医养”的商业模式。这一战略转型使泰康在传统保险业务基础上开辟了差异化发展路径，形成了“长寿、健康、富足”三大闭环的生态系统。经过近 30 年的发展，泰康保险已从单一的寿险公司成长为涵盖保险、资管、医养三大核心业务的综合性金融保险服务集团，业务范围覆盖人寿保险、健康保险、养老保险、资产管理、医疗养老社区等多个领域。截至 2023 年，泰康保险连续多年入选《财富》世界 500 强，管理资产规模超 3 万亿元人民币，客户规模超 1.6 亿人，成为中国保险行业创新与高质量发展的标杆企业。

在国家“双碳”目标的大背景下，为了防范环境、社会和治理（ESG）投资风险与气候变化风险，泰康保险集团大力推进负责任投资工作在集团内部的发展，将公司的投资方向与国家重大战略相结合，配置“双碳 + 科技”“大健康 + 消费”重点赛道投资。

2021 年，泰康集团整体加入联合国负责任投资组织（PRI），是 PRI 全球第 4000 家签署方，也是中国第三家加入 PRI 的保险机构。加入 PRI 是泰康践行负责任投资所迈出的重

① 资料来源：中国保险业协会 . 2023 年度中国保险行业社会责任报告［R］. 2024（7）.

要一步，体现了公司“初心不改、创新永续、商业向善”的核心理念。

2022 年，泰康保险集团首次发布负责任投资政策指引，以保险资金固定收益类资产为切入点，构建绿色金融管理架构。

2023 年，公司提出“绿色泰康”的发展目标，以长期主义价值观践行绿色发展理念，发布负责任投资政策声明及政策指引，向监管机构、客户、其他利益相关方展示泰康保险集团的负责任投资理念与方法，在保险行业内具有示范效应。

三、泰康保险 ESG 投资实践

作为中国保险行业的领军企业之一，也是最早践行绿色金融和 ESG 投资的保险机构之一，泰康保险集团高度重视 ESG 在投资端的指导意义，积极布局，优化现有组织架构，着力探索有机结合 ESG 理念与当前整体投资策略及持仓分布的创新路径，全力打造可操作且可复制的投资政策框架的方法论，大力推进 ESG 投资的创新实践。

（一）构建自上而下负责任投资的组织架构

泰康集团将 ESG 理念融入公司的战略规划以及治理结构的优化，建立了自上而下的负责任投资组织架构（见图 16－1）。

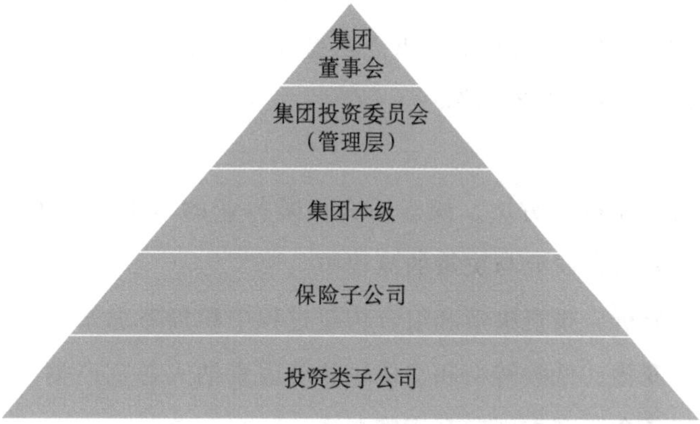

图 16－1　泰康保险 ESG 投资组织架构

资料来源：泰康集团．负责任投资（ESG 投资）政策声明．2023。

在董事会层面，将环境与气候变化、绿色金融等相关议题纳入公司治理、经营战略以及组织文化建设重要环节。集团董事会是绿色金融工作的最高决策机构，下设的战略与投资委员会在董事会的授权下全面监督管理绿色金融工作。

在管理实施层面，集团投资委员会下设负责任投资管理工作组，由董事会授权行使公司经营层面的负责任投资管理决策权。

集团设立绿色金融工作组，牵头统筹建立集团 ESG 投资管理体系，制定相关制度和流程，指导、协调和监督子公司 ESG 投资日常管理工作，牵头组织集团 ESG 投资研究工作。

在保险子公司层面，保险子公司在集团总体战略安排下，根据各个公司的实际情况，拟定 ESG 投资管理制度，负责 ESG 投资管理。

在投资类子公司层面，投资类子公司负责对集团和保险类子公司委托的资产进行 ESG 投资管理、评估、跟踪和控制，根据集团年度下发的《负责任投资政策指引》，结合自身投资管理实践，将 ESG 投资职责落实到相关部门。例如，泰康资产（香港）已设立 ESG 委员会并制定相关投资管理办法，梳理了 ESG 相关投资政策、制度及流程，形成了投资流程改进优化方案。在方案指导下，落地外部采购投研资源，在系统中纳入相关投资元素，在投资流程上落实相关打分机制，同时制定了 ESG 策略，将环境保护和绿色投资相关因素划为重点。

（二）探索本土化的 ESG 投资方法论

目前，国际上常用的 ESG 投资策略主要包括：负面筛选（Negative/Exclusionary Screening）、正面筛选（Positive/Best - in - Class Screening）、ESG 整合（ESG Integration）、可持续发展主题投资（Sustainability - Themed Investing）、影响力投资（Impact Investing）、股东参与（尽责管理）（Active Ownership/Stewardship）、规范筛选（Norms - Based Screening）等。泰康集团结合 PRI 六大原则，重点从整合法、负面筛选、主题投资和尽责管理四个方向探索本土化的 ESG 投资策略。

1. 整合法

结合国际通用的责任投资方法，探索适合保险行业的本土化 ESG 投资实践。将 ESG 因素明确、系统地纳入投资研究与决策的流程中。

泰康集团在研究分析、投资决策和组合构建过程中积极考虑 ESG 议题，自上而下运用 ESG 整合法，将气候变化、低碳转型和实体风险等因素纳入各资产类别的投资决策，针对所有资产类别，制定各个资产类别专有实施办法。

对于上市股票投研人员，鼓励其参考 ESG 数据和评估结果，在研究报告中识别行业和公司的 ESG 表现，并在基本面分析和估值时考虑 ESG 因素，将 ESG 表现作为投资决策的重要参考依据，对传统研究分析进行补充完善。

对固定收益投研人员，鼓励其参考 ESG 数据和评估结果，将 ESG 表现作为投资决策的重要参考依据。同时，固定收益信用评估及风险管理人员将通过关键指标检测的方式进行 ESG 投资管理，主要涵盖了组合、环境、社会和治理四大方面。

对私募股权、不动产及基础设施等另类投资的相关投研人员，鼓励通过 ESG 尽职调查的方式评估投资标的的 ESG 表现。集团通过综合考虑投资规模、行业特征等因素，通过识别行业和公司主营业务的 ESG 风险特征，制定针对性、分级分类的 ESG 尽调标准，投研人员可以结合实际投资情况，对可能存在重大 ESG 风险的行业与公司进行深度的 ESG 尽调。

2. 负面筛选法

负面筛选法通过提供系统的方法、定义并明确应排除的公司、行业或特定业务，将投资与声誉风险降至最低，适用于上市股票、固定收益、基础设施和不动产等资产类别。泰康集团根据以下三种标准制定 ESG 负面清单：

第一，因环境或社会的负面影响而排除某些特定行业。

第二，因违反国际公约而排除。

第三，排除不符合 ESG 投资标准的标的。

集团绿色金融工作根据以上三项标准，建议排除以下行业：生化武器（细菌、毒素等）、集束弹药和杀伤性地雷等的生产、运输、交易；毒品；色情；人口贩卖；濒危物种贸易、非法捕捞；其他争议性投资。各子公司可以根据集团建议排除的行业，结合自身实际业务情况制定 ESG 负面清单，供投研人员在研究分析与投资决策时参考。

3. 主题投资法

主题投资法旨在获得财务回报的同时产生积极且可衡量的环境和社会影响，适用于所有资产类别，既包括低碳经济转型、促进可持续发展和可再生能源等权益、固收和其他大类资产，也包括绿色债券、经认证的绿色建筑投资等。

主题投资法根据主题不同可以分为两类：

（1）绿色投资：旨在投资于绿色发展和碳中和转型的主题，如新能源、绿色建筑、绿色债券等，其具体的筛选标准，主要参考中国人民银行、国家发展改革委、证监会印发的《绿色债券支持项目目录（2021 年版）》。

（2）影响力投资：旨在投资于产生额外社会效益的社会主题，包括但不限于：社会基础设施建设、大健康、扶贫“三农”与乡村振兴等。

4. 尽责管理法

作为负责任的投资机构，泰康集团将通过与被投公司进行沟通、行使股东权利、参与公开政策及行业协作等方式，落实尽责管理法，积极推动被投公司在可持续发展领域的绩效提升。尽责管理法适用的资产类别有上市股票、私募股权、不动产与基础设施等。

尽责管理法主要发挥以下作用：使被投公司符合监管不断提升的要求和目标；鼓励被投公司在治理与日常运营中纳入 ESG 因素，提升其 ESG 表现，从而带来更好的风险调整后收益；满足客户与社会各界对泰康保险集团履行社会责任的期望与要求。

公司主要通过以下方式开展工作：

（1）公司参与。与被投公司建立合作关系，开展沟通合作。通过实地、电话、邮件等方式，与被投公司积极沟通核心ESG议题，提升其ESG表现。

（2）投票。在条件允许的情况下，应基于ESG投资原则对所有被投公司实施投票决议，正式表示赞同或反对，并就具体ESG问题提出股东决议。

（3）公开政策参与及行业协作。公司与监管机构和政府、协会及其他非营利性机构合作，利用行业影响力不断提升ESG投资在中国市场的普及性，并就拟议的监管制度改革提出建议。

（三）打造全覆盖的ESG投资策略

1. 固收投资实践

研究固收ESG评价体系和整合法技术路径。泰康保险初期采用筛选法，以固定收益资产为主要应用领域，借助泰康保险完善的内部信评体系和多年行业研究经验，建立集团内统一的固收ESG投资政策框架。目前，泰康保险引进中债ESG基础数据库，涵盖国内5000家发债主体ESG基础数据，定量分析ESG评分结果与泰康内部评级之间的关系，同时参考大量境内外公开资料，包括企业责任投资报告和ESG报告、ESG指数产品、GRI纲领、交易所ESG指引，初步构建ESG指标评分体系。泰康还与标普全球等专业机构深入探讨ESG因素如何传导及影响行业/企业竞争力、财务报表，探讨如何建立ESG信用评级以及估值模型（见图16-2）。

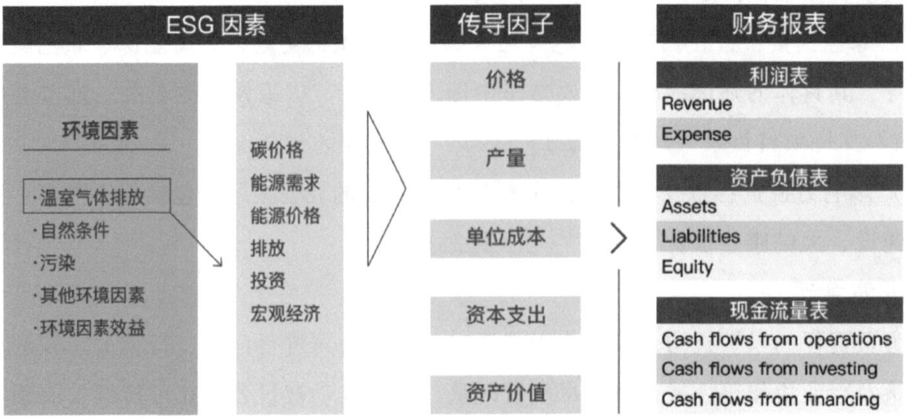

图16-2　泰康保险集团探讨建立ESG信用评级与估值模型

资料来源：中央财经大学绿色金融国际研究院．泰康绿色金融发展白皮书［R］．2022.

2. 权益投资实践

泰康资管权益二级市场团队设立 ESG 专岗，跟踪 ESG 从政策、行业到企业的相关动态变化，为权益研究与估值提供有价值的分析与参考。根据泰康资管的研究，ESG 因素的影响首先分为自上而下地寻找机会，其次再自下而上地评估企业，因此在企业价值的评价中，特别是对长期估值的评价，须将 ESG 因素纳入考量，形成新的预测与风险判断。目前，泰康资管对每个 ESG 因素按照其与 A 股市场的关联关系，进一步细分和重点考察，并形成问题清单，对照企业发展情况进行数据搜集与分析判断。主要问题包括企业碳排放水平在同业中是否存在比较优势并致力于降低碳排放从而降低碳交易成本；企业是否适时转型发展绿色产品和技术服务，把握市场机遇，提升自身竞争力；高碳排放、高耗能、高污染企业的政策风险敞口等。

3. 挖掘绿色投资机会

泰康保险已完成可持续投资相关研究团队建设，积极将绿色因素融入投研全过程，在相关企业与行业研究中系统性评估双碳背景下发展前景。在二级市场投研方面，集团聚焦气候变化、资源消耗、污染排放和生物多样性及土地保护四项子议题，关注企业碳排放水平、转型技术、高碳排放等政策风险敞口指标，通过聚焦绿色发展相关因素，综合评估与挖掘投资机会。

4. 完善量化研究

ESG 投资框架体系为公司开展量化投资时深化基本面研究、寻找有意义的基本面因子提供了宝贵的研究成果借鉴。泰康研究团队致力于开发若干绿色投资相关因子，提出完整可落地的量化评价打分方法，并通过完善产品配置，关注环境保护、绿色转型对企业可持续发展的影响。目前，在泰康资产量化部门管理的主动型账户中，已经约有三分之一的账户使用了与绿色投资、ESG 理念相关的因子。

在具体因子构建上，主要通过以下步骤实现（见图 16－3）。

第一，数据处理。国内和集团内部已有的 ESG 数据可直接利用，但非结构化和非现成数据可能也隐含着丰富的信息，须发展技术能力进行数据梳理和抽取；

第二，体系构建。借鉴 ESG 体系下的因子细项设置与判断，形成打分，汇总为公司的分项打分数据。再按照行业差异化的因子权重整合；

第三，策略构建。以综合 ESG 因子为主体，辅助以必要的其他因子，可以方便地构建 ESG 类指数或 Smart Beta 策略。

（四）优化 ESG 信息披露制度

2023 年 12 月，中国保险行业协会发布《保险机构环境、社会和治理信息披露指南》，

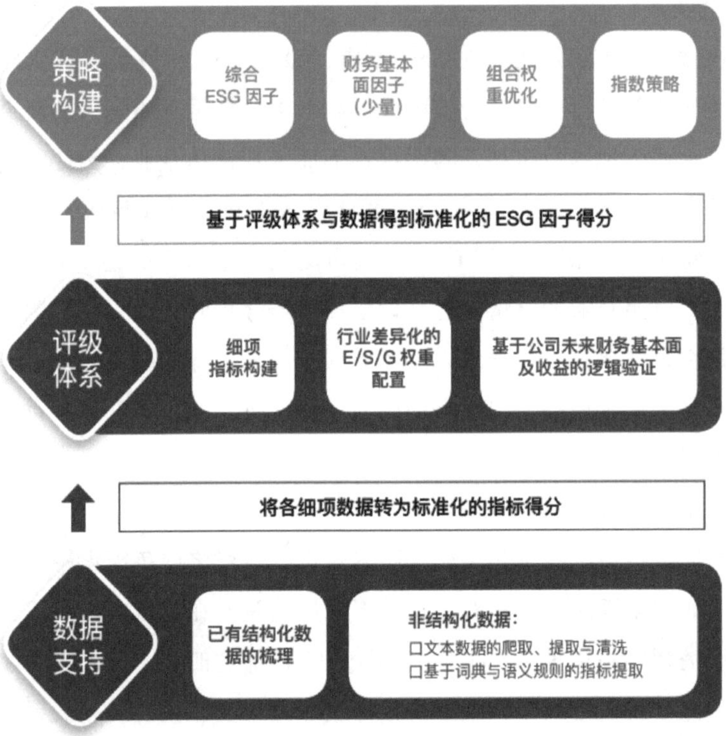

图 16－3　ESG 因子构建框架

资料来源：中央财经大学绿色金融国际研究院．泰康绿色金融发展白皮书［R］．2022．

从环境、社会、治理三个维度出发，设立 23 个一级指标、49 个二级指标，采用“定量＋定性”方法，为保险机构开展 ESG 信息披露提供了可对比、可参照、可分析的明确标准。ESG 三个议题与保险业务契合度高，ESG 信息披露对于保险机构自身的风险管理以及保险机构与其他利益相关方的沟通具有重要意义。泰康保险定期通过 PRI 年度透明度报告、社会责任报告等形式，向利益相关方披露 ESG 投资的工作成果，内容主要包括：ESG 投资战略规划与政策制度、ESG 投资工作计划与成果、ESG 组织架构与人员情况、ESG 投资决策体系、ESG 研究方法与评估体系、ESG 主题策略、产品与资产规模、ESG 投研整合流程、ESG 负面筛选标准与案例、尽责管理的实施情况、ESG 风险管理等。

四、经验与启示

（一）强化 ESG 顶层战略规划与政策引领

泰康保险集团将 ESG 投资纳入整体战略规划，明确将绿色金融和可持续发展作为核心目标。通过制定《负责任投资政策声明》和加入联合国负责任投资原则组织（PRI），泰康确立了 ESG 投资的制度框架，为投资决策提供明确指引。这种顶层战略规划不仅提升了投资的可持续性，还增强了市场竞争力和品牌影响力。企业应将 ESG 理念融入整体战略，通过明确的政策和制度框架，为投资决策提供方向，确保 ESG 投资的系统性和连贯性。

（二）围绕 ESG 自上而下优化组织架构与职能分工

泰康保险集团建立了自上而下的 ESG 投资组织架构，涵盖集团董事会、投资委员会、绿色金融工作组及各子公司。通过明确各层级的职责，泰康确保了 ESG 投资的有效执行和监督。这种架构不仅提高了决策效率，还促进了跨部门协作，推动了 ESG 投资的全面落地。企业应构建清晰的 ESG 投资组织架构，明确各层级的职责和分工，通过有效的内部协作，确保 ESG 投资的顺利实施。

（三）协同整合多元化的投资方法与工具

泰康保险集团在 ESG 投资中综合运用了 ESG 整合、负面筛选、主题投资和尽责管理等多种方法。例如，在固定收益投资中，通过 ESG 数据和评估结果优化投资决策；在私募股权和不动产投资中，通过尽职调查识别重大 ESG 风险。这种多元化的投资方法不仅提升了投资收益，还有效管理了 ESG 风险。企业应根据自身业务特点和投资目标，灵活运用多种 ESG 投资方法和工具，优化投资组合，提升风险管理能力。

（四）加强 ESG 信息披露与透明度

泰康保险集团高度重视 ESG 投资的信息披露，定期发布《负责任投资政策声明》和《年度透明度报告》，向利益相关方披露 ESG 投资的进展和成果。这种透明度不仅增强了投资者和客户的信任，还促进了企业内部对 ESG 理念的认同和实践。企业应建立健全 ESG 信息披露机制，定期向利益相关方披露 ESG 投资的进展和成果，提升透明度和公信力。

五、对策建议

（一）锚定长期价值，强化“保险 +ESG”战略融合体系

将 ESG 理念深度融入“长寿经济”与“健康生态”战略核心。在顶层设计层面，建议成立由 CEO 直接领导的“ESG 战略委员会”，统筹制定覆盖资产管理、保险产品、客户服务的全链条 ESG 规划，并将 ESG 目标纳入董事会考核指标。在执行保障层面，需建立

跨部门协同机制，将 ESG 评分纳入投资经理 KPI，并在产品定价模型中嵌入气候风险溢价因子。参考国际经验，泰康保险可以每年发布《ESG 投资白皮书》，公开披露碳中和路径与成果，强化市场信任度。

（二）打造专业智库与数据平台，强化 ESG 投资能力

ESG 投资的专业性要求泰康保险构建“技术 + 人才”双轮驱动体系。在能力建设方面，建议联合清华大学、复旦大学等高校成立“保险 ESG 研究中心”，重点攻关气候变化对保险精算模型的影响、生物多样性保护与农业保险创新等课题；开发“保险资产 ESG 风险评估系统”，集成企业碳排放、ESG 评级、政策敏感性等维度的风险指标，支持动态预警功能。在数据基础设施方面，建议通过内部数据库构建和外部采购相结合的方式，搭建覆盖 A 股、港股及海外中资企业 ESG 信息的数据库，提升数据质量和分析能力，为 ESG 投资提供坚实基础。

（三）推动本土化与国际化结合，打造中国特色保险公司 ESG 投资体系

泰康保险集团在 ESG 投资中注重本土化与国际化的结合，既借鉴国际先进经验，又结合中国国情和市场特点。ESG 投资策略已从粗放式排除转向深度整合与主动干预，未来随着 TCFD 框架的普及和 AI 数据分析技术的成熟，策略精准度与影响力将持续提升。然而，不同市场的发展梯度仍将长期存在，需警惕策略同质化导致的“漂绿”风险。企业应积极参与国际 ESG 倡议，如 PRI 和 TCFD，同时结合国内政策和市场需求，推动 ESG 投资的本土化实践，探索适合自身的 ESG 投资路径，从战略构建、投资配置、产业布局等多个维度，构建中国特色保险公司 ESG 投资体系。

思考题

1. 什么是 ESG 投资？
2. ESG 投资策略主要包括哪几类？
3. 泰康保险在 ESG 投资方面进行了哪些创新实践？
4. 结合泰康保险的案例，简要分析未来保险公司如何构建中国特色的 ESG 投资体系。

参考文献

[1] 中国社会科学院. 中国 ESG 投资发展报告（2024）[M]. 北京：社会科学文献

出版社，2024.

［2］白雪石，郭亮，孙恺健．中国特色保险公司ESG投资体系［J］．保险研究，2024（9）：78－94.

［3］李华．中国式现代化背景下绿色保险的范式转换与实现路径［J］．保险理论与实践，2024（12）：72－88.

［4］新华人寿保险股份有限公司ESG工作组．保险行业ESG信息披露进展［J］．中国金融，2024（16）：28－29.

［5］中央财经大学绿色金融国际研究院．泰康绿色金融发展白皮书［R］．2022.

［6］泰康集团．负责任投资（ESG投资）政策声明［Z］．2023.

［7］中国保险业协会．2023年度中国保险行业社会责任报告［R］．2024（7）.

案例 17

大健康基金助力养老金融高质量发展
——中国人寿的探索实践

陆扬①

① 陆扬，西安财经大学经济学院。

随着中国人口老龄化加速，养老金融高质量发展成为国家战略重点。中国人寿积极响应政策号召，于 2021 年设立大健康基金，旨在通过资本运作推动健康产业与养老服务的深度融合。本案例以中国人寿大健康基金为研究对象，分析其设立背景、运作模式及社会经济效益，探讨其在优化养老金融体系、促进健康产业升级中的创新实践。案例表明，该基金通过市场化机制整合资源，不仅为养老产业注入资金，还通过专业化管理提升项目可持续性，为行业提供了可复制的参考模式。

一、案例背景

（一）政策与行业背景

1. 老龄化加速催生养老金融需求

根据第七次全国人口普查数据，中国 60 岁及以上人口已达 2.64 亿，占总人口的 18.7%，预计 2035 年将突破 4 亿，进入“超老龄化社会”。与此同时，家庭结构小型化、空巢化趋势加剧，传统家庭养老功能弱化，社会养老需求呈现“普惠性”与“高质量”并存的矛盾特征。根据《2023 中国养老金融蓝皮书》统计，全国养老床位缺口超 800 万张，医养结合机构覆盖率不足 30%，供需失衡问题亟待解决。

2. 政策红利释放推动行业转型

为应对老龄化挑战，国家层面密集出台支持政策：在顶层设计方面，2021 年，《中共中央 国务院关于加强新时代老龄工作的意见》明确提出“鼓励金融机构开发符合老年人特点的支付、储蓄、理财等养老金融产品”。在专项规划方面，2022 年国务院印发《“十四五”国家老龄事业发展和养老服务体系规划》，要求“拓宽养老产业投融资渠道，支持保险资金等长期资本投资养老设施建设”。在财税激励方面，财政部联合税务总局对养老机构免征增值税，地方政府对符合条件的养老项目提供最高 50% 的土地出让金补贴。

3. 健康产业与养老金融深度融合

大健康产业被视为“银发经济”的核心引擎。根据艾瑞咨询预测，2025 年中国大健康产业规模将达 16.3 万亿元，年复合增长率超 13%。其中，智慧养老、康复医疗、健康科技等细分领域增速显著。以“保险 + 服务”为核心的养老金融模式逐渐成熟，头部险企通过设立专项基金、股权投资等方式，深度参与养老产业链整合。例如，泰康保险通过“泰康之家”实现保险客户与养老社区的闭环导流；平安集团联合医疗科技企业打造“线上 + 线下”健康管理平台。

4. 中国人寿的战略选择

基于上述背景，中国人寿于 2021 年正式发起设立总规模 500 亿元的大健康基金，将其定位为“服务国家战略、赋能产业升级、践行社会责任”的核心抓手。该基金通过“资本+资源”双轮驱动，重点解决养老领域三大痛点：首先，资金缺口方面，以市场化机制吸引社会资本，缓解政府财政压力；其次，服务碎片化方面，整合医疗、养老、科技资源，打造全周期服务体系；最后，可持续性不足方面，通过专业化投后管理提升项目运营效率，确保长期收益。

（二）中国人寿简介

中国人寿保险（集团）公司（简称“中国人寿”）是中国历史最悠久、规模最大的国有综合性金融保险集团，其前身可追溯至1949年成立的中国人民保险公司。经过70余年的发展，集团已形成涵盖寿险、财产险、资产管理、养老产业、健康管理、海外业务的多元化经营格局。截至2023年，中国人寿总资产突破5.3万亿元，连续21年入选《财富》世界500强，位列第32位，稳居全球保险行业第一梯队。

在养老金融领域，中国人寿始终扮演先行者角色。2012年，集团旗下国寿投资控股有限公司成立，专门负责养老健康产业投资；2015年，推出首个高端养老社区品牌“国寿嘉园”，布局北京、苏州、三亚等核心城市；2020年，联合国家发展改革委发起“城企联动普惠养老专项行动”，累计签约项目覆盖20余个省份。这些实践为设立大健康基金积累了丰富的产业经验和资源网络。

二、案例概述

中国人寿大健康基金自2021年设立以来，以“金融赋能产业、服务普惠养老”为核心理念，通过市场化运作整合多方资源，构建了覆盖医疗、养老、科技的全产业链投资生态。基金首期规模200亿元（总规模500亿元），聚焦医疗基础设施、智慧养老社区及健康科技创新三大领域，已联合华西医院、阿里健康、红杉资本等20余家机构，落地包括“国寿嘉园·雅境”高端养老社区在内的12个标杆项目。截至2023年年末，基金累计撬动社会资本超300亿元，新增养老床位1.2万张，服务覆盖老年人超10万人次，初步形成“投资—建设—运营—反哺”的良性循环，成为国内险资参与养老产业规模最大、模式最成熟的典型案例。

1. 基金架构与资金来源

中国人寿大健康基金采用“母基金+子基金”双层架构，通过市场化募资与专业化管理实现资源高效配置。具体设立详情如表17－1和图17－1所示。

表 17－1　　大健康基金核心架构与资金来源

项目	内容
总规模	500 亿元（首期 200 亿元，2025 年前完成全部募集）
资金来源	－中国人寿自有资金：60%（300 亿元） －社会资本：25%（125 亿元） －战略投资者：15%（75 亿元）
管理主体	国寿健康产业投资有限公司（国寿健投）
投资期限	8 年（投资期 5 年＋退出期 3 年）
合作机构	华西医院（医疗资源）、阿里健康（智慧平台）、红杉资本（科创孵化）等 20 余家

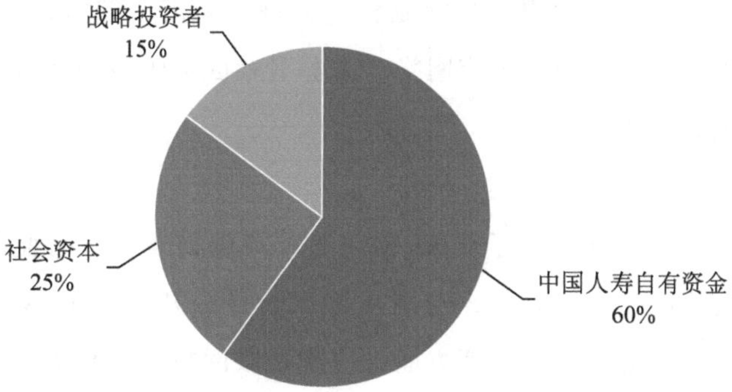

图 17－1　资金来源比例

2. 战略目标与实施路径

基金以“三步走”策略推动养老金融高质量发展，战略目标分解如表 17－2 所示。

表 17－2　　战略目标分解

阶段	目标	关键举措
短期 （2021—2023 年）	－落地 10—15 个标杆项目 －新增养老床位 1.5 万张	－重点投资一线城市高端养老社区 －联合三甲医院共建医养结合示范基地
中期 （2024—2026 年）	－覆盖 80% 的省会城市 －培育 3—5 家健康科技独角兽企业	－拓展中西部普惠型养老项目 －设立专项子基金支持医疗器械创新
长期 （2027—2030 年）	－构建“保险＋健康＋养老”生态闭环 －基金年化收益率不低于 8%	－打通保险客户与养老社区转化通道 －推动被投企业 IPO 或并购退出

三、案例模式分析

（一）核心投资方向

中国人寿大健康基金围绕“医疗、养老、科技”三大主线，构建覆盖全产业链的投资生态。通过精准布局细分领域，基金旨在解决行业痛点并提升服务效能。

1. 医疗基础设施

首先，在康复医疗中心方面，投资建设以术后康复、慢性病管理为核心的专业机构。其次，在区域医疗中心方面，在医疗资源匮乏地区建设综合性医院，提升基层诊疗能力。最后，在专科医院方面，聚焦肿瘤、心脑血管、骨科等高需求领域，引入国际先进技术。其投资逻辑是通过重资产投入完善医疗网络，为养老社区提供后端支持，同时通过“医养结合”降低老年人转诊成本。

2. 智慧养老

首先，在智能健康监测方面，开发 AI 驱动的可穿戴设备，实时监测血压、血糖等健康指标。其次，在远程医疗平台方面，与阿里健康合作搭建“云问诊”系统，覆盖 1000 余家养老机构。最后，在智慧社区管理方面，应用物联网技术优化养老社区的安防、能耗及服务响应效率。其投资逻辑是以科技手段弥补人力资源短缺，提升服务标准化水平，降低运营成本。

3. 健康科技

首先，在生物医药研发方面，投资创新型药企，推动抗衰老药物、阿尔茨海默症治疗技术攻关。其次，在医疗器械创新方面，支持国产高端设备（如手术机器人、便携式透析仪）的研发与产业化。最后，在数字健康解决方案方面，孵化健康管理 APP，集成保险支付、预约挂号、健康档案等功能。其投资逻辑是通过股权投资抢占技术制高点，反哺保险主业的产品创新与客户黏性提升。

（二）典型案例分析

1. 国寿嘉园・雅境（高端 CCRC 项目）

国寿嘉园・雅境位于江苏苏州，是集“健康文化、养老康复、活力养生、颐养天年”四大功能于一体的复合型养老养生社区。国家级旅游度假区——苏州阳澄湖半岛，含内湖水域面积 9 平方千米；紧邻苏州工业园区核心生活区，配套资源齐全，交通动线丰富，出行方式多样。15 公里内到达苏州市中心，10 公里内到达苏州工业园区 CBD 板块，到京沪高速公路阳澄湖服务区仅 5 分钟车程，让人在享受“天边水泽，别有乾坤”的胜景时拥有便捷生活。国寿嘉园·雅境一期占地约 242 亩，总建筑面积约 14 万平方米。一期规划有健康文化、养老康复、活力养生、颐养天年四大功能组团，构建复合型健康养老养生社区。一期东地块 536 套养老养生公寓，198 间康养公寓，配套 65 间精品酒店客房。社区配备机动车位 705 个，保障出行便捷。为满足个性化居住品质需求，西地块规划设计养老养生楼、叠加养生公寓，敦亲合院及水绿独栋等丰富住宅产品，全覆盖式适老化设备、全方位健康及生活服务，可为 1500 位全龄段长者提供高品质养老服务（见图 17－2）。

图 17－2　项目实景图

长三角地区老龄化率超 25%，但高端养老社区供给不足。中国人寿联合苏州地方政府，选址太湖畔打造“医养游”一体化社区。项目投资规模为 35 亿元，其中基金出资 20 亿元，社会资本出资 15 亿元。共配置 2000 张养老床位，含 600 张失能护理床位，配套三级综合医院与华西医院合作运营，建设有老年大学、温泉疗养中心、湿地公园等文娱设施。采用“会员制＋保险绑定”模式，居民购买寿险产品可优先入住并享受费用折扣。解决长三角区域 2000 个家庭的高品质养老需求。带动当地就业超 1200 人，年贡献税收约 5000 万元。

2. 川南区域医疗中心（普惠医疗项目）

川南区域医疗中心项目（自贡市四医院南湖总院）在四川自贡正式开建（见图 17－3），2023 年底建成投入使用。该项目占地面积 163.68 亩，建筑面积 33.5 万平方米，编制床位 1700 张，计划投资 12 亿元，由川南平战结合医疗救治基地建设项目、突发公共事件紧急医学救援中心建设项目、川南危急重症诊疗中心建设项目组成。该项目建成后，将成为学科门类更齐、专业水平更强、产学研防更全，全生命周期、全健康产业链的健康医疗体，为自贡打造川南渝西区域卫生健康高地提供有力的功能支撑和坚实的健康保障。川南区域医疗中心项目位于南湖生态城高峰公园旁，由川南危急重症诊疗中心、突发公共事件紧急医学救援中心、川南平战结合医疗救治基地等3个建设项目组成。项目占地163.68亩，建筑面积33.5万平方米，概算总投资12亿元。

图17－3 项目设计图

四川省南部山区医疗资源匮乏，基层医院设备老旧。基金联合四川省卫健委，在泸州建设区域性医疗枢纽。总投资12亿元（基金出资7亿元，政府配套5亿元）。引入5G远程会诊系统，对接华西医院专家资源。建设直升机停机坪，实现危重病人1小时转诊。800张床位，覆盖急诊、肿瘤、儿科等12个科室。采用“公益＋市场化”结合模式，基础医疗服务按医保定价，特需服务开放市场化收费。服务周边200万人口，基层转诊率下降40%。带动医药、物流等上下游产业年产值增长超3亿元。

3. 康护机器人研发项目（健康科技领域）

该项目针对老龄化社会对老人特殊护理需求，攻克灵巧操作、安全控制等关键技术，开发具有人—机—环协调性和安全性的保姆型、移乘搬运型护理机器人，建立智能护理机器人示范应用新平台，为智能护理机器人的应用及产业化提供技术支撑。养老护理员缺口超500万人，智能护理设备需求迫切。基金领投某科创企业B轮融资，推动康复机器人量产。总投资达2亿元，基金出资1.2亿元，红杉资本跟投8000万元。主要研发下肢康复机器人，可通过AI算法适配患者运动轨迹。持有23项发明专利，核心部件国产化率超90%。与国寿嘉园社区、三甲医院签订采购协议，2023年销售额突破1.5亿元。单台机器人可替代1.5名护理员，每年节省人力成本约20万元。打破国外垄断，设备价格降低60%（见图17－4）。

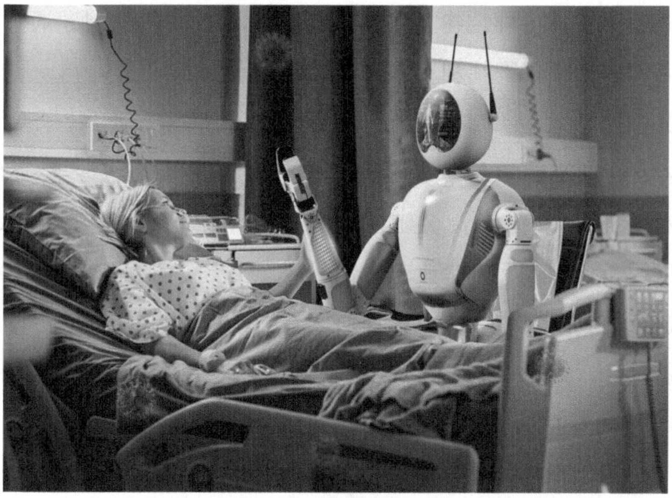

图 17－4　项目概念图

三个项目对比分析如表 17－3 所示。

表 17－3　典型案例对比分析

项目类型	投资方向	投资金额	核心成果	社会价值
国寿嘉园・雅境	养老社区	35 亿元	2000 张床位、三甲医院配套	提升高端养老供给，促进区域就业
川南区域医疗中心	医疗基础设施	12 亿元	800 张床位、5G 远程诊疗	缩小城乡医疗差距，降低重症死亡率
康护机器人研发	健康科技	2 亿元	国产化康复设备、年销售额 1.5 亿元	缓解护理人力短缺，降低医疗成本

四、建议及对策

（一）完善政策协同机制，构建多层次养老金融支持体系

1. 强化跨部门政策协同联动

建议建立由国务院牵头，银保监会、国家卫健委、民政部等多部门参与的养老金融联席会议制度。通过制定《养老金融协同发展行动纲要》，明确各部门在土地供应、医保衔接、税收优惠等方面的权责边界。例如，国家卫健委可将医养结合机构纳入区域卫生规划，自然资源部对养老用地实施“基准地价下浮 20%”政策，财政部对养老 REITs 产品

实施所得税递延优惠政策。同时，建立政策执行效果动态评估机制，通过区块链技术实现各部门数据实时共享，确保政策红利精准惠及市场主体。

2. 优化财政资金杠杆效应

建议设立国家级养老产业引导基金，按“中央财政出资30% + 险资配资50% + 社会资本20%”的结构，形成千亿级资金池。借鉴以色列 Yozma 基金经验，对子基金实施“优先劣后”分层设计：当项目收益率超过8%时，社会资本可获超额收益的70%；若出现亏损，财政资金优先承担60%损失。同时，完善 PPP 项目库动态管理，对纳入“城企联动”计划的养老项目，给予10年期的贴息贷款支持，贴息幅度可参照 LPR 下浮150个基点。

3. 健全养老金融基础设施

建议在上海保交所设立养老金融资产交易专区，开发养老项目收益权 ABS 标准化产品。建立全国统一的养老机构信用评级体系，引入穆迪、标普等国际评级机构，对 CCRC 社区、护理院等细分领域制定差异化评级标准。同时，加快养老目标基金纳入个人养老金投资范围，允许税优额度提升至每年1.5万元。参考日本“介护保险”制度，探索建立长期护理保险与商业保险的衔接机制，对购买护理险的居民给予保费30%的个税抵扣。

（二）创新产品服务模式，打造全生命周期养老金融解决方案

1. 开发分层式养老金融产品

针对不同客群需求构建“金字塔”型产品体系：基础层面向大众提供普惠型养老储蓄产品，保证年化收益率不低于3%；中间层为中产阶层设计“养老目标风险基金”，允许按5年周期动态调整股债配置比例；顶层为高净值客户定制“保险金信托 + 养老社区入住权”组合产品，实现财富传承与品质养老的有机统一。借鉴美国401（k）计划经验，建立“自动加入 + 默认投资”机制，将企业年金缴费比例从4%逐步提升至8%。

2. 构建“金融 + 服务”生态闭环

建议险企深度整合旗下医疗资源，打造“健康管理—疾病治疗—康复护理”全流程服务链。例如，可将健康险保费与可穿戴设备数据挂钩，对年度步数达标客户给予15%的保费返还；针对术后患者推出“康复护理分期付”产品，允许使用重疾险理赔金抵扣康复费用。同时，建立养老社区会员积分体系，将保险产品购买额、健康行为数据等转换为入住优先权或服务升级权益，增强客户黏性。

3. 探索代际养老金融创新

建议试点“以房养老”证券化模式，允许老年人将房产评估值的70%转换为养老社区消费券，余额可作为遗产分配。开发“时间银行”区块链系统，将志愿服务时间转化为

未来养老护理积分，建立全国通存通兑机制。针对独生子女家庭推出“养老责任险”，当子女因意外丧失赡养能力时，保险公司按月支付赡养费用。参考德国“多代屋”模式，设计“老幼共托”金融产品，将养老社区与托育机构合并建设，共享护理资源。

（三）强化风险管理能力，建立全流程风控体系

1. 完善项目风险评估机制

建立养老项目“五维评估模型”，涵盖市场需求（周边老龄化率）、运营能力（护理人员配比）、财务可持续（IRR）、政策合规（用地性质）、技术风险（适老化设备故障率）等核心指标。引入压力测试工具，模拟在入住率下降至 60%、人力成本上涨 20% 等极端情景下的现金流承压能力。对于重资产项目，要求必须配置运营收入险，覆盖前 3 年市场培育期的经营损失。

2. 构建风险对冲工具组合

建议在期货交易所推出养老床位价格指数期货，帮助机构对冲供需波动风险。开发长寿风险互换产品，允许保险公司与再保机构互换不同区域的人口寿命风险敞口。对于医疗设备融资租赁业务，可要求承租方购买设备残值保险，保障租赁期满后资产处置收益。同时，建立行业风险准备金制度，按管理费收入的 10% 计提专项储备金，用于化解系统性风险。

3. 强化投后管理能力建设

建立“投资经理 + 运营专家 + 医疗顾问”的投后管理团队，对重大项目实施驻场督导。开发智慧化管理平台，实时监控养老社区的入住率变化、客户满意度、事故发生率等 20 项关键指标。对于连续两个季度入住率低于 75% 的项目，启动“三级预警”机制：首先优化营销策略，其次调整服务定价，最后引入专业运营团队托管。建立被投企业知识共享库，定期举办护理技术、餐饮管理等专题培训，提升整体运营效率。

（四）深化科技赋能战略，推动智慧养老转型升级

1. 建设养老产业数字中台

建议搭建统一的数据中台，整合保险客户健康数据、养老社区运营数据、医疗机构的诊疗数据。运用知识图谱技术构建老年人健康画像，实现慢性病风险预测准确率超 85%。开发智能投资决策系统，通过机器学习分析历年养老项目回报数据，自动生成区域投资热度图谱。建立虚拟现实培训平台，护理人员可通过 VR 设备模拟失能老人照护场景，培训考核通过率提升至 92%。

2. 推广智慧养老应用场景

在养老社区全面部署“无感监测”系统：通过毫米波雷达监测老人跌倒，响应时间缩

短至15秒；利用AI视觉识别技术分析步态特征，帕金森病早期筛查准确率达90%；部署智能药盒提醒系统，用药依从性提升至95%。开发家庭养老机器人，集成体征监测、紧急呼叫、远程问诊等功能，政府可对低收入群体给予50%购置补贴。建设“银发直播基地”，培训老年人开展电商直播，预计到2030年可创造百万级灵活就业岗位。

3. 培育健康科技产业集群

建议在京津冀、长三角、大湾区建设国家级健康科技产业园，对入驻企业给予“三免两减半”税收优惠。设立专项天使基金，对老年医学创新项目给予最高500万元的无息贷款。举办国际银发科技博览会，建立“研发—中试—量产”的加速机制。重点培育三类企业：一是AI辅助诊断企业，开发老年痴呆症筛查系统；二是康复机器人企业，突破柔性驱动技术瓶颈；三是适老化改造企业，研发防滑地板、智能轮椅等产品。预计到2030年可培育30家科创板上市企业，形成万亿级产业集群。

思考题

1. 政府给优惠的时候，怎么不让企业变成只会等补贴的“懒汉”？
2. 老百姓的养老钱，怎么既安全又能跑赢物价？
3. 人的寿命是长寿保险利润的主要决定因素，保险公司的风险如何分摊？
4. 用高科技照顾老人，会不会变成“偷窥狂”或“势利眼”？

参考文献

[1] 张成岗，宁学斯．基层社区智慧养老的生成逻辑及实践路径——基于TOE框架的案例探索[J]．公共管理学报，2025：1－15.

[2] 姚乐野．智慧养老数据资源要素识别、系统架构及其场景化应用[J]．情报资料工作，2025，46（1）：21.

[3] 梁宏姣．生活方式跃迁：从数字技术嵌入到智慧养老适应的实践逻辑[J]．哈尔滨工业大学学报（社会科学版），2025，27（1）：74－81.

[4] 顾东晓，张铭钰，杨雪洁，等．整体治理观：“四力耦合”的智慧健康养老理论构建——来自合肥的实践[J]．公共管理学报，2025，22（1）：151－163，176.

[5] 姚乐野，杨雨琪．基于多元主体的智慧养老数据资源要素界定及其分类研究[J]．情报资料工作，2025：1－20.

[6] 申琦，张锐君．家国间的张与弛：新质生产力赋能下的老龄社会数字包容[J].

厦门大学学报（哲学社会科学版），2024，74（6）：105－115.

［7］中国人寿：发展银发产业，满足多层次康养需求［J］．城市开发，2024（5）：68－69.

［8］董方冉．中国人寿践行大国险企担当推动养老体系建设［J］．中国金融家，2024（4）：77－78.

［9］原新，陈友华，李志宏，等．大力发展银发经济，助力中国式现代化——“实现银发经济高质量发展”跨学科专家笔谈［J］．人口与经济，2025：1－25.

案例 18

工商银行协同发展养老金融业务案例

沈玥　王鹏程[①]

① 沈玥，贵州大学经济学院金融专业硕士。王鹏程，管理学博士，贵州大学经济学院副教授。

人口老龄化加剧给养老金融市场带来了巨大需求，个人养老金制度作为养老保障体系第三支柱的核心部分，已经成为助推养老事业高质量发展的重要抓手。因此，实现养老金融与个人养老金业务的协同发展对于做好“养老金融”大文章具有深远意义。工商银行积极响应国家号召，牢记大行使命担当，通过科学谋篇布局持续深耕养老金融领域，借助先进的经营理念和雄厚的资源基础，在养老金融与个人养老金业务协同发展过程中探索出了“政策与市场双轮驱动账户搭建、资源共享促进业务整合、科技赋能生态场景构建、跨部门实现风险管理协同”的合理路径，为商业银行加快业务转型升级、提高养老金融服务质量带来了许多关键启示。

一、案例背景

随着人口老龄化程度的不断加深，传统家庭结构和社会保障体系的养老压力与日俱增，个人养老储备变得愈加重要，对养老金融服务的需求更加迫切。党的二十大报告明确提出，要健全社会保障体系，发展多层次、多支柱的养老保险体系，坚持在发展中保障和改善民生。2023 年 10 月，中央金融工作会议将养老金融列入“五篇大文章”之一，标志着养老金融已经成为实现金融高质量发展、建设金融强国的关键着力点，为我国积极应对人口老龄化挑战作出了重要指引。当前，我国人口老龄化速度与社会经济发展进程明显错位，出现了“未富先老”特征，缓解社会养老压力迫在眉睫。2024 年 7 月，党的二十届三中全会提出“加快发展多层次多支柱养老保险体系，扩大年金制度覆盖范围，推行个人养老金制度。”为提高社会整体养老保障水平和推动金融市场创新发展带来了重要机遇。

商业银行是我国最早参与养老金制度设计的金融机构，发挥着中流砥柱的作用。随着个人寿命的延长和养老成本的不断提高，以及灵活就业人员增加的趋势，第一、第二支柱的传统养老保险和企业年金业务已经不能满足居民的养老需要，而第三支柱的个人养老金是基于老年财富积累和晚年养老消费需求所建立的自愿性养老保障制度，具有自愿参加、缴费额度低、税收优惠等独特优势，能够促进居民理念由“储蓄养老”向“投资养老”转型，有利于满足多样化、多层次的居民养老保障需求。个人养老金制度并非孤立存在，而是内嵌于养老保障体系之中，并可逐步细化为养老金融体系和多支柱养老金体系的重要构成要素。然而，目前我国个人养老金市场刚刚起步，政策推行和产品设计处于初步探索阶段，导致存在保障水平不平衡不充分、产品同质化严重、各支柱间缺乏联动性等问题，尚未与养老金融业务体系形成良好的协同机制。因此，能否实现养老金融业务与个人养老金的协同发展成为商业银行做好养老金融文章的重要试金石。

中国工商银行凭借广泛的客户基础和丰富的业务资源，在养老金融方面布局较早，目前已经成为国内最大的养老金管理机构，在养老金融业务与个人养老金业务方面均具有较强的代表性和影响力。基于综合实力雄厚、科技水平领先、业务资格“全牌照”、服务团队专业、风险管控严密等自身资源优势，中国工商银行紧紧围绕党中央决策部署，坚守服务老龄事业的金融主责，在落实国家战略中找准定位，通过“搭建政策与市场双轮驱动的账户体系、多方资源共享促进产品业务整合、科技赋能生态场景构建、跨部联动实现风险管理协同”等路径形成养老金融与个人养老金业务的协同发展机制，为持续服务民生保障释放了新动能。

二、工商银行养老金融业务案例概述

（一）中国工商银行基本概况

中国工商银行（简称“工商银行”）是我国政府为支持国有企业和经济建设而设立的商业银行，业务范围涵盖个人银行、公司银行、投资银行和国际业务等多个领域。工商银行坚持以服务创造价值，向全球超1205万对公客户和7.4亿个人客户提供丰富的金融产品和优质的金融服务，坚定不移做强做优、提升发展质量。根据官方财报数据，近年来工商银行各项财务指标稳健增长，在资本充足率、资产质量和风险控制方面保持良好表现，在全球银行业中名列前茅。同时，工商银行始终坚守主责主业、服务实体经济，且自觉将社会责任融入发展战略和经营管理活动，在服务制造业、发展普惠金融、支持乡村振兴、推动绿色金融、支持公益等方面受到广泛赞誉。

（二）养老金融业务发展历程

随着我国老龄化社会的加剧和居民理财需求的变化，工商银行多维度发展养老金融体系，前中期主要以养老金业务为主，后期逐渐衍生出养老服务金融以及养老产业金融。每个发展阶段都推出了差异化的产品和服务，在供给侧不断优化养老金融产品和服务的投入，形成了逐步拓展、创新和多样化的特点。

1. 初步探索阶段（2004—2007年）：前瞻布局，把握先机

2004年，我国养老保险第二支柱企业年金市场化运营正式启航，工商银行敏锐洞察业务机遇，于当年10月率先成立一级部室——企业年金中心，负责全行企业年金业务统筹管理。2005年8月，工商银行首批获得企业年金基金账户管理人和托管人资格；2007年11月，工商银行在银行中首批获得企业年金基金受托人资格，后逐步成为国内最早拥有企业年金业务“全牌照”的银行，为养老金业务的发展奠定了坚实的基础。

2. 开拓发展阶段（2008—2014 年）：辛勤耕耘，务实发展

2008 年，工商银行创新推出“如意养老”系列企业年金集合计划，为广大中小企业客户提供了建立年金计划的便捷通道。2010 年，针对养老金客户资金的保值增值需求，工商银行创新推出“如意人生”系列法人、个人专属理财产品，将员工福利管理和银行理财有效结合起来，形态涵盖预期收益型、净值型人民币理财产品，为养老金客户提供安全、便捷、卓越的投资理财服务，产品具备专属设计、投资稳健、运作规范、贴心便利等特色，赢得大量市场青睐。作为国内最早提供养老金服务商业银行之一，2012 年中国工商银行持续改进和完善对社会养老服务产业的金融服务，养老金业务保持了强劲发展的势头。2014 年，职业年金制度正式建立，工商银行持续跟进机关事业单位养老保障体制改革进程，密切关注政策动态。

3. 深化转型阶段（2015 年至今）：把握机遇，乘势而上

在深耕年金业务的同时，工商银行自 2015 年开始“养老金融”的前瞻性研究，针对养老金融发展情况内外部广泛开展调研，不断加强顶层设计。在养老财富管理方面，工商银行主要通过多元化的养老金融产品来拓展业务。2018 年，我国正式启动个人税收递延型商业养老保险和养老目标基金试点工作，基于工商银行在养老金融领域的深厚积淀，其子公司工银安盛在同年率先取得税延养老保险业务经营资格，为客户提供了便捷的投保服务；同年，子公司工银瑞信基金也获得了养老目标基金管理试点资格，推出了养老目标日期基金和风险基金两类产品，拓宽了养老资产的配置选择。2021 年，银保监会发布《关于开展养老理财产品试点的通知》，工商银行乘势而上，加大养老金融产品创新力度。随着个人养老金制度的实施，截至目前工银理财共发布了 11 款个人养老理财产品，产品规模位居各试点机构前列。其中“颐享安泰”系列产品惠及超过 8 万名客户，主要投资于优质存款、优先股、债券等资产，凭借丰富的产品布局和稳健的投资策略深受市场青睐。如表 18 - 1 所示，工商银行已经建立了全方位的养老金融产品体系，在养老金财富积累领域的市场竞争力显著提升。在养老财富消费领域，工商银行同年推出“工银爱相伴”品牌，深入了解老年客户群体的行为特点，打造普惠、便捷、精准的一站式服务体验，同时融入智能元素，高度重视风险管理，全面提升服务水平。

表 18 - 1　　工商银行主要养老金融产品介绍

产品种类	产品名称	产品主要特点
养老保险（工银安盛）	盛世颐年	投保灵活，门槛低；养老金领取方式多样；税收优惠；增值服务丰富；适合有长期养老规划需求的客户

续表

产品种类	产品名称		产品主要特点
养老目标基金（工银瑞信）	工银养老目标 2060 五年		采用目标日期策略动态调整资产配置；底层资产丰富；最低持有期限制，投资风格较为稳健
养老理财（工银理财）	颐享安泰		面向中长期养老规划需求的个人投资者；采用“固收＋权益”组合模式，兼顾安全性和收益性；现金分红机制，流动性强；可因重大疾病等特殊情况提前赎回
养老储蓄	特定养老储蓄	整存整取	利率高于一般定期存款；灵活支取；办理方式多样化；目前仅在试点城市开放
		零存整取	
		整存零取	

资料来源：作者依据工商银行官网自行整理。

2022 年，随着特定养老储蓄试点的正式启动，工商银行成为首批发行特定养老储蓄产品的银行之一，其特定养老储蓄产品销量目前已突破 50 亿元，成为客户养老资产配置的重要工具。在养老产业支持方面，2022 年 4 月人民银行推行普惠养老专项再贷款试点，工商银行率先制定并实施养老信贷政策，养老产业信贷余额位居行业前列。同时，部分分行抢抓机遇，表现突出。例如，河北廊坊分行大力支持北三县养老产业，为燕达集团发放养老项目贷款，并成功建立省内首个位于养老院的金融机构，为养老产业的金融服务创新树立了典范。2023 年中央金融工作会议以来，工商银行加快构建涵盖养老金金融、养老服务金融、养老产业金融三大板块的养老金融产品和服务体系，养老金融工作呈现出全面深入推进的良好局面。

（三）个人养老金业务现状

个人养老金是养老保险体系“第三支柱”的重要制度设计。2019 年，养老保险第三支柱个人养老金制度建设进程提速。工商银行紧跟政策步伐，深度参与制度设计，加速推进系统研发，首批通过监管机构系统验收，在业内率先实现业务全流程闭环管理。2022 年，个人养老金制度正式启动，工商银行第一时间实现对客服务，并取得良好开局，个人养老金资金账户开户数和缴存额持续保持市场领先。自个人养老金制度实施以来，工商银行在试点城市推出个人养老金基础服务的同时，通过“走进政府、走进企业、走进社区”系列拓展活动，积极宣传普及个人养老金制度；为客户提供个人养老金开户缴存优惠权益，提升客户参与的获得感、满足感。截至 2024 年年末，工商银行服务个人养老金客户已超 1000 万户，缴存金额累计逾百亿元，管理各类养老金业务总规模超 4.8 万亿元；工银理财旗下的部分个人养老金理财产品业绩表现突出，在过去一年的平均收益率超过4%，优于市场同期平均水平。目前，工商银行已同步向全国客户升级推广个人养老金“开、缴、投、增”一揽子智能化服务（见图 18－1），通过科技创新提供友好便利的服务体验，打造一站式全流程个人养老金融服务场景。

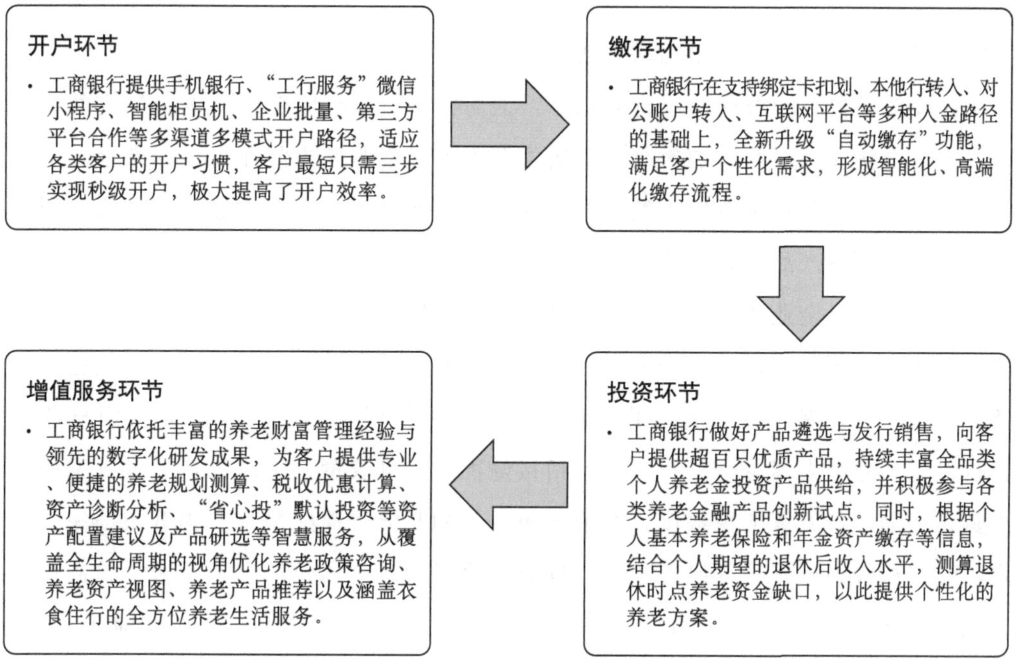

图 18－1　工商银行个人养老金“开、缴、投、增”一揽子智能化服务流程

资料来源：中国银行业协会官网、中国金融新闻网、中国工商银行官网。

三、养老金融与个人养老金业务协同发展案例模式分析

（一）协同发展策略

依托自身雄厚的资本实力、广泛的业务网络、创新的金融科技、先进的经营理念和稳健的风险控制等优势，工商银行主要通过以下策略实现养老金融服务与个人养老金的协同发展。首先，构建以政策导向为主的发展战略。工商银行积极响应国家政策，将养老金融纳入“现代化布局”重点战略，围绕政府老龄工作整体部署，提供综合金融服务方案。其次，借助科技赋能打造生态化综合业务模式。基于大数据、人工智能、区块链等先进科学技术，通过串联养老金金融、养老服务金融、养老产业金融三大板块，形成综合化业务体

系，打造“金融产品＋养老服务”生态化业务模式。然后，提供覆盖全生命周期的客户服务。以客户需求为中心，覆盖个人客户全生命周期和对公客户上下游经济活动，精准提供“全生命周期、一站式”的综合养老金融产品服务。

（二）协同发展模式

1. 搭建“政策与市场双轮驱动”的账户体系

在政策部署和市场需求的双轮驱动下，工商银行积极响应个人养老金制度的试点实施，成为首批获准开展业务的银行，确定了个人养老金业务当前在工行养老金融发展战略中的主导地位，并将税收优惠精准对接到个人养老金账户体系构建，让政策福利深度融入个人养老金融产品。为了快速占领市场份额，工商银行抢先在首批36个试点城市密集推广个人养老金业务，通过网点活动、政企合作、社区走访等拓展活动大力宣传个人养老金政策优势。打造个人养老金服务专区，通过手机银行、云网点、智能柜员机等渠道，提供“开、缴、投、增”的一站式智能化服务吸引客户，帮助大量用户通过手机银行快速开立个人养老金账户。为了衔接好税收优惠政策，工商银行通过开发税费计算工具，帮助客户测算节税额度，并通过短信、APP推送提醒缴存，提升参与率，确保客户享受到税收递延优惠等缴存权益。同时，为了满足多样化的养老需求、提高服务质量，工商银行将个人养老金账户与工商银行原有的养老金融产品（如养老储蓄、理财、基金、保险等）深度绑定，客户可在账户内直接配置工行旗下的养老主题产品，实现资金和业务的全流程闭环管理，实现了账户与产品的双向打通，形成了个人养老金业务的良好开局。

2. 多方资源共享促进业务整合

工商银行凝聚了数据信息、客户资源、高新技术等方面的资源优势，通过智能信息共享平台加强了业务部门之间的协作，高效促进了个人养老金与养老金融的业务整合与产品创新。

一方面，基于多方资源共享，工商银行借助先进的大数据和人工智能技术，建立了数字化程度较高的信息共享平台，提升了养老金融服务的技术含量。工商银行的养老金融部与其他养老金业务管理部门合作研发出了智能投顾系统和区块链技术等前沿科技，将养老金融业务与个人养老金的账户信息和资金需求有机衔接，快速整合多种来源渠道的信息，确保了数据的准确性和及时性。不仅快速实现了客户端、产品端和市场端的信息实时共享，还能够跟随客户需求和市场变化进行动态调整，为客户提供个性化的养老金规划建议，如投资组合、资金安排、退休后的生活费用预测等。

另一方面，这种协作模式不仅实现了高度的信息共享，还深度促进了业务整合和产品创新。基于智能信息管理平台，工商银行通过整合财富管理部、个人业务部、养老金业务部等部门的资源，设计出了更加灵活、多样化的产品，形成多元化投资组合，保障客户资金安全。通过梳理市场和集团的养老财富产品，制定了面向不同生命周期客户的产品配置策略，加快完善产品体系，加强金融产品创新，并且统筹年金受托、账管、托管、投管业务发展，提供了更加综合化的金融服务。

3. 科技赋能构建全面养老生态场景

工商银行通过科技赋能构建全面养老生态场景的核心逻辑是：以个人养老金账户为入口，以数字化工具为纽带，整合金融与非金融资源，打造覆盖“财富储备—健康管理—养老消费—生活服务”的全场景闭环。其科技赋能的本质是将养老金账户从单纯的财务工具升级为连接养老生态的超级入口，通过数据流、资金流、服务流的“三流合一”，重构传统养老服务的价值链。这种模式既符合监管对养老金“长期性”“专属性”的要求，又解决了用户对养老规划碎片化、场景割裂化的痛点。具体做法如下：

（1）以数字化为入口，打造智能账户管理平台。

在数字化转型的背景下，工商银行在手机银行 APP 设立专属养老金融专区，集成开户、缴存、产品购买、税优计算、收益追踪、退休测算等功能，快速完成账户开立，提供“一站式”养老金账户服务。同时，通过 API 接口对接人社部系统，实时验证用户社保参保状态，确保政策合规性。此外，利用“工银 AI 投”算法，根据用户年龄、收入、风险偏好生成动态养老储备方案。例如，对 30 岁用户推荐“高比例养老目标基金 + 长期复利”组合；对 50 岁用户推荐“稳健理财 + 养老年金保险”配置。

（2）场景延伸：构建“金融 + 服务”生态圈。

在健康管理场景，工商银行与医保平台、可穿戴设备厂商（如华为健康）合作，进行数据互联，接入用户健康数据，对养老金客户提供健康评分；提供服务兑换，授权养老金账户资金可用于购买合作保险公司的健康管理套餐（如体检、在线问诊），或兑换三甲医院挂号绿色通道。在养老消费场景，工商银行接入养老社区、适老化家居商城等消费场景，打造适老化消费生态，用户可通过养老金账户支付定金并享受专属折扣（如亲和源养老社区预订）；建立权益积分体系，缴存养老金或购买产品进行累计积分，允许兑换家政服务、老年旅游等非金融权益。在智慧养老生活场景，工商银行在试点地区推出“工银颐享”小程序，整合紧急呼叫、定位监护、社区助餐等居家养老服务，部分服务支持用养老金账户支付，其典型案例“智慧养老”生态项目取得了显著收益（见表 18－2）。

表 18-2　　工商银行“智慧养老”生态项目

合作方	北京某三甲医院+居家养老服务平台“颐养之家”
服务链	(1) 用户通过工行 APP 购买养老年金保险→获赠免费年度体检
	(2) 体检数据同步至工行健康档案→触发 AI 推荐个性化护理套餐
	(3) 用户使用养老金账户支付居家护理费用→自动累积积分兑换助浴服务
效果	试点客户留存率提升 40%，交叉销售转化率提高 25%

资料来源：中国金融新闻网、中国工商银行官网。

(3) 技术底层：养老数据中台与开放银行接口。

一方面，工商银行整合了行内金融数据（账户资产、交易记录）和外部数据（社保、医疗、消费行为），构建相应的养老数据中台，形成客户专属“养老画像”，精准识别需求。例如，对频繁购买降压药的客户自动推送慢病管理保险产品。另一方面，工商银行开放了银行接口，向合作机构（如泰康养老社区、京东健康）开放 API，实现账户互通、权益共享。例如，用户在泰康 APP 上预约养老院时，可直接调用工行接口验证养老金账户余额并支付押金；京东健康根据工商银行用户等级提供药品配送优先服务。

4. 跨部联动实现风险管理协同

在工商银行，风险管理协同主要体现在不同业务部门、不同风险类型（如信贷风险、市场风险、操作风险等）之间的协调，具体包括风险的评估、预警、分担这几个流程，在跨部联动的基础上实现全面的风险防控，降低系统性风险，保护自身及其客户的利益。

在风险评估协同方面，工商银行通过跨部门协作（如财富管理部、风控部、资产管理部等）整合不同业务线的数据和经验，针对养老金融和个人养老金业务形成统一的风险评估体系，更全面地识别潜在风险，制定更有效的风险控制措施。在风险预警协同方面，工商银行可以共享个人养老金业务与养老金融业务的数据，实时获取客户的养老金账户情况、投资偏好、风险承受能力等信息，提前预警可能的资金流动异常情况，一旦某项业务或产品的风险超过预设阈值，系统立即发出预警，相关部门迅速采取调整措施。在风险分担协同方面，工商银行的养老金融业务部与个人养老金部门通过签订风险分担协议，在出现重大风险事件时共同承担损失，提升整体风险抵御能力，确保业务的稳定运营。风险分担协议主要包括可能影响养老金融业务或个人养老规划执行的各类风险、明确各方在不同风险情形下的责任和义务、对应的风险缓释措施、决策程序和应急预案。这种风险分担协议的意义在于：在发生风险时为各方提供法律支持，保障其合法权益，减少法律纠纷；通过协议约束，各方在面对挑战时会更加注重风险管理和应对，从而提升整体风险管理水平。

四、建议及对策

（一）加快整合资源，构建多层次养老金融产品体系

当前我国正不断加大对个人养老金的政策支持，明确鼓励个人储蓄养老金和长期投资。工商银行应抢抓历史机遇，加快整合现有金融资源，创新推出更多与养老相关的多层次产品体系，包括基本养老储蓄、投资型养老保险、养老金产品等。同时，工商银行可以利用其在财富管理和资产配置方面的客户基础和技术优势，结合投资者的不同需求，为客户提供个性化的养老金产品，帮助客户根据其风险承受能力和预期退休年龄制定长期投资规划，多提供低风险保值增值产品和较高收益的基金产品，满足不同群体的养老储备需求。

（二）完善养老信息共享平台，实现数字化精准营销

在养老金融业务与个人养老金的协同发展过程中，科技是构建全面养老生态场景的重要工具，因此，工商银行应加强资源信息数据共享平台建设，提高数字化水平，促进精准营销。工商银行可以建立更加智能化的客户管理系统，运用大数据分析客户的收入水平、消费习惯、生命周期等信息，通过数字化手段提供在线养老金模拟计算、风险评估、产品匹配等服务，进而借助大数据提供的用户画像进行精准营销，提升个人养老金资产配置质量。

（三）扩大合作与品牌推广，构建更丰富的养老生态场景

工商银行作为国内领先的金融机构，在品牌影响力和社会资源方面具有明显优势。在推动养老金融业务发展时，可以通过与相关机构的合作，如社保部门、保险公司、养老机构等，构建更加丰富的养老生态场景，满足多层次、多样化的养老需求。工商银行可以通过与各大企业、企事业单位的合作，为员工提供定制化的企业养老金解决方案，进一步扩大个人养老金的普及率。同时，还应加强市场调研，深度了解客户需求，拓宽养老产业链、服务链，构建多元化养老场景。

（四）紧密衔接社保体系，推动个人养老金与基本养老金的协同发展

为了吸引更多消费者参与到个人养老金制度中来，工商银行应积极发挥基本养老保险的支柱作用，与社会保障体系加强对接，推广个人养老金。工商银行可以联合政府和社会保障部门，通过建立合作平台，实现基本养老保险与个人养老金账户的无缝对接，帮助客户更好地规划退休资金。在政策上，工商银行可以鼓励客户将缴纳的基本养老金与个人养

老金相结合，通过税收优惠、政府补贴等措施吸引客户参与，提升产品吸引力。

（五）完善风险管理体系，提高风控自动化水平

个人养老金市场尚未发育完全，养老金融业务与个人养老金业务的深度协同需要严密的风险管理体系为其保驾护航。工商银行需要针对养老金融产品和服务的独特风险特征不断完善风控体系与合规管理制度，在养老金融产品的设计和推广过程中，进行严格的合规审查和风险评估。此外，工商银行可以构建自动化水平更高的风险管理平台，积极利用人工智能算法对个人养老理财方案进行科学评估，构建反欺诈系统，通过大数据实时监控养老金账户变动、理财产品表现、客户行为变化等情况，提前识别潜在异动，提高风控响应速度。

思考题

1. 为做好养老金融文章，工商银行进行了哪些尝试？
2. 工商银行深耕养老金融领域的核心策略是什么？
3. 工商银行的个人养老金业务有什么特色与优势？
4. 工商银行主要是如何协同发展养老金融与个人养老金业务的？
5. 针对进一步推行个人养老金制度有哪些政策启示？

参考文献

［1］张栋，张琳．中国特色养老金融：基本内涵、现实挑战与推进路径［J］．西安财经大学学报，2024，37（5）：78－89.

［2］胡宏伟，王佳怡．个人养老金发展：制度定位与现实路径［J］．农村金融研究，2024（8）：16－29.

［3］孔月红，庄林波．中国工商银行养老金融业务与个人养老金协同发展研究——基于资源依赖理论视角［C］．2024中国保险与风险管理国际年会，2024：315－323.

［4］李雅婷．工商银行养老金融业务发展案例分析［D］．保定：河北金融学院，2024.

［5］潘英丽，苏立峰．关于商业银行促进养老金融与养老产业高效发展的研究［J］．新金融，2024（12）：17－21.

［6］谭小芬，曹倩倩．中国养老金融：趋势展望与发展建议［J］．新金融，2025（3）：10－19＋57.

案例 19

苏州市长期护理保险的养老金融实践案例

陈典[①]

① 陈典，博士，贵州大学经济学院校聘副教授，硕士生导师，电子信箱：chend@gzu.edu.cn，研究方向为劳动经济学、健康经济学、农村社会保障。

探索建立长期护理保险制度是应对人口老龄化挑战的重要举措，该制度的实践深化为养老金融体系注入了新的发展动能。苏州市自2017年起率先开展长期护理保险制度试点，通过“社会保障+金融服务”的协同模式重构养老产业链条，有效促进了康养产业、老年护理服务等养老产业金融的升级，推动了护理机构、辅具租赁服务机构、护理培训机构等养老服务金融的发展。为政策协同与养老产业金融融合的发展提供了实践经验。

一、案例背景

随着我国老龄化的加速，失能老年人群体成为养老服务关注的焦点。根据《2023年度国家老龄事业发展公报》，我国60岁及以上的老年人口已超过2.96亿人，占比达21.1%，标志着我国已迅速步入中度老龄化社会。研究表明，年龄每增加5岁，老年人日常生活自理能力下降的风险增加1.12倍。许多老年人在65岁左右开始出现明显的失能问题，满足他们日益增长的长期照护需求，成为社会养老服务体系的重要使命。为应对日益增长的失能老年人照护需求，我国在2016年开始在部分城市试点长期护理保险（简称“长护险”）。长护险是一种针对老年人、疾病或伤残导致失能失智的保险，涵盖居家或养老机构照护费用，被誉为“社保第六险”。苏州市是全国首批长护险试点城市，形成了“社会保障+金融服务”协同模式，及长护险实施的“苏州模式”，其成功经验为全国提供了借鉴，也为推动养老事业与产业协同发展，促进经济高质量发展提供了新机遇。

根据第七次全国人口普查数据，苏州市常住人口为1274.83万人，而65岁及以上的人口为158.57万人，占比高达12.44%。苏州市的家庭户规模从1900年第四次人口普查的3.5人每户到第五次人口普查下降到2.84人每户直至第七次人口普查的2.62人每户。老年人口占比持续增大和家庭户规模逐渐下降表明苏州市目前老龄化问题比较严重且未来的老龄化压力会持续增大（见图19－1）。

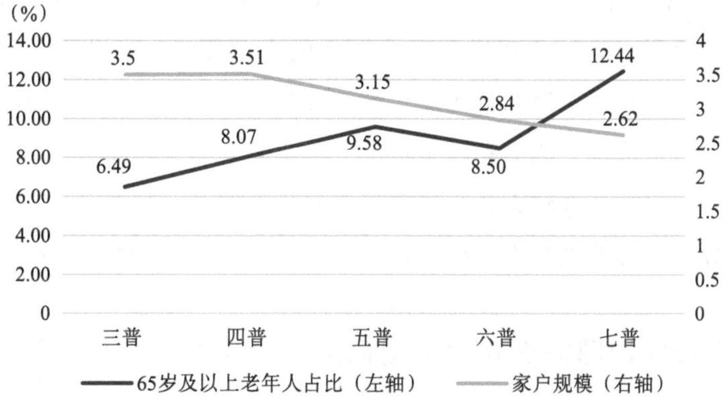

图19－1　三普—七普苏州市老龄化规模数据

“七普”统计数据表明，姑苏区的老龄化程度最高，65 岁以上老年人口占比 18.39%，远超苏州市的平均水平，常熟市和第三位太仓市的占比都超过了 15%，张家港市也达到了 14.71%，吴江区、吴中区和相城区分别为 13.04%、15.08% 和 10.77%，高新区（虎丘区）、工业园区和昆山市分别为 9.25%、8.49% 和 8.79%。

根据苏州市统计年鉴报告（见图 19－2），苏州市常住人口人均医疗保健费用 2014 年仅为 1120 元每人，2023 年激增为 2809 元每人，表明人们的医疗保健意识不断加强，医疗保健领域的支出在人们总消费支出中的占比逐年上升。2018 年，苏州市民政局发布了《苏州市区养老设施布局规划调查报告》，该报告基于 1290 名中老年人的问卷调查数据。在家庭结构方面，调查揭示了以下现象：67.52% 的中老年人选择与配偶同住，18.64% 的中老年人居住在子女或孙辈的家中，10.28% 的中老年人过着独居生活。2018 年与 2007 年的调查数据相比，中老年人的独居的比例从 9.39% 上升至 10.28%，夫妇同住的比例增至 67.52%，而与子女同住的比例下降至 18.64%。中老年人家庭结构模式的变化趋势与家庭户规模的变化趋势相吻合。

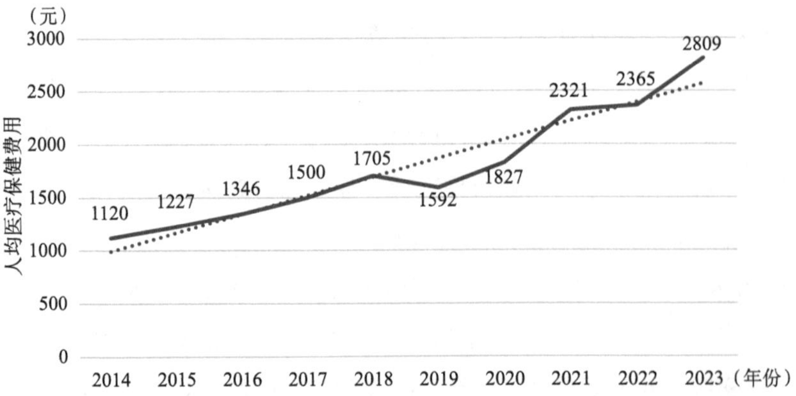

图 19－2　2014—2023 年苏州市家庭常住人口人均医疗保健费用

《苏州市老年人基本生活状况与养老服务需求调查问卷》显示，60.2% 的老年人倾向于居家养老，并在遇到困难时希望得到专业人士的上门服务，这些服务涵盖日常生活照料、精神慰藉、上门医疗、保健知识普及、维权服务等方面；47% 的老年人在选择养老服务时，会考虑自身的经济承受能力和健康状况；28% 的老年人选择入住养老机构，旨在减轻子女的照料负担；24% 的老年人是为了享受专业化的服务；19% 的老年人则是为了增加生活的乐趣。此外，大多数老年人（65.31%）表示更倾向于选择公办养老院进行养老。

二、苏州市长期护理保险的“社会保障＋金融服务”协同模式

苏州市长期护理保险在发展过程中逐渐形成了“社会保障＋金融服务”的协同模式。

苏州市通过“五位一体”监管体系与“服务供给 + 硬件支撑”双轮驱动机制，构建了全方位的长护险保障网络，实现了社会保障从“疾病救治”向“失能照护”的转型跨越，为全国长护险制度建设提供了“苏州样本”。

（一）长期护理保险的社会保障特征

1. 保障范围不断扩大

苏州市长护险自 2017 年启动至今，经历了两个阶段的实施与发展。在第一阶段（2017—2019 年），该市率先将住院护理纳入保障范围。2018 年，苏州市又将居家护理纳入长护险的覆盖范围。

第二阶段（自 2020 年起），苏州市在长护险的发展上迈向了新的高度。随着国家层面对于长护险制度的正式确立，苏州市持续优化其长护险体系。截至 2023 年，将住院养老服务机构纳入长护险定点范围，极大提升了失能失智人员的待遇水平。此外，苏州市还创新性地将符合条件的辅助器具费用纳入长护险基金支付范围，从而构建了一个涵盖住院护理、居家护理、辅具服务在内的全方位服务保障体系。

2. 覆盖人群持续增加

经过 7 年的实践探索，苏州市长护险制度逐步成熟，有力减轻了失能老年人家庭经济负担。在试点之初的 2017 年，苏州市长护险待遇享受人数仅为 3172 人。2018 年，苏州市长护险失能评估通过率达到 89.92%，享受待遇人数和服务总量快速增长。2021 年，基金收入 67448.61 万元，基金支出 57319.69 万元，基金剩余率为 15.02%，待遇享受人数共 53934 人（中度失能 36720 人，重度失能 17214 人）。2022 年基金待遇享受人数共 63690 人（重度失能 21388 人），基金收入 76666.10 万元，基金结余率为 38.79%。2023 年基金待遇享受人数共 60609 人（重度失能 21972 人），基金收入 104682.57 万元，基金结余率为 44.86%，如图 19－3 所示，苏州市的长护险基金结余在逐年增加。截至 2024 年 8 月，累计享受待遇的人数达到 11.9 万人，基金累计支出超过 24 亿元。

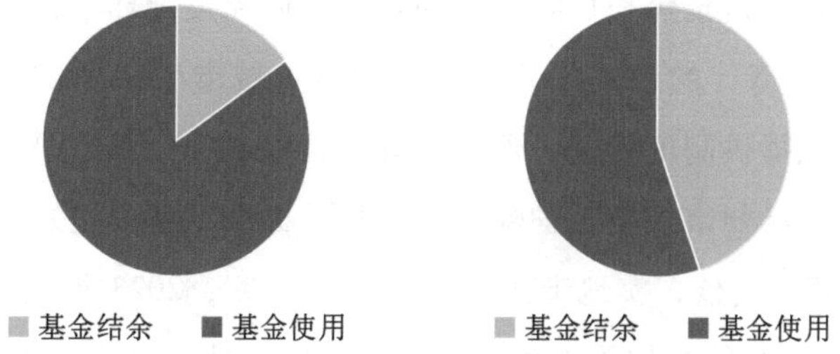

图 19－3　长护险基金收支情况

特别是在2023年8月，苏州市医保部门根据疾病谱系的发展变化，将失能人员中多发的阿尔茨海默病性痴呆、帕金森病性痴呆等18种智力障碍性疾病人员的护理需求纳入长护险基金支付范围，进一步扩大了长护险的覆盖面。这一系列数据和政策变化表明，苏州市长护险制度的待遇享受人数从广度和深度上都有显著的增加，也说明了该市在社会保障方面的重要进步。

3. 待遇标准逐步提高

试点项目的初步阶段，在医疗保险指定护理机构产生的医疗护理费用，维持由医保基金按照现行规定予以补偿，而日常生活中的照料费用则转由长护险基金承担。随着试点项目进入第二阶段，开始探索将医疗保险基金所覆盖的长期失能人员的医疗护理需求，尤其是与日常生活紧密相连的部分整合进长护险的统一框架之下，所提供的服务包括但不限于个人清洁、饮食辅助、床位与安全护理、病情监测、康复护理，以及环境清洁和消毒等。对于满足条件且长期失能的参保者，长护险基金将按照既定标准和额度，对符合支付范围及标准的费用进行补偿。

参照全市平均收费水平，目前入住机构的重度失能人员定额标准为26元/天，中度失能人员定额标准为20元/天；居家护理重度失能人员定额标准为30元/天，中度失能人员定额标准为25元/天，医疗保险基金对医疗护理费用支付标准按医疗保险相关规定执行。2018年居家护理服务标准为：重度失能人员每月12次、中度10次，每次2小时。2020年政策调整后，机构照护标准提升至重度30元/天、中度23元/天；居家护理服务频次增加为重度15次/月、中度13次/月，仍维持每次2小时服务时长。自2023年8月1日起，苏州市失能失智人员居家护理服务时间增加至2.5小时。

（二）支撑长期护理保险的金融服务体系架构

1. “五位一体”的金融监管

支撑苏州市长护险的“五位一体”金融监管体系，旨在有效维护长护险基金的安全，并减轻失能家庭经济和护理负担。

第一，制度监管。苏州聚焦长护险实施的重点领域和关键环节，系统构建并完善相关配套政策，形成了“1+N”的政策体系。在全国试点城市中率先实行全员参保政策，为医保部门推动改革试点提供制度依据，着重体现了社保“第六险”普惠属性。

第二，事前监管。苏州市规范长护险评估流程及标准，着力把好失能“入口”关，对机构评估视频进行100%复核，实地走访复核不低于90%，2023年全市失能评估通过率为83.30%；从基金收支、失能结构等方面对数据进行横向纵向对比，并提早发现异常趋势。

第三，常态监管。将日常考核与年终考核深度融合；同时，专项考核与举报考核相互配合，形成有力支撑。在具体的考核方式上，充分运用电话回访、现场核查、走访调查以及巡查等手段，展开常态化、无死角的动态监管考核工作。

第四，信息监管。建立长护险信息系统，覆盖申请、评估、入住、结算、考核全流程，实现经办过程的实时监控和服务数据的智能可视化。由此，展示出不同区域、不同类型护理机构的服务效能差异，为决策层提供清晰的数据依据，以便及时发现潜在问题并精准施策。

第五，督导监管。苏州市长护险管理部门发放负面清单，详细罗列了护理机构在运营过程中严禁触碰的各类红线行为，对护理机构考核问题事项通过正式文件、官方网站公告以及定向信息推送等多渠道方式通报预警，并通过驻点考核指导机构经办管理。

2. 苏州市长护险的金融服务

苏州市通过创新性扩展长期护理保险基金支付范畴，将专业养老服务机构服务费用及符合规定的辅助器具购置纳入保障体系，构建起“服务供给 + 硬件支撑”的双轮驱动机制。

在养老机构（硬件）方面，2013—2023 年，苏州市社会养老机构及养老机构床位数如图 19 – 4 所示，其数量在 2015—2017 年有所上升，2017 年之后，养老机构和床位数都呈下降趋势。2017 年 10 月，苏州市区 25 家护理机构被纳入首批长护险定点机构。2018 年 7 月，苏州市区的长护险试点从住院护理机构拓展到了居家护理机构，为失能在家的参保人员提供服务。截至 2019 年 12 月 31 日，苏州市长护险定点护理服务机构已有 146 家（87 家住院护理机构、59 家居家护理机构）。截至 2024 年，住院护理机构和居家护理机构分别扩增到 157 家、132 家。

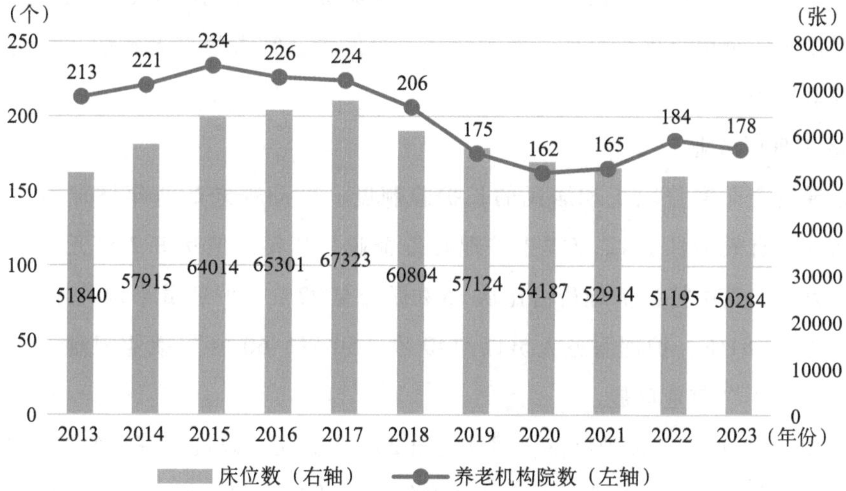

图 19 – 4　2013—2023 年苏州市养老机构和床位数趋势变动情况

在辅助设施（软件）方面，2023 年苏州市将符合规定的辅助器具费用纳入长护险基金支付范围，辅助器具类别包括电动护理床、手动轮椅车、多功能轮椅车和康复助行器。其中，电动护理床帮助失能人员起背、抬落腿等，满足长期卧床者血液循环、进食等需求。手动轮椅车、多功能轮椅车和康复助行器可以帮助失能人员扩大生活范围。由此，形成了住院护理、居家护理、辅具服务的全方位服务保障体系。

三、苏州市长期护理保险和养老金融的联动分析

长护险通过政策和资金的支持，解决了失能老年人的护理问题，同时推动养老产业金融和养老服务金融的发展。

（一）长期护理保险与养老产业金融的联动分析

1. 康养产业

随着失能人员对照护需求的增加，提供康养服务的机构数量不断增加，服务质量也得到提升。同时，长护险还推动了康养产业与医疗、养老、健康等相关产业的融合发展，形成了业态综合的产业体系。从数量上看，长护险覆盖范围的不断扩大，使越来越多的失能人员能够获得所需的护理服务；从质量上看，长护险的实施使康养服务机构的服务质量要求变得更高，相关部门对康养机构进行严格的监管和考核，推动了康养产业服务质量整体提升。康养机构与医疗机构、养老机构等建立紧密的合作关系，共同为失能人员提供了全方位的服务。苏州市相城区人民政府与中国健康养老集团进行合作签约，双方就中康养科技总部的设立、银发经济产业园区的构建、长三角康养综合基地的发展规划、区域性康养综合体的建设等多个项目进行合作，致力打造一个健康、宜人的养老环境，为老年人提供高品质的养老服务。

2. 养老护理服务业

苏州市通过全面覆盖职工和居民的长护险制度，带动养老产业年增加值超 45 亿元。长护险的实施，有效培育了 12 家本土护理设备企业，其年产值达 8.2 亿元；带动护理岗位新增 3.2 万个，其中持证护理员占比从 35% 提升至 92%，护理员平均月薪从 3200 元增至 5800 元，涨幅 81%；护理服务人员以“40 岁、50 岁、60 岁”就业困难人员居多，极大缓解了“大龄工”就业问题。

截至 2024 年 6 月底，长护险基金累计支出 23.43 亿元，政策、资金的“双支持”，有力促进了苏州市养老护理服务业的结构优化升级和高质量发展。护理机构、护理人员和护理对象之间桥梁的搭建，解放了家庭成员中的其他劳动力，使人力资源得到更加合理的利

用。社会养老服务需求的增加，使进入护理行业的年轻人数日益增多，促使失能老人能够及时享受到养老服务，进而提升了人们对养老服务业的满意度。同时，通过明确照护服务的服务时长、频次、过程和结果等要求，定点服务机构能更遵循统一的规范与准则，推动养老服务标准化发展。

（二）长期护理保险与养老服务金融的联动分析

1. 护理机构

苏州市住院护理机构从试点之初的 25 家增至 157 家，居家护理机构从 0 增至 132 家，已有的 354 个护理服务站点，几乎覆盖苏州市的各社区、街道和乡镇。长护险的待遇给付有效提高了失能老年人的基本养老服务消费能力，激发了潜在需求，为护理机构的发展提供较大的可能性。长护险的引入为服务机构提供了稳定的收入来源和明确的监管标准，降低了以往照护机构的经营风险和不确定性，使更多社会力量愿意加入养老服务业。同时，长护险为失能人员提供了专业的护理服务，直接促进了护理机构的快速发展。随着长护险的推进和待遇给付的提高，越来越多的护理机构加入长护险定点服务行列，依据市场需求的变动，灵活提供更具针对性的养老服务方案。

2. 辅具租赁服务机构

苏州市把电动护理床、手动及多功能轮椅、康复助行器等租赁服务的支出均纳入长护险基金的偿付范畴。用“租赁”代替“购买”，个人只承担小部分租赁费用，极大减轻了失能人员家庭的经济负担。自 2023 年 12 月该项政策实施以来，辅具租赁共计申请 1957 例，申请率为 4.76%；累计享受 1514 例，享受率为 3.68%。依据既定的待遇准则，参保者可在目录内挑选辅具产品，并依据规定的支付标准承担租赁费用，其中基金覆盖 85%，个人仅需自付 15%。在一个自然年度内，辅具租赁费用的最高支付限额设定为每人 5000 元，限额内的费用由基金按比例承担，超出部分则需由个人全额支付。为了优化服务流程，建立了辅具机构的协同机制，并成立辅具推广团队，以打造具有苏州特色的长护险辅具服务体系。申请人仅需提交一份申请表，即可享受包括上门适配、安装及售后服务在内的全方位服务。此外，还推出了线上辅助租赁申请渠道，用户可通过“苏周到”APP 或“苏州医保”微信公众号完成申请。

3. 护理培训机构

随着对专业护理人员的需求不断增加，护理培训机构也得到了快速发展，累计开展护理员培训约 15.6 万人次，培养高级护理员 2800 名、专项技能人才 5500 名。与高校合作开设“长护险订单班”，定向培养专业人才 1200 余名。苏州市深化专项培训，精准对接居家失能人员。开展居家护理员辅具租赁政策培训全覆盖，让更多人员更快地享受到辅具服务。针对一些老年化程度较高的社区，积极组织人员进社区进行政策宣讲，并利用12393热线、医保短信等点对点加强与辅具待遇享受人员沟通联络。

失能人员对护理服务（日常生活照顾、医疗护理和心理慰藉）需求的增加，要求护理人员不仅要掌握基础的护理技能，还需具备良好的沟通技巧和心理素质。为提升自身的能力，护理人员选择进入专业的培训机构进行培训。同时，护理行业的快速发展也促使护理人才需求不断增加，新的护理理念与技术要求，需要护理人员持续增加相关知识的储备，使其更贴合行业发展的实际需求。

四、建议及对策

（一）完善金融服务支持体系，提升长期照护服务供给能力

苏州市长护险全方位保障体系为当地创造了众多就业机会，展现了苏州市政府的社会责任担当。试点地区定点服务机构护理人数达33万人，是试点初期（2017年）的近10倍，苏州市护理人员队伍中“40岁、50岁、60岁”年龄段就业困难人员的比例较高，在一定程度上缓解了大龄人员的就业难题。

苏州市长护险自实施以来，一直高度重视护理服务质量，举办长护培训暨技能比赛，以赛带训、以赛促学，注重通过学习培训、加强考核等形式向护理服务要质量、向待遇支出要效率。苏州高校开设了养老服务专业和养老护理课程，共育养老服务人才。因此，培养专业且稳定的护理人才成为机构的核心诉求，这不仅需要机构创新管理方式以吸引人才，更依赖于国家层面对护理人才培养的重视以及社会层面对护理行业职业认知的转变。

未来，养老和长期照护行业将成为发展的朝阳产业。其他地区应学习苏州经验，致力于培育长护险的专业护理人才：第一，学习苏州市加强人才培养和专业建设，引导相关院校探索学徒制培养模式，推动产学研融合，以培养高素质的长期护理技能人才，满足失能人员的生活照料和心理健康需求。第二，通过提供免费培训、社会保险补贴和就业补贴，吸引更多社会人员投身于长期护理工作。第三，将长期护理师在护理员中的比例纳入机构考核标准，激励现有机构中的护理人员报考，通过系统化学习提升专业技能。

（二）政策协同与养老产业金融创新深度融合

第一，苏州市长护险“1+N”政策框架，推动了服务标准化，率先取消了参保年龄限制，覆盖职工与居民医保全体人群，最小受益者2岁，最大受益者112岁，体现了长护险的普惠性。此外，苏州市通过“单位缴费+个人缴费+医保划转”的多元筹资模式，明

确职工与居民的差异化缴费标准，既保证了资金来源的稳定，又通过了风险共担机制来激励市场化运作。其他地区可以借鉴苏州长护险覆盖范围和筹资模式，探索财政、企业、个人责任共担机制，并鼓励金融机构设立专项产业基金，以市场化手段撬动养老产业资金池。

第二，苏州委托商保机构承担失能评估、服务质量监控等全流程管理，通过信息化手段精准稽核居家护理行为。其他地区可以借鉴苏州引入商保机构发挥市场化运营优势，减轻政府行政负担，同时需要建立动态考核机制，来确保服务质量。

第三，苏州康养集团推出 3D 激光雷达系统，通过 AI 建立动态健康档案，康养集团是苏州市一级国有企业，苏州市养老产业联合会促进了银行、保险机构与康养企业合作，所以其他地区可以鼓励国企发展牵头示范项目，发挥资源整合的作用，制定护理服务等行业标准。

（三）优化长护险养老服务产业链

苏州市将电动护理床、多功能轮椅、康复助行器等列入长护险基金保障范围，智能辅具的纳入使养老服务产业链更加完善，满足了失能老年人多样化、个性化的需求。这不仅提高了老年人的生活质量，也为养老服务业带来了新的增长点。

同时，政府补贴推动智能护理机器人租赁市场的发展，有助于培育新兴产业，促进养老服务产业链的优化升级。在辅具租赁支付方式上，基金承担 85%，个人承担 15%，且租赁周期不少于 90 天，避免了资源的浪费，有效降低了个人负担，促进了辅具租赁市场的健康发展。

此外，动态适配与退出机制的建立，即参保人需进行专业适配评估，若参保人入住医疗机构或养老机构，则自动终止辅具租赁待遇，确保资源精准匹配，提高了养老服务产业链的运行效率，为推动我国养老服务事业的发展提供了有益借鉴。其他地区可借鉴苏州的经验，进一步优化养老服务产业链，以满足日益增长的养老服务需求。

思考题

1. 苏州市长期护理保险的“苏州模式”在筹资机制与待遇支付标准上进行了哪些创新？

2. 长护险基金结余率逐年上升可能说明什么问题？

3. 请结合辅具租赁服务中“个人自付 15%、年度限额 5000 元”等政策设计，分析现有监管措施如何平衡服务可及性与基金安全，并讨论在农村地区推广时可能面临的监管挑战。

参考文献

［1］张文娟，梅真．长期护理保险与社会养老服务体系的协同发展策略——基于对长期护理保险试点经验的分析［J］．北京行政学院学报，2024（6）：118－125.

［2］李一达．苏州市长期护理保险政策对健康保险发展的影响研究［D］．太原：山西财经大学，2024.

［3］解韬，李昀东，张晶．长三角、珠三角地区人口老龄化时空变迁比较研究［J］．人口与发展，2021，27（4）：111－120.

［4］唐金成，李莹莹．长期护理保险赋能农村养老问题研究［J］．南方金融，2022（3）：63－76.

［5］朱铭来．我国长期护理保险制度全面推行的难点与重点［J］．人民论坛，2024（20）：60－63.

［6］章茕，周春霞，李春秋．长期护理保险促进老年人心理健康的作用机制——健康支持效应与代际情感支持效应［J］．广东财经大学学报，2025：1－14.

第五部分　数字金融篇

在数字化时代的浪潮下，数字金融已成为金融创新发展的前沿阵地。数字金融依托大数据、云计算、人工智能、区块链等新一代信息技术，对金融产品、服务模式与业务流程进行全方位革新，极大地提升了金融服务的效率、质量与覆盖范围。从移动支付的普及让交易变得便捷高效，到数字货币的试点为货币体系带来新变革；从数字信贷解决小微企业融资难题，到智能投顾提供个性化财富管理服务，数字金融正深刻重塑着金融生态。与此同时，数字金融也给金融监管带来新的挑战。本篇将聚焦数字金融的创新实践，剖析其发展趋势、应用场景以及面临的挑战与应对策略。

案例 20

数通上下，链润实体

——浙商银行数字化供应链金融新模式助力绿色低碳发展

方茜　顾天艾　孙筱雅[①]

① 方茜，上海立信会计金融学院金融学院副教授，研究方向为公司金融、绿色金融、供应链金融。顾天艾、孙筱雅，上海立信会计金融学院金融学院本科生。

在全球“双碳”目标驱动下，绿色金融成为推动经济低碳转型的关键力量。浙商银行作为国内领先的股份制商业银行，以“善本金融”理念为核心，依托数字化技术重构供应链金融模式，将绿色低碳发展融入产业链全流程，探索出一条“数智化+绿色化”的金融创新路径。本案例通过数据分析与模式拆解，深入剖析浙商银行如何通过数字化供应链金融赋能实体经济，助力绿色低碳发展。

一、案例背景

在全球经济一体化的大背景下，供应链作为连接生产与消费的桥梁，其稳定性和效率直接影响市场的繁荣与发展。然而，随着环境保护意识的日益增强和可持续发展理念的深入人心，传统供应链金融模式正面临着前所未有的挑战与变革。随着“双碳”目标的明确提出和绿色金融政策的持续推进，金融机构被赋予了新的历史使命——将环境效益纳入业务核心，推动经济向低碳、绿色方向转型。

我国作为全球最大的发展中国家，已明确承诺到 2030 年实现碳达峰，到 2060 年实现碳中和。这一宏伟目标的实现，离不开金融体系强有力的支持。绿色金融政策的出台，旨在引导资金流向节能环保、清洁能源、绿色建筑等绿色产业，促进绿色技术的研发和应用，降低绿色项目的融资成本。金融机构作为资金的主要提供者，被鼓励在业务决策中充分考虑环境因素，将绿色信贷、绿色债券、绿色基金等绿色金融产品作为服务实体经济、推动绿色转型的重要工具。

然而，在绿色转型的过程中，依然面临一些问题。一方面，产业链中的中小微企业，由于规模较小、信用记录不完善等原因，往往难以获得传统金融服务的支持，融资难、融资贵成为制约其发展的重要因素。根据国家统计局数据，截至 2022 年末，中国中小微企业数量已超 5200 万户，占市场主体超 90%，较 2018 年末增长 51%，但其融资需求长期面临“短、频、急、纯信用”的难题。2023 年数据显示，规模以上企业应收账款增幅达 163%，而销售收入增幅仅 50%，链上资金循环不畅问题凸显。另一方面，绿色产业低碳转型也面临金融缺口。绿色产业如新能源、节能环保等具有前期投入大、回报周期长的特点，传统信贷模式依赖抵押物，难以匹配绿色项目的融资需求。2023 年，我国绿色融资需求缺口仍超 1.5 万亿元。此外，传统供应链金融模式中的信息割裂问题也日益凸显，信息不对称、数据不共享导致了风险识别和控制的难度增加，进一步加剧了融资难的问题。

面对这些挑战，浙商银行作为国内领先的商业银行之一，积极寻求创新突破，提出了“数字化+绿色化”的双轮驱动战略。这一战略以数智化供应链金融和绿色金融为轴心，旨在构建一种全新的融合模式，为产业链的低碳转型提供有力支持。

二、浙商银行数字化供应链金融模式概述

浙商银行数字化供应链金融新模式，是在服务实体经济、优化金融资源配置方面的一项成功探索。该模式通过数字化技术，将供应链上下游企业的交易数据、物流数据、资金流数据等进行整合和分析，形成全面的企业信用画像，为中小企业提供精准、高效的融资服务。作为国内供应链金融领域的标杆机构，浙商银行通过数字化创新与场景化深耕，构建了覆盖全产业链的金融服务体系，形成了独特的竞争优势。以下从发展概况、产品服务、创新模式、客户案例、市场规模及行业影响等维度进行全面解析。

（一）业务规模发展概况

浙商银行以“场景服务”为核心竞争力，构建了覆盖电力、能源、汽车等近 30 个行业的差异化解决方案。截至 2024 年 12 月末，浙商银行供应链金融累计投放超 7000 亿元，服务全国核心企业超 3500 家，延伸上下游客户超 7.1 万户，其中普惠小微企业占比超 80%。重点聚焦新质生产力领域，包括新能源、绿色低碳、智能制造等产业链，如电力行业的“电链通”累计融资超 800 亿元，汽车行业的“车链通”服务超 50 家龙头企业。通过核心企业信用传递，解决小微企业“融资难、担保难”问题。例如，在光伏产业链中，下游农户可通过大数据风控模型实现 7 天内线上融资；在纺织行业中，小微企业通过数字化平台对接，融资成本降低了 20%。

（二）产品与服务模式

1. 浙商银行供应链金融主要产品

浙商银行在供应链金融领域精耕细作，不断创新与突破，形成了一套涵盖行业定制化产品与通用化工具平台的全方位、多层次服务体系，旨在满足不同类型、不同行业企业的多元化融资需求。

（1）行业定制化产品：精准对接，深度服务。

浙商银行深知，不同行业的企业在供应链金融方面的需求各不相同。因此，其积极与各行业龙头企业合作，推出了一系列行业定制化产品，以精准对接企业的实际需求。

①电链通。浙商银行与南方电网携手，深入探索电费缴纳场景下的融资需求。他们针对制造业企业电费支付压力大的问题，量身打造了一项专项融资模式——电链通。“电链通”不是单一的产品，而是系列产品组合，能提供覆盖电力能源行业全场景的供应链解决方案，旨在解决电力能源行业产业链各交易结算环节痛点和上下游企业面临的各种金融难

题。通过这一模式，企业可以将电费支付与融资相结合，有效缓解了资金压力。目前，电链通已成功服务超过 2000 家制造业企业，批复敞口授信超过 33 亿元，累计投放超 17 亿元，业务余额超 12 亿元，赢得了广泛好评。

②车链通。在汽车产业链中，订单备货、应收账款盘活等环节的资金需求尤为突出。浙商银行针对这一特点，推出了车链通产品。该产品全面覆盖汽车产业链的各个环节，为企业提供灵活多样的融资方案，实现了信息透明化和风险控制等功能，提升服务效率，降低融资风险。目前已与北京奔驰、吉利汽车等超 50 家产业链龙头企业达成合作。累计融资超 800 亿元的车链通，不仅助力汽车产业链上下游企业稳健发展，也进一步巩固了浙商银行在汽车金融领域的领先地位。

③分销通/订单通。针对特定行业上下游企业的融资需求，浙商银行推出了分销通/订单通产品。以海康威视下游经销商为例，其通过分销通产品累计融资 26 亿元，有效解决了经销商在采购、销售过程中的资金难题。这一产品的推出，不仅促进了产业链的资金流通，也增强了上下游企业之间的合作与信任。

（2）通用化工具平台：灵活高效，降低成本。

除了行业定制化产品外，浙商银行还打造了一系列通用化工具平台，为企业提供更加灵活、高效的融资服务。

①池化融资平台。浙商银行深知企业在资金管理方面面临的挑战。因此，他们推出了池化融资平台，进而推出了票据池、出口池和资产池三大产品，支持企业根据自身需求合理调配资金。通过这一平台，企业可以将不同来源、不同期限的资金进行统一管理，提高资金的使用效率。同时，池化融资平台还提供了灵活的融资方案，企业可对贷款额度、期限、还款方式进行个性化定制，从而满足不同融资需求，帮助企业降低资金成本，提升流动性管理效率。

②应收款链平台。应收账款是企业资产的重要组成部分，但传统的应收账款管理方式往往存在效率低下、成本高昂等问题。浙商银行基于先进的区块链技术，推出了应收款链平台。这一平台实现了应收账款的电子化流转和高效管理，大大降低了企业的融资成本和时间成本。目前，应收款链平台共落地 2500 多个，帮助 17000 多家企业盘活融通资金超 2500 亿元。通过应收款链平台，企业可以更加便捷地进行应收账款的融资、转让和兑付等操作，提高了资金的使用效率和安全性。

2. 浙商银行供应链金融服务模式

浙商银行在供应链金融领域不断探索与创新，形成了独具特色的“行业化 + 嵌入式”服务模式，以及一系列配套的服务体系和专营模式，全方位满足企业的多元化融资需求。

首先，浙商银行通过流程重构、授信创新、技术赋能和服务跃迁四大创新手段，构建了“行业化+嵌入式”的供应链金融服务模式。这一模式的核心在于深入理解不同行业的特性和企业在采购、仓储、销售、分期还款等不同场景下的个性化需求。浙商银行通过与行业龙头企业紧密合作，将金融服务深度嵌入到企业的生产经营流程中，实现金融与产业的深度融合。无论是制造业的原材料采购，还是零售业的库存管理，浙商银行都能提供量身定制的金融解决方案，帮助企业优化资金流，提高运营效率。

其次，为了进一步提升服务效率和覆盖面，浙商银行利用区块链、物联网、大数据等前沿技术，打造了“科技+金融+行业+客户”的供应链金融综合服务平台。这一平台不仅实现了金融服务的线上化、自动化，还通过数据共享和交叉验证，有效解决了上下游企业融资难、担保难的问题。企业可以通过平台快速获得融资支持，无须烦琐的线下手续和漫长的等待时间。同时，平台还提供了丰富的金融产品和服务，满足企业在不同发展阶段和场景下的融资需求。

除了上述服务模式外，浙商银行还提供全链条、全场景、全产品的供应链金融综合服务方案。这一方案覆盖了企业生产、采购、订单、支付、销售等全交易场景，为企业提供一站式的金融服务。无论是企业的日常运营资金，还是项目扩张的大额融资，浙商银行都能提供全方位的支持。

此外，浙商银行还在杭州分行设立了“供应链金融工厂”，通过设立特色支行和专属风控团队，提供专业化经营、过程化风控、标准化管理和全流程服务。这种特色专营模式不仅提高了服务效率和质量，还降低了风险成本，为企业提供了更加安全、可靠的金融服务。

浙商银行在不断升级供应链金融服务模式的过程中发现，不同行业供应链融资存在差异化需求，须从行业需求出发，分析行业在生产、采购、订单、支付、销售全场景的典型特征，通过数字化应用，分类施策提供行业供应链金融服务解决方案。它通过“行业化+嵌入式”服务模式、数字化供应链金融平台、全链条全场景全产品服务方案以及特色专营模式，构建了完善的供应链金融服务体系，为企业的稳健发展提供了有力的金融支持（见图20-1）。

三、案例模式分析

本部分以光伏行业和新能源汽车行业为例，探讨浙商银行利用数字化供应链金融服务绿色产业发展的具体模式。

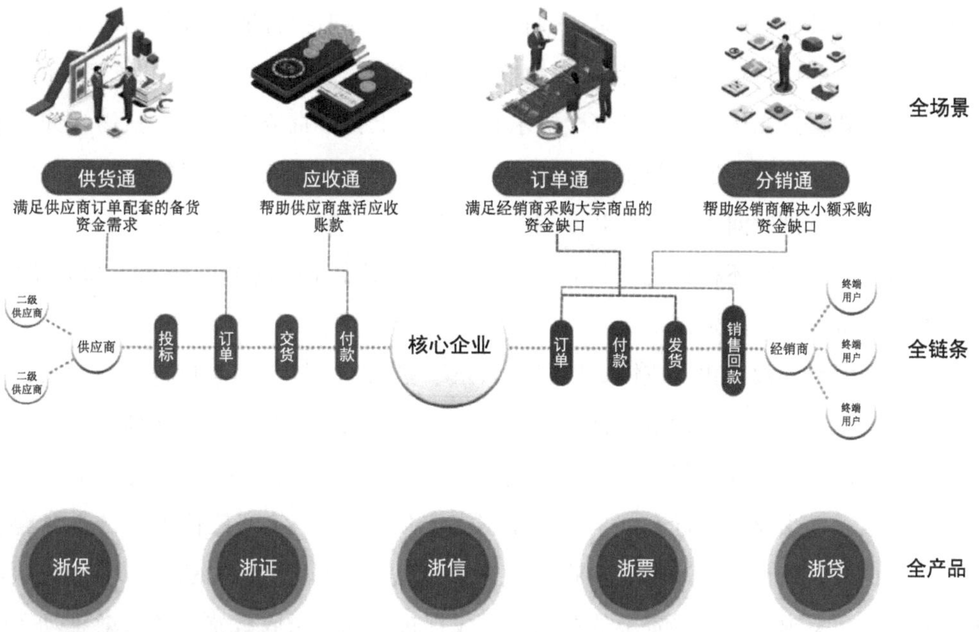

图 20－1　浙商银行全链条、全场景、全产品供应链金融服务模式

资料来源：央广网。

（一）光伏行业供应链金融案例模式

“双碳”目标背景下，能源产业发展面临着历史性的机遇和挑战。正泰安能数字能源（浙江）股份有限公司（简称“正泰安能”）是光伏行业的领军企业，专注于分布式光伏发电站，即“光伏屋顶”的研发与销售。其产业链涉及上游供应商、核心企业自身生产、下游经销商以及终端农户安装运维等多个环节。在产业链中，终端农户由于缺乏抵押物和担保，往往难以获得传统金融机构的融资支持，限制了其参与光伏发电项目的积极性。

自 2021 年年底起，浙商银行大力开展能源金融专业化经营，并新设能源金融部次一级部门，重点服务电力能源生产和电力能源转换领域，为能源产业高质量发展注入金融动力，以实际行动打造共同富裕示范区先行银行，科技赋能涉农领域，支持乡村振兴。浙商银行围绕光伏行业特点，深入调研正泰安能产业链融资需求，打造全链条、全场景、全产品的供应链金融综合服务方案，实现从产业链的上游供应商采购、核心企业自身生产、下游经销商销售到终端农户安装运维的融资需求全覆盖。在终端农户安装运维场景下，浙商银行通过大数据精准风控，为核心企业增信，无须提供抵押物和其他担保，解决农户购置光伏发电设备资金需求，大大降低了农户参与光伏发电项目的门槛，针对性解决了农户融资难题。

浙商银行的具体做法如下：一是大数据精准风控。浙商银行通过大数据技术对农户的信用状况进行精准评估，结合正泰安能的核心企业增信，无须农户提供抵押物和其他担保，即可解决其购置光伏发电设备资金需求；二是线上化审批流程。农户只需在线上平台提交贷款申请，浙商银行通过与正泰安能的数据信息交互，由大数据风控模型实时完成审批，大大缩短了审批时间。从联系开办相关手续到放款，整个流程仅耗时 8 天；三是定制化金融产品。浙商银行还根据光伏行业的特点，推出了定制化的金融产品，如光伏贷等，以满足不同环节企业的融资需求。

通过浙商银行的数字化供应链金融服务，正泰安能产业链上的农户得以顺利获得融资支持，大大降低了参与光伏发电项目的门槛。据统计，截至某时间点，浙商银行已为正泰安能产业链上的数千户农户提供了融资支持，累计投放金额超 11 亿元，为终端农户提供融资 31.11 亿元、惠及农户近 5 万户，还获得正泰安能 2022 年度最佳供应链金融合作银行的称号。此外，浙商银行还配套实施“微光计划”，选取符合条件的山区 26 县光伏贷客户进行阶段性免息返还。这些资金的注入，不仅促进了农户增收致富，还有效推动了光伏产业的快速发展。

（二）新能源汽车行业供应链金融案例模式

随着新能源汽车产业的快速发展，产业链上的中小企业对资金的需求日益增加。然而，由于新能源汽车产业具有技术更新快、研发投入大等特点，中小企业往往难以获得传统金融机构的融资支持。

针对新能源汽车行业的融资需求，浙商银行同样采取了数字化供应链金融新模式。首先，深入分析行业特点。浙商银行对新能源汽车产业链进行了深入分析，明确了各个环节企业的融资需求和痛点。其次，构建全链条金融服务。浙商银行围绕新能源汽车产业链的核心企业，构建了覆盖上游供应商、核心企业自身生产、下游经销商以及终端消费者等全链条的金融服务体系。通过数字化技术，将各环节企业的交易数据、物流数据等进行整合和分析，为中小企业提供精准、高效的融资服务。例如，“产业集群数据链融资”，针对汽车零部件制造企业提供额度最高为 300 万元的纯信用产品，无须核心企业增信；“缴费白条”，专项用于向供应商缴纳用能费用的纯信用融资，支持企业自用自缴和三方代缴，额度最高为 500 万元等。最后，创新金融产品。针对新能源汽车行业的特点，浙商银行推出了多款创新金融产品，如“科创积分贷”“专精特新贷”“科创银投贷”“设备购置贷”等，以满足不同环节企业的融资需求。浙商银行通过供应链金融综合服务应用，为吉利汽车提供融资服务。目前，浙商银行累计为吉利汽车提供融资超 2200 亿元，融资余额 1001 亿元，累计服务产业链上下游客户 18247 户，其中符合普惠标准的占比超 80%，有效支持了吉利汽车及其上下游企业的发展，保障了产业链供应链的稳定。除此之外，浙商银行还聚焦跨境金融，提供特色服务，如通过“浙商汇利盈”“浙商数据保”等特色产品为出口企业提供汇率避险保值服务；为跨境交易双方提供跨境资金收付、跨境投融资服务、跨境流动性服务等。

通过浙商银行的数字化供应链金融服务，新能源汽车产业链上的中小企业得以顺利获得融资支持，有效推动了新能源汽车产业的快速发展。

四、启示与建议

在经济全球化与数字化的浪潮中，供应链金融作为连接产业与金融的桥梁，正经历着前所未有的变革与升级，传统供应链金融模式在数字化时代的大潮下已难以满足市场多元化、精细化的需求。在此背景下，场景化供应链金融成为推动产业绿色转型发展的新引擎。浙商银行作为金融行业的先行者，其在实践中的探索与尝试，为我们提供了宝贵的启示与建议。

（一）深耕场景沃土，洞悉客户心声

传统上，供应链金融以银行主导模式、核心企业主导模式为主，但随着产业的数字化发展，场景化供应链金融变得尤为重要。场景化供应链金融的核心在于“懂你所需，予你所求”。它要求金融机构不仅要具备敏锐的市场洞察力，还要拥有快速响应市场变化的能力。浙商银行通过构建多元化的场景服务体系，如针对特定行业的定制化融资方案、基于交易数据的信用评估模型等，实现了对客户需求的全方位覆盖。这种以客户为中心的服务理念，不仅提升了金融服务的针对性与有效性，也增强了客户的满意度与忠诚度。

（二）数字化赋能，驱动供应链金融服务升级

数字化，是供应链金融升级的加速器。在“降低融资成本、提升服务效率、稳链固链强链”的核心需求驱动下，浙商银行积极探索数字化赋能的新路径。其围绕产业链链主及实体企业上下游中小微企业的真实交易背景，运用大数据、云计算、区块链等先进科技手段，打造了供货通、应收通、订单通、销售通“四通”供应链金融数智化服务模式。此外，浙商银行还整合输出了专业金融顾问服务和金融级风控能力，为产业链的高质量发展提供了一站式解决方案。这种综合性的金融服务，不仅满足了企业的融资需求，还帮助企业在市场竞争中保持稳健发展，实现了金融与产业的深度融合。

（三）共筑协作之基，共绘生态发展路径

供应链金融的发展，离不开多方协作的生态环境。浙商银行在实践中探索出了“政府＋链主＋链企＋金融机构＋技术公司＋咨询机构”的六方合作模式，这一模式聚焦浙江省十大标志性产业链，通过统筹优化配置资源要素，形成了强大的合力。政府作为政策制定者与监管者，为供应链金融的发展提供了良好的政策环境与法律保障；链主企业作为产业链的龙头，发挥着引领与带动作用；链企则是金融服务的直接受益者，它们的健康发展是供应链金融成功的关键；金融机构作为资金的提供者与服务者，是供应链金融的核心；技术公司则提供技术支持与解决方案，推动金融服务的创新；咨询机构则提供专业的智力支持，为各方提供策略建议与决策参考。这六方通过紧密合作，共同为企业提供了采销、仓储、租赁、分期还款、存量资产盘活等多跨场景的金融服务，推动了生态的共创与共享。这种协作模式的建立，不仅提高了金融服务的效率与质量，还促进了产业链的整体升级与优化。

（四）融合绿色理念，拓展供应链金融场景

在可持续发展理念日益深入人心的今天，绿色金融与供应链金融的融合已成为不可逆转的趋势。浙商银行在这一领域也进行了积极的探索与实践，其通过将绿色金融的理念融入供应链金融服务中，为环保企业、绿色项目提供了更加优惠的融资条件与更全面的金融服务。绿色金融与供应链金融的融合，不仅有助于推动绿色产业的发展与壮大，还促进了环境保护与经济发展的双赢。浙商银行通过创新绿色金融产品与服务模式，如绿色供应链融资、碳交易融资、绿色债券等，为绿色产业的成长提供了有力的金融支持。同时，还通过加强与环保部门的合作，共同推动绿色标准的制定与实施，为绿色金融的健康发展提供了有力的保障。

五、结语

浙商银行通过数字化供应链金融模式，将绿色低碳目标嵌入产业链全生命周期，实现了“金融活水精准滴灌”与“生态效益规模转化”的双重突破。其经验表明，以数据为纽带、以场景为载体、以协同为动力的新型金融范式，将成为推动实体经济高质量发展的关键引擎。未来需进一步突破制度与技术瓶颈，构建多方共赢的绿色金融生态体系。

思考题

1. 从绿色金融的角度来看，浙商银行的“数智化 + 绿色化”金融创新路径有哪些具体体现？

2. 分析浙商银行在光伏行业和新能源汽车行业中的具体实践案例，比较这两个案例在融资模式、风险控制和客户群体等方面的异同。这些异同对其他绿色产业的供应链金融实践有哪些启示？

3. 结合浙商银行的案例，探讨数字化供应链金融模式在未来的发展趋势和潜在风险。金融机构应如何进一步创新和优化这种模式，以更好地支持实体经济的绿色低碳发展？

参考文献

[1] 单明威．多方参与下的绿色供应链金融模式研究［J］．环境与可持续发展，2019，34（3）：64－67.

[2] 宋大为．供应链视角下的绿色金融模式研究——以宁夏为例［J］．甘肃金融，2018（1）：35－36，71.

[3] 完颜素娟．绿色金融与普惠金融融合发展的困境、机理与路径——基于供应链金融视角［J］．华北金融，2024（8）：38－49，60.

[4] 徐辉，周庭正．供应链金融在生态环保项目中的应用研究［J］．环境保护，2020，48（20）：46－50.

[5] 薛小飞．商业银行绿色供应链金融的实践思考：模式、问题及对策［J］．新金融，2022（3）：41－47.

案例 21

链上智能·智链未来

——区块链赋能上海建工电商供应链金融创新的案例研究

褚燕　任卫[①]

① 褚燕，通讯作者，管理学博士，上海立信会计金融学院金融学院教师，研究方向为数字金融、数据资产管理和交易。任卫，上海建工电子商务有限公司，运行经营部经理。

本案例研究上海建工电商公司利用区块链技术，通过构建“营造产业平台”，推动建筑行业供应链金融的数字化转型。案例分析了区块链技术在数据可信共享与智能合约自动化中的应用，及其对供应链数字化创新的关键作用。通过实际应用场景，本案例展示了技术协同创新在优化资金流转、提升融资效率、降低企业运营风险方面的深远影响，并为建筑行业供应链数字化转型提供了可复制的范式。

一、案例背景

为了加强金融精准服务供应链产业链完整稳定，切实为中小企业提供融资服务，2024 年 6 月上海金融监管局联合人民银行上海市分行等多部门，印发《上海银行业保险业建设供应链金融示范区行动方案》，推动建设上海供应链金融示范区，以实现上海龙头企业、“链主”企业及重要产业链的供应链金融服务全覆盖，提升金融服务产业全链条的能力。这一政策导向为建筑行业数字化转型提供了制度保障，也为金融科技与实体经济深度融合创造了政策窗口期。

伴随我国城镇化率不断提升带来的增量市场收窄和“双碳”目标倒逼行业绿色转型，且在“新基建”战略推进下，建设项目呈现数字化、智能化特征，亟须通过技术创新重构产融结合模式，破解工程建筑产业链条长、资金周转慢、信息不对称等难题。

作为中国建筑行业的龙头企业，上海建工集团连续三年位列世界 500 强（2024 年第 354 位），形成“1 +7”业务板块协同发展格局，维持了较高的经营业绩。上海建工集团积极探索“建筑 + 互联网”发展模式，2015 年启动数字化转型战略，与浪潮集团共建“营造商”电子商务平台，同年成立了建工电商公司，由其负责运营营造商平台，这一举措不仅推动了自身的创新发展，还引领了产业链、供应链的数字化变革。

二、案例概述

上海建工电子商务有限公司（简称“建工电商公司”）成立于 2015 年 10 月 1 日，是上海建工集团在积极响应国务院“互联网 +”行动的背景下，推动传统产业与互联网深度融合而设立的全资子公司。作为一家专注于建筑领域的互联网企业，建工电商公司提供电子商务服务、产业服务、信息技术服务和商旅服务，并于 2018 年成功注册了“营造商”商标。围绕这一品牌，建工电商公司实施建设的“营造商”平台承载了上海建工集团探索和发展“建筑 + 互联网”商业模式，旨在打造一个互联化、集成化、数字化、智能化的建筑行业新生态。

建筑行业具有项目周期长、参与方多、交易复杂的特点，供应链金融在支持资金流动和项目顺利推进中扮演着重要角色。然而，传统供应链金融面临诸如信息孤岛导致信任不足、多级供应商融资难、风险管理滞后和审批流程烦琐等挑战。为解决这些行业痛点，建工电商公司的营造产业平台依托营造商平台中丰富的业务数据资源，运用区块链技术为产业链数据赋能、打造企业数据资产，创新建立了企业端“产业链—业务链—数据链”＋银行端“供应链金融”的良性循环模式，为银行提供信息服务及技术咨询服务，助力金融机构增强产业链上下游中小微企业的融资可获得性。

建工电商公司通过区块链技术的可信数据共享能力和数据处理与分析方面的优势，为供应链金融注入了智能化与高效化的创新动能，为传统行业的数字化转型提供了重要示范。建工电商公司搭建的“营造产业”利用区块链技术与银行系统直联对接，实时链上交互交易、资金及物流等信息，并基于经核心企业（即上海建工集团内具有法人资格的采购单位，简称“核心企业”）确认的应收账款债权的反向保理，为上游供应商提供全流程线上操作的应收账款信息服务。“营造产业”平台通过区块链技术实现信息透明共享，自动化合同执行减少延误与争议，构建信任机制，提高供应链效率；银行应用人工智能技术进行风险评估和智能审批，缩短融资时间，提高融资效率。

目前，建工电商公司的营造商平台的注册供应商数量已达到 7 万余家，活跃供应商数量近一半，旗下营造产业子平台已接入 9 家银行系统，初步构建了企业与银行端共赢生态圈，协同金融机构解决传统供应链金融模式因信息不透明、信用断裂等问题，实现了高效支持产业链上下游中小微企业的资金需求。2024 年，建工电商公司的“营造产业”平台成功入选“2023 年上海市产业互联网示范平台”，已累计助力近千家供应商成功融资 120 多亿元。

三、案例模式分析

建工电商公司与银行探索形成了上海建工集团内的企业平台与银行机构合作的信息服务新模式，以数字科技综合解决方案，开展信息服务、技术咨询等服务，并与集团内部单位合作，探索开展多元化、专业化物资集采分供业务。作为全国建筑行业中首家将区块链技术应用覆盖招投标、合同签订、要货结算全部业务环节的平台，其真正实现贸易全流程上链存证，并与融资环节实时交互。建工电商公司通过构建基于区块链的营造产业平台，将供应链上的核心企业、次级供应商、银行等多方连接在一个可信网络中。营造产业平台同上海建工集团内部和外部多平台联动，直接获取供应商注册以及贸易履约等数据，提高平台数据时效性和准确率。营造产业平台已获得了国家信息安全等级保护三级认证、区块链应用安全评估、CFCA 场景证书，确保数字化融资环境的安全性。

（一）“营造产业”平台架构

“营造产业”平台作为一个完备的供应链金融信息平台，实现了全流程一站式操作服务，涵盖额度分配、供应商融资、核心企业确权、供应商提款等环节，如图 21－1 所示。其中，“营造产业”平台的核心架构以区块链网络为核心，采用联盟链模式，由多个节点组成，订单、发货单、收货单、应付账款凭证等交易信息记录在区块链上，并通过区块链系统进行传递与验证。当交易发生时，通过预先编写的自动执行规则和条款（如应收账款等凭证的流转和兑付等），信息推送给核心企业和银行，实现流程自动化。

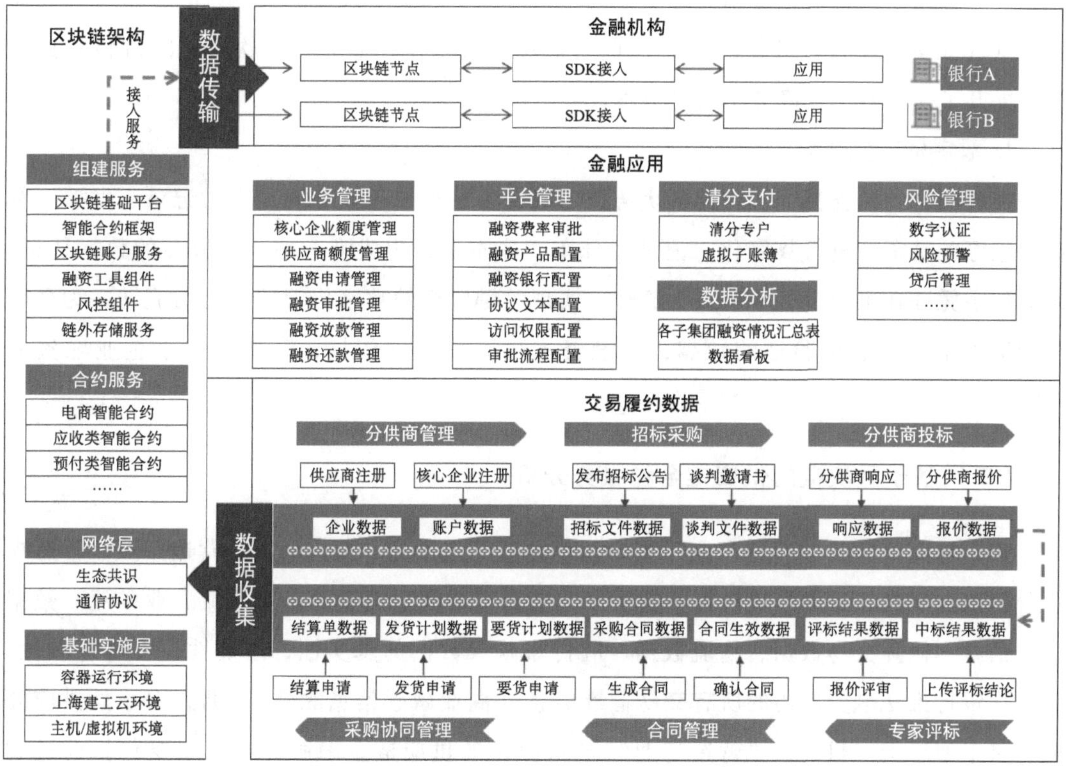

图 21－1　建工电商公司营造产业平台基本架构

1. 区块链网络（联盟链）

“营造产业”平台采用了区块链技术作为核心底层架构，搭建了联盟链网络，部署在上海建工集团的私有云上，由建工电商公司、核心企业、各级供应商、合作银行等多个节点组成，各方通过客户端或 API 接口连接到区块链网络，进行数据交互和交易。区块链作为去中心化的分布式账本，确保了供应链各方的数据透明性和不可篡改性。区块链技术的应用减少了信息传递中的中介环节，保障了数据的真实性、透明性和不可篡改性，为供应链金融中的参与方提供了一个可信任的环境。

2. 数据加密与隐私保护层

在区块链网络的基础上，通过加密技术和零知识证明（ZKP）保护数据隐私，在确保“营造产业”平台上数据共享的同时，保护各方的隐私。“营链”能够在确保数据隐私的基础上提供透明和可验证的信息，保证了信息的安全性和参与方的隐私，尤其是在跨机构合作和数据共享的过程中，确保了合规性和信任。

3. 智能合约层

在数据安全和隐私保护的基础上，实现智能合约的自动执行。基于预设规则和合同条款，智能合约自动执行融资相关的业务流程，避免了人工干预和流程延误。智能合约在关键节点（如货物交付、付款确认等）自动触发相关操作，如应收账款凭证的流转和兑付等，提升了交易效率，降低了交易成本。

4. 数字资产凭证化层

在智能合约的支持下，通过区块链技术将交易数据，包括合同、支付记录、发票、物流信息等关键资产进行数字化，记录在分布式账本上，生成唯一的、可流转的数字凭证。这些数字凭证在平台上各个节点上流转，实现关键资产的数字化管理和可信流转，为金融机构提供了真实、可验证的数据，为融资提供了可靠的依据，降低了中小企业融资的门槛。

（二）基于区块链的供应链金融服务分析

建工电商公司的“营造产业”平台，依托其营造阳光、营造商城、营造产业、营造视界分析四大平台，运用区块链等科技手段，整合实物流、资金流、发票流、业务流、数据流等信息，保障交易数据、物流数据、应付账款等数据的真实性、准确性、不可篡改性，向合作银行推送融资所需的所有交易背景信息（商业敏感信息除外），助力中小微供应商向银行申请融资。目前，“营造产业”平台提供的供应链金融服务业务主要包括营链和营信。

1. 营链：基于区块链的应收账款融资服务

营链是营造产业平台运用区块链技术与其合作的银行系统直联对接，实时链上交互交易、资金及物流信息，基于受让经核心企业确认的应收账款债权，为上游供应商提供全流程线上操作的应收账款信息服务。该产品属于线上反向保理产品，为核心企业主体信用模式，业务全流程简化为 5 个环节（见图 21－2），由供应商于营造产业平台发起融资申请，经核心企业确权，审批通过后直接推送至银行系统审批放款，到期由核心企业还款。

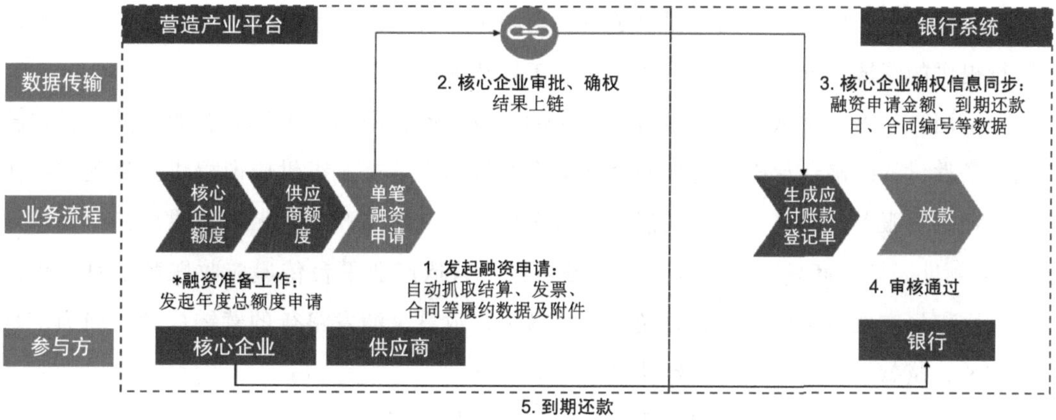

图 21－2　营链产品融资流程

目前，营造产业平台已接入多家银行为其产业链上的供应商提供融资服务，这些银行在供应链金融服务中的放款时效、银行审核流程、开户服务和贷款利率等方面不尽相同（见表 21－1），各银行的差异化服务为不同的企业和客户提供了多样化的选择，有助于优化融资效率和满足客户需求。在实际操作中，企业可根据自身的需求（如放款时效、审核方式、开户便利性等）选择最合适的银行合作。

表 21－1　　各家银行提供的营链服务对比分析

合作银行	放款时效	银行审核	开户
中国建设银行	T+1	人工审核	全国任一网点开户
中国农业银行	T+1	人工审核	全国任一网点开户
招商银行	T+1	人工审核	全国任一网点开户
民生银行	T+0	自动审核	全国任一网点开户
江苏银行	T+0	人工审核	全国免开户
浦发银行	T+0	自动审核	全国任一网点开户

除了浦发银行和民生银行，与营造产业平台合作的其他银行的营链贷款审核均有人工审核环节。以建设银行为例，其为满足中小企业快速回收应收账款、提高资金周转效率，基于供应商对采购商的应收账款，为供应商提供应收账款债权数字化、在线申请将债权转让至资金方、全流程运营等供应链信息服务。有融资需求的营造产业平台供应商需要完成在建设银行网络供应链平台首次注册，后续供应商融资则只需要在平台发起融资申请；然后，等待核心企业完成付款审批后签发融信；核心企业签发后，供应商登录建行网络供应链平台进行签收，然后建设银行供应链放款。到期后，核心企业还款。建设银行由于采用人工审核方式，增加人工干预和风险把控，相对于自动化审核，审核周期略有延迟，放款

时效平均为1个工作日，但同时提供了贷款期限更加灵活和利率较低的融资选择，目前建设银行提供的营链贷款期限为15—365天，年化利率为2.75%。

而采用自动审核贷款的浦发银行，提供的营链服务，同样基于核心企业对其应付账款到期无条件付款的确认承诺，为核心企业遍布全国的产业链多级供应商提供全流程在线操作的保理融资服务。需要供应商在浦发银行全国的任一网点开户，无须对供应商信用作评级/申请额度，供应商只需要在线签署业务协议，营造产业平台传递应收账款信息，供应商通过网银提交融资申请，银行系统审核后就可以放款。浦发银行的营链放款时间为审核当天放款，贷款期限为365天，年化利率为2.75%。

营造产业平台提供的营链融资服务主要特点包括以下三点：

（1）区块链记录与数据共享。核心企业在确认订单、收货和支付后，将应收账款信息记录在区块链上，确保这些数据的真实性、不可篡改性和透明性。把关键节点数据，如订单信息、合同条款、货物交付确认和付款状态等都实时上传至区块链。各参与方（供应商、银行等）能够实时访问这些链上数据，确保交易和资金流转的可追溯性和透明度。

（2）线上操作与自动化流程。通过智能合约，营造产业平台能够自动化执行应收账款等凭证的流转、融资和兑付等过程，降低了人工干预带来的延误和错误。上游供应商可以通过营造产业平台随时查看其应收账款状态，申请融资或进行账款转让。在融资申请制单环节，核心企业和供应商可以直接参照履约数据，如结算单数据生成融资申请，无须逐单输入合同、项目付款等信息，极大简化了供应商和核心企业的融资操作手续。

（3）融资服务与风险管理。银行等金融机构通过银行系统接入营造产业平台访问链上的真实交易数据，营造产业平台可实现融资申请、贸易合同、发票等数据和附件的直推，显著提高银行对链上供应商信用评估的精准性。区块链保证了数据的真实性，降低了信用风险，使融资审批变得更加高效和透明。银行等金融机构根据核心企业确认的应收账款信息提供快速融资，资金流通过智能合约自动进行支付。

2. 营信：核心企业发行的电子债权凭证

营信是建工电商公司提供的另一项供应链金融信息服务，由核心企业向供应商签发一定期限内可拆分、可转让、可融资的电子债权凭证，承诺到期无条件兑付。该凭证具有一定的期限、可拆分、可转让和可融资等特点，具有沿着供应链信用穿透效应，可以为多级供应商提供灵活的融资选择，同时为金融机构提供了可靠的融资依据。营信业务由核心企业在营造产业平台向其供应商开立，平台对营信的多级转让实现了开关控制，目前营信仅放开至2级流转；在营信到期前5个工作日，平台将营信过程中的流转信息及最终持有或融资数据推送至清分银行，待清分银行生成《最终付款明细表》后自动划款，到期由核心企业无条件兑付，如图21-3所示。

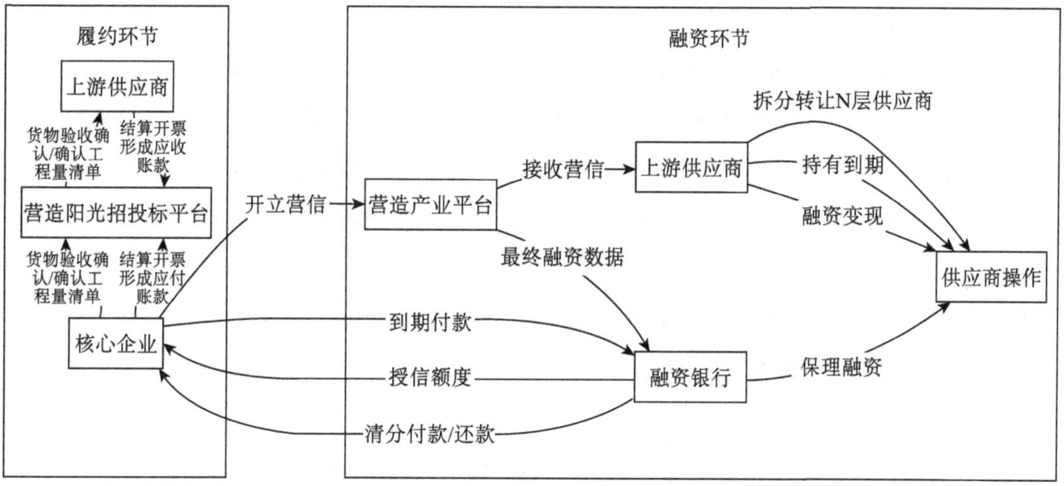

图 21－3　营信产品融资流程

营信的主要特点包括以下三点：

（1）电子债权凭证的发行。核心企业根据与供应商之间的合同关系，向供应商发行具有一定期限的电子债权凭证，由于具有核心企业的信用背书，这使凭证在供应链中具备较高的可信度。凭证上会注明供应商的应收款项和到期支付日期。这些电子凭证是基于实际的业务交易，如货物交付或服务履行，确保了凭证的真实性和有效性。

（2）凭证拆分与转让。电子债权凭证具有拆分和转让功能，供应商可以根据自身的资金需求，选择拆分部分凭证或将凭证转让给其他供应商或金融机构，从而提高资金的流动性。金融机构可以基于凭证，快速评估融资风险，从而为更多的供应商提供融资支持。

（3）融资与兑付。供应商可以将电子凭证提交给金融机构进行融资申请，金融机构根据凭证的有效性和核心企业的信用承诺提供贷款。凭证到期后，核心企业按照约定兑付凭证金额。核心企业通过为供应商提供灵活的电子债权凭证，能够有效管理资金流和供应链中的资金需求。同时，核心企业的信用支持和凭证的可拆分性，促使供应商与其建立长期稳定的合作关系，并优化整体资金流动。

（三）模式创新分析

1. 区块链的应用加强了核心企业、供应商和金融机构的多方信任机制

在传统供应链金融中，融资通常需要依赖核心企业的信用担保。然而，由于信息不对称和信用不透明，很多中小企业面临融资难的问题。建工电商公司的“营造产业”平台通过区块链的去中心化机制，使所有交易数据都能在供应链全流程上链存证，避免了信息的不对称。供应商、核心企业、金融机构等各方都可以实时查看相关数据，不仅提高了供应

链的效率，而且帮助企业与合作伙伴之间构建互信关系。

2. 数字化资产凭证和智能合约提升了融资效率与流动性，降低了融资成本

在传统模式下，供应链金融中的合同执行往往需要人工干预，流程烦琐且容易出错。通过数字化资产凭证和智能合约，营造产业平台实现了合同条款的自动执行，大幅提升了融资流程的效率和自动化程度。例如，当供应商完成货物交付并通过区块链确认时，智能合约会自动触发支付或融资流程，极大提高了银行审批、查验、放款的效率，平台合作银行基本可以实现24小时内放款。随着营造产业平台的融资规模和体量逐步提升，与银行的议价能力得到增强，促使银行提供优惠的贷款利率，更好地惠及中小企业，形成价值效益正反馈循环。

3. 跨机构协作和数据安全共享加强了金融机构的风险控制与合规性保障

营造产业平台采用加密技术和区块链安全评估，确保所有交易符合法规要求，增强了平台的合规性保障。对于与平台合作的金融机构而言，区块链提供的透明、可追溯的数据帮助其进行更加准确的融资风险评估，降低了信用风险和资金流转中的违约风险，提升了金融服务的精准度，拓展了金融机构的长尾客群，探索了产业金融服务的新模式。营链平台中的区块链凭证（如贸易合同、应收账款、发票）可以为金融机构提供可靠的融资依据，减少了金融机构对供应商信用评估的盲点，降低了风险，提高了融资效率。智能合约可以实时监控合同履行情况，进一步保障资金流转的安全。

4. 数字供应链电子凭证多级信用传递为中小企业实现信用背书

在传统供应链中，供应商的信用往往是无法有效传递给金融机构的，尤其是中小企业，其信用往往难以得到充分评估，导致融资困难。营造产业平台通过“应收账款确权凭证”将核心企业的信用数字化，并通过区块链技术使信用在供应链中传递，从核心企业到次级供应商再到金融机构，形成一个可信的信用传递链条。通过区块链上的数字凭证，各级供应商可以在核心企业的信用背书下获得融资支持，降低了融资成本。利用区块链技术的供应链金融，建工电商公司将低成本的普惠资金引入建筑产业链，为整个行业提供低成本的融资支持，同时增强企业的生命力。

5. 构建了透明、高效、安全的建筑行业的产融生态系统

为促进建筑行业的供应链金融发展与当前供应链金融的数字化趋势相契合，建工电商公司利用区块链技术的不可篡改性和可追溯性，通过“营造产业”平台实现了物流、信息流、资金流和商流的整合，打破了传统供应链金融中的信息割裂问题。平台将供应链中的每一笔交易（如订单、发货、收货、付款等）实时记录在区块链上，确保了数据的透明性、可追溯性和安全性，不仅提高了资金流动的效率，增强了供应链金融服务的透明度，而且有效降低了信息不对称性和风险管理难度，为建筑行业供应链的高效协作和风险管控

提供了创新的数字化解决方案。

四、建议及对策

通过区块链技术、智能合约、数字凭证化以及多方合作，建工电商公司利用区块链技术整合供应链金融资源，在供应链金融领域实现了创新突破，推动了建筑行业的数字化转型。为进一步加强其营造产业平台的竞争力和可持续发展能力，提出以下建议及对策，以助力其不断推动建筑产业融资效率和竞争力的提升。

（一）深化区块链技术与金融服务的融合，推动绿色供应链金融建设

在现有区块链技术应用的基础上，进一步深化与金融机构的合作，拓展绿色供应链金融产品，支持环保、绿色建筑和低碳项目的融资需求。例如，开发绿色融资产品（如绿色项目贷款），专门面向低碳、节能、环保项目的供应商；建立绿色评价机制，结合环保标准和绿色建筑认证，制定绿色项目的融资资格和贷款利率政策；将碳排放权和绿色资产数字化，积极参与碳资产交易，促进绿色金融市场发展。

（二）优化技术集成和场景应用，构建数字化和智能化的生态协作网络

在应收账款融资的基础上，通过技术迭代和市场调研，识别新的业务机会，并优化平台架构，拓展更多应用场景（如设备租赁、仓储融资、跨境贸易等），确保新场景能够无缝接入并与现有服务协同，并通过智能化工具提升供应链协作效率。例如，深化区块链与AI的协作开发AI驱动的供应链智能协作工具（如智能AI客服、需求预测、库存管理、物流调度等），提升平台的协作效率；推动跨行业协作，通过建立行业联盟与标准，推动更多行业之间的合作，促进数据共享机制的完善，提升平台的整体生态效应，构建数字化生态系统。

（三）强化智能合约与风控系统的整合，提升智能化服务能力

加强智能合约中风控模块的应用，结合大数据分析和AI算法，提升平台的风险管理能力。通过引入机器学习和大数据分析，增强智能合约的自动化风控功能，提高平台对潜在风险的识别和应对能力；开发供应链资金动态调度与应急管理模块，利用AI预测资金流动趋势，智能调度资金流；探索与核心企业的ERP系统和供应链管理系统对接，实时采集物流、仓储、设备运行等数据，提升数据分析的精准性和覆盖面。

（四）推动数据沉淀与数据交易，构建数据资产化生态

随着海量的建筑供应链数据在营造商平台的沉淀积累，建工电商公司可以推动数据的资产化，探索数据交易的可能性，将数据转化为可交易的资产，为平台创造新的盈利模式。可将平台沉淀的供应链数据（如交易记录、物流信息、信用数据等）进行标准化和结构化处理，形成可交易的数据资产，探索建立数据资产评估体系，明确数据的价值和使用范围，确保数据交易的合法性和合规性。建立严格的数据安全管理体系和隐私保护机制，确保平台数据使用合法合规，数据交易过程中各方的隐私不被侵犯，同时加强供应链生态中各参与方的数据保护意识，避免因数据泄露造成损失。

思考题

1. 区块链技术如何提高供应链中的透明度和数据安全性？结合上海建工电商“营造产业”平台的具体应用，具体说明区块链在减少信息不对称方面的优势。

2. 上海建工电商公司的“营造产业”平台采用智能合约进行自动化执行的特点与优势是什么？如何解决传统供应链金融中的效率和成本问题？

3. “营造产业”平台如何通过“营信”电子债权凭证为中小企业提供融资支持？结合平台的应用，分析这种融资模式对供应链中各方的影响。

4. 在未来的数字供应链金融发展中，上海建工电商公司应如何进一步拓展其数字技术应用范围，请结合案例内容提出至少两个可行的扩展方向及其潜在的挑战。

参考文献

[1] 2024工程建设行业的五大挑战与五大趋势［EB/OL］. http：//dzb. jzsbs. com/epaper/jzsb/pc/content/202406/17/content_25829. html.

[2] 2024年《财富》世界500强排行榜［EB/OL］. https：//www. fortunechina. com/fortune500/c/2024-08/05/content_456697. htm.

[3] 上海建工：打造产业链数字化新生态，彰显“链主”企业创新担当［EB/OL］. https：//www. 163. com/dy/article/GNBIOL9G0518SCK2. html.

[4] 张友香. 核心企业主导的供应链金融反向保理业务在建筑施工企业的应用［J］. 财经界，2024（27）：51-53.

[5] 上海建工电商公司营造商“营造产业”平台［EB/OL］. https：//bser. yzscg. cn/

#/homePage.

［6］孙慧敏．基于“链主”企业视角的供应链金融信息服务平台的建设与应用［J］．建筑施工，2024，46（12）：2017－2020.

［7］赵秀云，颜逢，李宇铭，等．基于产业链核心信用的央企供应链金融风控体系建设——以中电建商业保理有限公司为例［J］．中国管理会计，2023（3）：50－61.

案例 22

数字人民币跨境结算案例研究

杨国辉[①]

① 杨国辉，云南财经大学金融学院。

中央金融工作会议提出建设金融强国目标，强大的货币是金融强国建设的核心要素。基于我国数字人民币在全球央行数字货币开发和应用的领先优势，本案例以中国石油国际事业有限公司与交通银行合作实现了首单数字人民币结算的原油采购为案例背景，系统梳理了数字人民币的发展路径、跨境结算模式。重点对多边央行数字货币桥模式和传统的跨境支付模式进行了对比分析，进而突出多边央行数字货币桥在降低跨境结算中对 SWIFT 系统依赖方面的作用与优势。随着数字人民币的不断发展和完善，其在提升人民币国际化水平方面的战略价值日益凸显，必将把人民币“铸造”成为强大的国际货币，从而对我国金融强国建设形成有力支撑。

一、案例背景

2023 年 10 月 27 日，中国石油国际事业有限公司正式完成国内首笔国际原油跨境数字人民币结算交易，并首次采用双边模式数字人民币跨境支付，金额近 6.7 亿元人民币，标志着我国完成首单国际原油跨境数字人民币结算。此次交易的成功落地，得到了中国人民银行数字货币研究所、中国人民银行上海总部、上海市商务委、上海市地方金融监管局的指导和支持。

交通银行获悉企业数字人民币结算需求后，立即成立专项小组迅速推进，并充分发挥境内外联动优势，交通银行上海市分行和交通银行香港分行、交通银行（香港），与上海石油天然气交易中心通力协作，创新性采用双边模式进行企业数字人民币跨境结算，顺利完成大额数字人民币跨境支付业务，获得境内外企业的高度肯定。作为唯一总部在上海的中管金融机构，交通银行高度重视数字人民币跨境结算工作。2022 年 8 月，交通银行作为首批试点银行之一，成功完成十余笔多边央行数字货币桥跨境结算试点业务，场景主要涉及货物贸易、服务贸易、个人赡家款等。下阶段，交通银行将在中国人民银行的指导下，依托强大的海内外网络以及现有的数字人民币基础设施，大力推进数字人民币跨境结算工作。同时，不断丰富数字人民币跨境支付的应用场景，从传统国际贸易扩展到外贸新业态，为稳外贸、稳外资和推动人民币国际化作出积极贡献。

二、数字人民币跨境结算发展概述

（一）数字人民币的概念及发展

1. 数字人民币的概念

1993 年，芬兰银行推出了 Avant 智能卡，这是一种电子现金形式，在一定程度上可被视为世界上最早的央行数字货币（CBDC）雏形。全球央行数字货币（CBDC）的发展经历了从萌芽阶段到落地实施阶段。根据 BIS 发布的 2022 年央行数字货币（CBDC）年度报告，参与调查的 86 家央行机构中，积极开展央行数字货币（CBDC）工作的央行占比高达 93%，其中一半以上正在进行概念验证或试点。截至 2023 年 12 月，根据全球央行数字货币追踪器（CBDC Tracker）统计，全球超过 131 个国家和地区正在探索央行数字货币（CBDC）。中国数字人民币的研发和应用处于全球领先水平，是最早开始研究中央银行数字货币的国家之一。早在 2020 年 10 月，中国人民银行将数字人民币纳入《中华人民共和国中国人民银行法（修订草案征求意见稿）》中，第十九条明确指出：“人民币包括实物形式和数字形式”，标志着数字人民币有望被赋予与实体人民币同等的国家法定货币的法律地位。

人民银行对数字人民币的定义是：数字人民币是人民银行发行的数字形式的法定货币，由指定运营机构参与运营，以广义账户体系为基础，支持银行账户松耦合功能，与实物人民币等价，具有价值特征和法偿性。通俗地说，数字人民币就是数字形式的法定货币，由人民银行发行，与实物人民币等价，以国家信用为支撑，具有法偿性。数字人民币和我们手中看得见、摸得着的实物纸币和硬币是一样的。

2. 数字人民币的发展历程

科技的迅猛发展为当今世界带来了前所未有的机遇和变革，金融领域也受益其中。目前，我国的支付方式已经从传统的线下现金交易转向线上的第三方支付。因此，我国的第三方支付市场已经形成以支付宝和微信支付这两大巨头垄断的移动支付市场格局。在这样的背景下，我国央行发行数字人民币势在必行。数字人民币作为一种纯粹的电子货币，既能满足人们随时随地进行安全、高效支付的需求，又能有效解决传统纸币的高昂成本和安全隐患的问题，促进中国经济的现代化进程，提高金融体系的效率和安全性。数字人民币作为升级的数字金融基础设施，通过加载不影响货币职能的智能合约，可以基于算法对数字人民币交易行为进行监管与约束，极大促进金融数字化发展。

我国央行数字货币的研究起步较早，早在 2014 年，我国就开始着手研发数字货币，并成立专门团队。然而，整体框架直到 2017 年年底才被确立。数字人民币的核心架构要素为“一种币、两个库、三个中心”（见图 22 - 1）。

2019 年年底，数字人民币的研发进入稳步推进阶段。随后，其在深圳、苏州、雄安新区、成都及冬奥相关应用场景中陆续启动封闭式内部测试。针对试点中暴露的问题，相关功能不断被调整与完善。直至 2020 年 10 月，上海、海南、长沙、西安、青岛和大连成为新增的试点地区，初步形成了“10 + 1”的试点范围，预计更多城市和平台将加入，其中线上平台场景还包括了美团和京东等多家知名企业。经过多年的探索，数字人民币（试点

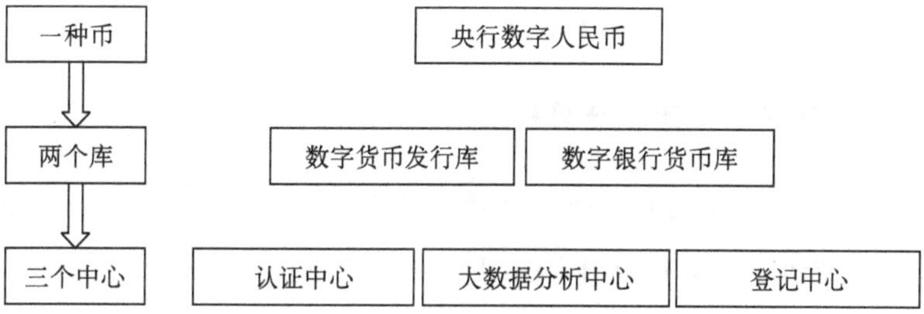

图 22－1　数字人民币系统框架的核心要素

版）APP 于 2022 年年初在各大安卓应用商店和苹果 App Store 上架。这表明数字人民币逐渐进入公众视野，逐步融入人们的生活，开始在人们的日常消费活动中应用，数字人民币购买力的不断提升，属于数字人民币的时代即将到来。数字人民币发展历程如图 22－2 所示。

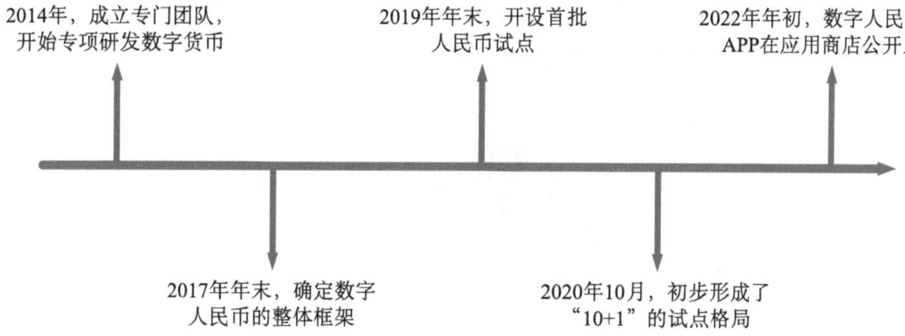

图 22－2　数字人民币发展历程

3. 数字人民币的运行机制

数字人民币采用双层运营模式，央行负责数字人民币的发行、注销、跨机构互联互通以及钱包生态管理，并谨慎审核在资本和技术等方面具备一定条件的商业银行作为指定运营机构，负责提供数字人民币兑换服务。具体而言，央行将数字货币发行给指定的运营机构（通常是商业银行），这些运营机构受央行委托向公众提供法定数字人民币钱包，提供数字人民币存取等服务。

“双层运营”模式以中央银行发行货币为基础，既强化了央行在货币体系中的主导地位，又有效地发挥了商业银行在运营管理和资源配置方面的优势。这一模式有利于构建由央行、商业银行与公众共同参与的有序货币流通体系。采用双层运营模式，有助于商业银行规避传统竞争模式中存在的弊端。同时，该模式也激发了商业银行及其他金融机构在技术创新方面的主动性和积极性。这一模式在一定程度上避免了央行直接面向终端用户，也避免了对商业银行可能造成的金融脱媒的影响。另外，为了防止商业银行过度发行数字人民币，运营机构需要向央行存放100%的准备金。

（二）全球央行数字货币跨境结算模式

从全球央行数字货币（CBDC）项目来看，目前，有134个国家和货币联盟，正在探索央行数字货币（CBDC），其中68个国家正快速发展本国的央行数字货币（CBDC）。央行数字货币（CBDC）可以根据使用对象不同分为批发型与零售型。

1. 零售型央行数字货币

零售型央行数字货币（CBDC）是指面向大众发行、无差别投放的数字货币，进一步可将其细分为间接零售型和直接零售型两类。在间接零售型模式中，金融机构负责将数字货币发行给个人和企业。同时，金融机构还承担向其他金融机构发送支付指令，以及向中央银行提交结算请求的职责（见图22-3）。在直接零售型模式中，个人和企业通过在中央银行开设个人账户以持有央行数字货币（CBDC）。该模式无须依赖中介机构，但客观上扩大了中央银行的管理职能与职责（见图22-4）。

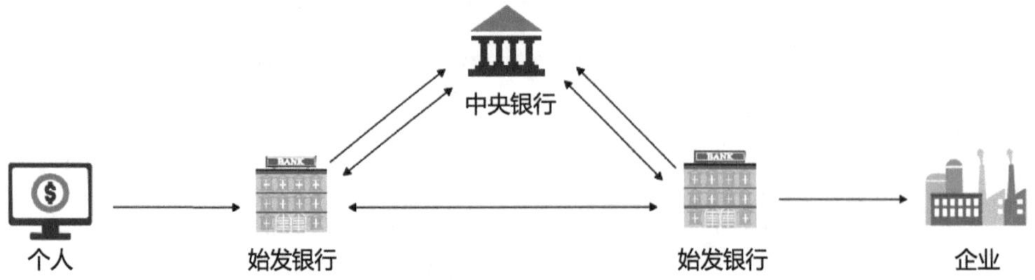

图22-3　间接零售型

图22-4　直接零售型

2. 批发型央行数字货币

批发型央行数字货币（CBDC）是指用于金融机构之间大额支付的银行间交易，一般用于跨境结算（见图22-5）。当前我国的多边央行数字货币桥（mBridge）项目就属于批发型央行数字货币（CBDC）。

（三）国内央行数字货币跨境结算模式

当前，人民银行主要通过“双边合作”与“货币桥（mBridge）”两种路径，积极推

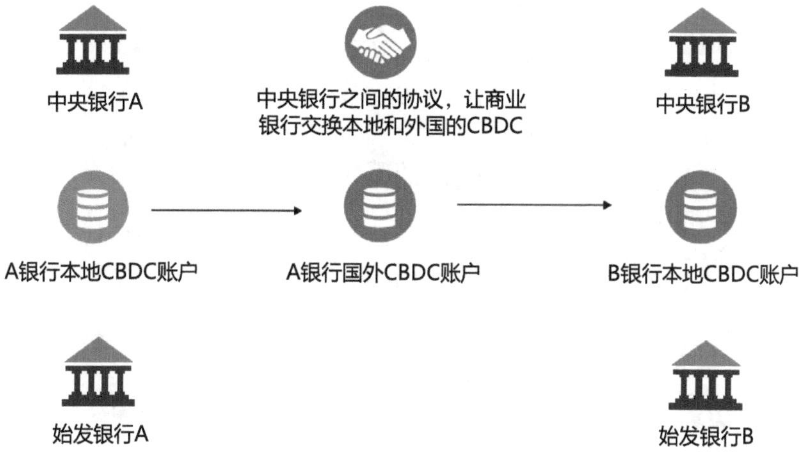

图 22－5　批发型 CBDC

动数字人民币在跨境场景中的应用。

1. 双边合作模式

双边合作模式是指中国人民银行基于与境外央行或金融监管机构签署的合作协议，开展数字人民币跨境试点。2020 年，在两地监管机构的支持下，中国银行率先在香港启动相关试验。目前，香港的个人和企业已初步具备使用数字人民币的条件。由于该模式需要逐一与各国央行或监管机构对接，推广进程相对缓慢。但相较于多边合作方式，其灵活性更强。因此，本次原油跨境结算也采用了该合作模式。

2. mBridge 模式

mBridge 是在国际清算银行香港创新中心倡议下，由香港金融管理局、泰国中央银行、阿拉伯联合酋长国中央银行、中国人民银行数字货币研究所共同发起的跨境清算平台。该平台致力于以区块链和央行数字货币提升跨境支付的效率。

（四）mBridge 结算模式

1. mBridge 的定义

mBridge 是由中国、中国香港、泰国、阿联酋和 BIS 创新中心基于分布式分类账技术（DLT）研究的跨境支付平台，通过这个平台，各个央行可以发行和交换各自的中央银行数字货币（CBDC），实现一个真正意义的去中心跨境支付平台。通过该平台能够实现央行数字货币（CBDC）的发行和回收、监控本国央行数字货币（CBDC）的交易和余额。相比传统跨境支付模式，具有去中心化的治理结构（见图 22－6），能够直接在走廊网络上实现点对点的交易，省去中间环节，其交易速度能够达到秒级。

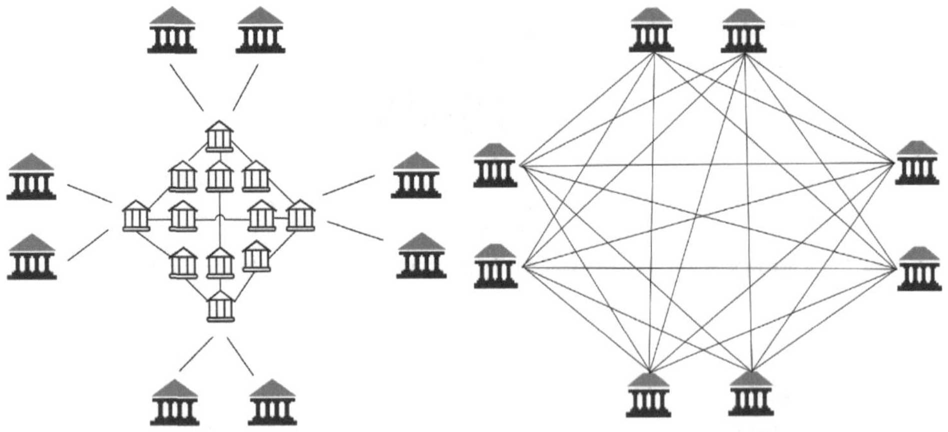

图 22-6 代理行网络（左）与 mBridge 网络（右）对比

2. mBridge 发展背景

在全球化背景下，跨境支付在跨国交往中发挥着至关重要的作用，然而当今世界正经历百年未有之大变局，传统跨境支付面临的效率低下、费用成本较高、流程不透明，以及服务覆盖不全等问题愈发突出。如何搭建一个能够在各国之间高效运行的跨境交易平台，一直是亟须解决的问题。在此背景下，众多国家或地区开始探索建立新的跨境支付系统，如我国的人民币跨境支付系统（CIPS）、欧盟的实时全额自动清算系统（TARGET）、俄罗斯金融信息传输系统（SPFS）以及欧洲和伊朗的贸易互换支持工具（INSTEX）等。同时，随着网络技术和全球数字经济的发展，许多国家开始研究和试点央行数字货币（CBDC），其数字形态及价值符号的特征具有重塑全球跨境支付体系的潜力，利用央行数字货币（CBDC）建立的跨境支付网络提供了解决传统跨境支付问题的可能性。2020 年，二十国集团会议核准《G20 关于加强跨境支付的路线图》，路线图中的一个重要方向便是基于央行数字货币（CBDC）的新型跨境支付基础设施及制度安排。在国际清算银行创新中心的推动下，四个法律辖区联合发起了多边央行数字货币桥（mBridge）项目，旨在通过技术创新探索破解跨境支付难题的新路径。

2022 年 12 月 11 日，中国在首届中国——海湾阿拉伯国家合作委员会峰会上针对金融投资合作提出了“深化数字货币合作，推进多边央行数字货币桥项目”。在 2022 年世界经济论坛年会的“央行数字货币”分论坛上，国际货币基金组织总裁也表示，可以将数字货币视为一个全球性的公共产品，并呼吁建立连接各国央行数字货币（CBDC）的公共平台。这种全球范围内对于央行数字货币（CBDC）合作的共识和重视，为 mBridge 平台的发展提供了历史机遇，也凸显了数字货币作为全球公共产品的潜力和重要性，为 mBridge 的平台搭建提供了有力支持。

3. mBridge 发展历程

mBridge 最初由泰国央行与香港金融管理局联合发起，起初为一项双边试点。该项目始于 2017 年，至今已持续推进多年，其发展历程如图 22－7 所示。

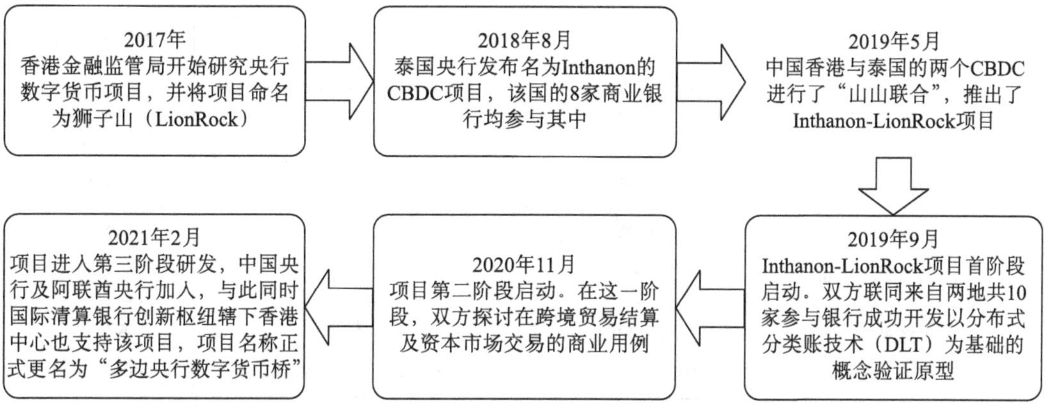

图 22－7 多边央行数字货币桥项目发展历程

资料来源：根据公开资料整理。

4. mBridge 项目试点阶段主要进展

目前，多边央行数字货币桥项目（mBridge）已进入第三阶段的研发过程，将秉持不伤害、合规和互操作性三大原则，以“针对高成本、低速度和复杂的操作性等痛点问题，设计和迭代新一代高效跨境支付基础设施”为总体目标。

mBridge 也在 2022 年 8 月 15 日至 9 月 23 日进行了试点，中国、泰国、阿联酋、中国香港四个国家和地区最大的商业银行均参与其中，这是迄今为止规模最大的跨境央行数字货币（CBDC）试点。参与方在平台上发行了超过 1200 万美元的央行数字货币（CBDC），进行了超过 2200 万美元的跨境支付和外汇同步交收（PVP）即时跨境结算，以及最多的直接试点参与者。该地区 20 家最大的商业银行参与了试点（见表 22－1），代表其企业客户结算实际价值，主要关注国际贸易以及银行间集团之间的结算。试点不同于其他央行数字货币桥项目（mBridge），主要体现在最终结算的实际价值交易直接在平台（而不是在国内支付系统），包括支付和接收银行进行交易直接代表企业客户（而不是银行间转移）。通过提供一个共享平台，参与者在该平台上直接在多个司法管辖区进行点对点支付，该试点成功地展示了该平台提高跨境支付的速度和效率，并在现实环境中降低结算风险的能力。

表 22－2 显示了试点交易统计数据。在 6 周的时间里，850 万的电子港元、1180 万的电子人民币，3100 万的电子迪拉姆和 3210 万的电子泰铢作为 M0，即中央银行发行的央行数字货币（CBDC）发行到数字货币桥。在所有四种货币中，平台上的发行量为 1210 万美

表 22－1　　参加试点工作的商业银行

中国 CN	阿联酋 UAE	中国香港 IK	泰国 TH
中国工商银行 ICBC	中国工商银行 ICBC	中国工商银行（亚洲） ICBC	盘谷银行 Bangkok Bank
中国银行 Bank of China	中国银行 Bank of China	中国银行（香港） Bank of China（Hong Kong）	泰华农民银行 Kasikom Bank
交通银行 Bank of Communications	汇丰银行 HSBC	交通银行 Bank of Communicatons	汇丰银行 HSBC
中国农业银行 Agricultural Bank of China	阿布扎比第一银行 FAB	汇丰银行 HSBC	泰国汇商银行 SCB
中国建设银行 China Constructon Bank	渣打银行 Standard Chartered Bank	渣打银行 Standard Chartered Bank	大城银行 Krgsi Bank

资料来源：参见 BIS，https：//www. bis. org/about/bisih/topics/cbdc/mcbdc_bridge. htm。

元。这反过来又促进了 164 项跨境支付和外汇 PvP 交易，总额为 2210 万美元，表明试点期间在数字货币桥上发行的央行数字货币（CBDC）促进了跨境价值的近两倍。按货币细分在平台上交易的支付和外汇同步交收（PvP），电子港元为 1320 万，电子人民币为 2360 万，电子迪拉姆为 6010 万，电子泰铢为 2350 万。支付和外汇同步交收（PvP）交易主要包括商品和服务国际结算的基础公司支付。此外，还发生了一些银行间交易，为数字货币桥上解决的其他案例奠定了基础。

表 22－2　　试点交易统计

交易次数	数字港元	数字人民币	数字阿联酋迪拉姆	数字泰铢	总计
发行	17	35	10	8	70
支付和外汇同步交收	51	72	23	18	164
支付	40	69	15	8	132
外汇同步交收	11	3	8	10	32
赎回	18	35	10	8	71
总计	86	142	43	34	305
交易价值（当地货币）	数字港元	数字人民币	数字阿联酋迪拉姆	数字泰铢	总计
发行	8483655	11821780	31024625	32113000	12118083
支付和外汇同步交收	13194963	23643599	60058250	23481840	22094936
支付	10279078	23479504	60039250	10830920	21347208
外汇同步交收	2915885	164055	19000	12650920	747728
赎回	8483655	11821780	31024625	32113000	12118083
总计	30162272	47287119	122107500	87707840	46331101

数据来源：参见 BIS，https：//www. bis. org/publ/othp59. htm。

三、mBridge 与现有跨境支付模式分析

（一）mBridge 结算流程

以中国内地企业通过中国银行向泰国企业支付 1000 万元人民币，代理行为盘古银行为例，介绍多边央行数字货币桥项目（mBridge）跨境结算的具体流程（见图 22－8）。

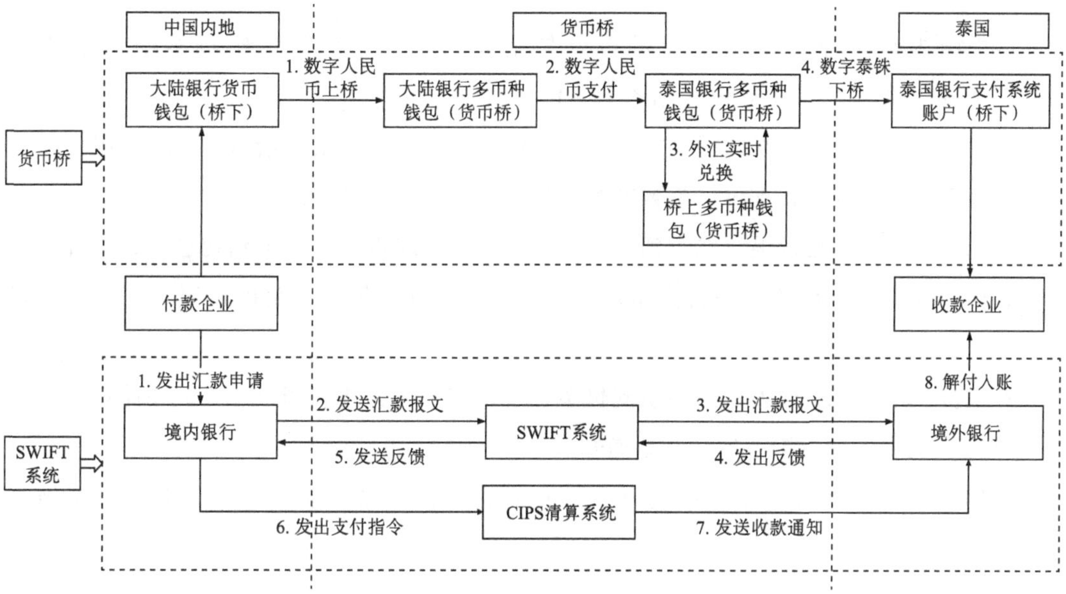

图 22－8　mBridge 与 SWIFT 跨境支付流程

第一步：数字人民币上桥。根据互通原则，我国已实现数字人民币系统与货币桥我方节点的互联。中国银行可以将数字人民币从数字钱包自动转移至其货币桥多币种钱包中，无须手动审批。内地客户通过中国银行将 1000 万元人民币兑换成 1000 万元数字人民币，并进行 1000 万元人民币上桥。

第二步：跨境支付。中国银行在货币桥上发起了一笔 1000 万元人民币的跨境支付，将款项支付到泰国盘古银行的货币桥多币种钱包。根据合规要求，支付指令发起后，系统首先会自动进行权限和限额检查，依据双方央行配置的规则。接着，发送方需完成合规和反洗钱检查，并确认交易。随后，数字人民币资金通过区块链传送至盘古银行节点。整个货币桥结算流程在 6—9 秒完成。

第三步：外汇兑换同步交收。泰国盘古银行的货币桥钱包收到 1000 万元数字人民币后，与相关桥上机构进行外汇兑换并同步结算（PvP）。随后，盘古银行将这 1000 万元数

字人民币按实时汇率兑换为数字泰铢。

第四步：数字泰铢下桥。最后一步是泰国盘古银行向泰国央行发起下桥数字泰铢请求。下桥后，盘古银行将资金支付给收款企业。这一过程凸显了互通原则的重要性。通过与泰国本地支付系统的直接对接，货币桥实现了桥上数字泰铢通过支付系统直接转换为桥下泰铢。同时，本地支付系统使交易指令和资金能够直接到达收款企业，从而提高了交易的直通率。

（二）SWIFT 结算体系流程

以中国内地企业向泰国企业进口贸易结算为例，介绍环球银行金融电信协会（SWIFT）跨境结算的具体流程（见图 22－8）。

第一步：中国银行向泰国的盘古银行发送环球银行金融电信协会（SWIFT）报文，表明将在某年某月某日向其支付一笔数额为 1000 万元的人民币款项。

第二步：泰国的盘古银行在收到中国内地银行的环球银行金融电信协会（SWIFT）报文后，给中国银行反馈环球银行金融电信协会（SWIFT）报文，明确按照约定进行跨境结算。

第三步：中国银行向人民币跨境支付系统（CIPS）发送支付指令，人民币跨境支付系统（CIPS）向泰国盘古银行发送收款通知。

第四步：人民币跨境支付系统（CIPS）对支付指令进行实时清算，完成跨境结算过程。

（三）mBridge 与 SWIFT 跨境支付方式比较

1. mBridge 与 SWIFT 结算模式的区别

通过关于 mBridge 和 SWIFT 跨境结算流程的介绍可以看出，mBridge 与 SWIFT 存在较大区别（见表 22－3）。从核心功能来看，mBridge 是以“去中心化”技术为依托的数字货币跨境结算平台，能够实现信息流和资金流的同步交换。而 SWIFT 系统为采用“中心化”管理模式下的信息传输系统，并不能实现资金的清算。从交易成本、交易效率和交易安全性来看，mBridge 与 SWIFT 系统相比具有交易成本低，交易效率高，交易安全性高的优势。但从参与成员来看，与 SWIFT 相比，mBridge 的参与成员较少，还处于不断发展当中。

2. mBridge 项目面临的挑战

虽然 mBridge 有很多优点，但目前尚处于发展初期，全面推广尚需时日，当前仍面临诸多挑战。第一，缺乏全面推广的基础。央行数字货币（CBDC）的研究和应用的成熟度

表 22－3　　mBridge 与 SWIFT 跨境支付方式比较

比较项目	mBridge	SWIFT
核心功能	多边央行数字货币桥是一个基于分布式账本技术的项目，该项目基于分布式记账技术，实现多个央行可以在该平台上发行和交换各自的数字货币的目的	SWIFT 是一个全球性的国际银行网络和金融信息传输系统。其只是金融机构间的一个通讯工具，并不参与清算和资金转移的过程
基本架构	依托“去中心化”技术，货币桥区块链由参与的中央银行/货币当局及商业机构的节点构成。每个参与方各自管理各自的节点	采用“中心化”模式，环球银行金融电信协会独揽网络维护、交易规则设计、交易合规审查等工作
交易成本	较低	高
交易方式	基于“去中心化”网络进行点对点交易，不依赖任何跨境清算系统，实现信息流和资金流的同步传递	信息流和资金流不能同步传递。跨境信息流的传递依赖 SWIFT 系统，资金流依赖特定地区的跨境清算系统
参与成员	数字货币桥项目的发起成员为中国内地、中国香港、泰国和阿联酋四地央行。另外，目前已有超过 25 家金融机构作为观察员加入数字货币桥项目	是当前跨境结算主要的信息传递系统，目前在全球 200 多个国家和地区对接了 11000 家银行、证券机构、企业等
交易安全	采用区块链技术，各参与方可自行管理自己的节点，交易安全度较高	“中心化”的管理模式导致汇款安全由中心运营机构负责，交易安全度较低
结算效率	高	较低

是保证多边央行数字货币桥（mBridge）具有广泛可行性的基础，只有全球各国均拥有本国 CBDC，且均愿意加入多边央行数字货币桥（mBridge）开展跨境支付活动，多边央行数字货币桥（mBridge）才能真正替代环球银行金融电信协会（SWIFT）。但目前各国对于央行数字货币的研究尚处于初级阶段，数字货币的核心架构和关键技术尚未成熟，在本国零售、批发等支付领域和诸多支付场景中尚未普及。第二，目前全球有多个批发型央行数字货币（CBDC）项目正在研发测试中，其技术路径与侧重点各有不同，各个项目之间也存在竞争。多边央行数字货币桥（mBridge）还受到其他央行数字货币跨境结算及私人货币推广的挑战。第三，目前多边央行数字货币桥（mBridge）仍处于测试阶段，在使用标准、交易机制、多国协作和合规监管等内容的制度安排方面尚处于空白，还尚不具备全面推广的制度基础。

四、稳步推进数字人民币跨境结算的对策及建议

（一）完善数字人民币相关法律法规

合法性是数字人民币发行和流通的基础，也是构建跨境支付具体制度规则的法理支撑。在当前中国现行法律中，对于人民币形式的规定过于狭窄，仅限于实物形式，并未将数字人民币纳入官方货币体系中。我国也应及时修订完善人民币相关法规，赋予我国货币法域外效力。在相关法律、法规中规定，在流通国法律或国际条约没有限制规定时，数字人民币在境外同样具有货币财产效力，增加数字人民币作为国际货币的法律依据，确保数字人民币跨境支付有法可依。

（二）加强数字货币基础设施建设

数字人民币跨境应用的核心在于数字基础设施的建设。只有依托稳固的技术基础，才能确保其流通的高效性。因此，应加强数字人民币跨境支付平台的建设，打造“国际信息高速公路”。通过完善5G网络、大数据和云计算等信息技术，提升数字人民币跨境支付的便捷性。并积极进行数字技术设备的更新，以应对未来的交易巨量。同时，要依托数字技术，对交易的各个环节进行实时监测，依托技术手段加强对数字人民币跨境支付过程的全面监测，加强对个人隐私的保护力度，提高交易的安全性。

（三）深化国际协作

推进央行数字货币的国际协作，是数字人民币顺利融入跨境支付体系的重要前提。首先，应研究不同国家的支付清算特点和各管辖区的跨境支付管理模式。在此基础上，应在合作国家之间建立特定的多边跨境清算机制，以提高数字人民币的兼容性。其次，货币监管机构应充分利用数字人民币的先发优势，主动参与由国际组织牵头的数字货币桥等多边合作项目，积极投入其研发与测试过程，逐步积累在技术标准、制度框架和规则制定方面的实践经验。同时，应秉持“无损”“合规”“互联”的基本原则，积极投身央行数字货币在跨境支付领域的技术方案、数据管理及应用场景等国际标准的制定工作，提升中国在全球跨境支付体系及新型金融基础设施建设中的影响力与主导地位。

思考题

1. 央行数字货币跟微信支付、支付宝等第三方支付有什么联系与区别？
2. 跟 SWIFT 系统相比，mBridge 有什么优势和劣势？
3. 央行数字货币对商业银行会有什么影响？
4. 央行数字人民币对人民币国际化会产生什么影响？
5. 央行数字人民币会对国际货币体系产生什么影响？

参考文献

［1］贺建清，舒莉芬．数字人民币助力人民币国际化：逻辑、挑战与路径［J］．金融与经济，2023（10）：73－83.

［2］柯达．人民币国际化背景下区块链数字货币跨境支付的机制构建［J］．国际经济法学刊，2021（3）：85－100.

［3］郎平．央行数字货币跨境支付系统：模式、风险及其治理之探［J］．金融监管研究，2024（3）：43－59.

［4］李泽军，巫文勇．数字人民币跨境支付：现实动因、制度困境与规则建构［J］．经济体制改革，2023（5）：138－146.

［5］宛洁茹，吴优．央行数字货币的跨境支付问题研究［J］．新金融，2022（1）：58－64.

［6］王剑，尹轶帆．多边央行数字货币桥：发展进程及其影响［J］．国际金融，2023（1）：32－37.

［7］薛新红，邹银燕，王忠诚．跨境支付的新航道——多边数字货币桥框架建设与数字人民币国际合作［J］．上海经济研究，2024（2）：95－110.

［8］杨荣海，李亚波．全球央行数字货币竞争现状与数字人民币的发展策略［J］．经济学家，2023（5）：46－56.

［9］赵越强，徐迎迎，李小平，等．多边央行数字货币安排：发展动因、运行机制与应用前景［J］．国际贸易，2023（4）：81－88.

案例 23

数据入表与商业银行信贷业务风险的案例分析

储峥　彭晓峰　楼建清[①]

① 储峥，经济学博士，上海立信会计金融学院副教授，研究方向为金融监管。彭晓峰，经济学博士，上海立信会计金融学院副教授，研究方向为金融科技。楼建清，中国人寿北京总部，管理学硕士，研究方向为保险营销管理。

我国政府将数据作为第五大生产要素，数据资源入表体现了其金融价值。基于数据资产的贷款业务拓宽了企业融资渠道，成为银行新的业务增长点。目前，包括大型商业银行在内的多家银行向披露数据资产的企业授信。由于数据资产难以准确估值，其偿债能力、贷后管理、处置等涉及信用风险、合规风险和操作风险等。因此，本案例提出保障数据资产价值的真实性，提高数据资产的安全性，建立风险分担机制，开展数据资产贷款证券化等对策建议。

一、案例背景

（一）数据及其交易市场的发展

根据 2021 年 9 月施行的《中华人民共和国数据安全法》，数据作为新型生产要素，是指任何以电子或者其他方式对信息的记录，是对客观事物（如事实、事件、事物、过程或思想）的记录或描述，不仅有“数字”，也包含声音、图像等模拟形式的数据。数据资源是具有价值创造潜力的数据的总称，通常以电子化形式记录和保存、可机器读取、可供社会化再利用的数据集合。

数据要素被称为“数字经济石油”。2020 年 4 月 9 日，中央文件首次将数据作为第五大生产要素，与土地、劳动力、资本、技术并列，并且明确要求应加快培育数据要素市场。

截至 2024 年 3 月底，全国共成立 49 家数据交易机构。数据交易网显示，截至 2025 年 2 月底，场内数据产品为 19226 个，累计交易额为 203 亿元。

全球数据资产市场正在快速增长。据 Invisibly 公司研究，2022 年全球数据资产市场规模约为 33. 8 亿美元，到 2028 年预计将达 104. 1 亿美元。目前，大型企业在该市场中占比为 67. 6%。中小企业增长速度更快，为降低数据资产化的成本，正广泛利用云计算等工具。

北美地区的物联网和云计算的普及程度高，数据量激增，数据资源丰富，数据资产市场规模最大，占全球的 32. 9%。亚太地区拥有庞大的消费者基础和智能手机用户，近年来在大数据、人工智能、物联网等方面发展势头迅猛，被认为是增长最快的市场。

（二）财政部关于数据入表的规定

为体现数据资源价值，根据财政部的规定，自 2024 年 1 月起，企业在编制财务报表时，根据重要性原则并结合自身实际情况，在无形资产、开发支出或存货项目下增设“其中：数据资源”项目，即数据资源入表。

按照企业会计准则相关规定，企业应当根据数据资源的持有目的、形成方式、业务模式，以及与数据资源有关的经济利益的预期消耗方式等，对数据资源相关交易和事项进行会计确认、计量和报告。经营活动中持有、最终目的用于出售的数据资源确认为存货。内部使用和对外服务且数据持有权的权属不发生转移的数据资源确认为无形资产。公司内部数据资源开发阶段的支出在满足资本化条件时确认为开发支出，研究阶段的支出在发生时计入当期损益。对于满足资产定义，但不满足相关资产确认条件的数据资源，不能确认为数据资产，企业可以根据实际情况进行披露。

二、中国企业数据入表的情况

（一）A 股上市公司数据入表的情况

截至 2024 年第三季度，A 股 54 家上市公司在三季报中完成“数据资源”入表，数据资源账面净值合计 15.07 亿元。其中，列示在无形资产下的有 25 家，列示在开发支出下的有 16 家，列示在无形资产和开发支出下的有 9 家，列示在存货下的有 3 家，列示在存货和无形资产下的有 1 家。中国联通、中国电信和中国移动为数据资产入表金额最高的三家上市公司，分别为 2.04 亿元、1.51 亿元和 0.96 亿元。表 23－1 是数据资产占比最高的 10 家上市公司。

表 23－1　　数据资产占比前 10 名的上市公司

序号	证券代码	证券名称	报表填列项目	数据资产列报值（亿元）	占总资产比例（%）
1	600775. SH	南京熊猫	存货	2. 0124	3. 8126
2	603308. SH	应流股份	无形资产	4. 1892	3. 6192
3	688287. SH	观典防务	存货、无形资产	0. 3425	3. 5838
4	301299. SZ	卓创资讯	无形资产	0. 2556	2. 8454
5	300766. SZ	每日互动	无形资产	0. 3284	1. 8203
6	688615. SH	合合信息	无形资产	0. 3317	0. 9868
7	688228. SH	开普云	无形资产、开发支出	0. 1737	0. 9265
8	688066. SH	航天宏图	无形资产	0. 5218	0. 8829
9	688787. SH	海天瑞声	存货	0. 0575	0. 7389
10	300229. SZ	拓尔思	开发支出	0. 2686	0. 7272

资料来源：数据资源入表年度发展报告（2024）。

截至 2024 年 12 月，228 家非上市公司披露数据资产入表情况，其中城投公司 67 家，类城投国企 127 家，民营企业 34 家，政府数据、交通运输（44%）和公共数据（32%）占大多数，如港口、高速公路、车联网、停车、供水供暖数据等。非上市公司通过数据资产入表，拓宽了融资渠道，部分企业成功获得银行共计 11.48 亿元的融资额度，体现了数据要素的金融价值。

（二）金融机构数据资产入表的情况

国内最早将数据资源入表的上市金融机构是海通证券。在 2024 年半年报中，海通证券首次将数据资源作为无形资产入表，新增数据资源金额为 425 万元，本期摊销 11.8 万元，截至报告期末余额为 414 万元。在 2024 年第三季度报告中，海通证券的无形资产总额为 13.34 亿元，包含数据资源 378 万元，占比为 0.2834%。

2024 年 8 月，恒丰银行在同业中最早开展数据资产入表核算业务。该行以典型数据产品为对象，完成数据资产入表全流程，包括六个环节，即“识别判定—盘点治理—合规确权—收益论证—成本计量—列报披露”，形成了可复制、可推广运用的“数资六步法”。

三、基于数据入表的银行信贷案例

（一）基于数据资产贷款的总体情况

基于入表的数据资产价值而发放的贷款是商业银行信贷业务的创新方向，为数据驱动型企业提供了新的融资渠道。自 2024 年 1 月起，企业正式将数据资产入表，各级政府、银行、企业、数据交易平台，都在积极开展这种尝试，切实推进“数据要素 × 金融服务”这一战略。表 23－2 是部分银行提供数据资产信贷业务的情况。

表 23－2　部分银行数据资产质押贷款授信情况

序号	银行	被授信企业	授信额度（万元）
1	中国工商银行	南方财经全媒体集团	500
2	中国工商银行	珠海乘木科技有限公司	200
2	中国工商银行	武汉理工数字传播工程有限公司	10000
3	中国建设银行	神州数码	3000
4	中国建设银行	维智科技	3000
5	中国农业银行	百维金科（上海）信息科技有限公司	400
6	中国银行	山西鹏景科技	900

续表

序号	银行	被授信企业	授信额度（万元）
7	中国银行	浙江南湖数据发展集团	660
8	光大银行	湖南盛鼎科技公司	1000
9	中国民生银行	广东通莞科技股份有限公司	585
10	北京银行	佳华科技公司	1000
11	北京银行	数库科技公司	2000
12	上海银行	浙江凡聚科技有限公司	100
13	福建海峡银行	福茶网科技发展有限公司	1000
14	贵阳农商银行	贵州东方世纪科技公司	1000
15	齐鲁银行	浪潮卓数大数据公司	300
16	泰山农商行	泰山新基建投资公司	600
17	泰山农商行	泰山发展投资公司	500

资料来源：根据网络资料整理。

从金额上来看，贷款规模一半以上在1000万元以下。数据资产作为一种新兴的担保品，其价值评估方法、风险防范措施，有别于传统的质押、抵押物。在目前处于尝试阶段的情况下，银行倾向于保守放贷，以应对潜在的信贷业务风险。

（二）数据资产质押贷款的案例——佳华科技公司

佳华科技公司（简称“佳华科技”）成立于2007年9月，于2020年3月在科创板上市，股票代码688051，是一家集物联网智能制造、数据采集、数据融合、智能分析为一体的物联网大数据服务企业，核心业务包括智慧环保、智慧城市、双碳管理、数据服务等。

作为一家物联网技术公司，佳华科技拥有的原始数据已接近万亿条，经过清洗汇总后形成数据产品的即热数据达到200亿条。2023年1月18日，佳华科技的环境大气质量监测和服务数据获得北京国际大数据交易所颁发的《数据资产登记凭证》，成为首个获得数据资产登记凭证的上市公司。

佳华科技是北京市首批数据资产评估和入表的试点示范企业。2022年10月，佳华科技以数据资产作质押，获得北京银行1000万元贷款。贷款发放与管理全过程如下：

1. 企业数据资产确权登记、价值评估与入表

佳华科技首先对拥有的数据资产进行确权登记，获得数据资产登记凭证，明确数据资产的所有权与使用权。

数据资产的价值由专业评估机构进行评估。评估机构从数据的完整性、准确性、可用性、稀缺性、市场需求等多个维度对其数据资产进行综合评估。佳华科技的两个大气环境

质量监测和服务项目的数据资产，经评估机构评估，估值超过 6000 万元。按照相关会计准则和规定，佳华科技将符合要求的数据资源确认为数据资产，并在财务报表中列示为开发支出—数据资源。

2. 企业向银行提交贷款申请

佳华科技向北京银行城市副中心分行提交了数据资产质押贷款的申请，并提供了企业的基本信息、财务报表、数据资产的详细描述、权属证明、评估报告等相关材料，以证明其数据资产的价值和合法性。

银行收到申请后，对佳华科技的基本情况进行初步审查，包括企业的经营状况、信誉记录、行业地位等，以判断企业是否符合贷款的基本条件。

3. 银行到企业进行尽职调查

北京银行城市副中心分行的工作人员对佳华科技进行了实地尽职调查，深入了解企业的数据采集、存储、处理和应用等环节，核实数据资产的真实性和稳定性。同时，对企业的数据安全管理体系、数据合规性等方面进行检查，确保数据资产的合法合规地使用。

银行与数据交易所等相关机构合作，对佳华科技的数据资产进行进一步的验证和确认。通过数据交易所的平台，对数据资产的权属、质量、价值等进行核对，确保数据资产的准确性和可靠性。

4. 签署质押贷款合同与资产登记

在完成尽职调查和数据资产验证后，北京银行城市副中心分行与佳华科技签订了数据资产质押合同。合同中详细列出了质押的数据资产范围、贷款金额、利率、还款期限、质押物的处置方式等条款。

为确保质押行为的法律效力，双方在相关机构进行了数据资产的质押登记。登记机构对质押的数据资产进行登记备案，明确质押关系和相关权利义务，为后续的贷款发放和风险控制提供保障。

5. 贷款审批与发放

北京银行城市副中心分行将佳华科技的贷款申请及相关材料提交至银行内部的审批部门。审批部门对企业的信用状况、还款能力、质押物的价值和风险等因素进行全面评估，经过多层审批流程，最终确定贷款额度和相关贷款条件。

在审批通过后，北京银行城市副中心分行按照合同约定，将 1000 万元贷款资金发放至佳华科技的指定账户。贷款资金的发放标志着佳华科技正式获得数据资产质押贷款。

6. 贷后管理与跟踪评估

贷款发放后，银行对佳华科技的资金使用情况进行监控，确保贷款资金专款专用，用于企业生产经营或与数据资产相关的项目开发等合法用途。

银行持续关注佳华科技数据资产的价值变化情况。如果数据资产的价值出现大幅下降，可能影响质押物的足值性，银行会要求企业采取相应的措施，如补充质押物或提前还款等，以降低贷款风险。

银行定期对佳华科技的经营状况、财务状况进行跟踪评估，了解企业的还款能力和经营风险。通过定期的现场检查、财务报表分析等方式，及时发现潜在风险并采取相应措施。

7. 偿还贷款与解除质押

佳华科技按照合同约定的还款计划，按时足额偿还贷款本金和利息。在还款过程中，银行会及时确认还款金额和还款时间，确保贷款的顺利偿还。

当贷款本息全部偿还完毕后，银行与佳华科技共同办理数据资产质押的解除手续。质押登记机构将质押登记信息予以注销，恢复数据资产的自由流通和使用状态。

四、数据资产质押贷款的风险分析

（一）数据资产难以准确估值

根据万得（Wind）的数据，截至2024年4月30日，已有25家A股上市公司完成了数据资产入表，在第一季度资产负债表中，披露了“数据资源”14.99亿元，完成入表的公司数占全部A股公司的5‰。然而，7家公司随后在5月发布了会计差错更正公告，表示原数据资产披露的金额有误，需进行更正，减少的金额达13.96亿元。因此，2024年第一季度A股上市公司数据资产入表的实际规模为1.03亿元。短时间内，金额变化如此之大，令人不得不对数据资产价值评估的准确性和稳定性产生疑虑。

与此同时，拥有丰富数据资源的电信运营商、大型商业银行、数字科技公司等，均未在2024年第一季度实施数据资产入表。在第三季度时，三大电信运营商才将数据资产入表，数据资产入表的积极性没有预期中的高。

数据资产的价值与其使用场景和数据质量联系密切，在不同的评估机构和评估方法下，数据资产的价值可能产生较大差异，成本法、收益法等现行方法难以及时体现其公允价值和市场波动。一旦数据资产入表，不仅影响资产方的数据，还会影响到相关资产的减值准备、摊销、税以及相关财务指标的计算。

数据资产的价值评估存在难点和不确定性，可能美化企业的财务报表和财务指标，导致银行对基于数据资产的贷款发放持谨慎态度。在有些贷款业务中，虽然银行为企业提供了授信额度，但实际上并未发放贷款。可能是由于银行在评估过程中，对企业的数据资产价值或未来收益的实现存在疑虑，或者是企业尚未满足使用贷款的条件。

（二）数据资产难以反映企业偿债能力

在数字经济时代，数据资产的重要性是毋庸置疑的，但国际上通行的做法是将数据资产看作企业无形资产的组成部分，该资产的价值水平体现在对整个公司的估值中，而非单独作为银行发放贷款的质押物。例如，在欧洲，企业评估数据资产的价值，作为投资对象，或者在并购交易中，将数据资产作为企业整体价值的一部分。

以数据资产质押作为融资途径的企业，其主营业务、竞争优势并不一定是数据业务。从目前将数据资产入表的上市公司看，涉及的行业众多，包括信息技术、建筑装饰、生物医药、传媒、交通运输、汽车、轻工制造、钢铁等，数据资产占总资产的比重不超过4%。

以佳华科技为例，其数据资源项目内容包括：（1）完成了数据要素管理工具基础版本开发；（2）实现了 AreMod 模型自动化运行；（3）完成污染源自动监测数据核验算法 5 个。该公司在 2024 年第一季度报表中开发支出—数据资源列示的金额是 1171.3 万元，半年报表是 255.87 万元，第三季度报表是 340 万元。数据资产在第二季度明显减少是因为公司报告期内相关的技术产品研发项目已结项或接近结项，目前已经应用于公司主营的业务领域，下一步公司的主要方向为应用型的延伸。

从披露内容来看，佳华科技数据资源项目的重点是工具和模型的开发，而不是数据集的收集、处理、集成和使用。因此，数据资产本身并不是企业的核心竞争力，也难以单独保障未来贷款本息的偿还。

从佳华科技整体的经营业绩看，2021—2023 年连续亏损，部分财务指标见表 23－3。根据 2025 年 1 月 18 日公布的业绩预告，2024 年度仍然是净利润亏损。处于连续亏损的企业，在一般情况下，很难保证按期归还贷款本息，这就加大了银行贷款的信用风险。

表 23－3　2021—2023 年佳华科技部分财务指标

年份	归属于股东的净利润（单位：万元）	归属于股东的扣除非经常性损益的净利润（单位：万元）	经营活动产生的现金流量净额（单位：万元）	加权平均净资产收益率（%）	基本每股收益（元/股）
2021 年	－12925	－15194	－2436	－9.23	－1.67
2022 年	－28769	－32957	－21573	－24.56	－3.72
2023 年	－20828	－22220	－12851	－22.51	－2.69

资料来源：根据佳华科技公布的年度财务报告整理。

（三）数据资产增加了贷后管理和处置的难度

数据资产入表的企业来自不同行业，数据来源多样，具有不同特点，质量参差不齐，评估方法各异，影响风险评估准确性，如果导致银行贷款业务决策失误，不利于该种贷款业务的推广与发展。数据资产的托管和处置对银行提出了更高的技术保障要求，需要建设安全可信的技术基础设施，如加密技术、区块链技术等，以确保数据不被内部人员未经授权篡改或访问，避免受到外部人员的攻击。

与房地产、机器设备等不同，数据资产没有实体，可复制，可传播，难以像传统资产一样进行有效管理，增加了贷后管理的难度。数据资产价值的主观性强，缺乏唯一评判的客观标准，实时监测估值和有效进行减值风险预警难度较大，可能使银行不能及时发现风险并采取应对之策。

如果企业违约，如何处置作为质押物的数据资产也是一个难题。目前，我国数据资产的交易尚处于发展初期，各个地区、各个交易平台有自己的政策和交易规则，尚未形成标准化的交易流程，这导致数据资产的流通受阻。如果银行需要处理数据资产以弥补贷款损失，需要寻找合适的买家。银行又要面临确定合理的数据资产出售价格，遵守信息安全与保密的要求，避免合规风险等问题，导致银行处置成本高，回收金额难以确定。

（四）数据类事件影响合规风险和操作风险

确保数据资产的安全、保护客户隐私是银行贷款发放与管理中非常重要的问题。数据资产的不当使用会导致企业的商业秘密和个人的隐私信息外泄，可能会给企业和个人带来经济损失，影响其声誉，也会使相关银行面临合规风险、操作风险等。

近年来，金融业涉及数据类事件时有发生，如从业人员为一己私利，非法售卖个人金融信息；交易系统存在技术漏洞导致客户信息泄露；未经适当授权允许他人查询个人金融信息；金融 APP 违法违规采集、截留保存、二次利用个人信息；金融业务外包产生客户信息泄露的风险。包括大型商业银行在内的金融机构因泄露客户信息、瞒报数据、错报数据等行为被监管主体采取罚款、问责等多项处罚措施。

在数据资产化过程中，数据可能面临硬件安全、网络安全和人员安全等多方面风险。一旦发生数据泄露或滥用，银行需要承担法律责任。这不仅提高了银行的操作成本，也提高了对数据管理技术能力的要求，还可能使银行规避发放此类贷款。

五、降低基于数据资产贷款风险的对策建议

（一）保障数据资产价值的真实性

第一，开展充分的客户尽职调查。通过与数据交易平台、第三方资产评估机构、会

计师事务所等合作，调查企业数据资产的来源、合法性、真实性、质量、估值方法、评估结果，结合同行业水平，确定数据资产的市场价值。同时，银行还需厘清数据的采集授权、使用范围、脱敏程度等情况，以避免出现合规风险。在贷款合同中，可以增加数据资产价值调整条款、处置条款，确保数据资产的价值稳定，以降低银行资金收不回的风险。

第二，委托律师事务所等对数据资产的权属进行调查。通过专业的法律帮助，以确保数据资产的权属清晰，避免将来陷入权属争议。

第三，建议设立数据资产登记管理部门或建立统一登记系统，对数据资源持有权、加工使用权和经营权进行登记，以确保数据资产的形成与交易环节均有据可循，防止数据资产被不当地多次交易，减少信息不对称。

在贷款审批前，除了提高数据资产估值的真实性与准确性，银行还需综合考虑企业整体实力、发展前景、行业竞争等因素。

（二）提高数据资产的安全性

第一，加强技术保障，采用先进的数据脱敏、加密技术，建立防火墙、入侵检测系统等，确保数据在形成、传输、存储、交易、处置过程中的安全性。

第二，建立数据管理平台，整合内外部数据资源，及时更新，形成全面、实时的数据仓库。

第三，利用大数据和人工智能技术，开发风险评估模型，从而对数据资产估值的波动以及贷款风险进行实时监测和及时预警。

（三）建立风险分担机制

建议引入政策性数据资产贷款风险补偿机制，或推出相关的保险产品，分担银行面临的贷款风险，提高其放贷的积极性。

（四）开展数据资产贷款证券化

企业以数据资产为质押，获得银行贷款。银行挑选出符合证券化条件的贷款资产，将这些资产组合成一个资产池，设立特殊目的实体（SPV），然后银行将资产池中的贷款资产出售给 SPV。在此过程中，可以寻找第三方机构对资产池进行信用增级，以提高证券的信用等级，吸引投资者。后续贷款证券化的过程主要由 SPV 进行管理。对于银行而言，通过将数据资产贷款证券化，转移了贷款的风险，并获得了流动性。

思考题

1. 数据资产入表为商业银行带来哪些新的业务和收入?
2. 数据资产贷款和传统银行贷款业务的风险有何不同?
3. 如何防范数据资产贷款风险?
4. 以某一公司为具体分析对象，分析其如何发挥数据资产的价值。

参考文献

[1] 韩复龄. 商业银行数据资产价值评估 [J]. 中国银行业，2024 (2): 76 – 78.

[2] 施志晖，陆岷峰. 商业银行数字资产入表影响与对策研究 [J]. 北方金融，2024 (2): 3 – 8.

[3] 王小彩，杨涛. 商业银行数据要素价值实现的理论与实践探讨 [J]. 武汉金融，2023 (7): 81 – 88.

[4] 张凯. 金融数据治理的突出困境与创新策略 [J]. 西南金融，2021 (9): 15 – 27.

[5] 青岛数据资产登记评价中心有限公司，等. 数据资源入表年度发展报告 (2024) [R]. 2024. 11.

案例 24

新晃县数据要素资本化赋能乡村特色产业振兴案例实践

刘赛红　汤莎　谢思思[①]

① 刘赛红，管理科学与工程博士，湖南工商大学财政金融学院教授，博士生导师。汤莎，湖南工商大学财政金融学院金融硕士。谢思思，湖南工商大学财政金融学院金融硕士。

探索数据要素新活力，实现数据资产金融化，对于破解县域企业融资困境，推动传统产业的发展具有重要意义。在湖南省“三高四新”美好蓝图和怀化市“五新四城”战略指引下，湖南省新晃县黄牛特色产业，通过运用物联网、大数据、云计算等数字技术，激活数据要素潜能，推动黄牛产业数字化建设，实现企业无抵押融资，对数字经济如何与乡村特色产业振兴融合、推动数实结合起到了很好的带动作用。

一、案例背景

近年来，在农业农村部门的大力推动下，乡村全面振兴取得了显著进展，如何进一步推进乡村全面振兴，解决目前县域企业融资难、融资贵以及产业链形成与跨区域协作缺失等问题成为当务之急。而随着全球进入数字经济时代，数据作为一种关键生产要素具有巨大的经济和社会价值，推进大数据与农业农村的深度融合无疑是全面推进乡村振兴重大战略困境的破题之笔。2024 年，国家数据局等部门联合发布了《“数据要素 ×”三年行动计划（2024—2026 年）》，该计划紧密围绕习近平总书记强调的数据要素重要性及党中央、国务院的战略部署，旨在高效发挥数据要素的乘数作用，促进经济社会全面发展，也充分彰显了我国持续推进数据要素发展，建设数字中国的决心。

新晃县作为扶贫开发重点县，在全面推进乡村振兴的发展过程中抓住了数据要素这一发展机遇，特别是在推动传统产业数字化升级方面，展现了强大的创新力和执行力。为了推动数据要素赋能乡村振兴，新晃县以数据赋能特色产业为核心，不断拓展数据要素应用场景，加强数据基础设施建设，依托县域“黄牛”特色产业，运用物联网、云计算、大数据等数字技术，建设了黄牛数智平台——晃牛通，实施了黄牛产业全链数字化提升工程，创新打造出“1 + 1 + N + X”黄牛产业发展体系，将与华南数字产业（深圳）集团联手打造的数据产品“晃牛保”于深圳数据交易所正式上市并获得 1000 万元的授信金额，成功实现了全国范围内首例以乡村振兴数据资产为基础的无抵押授信业务落地。

新晃县这一创新举措完成了特色产业数据资源化、资产化到资本化的商业化全流程闭环，探索出了县域企业如何运用数据要素实现数据资产资本化的金融经验，为其他地区实现数据要素资本化，继而推动县域企业发展，为乡村振兴注入新的活力提供可行路径。

二、数据要素资本化发展概述

（一）数据要素资本化的内涵与特征

数据要素是一种新兴生产要素，现已经成为数智时代新型知识生产方式的主要生产要素，是当前数字经济时代下社会价值的重要来源。

数据要素资本化是指将数据从静态资源转化为动态资源，通过确权、定价、交易等市场化手段，使其成为可量化、可交易、可增值的资本形态，从而使其在生产和价值创造过程中发挥作用。其核心在于通过市场化机制释放数据的潜在价值，使数据从资源化向资产化以及资本化的方向进行跃迁，最终实现数据价值的最大化。

数据要素资本化的特征多样性，既源于其数据要素的特殊性，又受制于市场的制度约束。总结归纳现有文献，可将这些特征具体归纳为以下几个方面：

1. 高附加值

数据蕴含着巨大的社会和经济价值。通过数据采集、清洗、整合、挖掘和分析，不仅能为企业和政府提供决策依据，还能催生新的商业模式和技术创新。数据资本化过程中的高技术含量和信息处理能力决定了数据所产生的附加值水平，且数据可应用于多个行业，从而推动产业升级和经济发展。

2. 创新驱动性

在数据要素资本化的过程中，通过不断收集、整理、分析和应用数据，推动新的技术、产品和服务不断催生。机器学习、人工智能算法等技术的发展，依赖大量数据进行训练和优化，进而推动各行业智能化升级。

3. 风险多样性

数据要素资本化过程中伴随着各种各样的风险。与传统要素相比，数据要素具有高传播性与低复制成本的特点，从而存在数据泄露、篡改以及滥用等风险。而数据质量参差不齐、数据标准不统一等问题也增加了数据要素资本化的风险，对数据治理和监管提出了更高要求。

4. 非竞争性

同一份数据可以被多个用户或机构同时使用，其具有非排他性，同时使用并不会导致数据价值的降低。这种非竞争性也使数据要素在资本化过程中能够发挥更大的价值，但也对数据的确权与保护提出了新的要求。

5. 正外部性

数据要素的资本化，不仅能够创造价值，还能产生社会的正外部效应。例如，数据要素资本化能够显著提高生产效率、促进技术创新以及社会治理水平的提升，从而使整个社会生产力得到发展和结构性的优化。数据要素在资本化过程中所产生的这些外部效应，将有助于形成良好的产业生态和社会公共利益。

（二）数据要素资本化的发展历程与现状分析

在数字经济时代，数据要素渗透到了企业生产经营的方方面面，数据已然成为驱动新一轮科技革命与产业转型的核心驱动力，对于构建现代化经济体系具有举足轻重的地位。特别是 2019 年 10 月，党的十九届四中全会将数据正式确立为新型生产要素后，中共中央、国务院又于次年 3 月联合发布了《关于构建更加完善的要素市场化配置体制机制的意见》，明确数据作为新型生产要素在生产、分配、流通、消费及社会服务管理等各环节的基石作用。

随着数据不断被获取价值，其重要性也呈现出了新的维度，影响超出了其作为单纯商品的效用。有些学者将数据认为是一种新的、强大的资源，认为其具有潜在的巨大经济和社会价值，可以获得与组织的资本资产和人力资源同等的竞争优势。因此，各个行业都在积极挖掘数据资产，以开拓新价值并赢得竞争优势。数据资产这一概念的首次出现可以追溯到 1974 年，其最初以相对有限的范围被引入。进入 20 世纪 70 年代，对数据的处理能力随着技术的进步变得越来越强，人们开始关注起了数据从资源化到资产化再到资本化的价值跃迁问题。

从土地、技术、资源等生产要素的发展历程来看，数据要素的价值跃迁同样需经历资源化、资产化和资本化三个阶段。2022 年 7 月，在第五届数字中国建设峰会的数字城市分论坛上，有学者提出，数据要素化的实现路径应遵循资源化、资产化和资本化三个递进层次。数据要素资源化是指对原始状态的数据进行初步加工，使其成为可采集、可展示、可互通且可信的高质量资源。数据资产化则是挖掘数据潜在价值的过程，将数据从虚拟形态转化为价值形态，其核心在于数据能够作为资产在企业内部得到高效管理，同时凸显其经济属性和产权。而数据要素资本化则是通过特定方式盘活数据，使其成为可增值的资产，并进一步转化为资本，通过资本运作实现其价值最大化。

当前，我国已逐步形成“一项顶层规划 + 一套基础制度 + 多项政策配套”共同发力的政策体系。在顶层设计方面，《数字中国建设整体布局规划》明确指出，要充分发挥商业数据的价值潜力，推进数据资产计价研究，构建基于价值贡献的数据要素分配机制。数据作为核心资产的商业价值及其收益分配机制，已成为推动“数字中国”战略实施的关键环节。在基础制度建设方面，“数据二十条”明确提出，要助力实体经济企业，尤其是中小微企业，通过数字化转型实现信用融资，积极探索数据资产入表路径。目前，相关工作已取得显著成效。自 2024 年 1 月 1 日财政部正式实施《企业数据资源相关会计处理暂行规定》（简称《暂行规定》）以来，根据企业预警通的统计数据，截至 2024 年 8 月 31 日，共有 64 家公司在半年报中披露了企业数据资源数据，入表总额合计 14.02 亿元。相较于第一季度的 23 家增长了 41 家，涉及的总金额也增长了 3.83 亿元，增幅达 37.6%。在配套政策方面，国家数据局、工业和信息化部、财政部、国家知识产权局、国家统计局、中国气象局等多部委配合“数据二十条”出台了系列配套政策。例如，财政部会计司于 2023

年8月颁布了《企业数据资源相关会计处理暂行规定》、中国资产评估协会则于同年9月发布了《数据资产评估指导意见》、国家数据局于2024年1月发布《“数据要素X”三年行动计划（2024—2026年）》、国家发展和改革委员会也于2024年1月发布《深入实施“东数西算”工程加快构建全国一体化算力网的实施意见》以及《数字经济促进共同富裕实施方案》等，初步形成了政策“组合拳”。现今中国数据要素资本化在政策支持、市场建设和技术创新方面取得了显著进展，但仍面临数据确权、定价机制、安全保障等挑战。未来，随着制度完善和技术进步，数据要素资本化将成为推动数字经济发展的重要引擎。

三、新晃县数据要素资本化案例模式分析

数字经济时代下，新晃县黄牛特色产业围绕“如何精准获取产业的底层数据”“如何对不同来源的数据要素进行整合”以及“如何对数据资产进行评估”等问题开展了模式探索。通过全链数字化获取底层数据，依托一体化的数据云平台，上市交易所实现数据产品化，最终获得实现数据流通与变现，从而解决产业面临的难题，助力传统产业的升级。当前湖南省新晃县依托县域“黄牛”特色产业，运用物联网、云计算、大数据等数字技术，创新打造“1+1+N+X”黄牛产业发展模式，即实施“1”个黄牛产业全链数字化提升工程，建设“1”个黄牛数智平台——晃牛通，建设“N”个黄牛产业数字化家庭智能牧场以及打造“X”个黄牛产业数据要素应用场景。下文将对该模式进行阐述。

（一）产业全链数据化精准测算底层数据要素

全链数据化是指企业利用现代信息技术，将传统业务中的各个环节进行数字化改造和升级，实现业务流程的在线化、数据化以及智能化。

新晃县黄牛产业主要围绕黄牛繁育、养殖、育肥、加工和交易等全产业链条，开展了“1”个黄牛产业全链数字化的提升工程，通过为每头黄牛佩戴智能耳标，该耳标能够实时记录黄牛的出生日期、性别、体重、反刍等关键信息；部署视频监控和空气传感器等设备，实时监测养殖环境，包括温度、湿度以及空气质量等，实现了黄牛养殖的自动化盘点、在线评估养殖对象规模和生物资产具体状况，以及实时监控养殖环境。并在黄牛养殖过程中，建设了“N”个黄牛产业数字化家庭智能牧场，即养殖户通过养殖终端手机程序+智能化设备管理牧场和牲畜，通过养殖场的信息监控，直观地对养殖对象养殖规模进行了解，动态掌握待售抵押牛的存栏数、出栏数、生产状况等经营数据，养殖户能够实时了解到养殖黄牛的健康异常状况。目前已累计安装牛只（耳）电子身份10500个、视频监控15处、空气传感器15处，实现黄牛产业养殖环节可视化、可控化。

新晃县黄牛产业通过充分利用现代数字技术的优势，实现了黄牛产业各个环节的智能化、精细化管理。其能够自动化获取并处理数据，减少人工干预，从而显著提高数据的收集效率，减少数据要素的确权问题，避免传统方式下可能出现的一些问题。基于这一数字化基础，新晃县成功构建了“晃牛通”——统一集中的信息数据化云管理平台，即数智平台，该平台可提供全产业链数据分析、健康监测和预警系统等数据服务。这一创新实践完成了从数据资源化到资产化，最终实现资本化的商业化闭环，有效推动了县域企业更加智能化、高效化和可持续的发展，为乡村产业振兴提供了有力支撑。

（二）数智化云平台整理与分析数据要素

依托电子身份标识（如耳标）、视频监控和空气传感器等物联网设备，“晃牛通”这“1”黄牛数智云平台实现了黄牛产业全链条的实时采集与智能化管理。该平台以5G网络为传输通道，融合人工智能、区块链和大数据技术，构建起覆盖养殖、繁育、育肥、加工和交易全环节的数据采集体系，又通过对各类原始数据进行清洗、整合和标准化处理，从而形成了结构化、可分析的数据资产库。基于统一的云IT基础设施资源池，平台为监管部门、金融机构、保险公司及养殖企业等各方主体提供安全可靠的数据服务，支持实时查询、智能分析和业务协同，有效缓解产业信息不对称问题，促进县域企业与金融机构的深度合作，推动黄牛产业向数字化、智能化方向转型升级。

平台采用私有云的建设方式，逐步建成一个平台、四层服务的架构。一个平台即统一集中的信息数据化云管理平台；四层服务即基础设施服务层、数据采集服务层、数据智能分析层和应用服务层。基础设施服务层，提供底层技术支持，包括云计算资源、存储资源等；数据采集服务层，通过物联网技术，实时采集黄牛养殖过程中的各类数据；数据智能分析层，利用大数据和人工智能技术，对采集到的数据进行深度分析和挖掘，提供有价值的洞察和预测；应用服务层，基于数据分析和挖掘结果，提供黄牛养殖、管理、交易等方面的应用服务。通过“晃牛通”平台可实时开展黄牛养殖自动化盘点、在线评估黄牛养殖对象规模和生物资产具体状况、查询受配受胎等详细情况、定制风控模型、关联当前活牛期货指标等业务。

“晃牛通”平台的成功应用，在黄牛产业中发挥了显著的效果。通过平台的应用，黄牛产业实现了数字化转型和升级，生产效率得到了较大提升，有效降低了市场风险，传统产业的经济效益得到了增长。同时，平台还促进了数据要素的流通和价值变现，为乡村振兴和脱贫攻坚有效衔接提供了新的经济增长点。

（三）构建数据产品，实现上市交易

新晃县通过构建“晃牛保”这一数据产品，为黄牛产业提供了全方位的赋能效应，该

产品通过物联网设备实时监测黄牛的健康状况、运动轨迹、进食情况等关键指标，并结合“晃牛通”平台上的养殖环境数据、市场行情信息等多维数据资源，构建了完整的黄牛产业数字画像。该数据产品创新性地将传统保险与数字化技术进行深度融合，不仅实现了对黄牛养殖风险的动态评估和对产业的无抵押融资，更为开发精准化、个性化的保险产品提供了数据支撑。

在数据商品化阶段，华南数字产业集团联合深圳数据交易所，对“晃牛保”进行了严格的确权登记工作。通过对黄牛体征数据、养殖环境数据、交易数据等各类数据的标准化处理和脱敏加密，同时对每份数据产品赋予唯一的编码标识，以确保数据来源的合法性和安全性，从而构建了完善的权属登记体系，为后续交易流通奠定了坚实基础。同时，进一步解决了农业数据要素流通中最核心的权属问题，使数据真正成为可交易的商品。

在资产化阶段，专业评估机构综合考虑“晃牛保”这一数据产品的价值密度、应用场景和变化频率等因素，对其进行较为准确的价值评估。该产品也凭借显著的市场价值和应用前景，成功获得新晃农村商业银行 1000 万元人民币的授信额度。这种无抵押信用贷款的授信方式，并辅以利率优惠政策，显著降低了养殖主体的融资门槛。2024 年 3 月 18 日，湖南新晃农村商业银行与相关企业成功签约，标志着乡村振兴领域首例数据资产无抵押融资协议正式诞生，这一突破性进展也标志着农业数据要素正式成为可质押的新型资产形态。

在金融化应用方面，针对解决养殖户的融资难题，创新推出“晃牛保”与“黄牛贷”产品协同模式，依托“晃牛保”，金融机构可对养殖户进行用户画像和信用评价，并据此对养殖户提供定制化的“黄牛贷”服务，既有效降低贷款的违约风险，又显著提升了信贷服务效率。截至 2024 年底，已累计发放 8156 万元的“黄牛贷”，为养殖户提供了切实的资金支持；在服务效率方面，通过数据授信模型实现快速审批，将贷款办结时间最短缩减至 3 个工作日，推动了产业的快速扩张；同时，智能风控系统整合生产动态、市场行情、健康监测三大维度数据，将不良贷款率控制在行业低位，并催生灵活还款、保险联动等创新金融产品，有效激发银保机构投放意愿；在保险服务领域，当前参保黄牛数量已超过 1.8 万头，“晃牛保”通过提供实时准确的牛群健康数据，支持保险公司开发精准定价产品，运用物联网技术建立可追溯理赔体系，既提升赔付效率又防范道德风险，为养殖户构筑双重风险屏障，进而持续降低养殖户的成本。

“晃牛保”作为农业保险领域的数字化创新产品，还深刻影响着整个黄牛产业链的发展。在产业治理层面，该产品深度挖掘数据价值，辅助政府建立产能预警模型和调控机制，驱动养殖端实现健康监测、精准饲喂等智能化改造；同时，带动了冷链物流、电商销售等配套产业的协同发展，形成了完整的数字化产业生态。综上可知，“晃牛保”通过打通产业链数据壁垒，成功实现了从传统养殖向数字化生产的转型升级，为乡村振兴和县域经济高质量发展提供了可复制、可推广的实践样板，充分展现了数据要素对传统产业转型升级的深度赋能作用。

四、建议与对策

（一）加快数据资产管理标准化进程，健全数据资产评估体系

相关部门要结合国家有关数据目录工作的指导方针，以及“数据二十条”这一数据基本制度，促进数据要素的流通，明晰数据资产的权责关系，并按照资产管理相关要求，依法合规管理数据资产，完善数据资产相关标准。特别地，要有效衔接数据分类分级、确权授权使用的要求，加快各个行业对数据资源持有权、数据加工使用权和数据产品经营权权利分置要求的落实，还要激发企业和相关金融机构等参与数据资产标准制定的主观能动性，鼓励行业根据发展需要，自行或联合制定企业数据资产标准。此外，还需推动数据资产价值评估业务信息化建设，构建数据资产价值评估标准库、规则库、指标库、模型库和案例库等，支撑数据资产标准化、规范化和便捷化进程。

（二）加强数据基础设施建设，推动底层数据汇集共享

数据要素是数据资产资本化发展和应用的重要基础，因此应进一步加强数据基础设施的标准化建设，加大对数据中心的投入，提升数据存储、处理和传输能力，完善底层数据要素的汇聚机制。具体地，应充分借鉴国际经验，汲取数据基础设施建设以及数据汇集共享领域的先进经验和技术成果，通过引入和升级 5G、人工智能、区块链、大数据以及数据采集等技术，提升数据基础设施的数据处理能力和智能化水平。同时，需定期对数据基础设施进行安全评估和漏洞扫描，及时发现和修复安全隐患，在现有的数据基础设施基础上构建更加高效、安全的数据基础设施，促进底层数据的集成共享。

（三）建立严密的数据资产安全与隐私保护和处理机制

在数据资产资本化的进程中，其涉及众多敏感信息，若数据安全防护措施不到位，容易引发数据泄露、滥用等风险。因此，数据资产各权利主体要结合当地的实际情况，在数据资产管理过程中需加强对数据安全防护体系和数据隐私保护机制的建设，采用加密技术、访问控制、安全审计等手段，确保数据在传输、存储和使用过程中的安全性，同时需要明确相关数据收集、使用、共享和销毁的规范流程。此外，还需建设分类、分级的数据资产预警、应急和处置机制，对数据资本化过程中的各个风险环节进行深度分析，特别是

对数据资产泄露、损毁、丢失、篡改等典型风险场景进行监测，实施同类别与级别的预警和应急管理，以期最大限度避免或减少资产损失。

（四）加大数据资产价值应用风险的防范力度

数据资产资本化是一个循序渐进的过程，确保数据资产开发的安全与高效，是贯彻数据资产资本化发展的关键因素。数据资产的相关权利主体应建立数据资产协同管理的应用价值风险防控机制，多方联动细化操作流程及关键管控点，有效识别和管控数据资产化、数据资产资本化过程中的潜在风险。同时，政府相关部门需加大监管力度，对涉及公共数据资产运营的重大事项开展审计，特别是高溢价和高减值项目，要准确发现管理漏洞，及时采取防控措施降低数据资产的价值应用风险。

（五）深入拓展新晃县数据要素资本化产品创新

新晃县在数据资产金融化方面尚处于探索阶段，尚未形成清晰、可行的金融化路径。目前，新晃县在数据资产金融化方面的金融产品和服务相对单一，难以满足市场多元化需求，而如何将数据资产转化为金融产品、服务或资本，以及如何实现数据资产的定价、交易和流转，仍需进一步研究和探索。新晃县也应健全数据资产金融化方面的法律法规和市场机制，加大政策支持，鼓励金融机构根据市场需求和产业发展特点，开发多样化的创新性金融产品和服务。例如，基于黄牛养殖数据的信用贷款、保险产品等，为养殖户提供更加便捷、高效的金融服务。

（六）加强数据资产资本化宣传，持续引进数据人才和技术

目前市场对数据资产资本化的认知度和信心相对不足，致使数据资产在金融市场的融资能力和流动性受到限制，难以吸引更多的资金进入该领域。因此，在后续推进过程中，需组织政府、企业、金融机构等参与数据资产相关的培训和研讨会，邀请专家讲解数据资产的概念、价值评估以及数据资产资本化流程等，提升参与者的专业素养和操作能力，再通过这些参与者从多个渠道加大力度宣传数据资产资本化。另外，数据资产资本化的推进离不开先进的技术支持和专业的人才队伍。因此，还需持续加大技术研究投入力度，积极与高校、科研机构等建立合作关系，共同培育和引进数据科学、金融科技等领域的专业人才。

思考题

1. 数据要素资本化的核心特征是什么？如何与传统生产要素区分？

2. “1+1+N+X”这种模式如何赋能乡村特色产业？

3. “晃牛保”数据产品如何促进数据资产金融化？

4. 数据要素资本化过程中存在哪些挑战？应如何应对？

5. 该模式是否能推广至其他乡村特色产业？还需要哪些政策或技术支持？

参考文献

[1] 任保平，李婧瑜．数据成为新生产要素的政治经济学阐释［J］．当代经济研究，2023（11）：5－17.

[2] 胡继晔，付炜炜．数据要素价值化助力培育新质生产力［J］．财经问题研究，2024（9）：48－60.

[3] Leonelli S. Data—from objects to assets［J］．Nature，2019，574（7778）：317－320.

[4] Grover V，Chiang R H L，Liang T P，et al. Creating strategic business value from big data analytics：A research framework［J］．Journal of management information systems，2018，35（2）：388－423.

[5] Peterson R E. A cross section study of the demand for money：the United States，1960－62［J］．The Journal of Finance，1974，29（1）：73－88.

[6] 杨开元，罗钰宁．数据资产化与企业创新绩效——基于文本分析的经验证据［J］．金融与经济，2025（1）：40－52.

[7] 杜庆昊．数据要素资本化的实现路径［J］．中国金融，2020（22）：34－36.

[8] 孙静，王建冬．多级市场体系下形成数据要素资源化、资产化、资本化政策闭环的总体设想［J］．电子政务，2024（2）：12－20.

[9] 寇宗来．关于数字经济创新发展的基本逻辑思考——从数据资产到数据资本的演进［J］．新金融，2024（6）：11－14.

[10] 陶卓，黄卫东，闻超群．基于利益相关者视角的数据要素市场培育政策分析框架研究［J］．电子政务，2024（11）：27－40.

第六部分　其他

金融领域的创新实践丰富多元，除了科技金融、绿色金融等重点领域外，还有众多别具一格的金融探索。这些实践可能涉及新兴金融业态的开拓、金融服务在特定场景的创新应用，或是金融支持特定区域、产业发展的独特尝试。它们虽未归入“五篇大文章”的核心范畴，但同样在推动金融创新、提升金融服务实体经济效能方面贡献着力量。这些创新往往源于金融机构与市场主体结合实际的积极探索。本篇将汇聚这些多元化的金融创新实践案例，展现金融领域的创新活力与广阔思路。

案例 25

新经济形势下城投公司转型与融资新业务模式案例

陈兵　任翠翠　江源　施年[1]

① 陈兵，经济学博士，上海立信会计金融学院金融学院教授，研究方向为数字金融、金融稳定。任翠翠，上海伽澜资产管理有限公司。江源，上海伽澜资产管理有限公司。施年，上海伽澜资产管理有限公司。

随着地方政府债务风险防控力度加大，传统融资模式受限，城投公司转型迫在眉睫。资产证券化作为一种创新融资工具，能够有效盘活城投公司存量资产，优化债务结构，为转型发展提供资金支持。本案例以城投公司转型为背景，以某城投公司通过“并购+资产证券化”模式成功收购一线城市商办物业并实现增量融资的项目为例，探讨城投公司转型的路径、创新型融资方式及实现国有资产增值的业务模式，从投资与融资两个维度，展现城投公司转型的实践。本案例首先分析城投公司发展现状和转型面临的挑战，讨论转型路径。其次以某城投公司通过“并购+资产证券化”模式成功收购一线城市商办物业并实现增量融资的项目为例，探讨“并购+资产证券化”模式在城投公司转型中的应用与优势。最后提出城投公司可以向城市资产运营商转型、优化融资结构、盘活存量资产等建议及对策，以期为城投公司转型发展提供参考。

一、案例背景

近年来，中国经济迈入高质量发展的新阶段，地方政府投融资体制也随之经历深刻变革，使地方城投公司站在了转型的关键节点。城投公司诞生于特定的历史时期，在过去几十年，凭借地方政府的信用支撑，承担起城市基础设施建设、公共服务项目开发等重任，极大地推动了我国城市化进程，对地方经济发展和城市面貌改善作出了不可磨灭的贡献。

然而，随着经济环境的变化与政策导向的调整，城投公司传统发展模式的弊端日益凸显。一方面，在政策层面，国家对地方政府债务管控不断趋严，如《关于进一步规范地方政府举债融资行为的通知》等一系列政策文件的出台，封堵了城投公司依赖政府信用过度举债的路径，使城投公司面临巨大的债务风险化解压力。另一方面，从市场环境来看，基础设施建设市场逐渐趋于饱和，竞争愈发激烈，城投公司传统的以土地开发和基础设施建设为主的业务模式增长空间受限，且盈利能力不足，过度依赖政府项目和财政补贴，自身造血能力薄弱。在此背景下，地方城投公司转型迫在眉睫。

二、地方城投公司发展现状及转型路径概述

（一）地方城投公司发展现状分析

1. 历史沿革

城投公司作为地方政府设立的融资平台，在我国城市基础设施建设和经济发展中发挥了重要作用。早期城投公司主要承担城市道路、桥梁等基础交通设施的建设任务，依靠政

府财政拨款、土地划拨和银行贷款等融资工具开展工作。在城市化快速发展的21世纪初，大规模参与城市新区开发、工业园区建设等项目，在城投公司快速扩张的同时，也带动了地方经济的高速增长。

然而，随着经济发展进入新常态，城投公司过去的发展模式逐渐暴露出诸多问题。业务结构上，过度依赖传统基建与土地开发，营收增长受限；财务上，资产负债率高，偿债压力大，发展后续乏力；运营管理上，股权结构单一，决策效率低，难以适应新业务拓展与市场竞争需求。这些问题使城投公司的角色和发展模式面临新的调整。

2. 业务结构分析

当前城投公司资产结构不合理，土地开发和基础设施建设业务仍在资产规模中占据较大比重，资产流动性差，运营效率低下。近年来受土地政策调控和市场需求变化影响，其营业收入占比呈下降趋势，基建业务也同样面临着市场竞争加剧、利润率下滑的困境。

城投公司业务转型涉及多元化拓展，意味着城投公司要转向挖掘更具潜力的投资领域，如进军智慧城市运营、环保产业、新兴产业园区开发运营等领域。通过优化资产结构，剥离不良资产，注入优质经营性资产，提升资产运营效率，成为城投公司实现可持续发展的关键。同时，提升内部管理效率，降低运营成本，也是城投公司在市场竞争中生存和发展的必然要求。

3. 融资模式分析

在地方城投公司的发展历程中，融资模式的选择对其运营和发展起着至关重要的作用。过去，城投公司长期依赖债务融资，主要依靠手续简便、资金稳定的银行贷款融资，且发行债券则因其能筹集大规模资金、满足项目建设需求，成为拓展融资渠道的重要方式。

随着时间推移，这种以债务融资为主导的模式弊端逐渐显现。债务融资使城投公司资产负债率不断攀升，偿债压力日益沉重，公司不仅面临巨大的财务风险，每年还需支付大量的利息费用，使公司在应对日常运营和新投资项目时捉襟见肘。

近年来，监管部门对地方政府债务管控持续加强，出台了一系列政策法规限制城投公司的债务融资规模和渠道，导致城投公司通过传统债务融资获取资金的难度不断加大。《关于进一步规范地方政府举债融资行为的通知》明确要求地方政府不得通过城投公司违规举债，切断了城投公司依赖政府信用过度举债的路径；《关于加强国有企业资产负债约束的指导意见》则对国有企业包括城投公司的资产负债率提出了严格要求，促使城投公司必须加强债务风险管理，优化融资结构。这些政策从根本上改变了城投公司的发展环境，转型成为城投公司合规发展的必然选择。

因此，城投公司正寻求从传统债务融资向资产证券化、引入战略投资等多元融资转变，同时完善公司治理，建立现代化企业管理制度。

（二）地方城投公司转型路径

1. 业务转型

城投公司转型核心方向为向城市综合运营商转变及拓展产业投资领域，这既是对传统模式的突破，也是适应新时代城市发展的战略选择。通过资源整合与产业升级，能实现从项目建设执行者向城市价值创造者的转变，推动区域经济高质量发展，为城市可持续发展助力。

转型为城市综合运营商时，城投公司需从单一项目建设思维转为城市整体运营思维。一方面，整合土地、基础设施、公共服务等资源，搭建统一运营平台，优化配置以提升运营效率与服务质量；另一方面，引入智慧城市技术，提升服务品质，实现资产保值增值，从而成为城市价值创造者，奠定城市长期发展基础。

在产业投资领域，城投公司具备独特优势。依托政府资源与产业政策支持，精准把握投资方向，推动区域产业升级。例如，在新兴产业初期，设立产业投资基金吸引社会资本，投资潜力初创企业，培育产业集群，围绕主导产业引进上下游配套企业完善产业链。这一转型有利于城投公司拓展业务，为区域经济高质量发展注入新活力。

2. 融资结构转型

在传统融资难度加大的背景下，资产证券化作为一种创新融资方式，为城投公司转型提供了新思路。资产证券化是将缺乏流动性但具有稳定现金流的资产（如收费公路、污水处理厂、供水设施等）通过结构化重组，转化为可在金融市场上交易的证券，这一方式对城投公司具有重要意义。

一方面，资产证券化能够盘活城投公司长期积累的存量资产，将这些资产的未来收益权提前变现，将沉淀资金转化为流动资金，优化资产负债结构，提升资产运营效率。另一方面，资产证券化的融资成本相对灵活，主要取决于基础资产的质量和现金流状况，而不完全依赖公司整体信用。这使城投公司能够在基础资产质量良好的情况下，以较低成本获取资金，拓宽融资渠道，降低对传统债务融资方式的依赖，为公司在不同市场环境下提供更多融资选择。

从传统债务融资转向资产证券化，是城投公司在转型过程中优化融资结构、降低财务风险、提升可持续发展能力的关键路径。通过有效运用资产证券化工具，城投公司能够更好地适应政策和市场变化，实现融资模式的转型升级，为自身长远发展奠定基础。

三、城投公司转型与融资新业务模式分析

以某城投公司通过“并购＋资产证券化”模式成功收购一线城市商办物业并实现增量

融资的项目为例，这一过程从投资与融资两个维度，充分展现了城投公司转型的成功实践①。

在投资端，城投公司借助专业金融机构提供的配资资金，顺利完成了对目标商办物业的收购，实现投融资联动。完成收购后，城投公司迅速开启融资布局。以该商办物业未来产生的稳定现金流为标的，发行了资产证券化产品。这一创新性的融资举措，吸引了众多投资者的关注，成功获取了资金融资。随后，城投公司利用这笔融资资金偿还了配资方的出资额，实现了配资方的平稳退出，有效降低了资金成本和财务风险。在整个资产运作过程中，城投公司作为资产证券化产品的劣后级资金投资方及差额补足方，继续将该商办物业纳入合并报表范围进行持有和运营。

城投公司通过“并购+资产证券化”双轮驱动模式撬动金融杠杆、优化资源配置的操作逻辑，本质上构建了一个资本闭环的价值创造体系。具体而言，城投公司以少量自有资金为支点，撬动金融机构提供的过桥融资完成一线城市优质商办物业的并购，这一环节既精准把握了核心资产的价值锚点，又通过结构化融资放大了初始资本的撬动效应。在完成资产整合后，城投公司以标的物业的现金流收益和增值潜力为底层资产发行资产证券化产品，此时资产信用完成三重转化：物理空间的租金收益转化为金融产品的稳定现金流；不动产的区位溢价转化为资本市场的估值溢价；持有期的资产增值则转化为发行规模的乘数效应。这一转化过程不仅为前期介入的金融机构提供了市场化退出通道，更重要的是通过证券化释放出超过原始投资规模的增量资金，形成“并购—证券化—再投资”的资本循环。值得注意的是，该模式通过金融工具的嵌套使用实现了风险收益的精准切割——并购环节锁定底层资产控制权，证券化环节转移流动性风险，而杠杆效应则体现在从自有资金到资产证券化产品募资的层层放大过程中。这种产融协同的创新实践，既突破了传统城投公司依赖信用扩张的融资瓶颈，又为存量资产的价值重构提供了可复制的金融工程范式，最终在提升国有资产运营效率的同时，推动了金融资源与实体资产的高阶动态平衡。

凭借这一系列操作，城投公司实现了资产的有效整合与增值，进一步巩固了公司在城市资产运营领域的地位，成为城投公司转型的典型范例。

（一）借助金融机构，实现投融资联动

本案例中，城投公司通过20%的自有资金，借助金融机构提供的80%配资资金，实现对商业物业的收购。金融机构作为配资方发起成立SPV公司，城投公司通过收购的商业物业发行资产证券化产品，以增量募集资金置换金融机构在SPV中的出资份额，使金融机

① 本案例由上海伽澜资产管理有限公司提供架构设计。

构实现退出的同时获得超额融资资金，交易结构如图 25－1 所示。

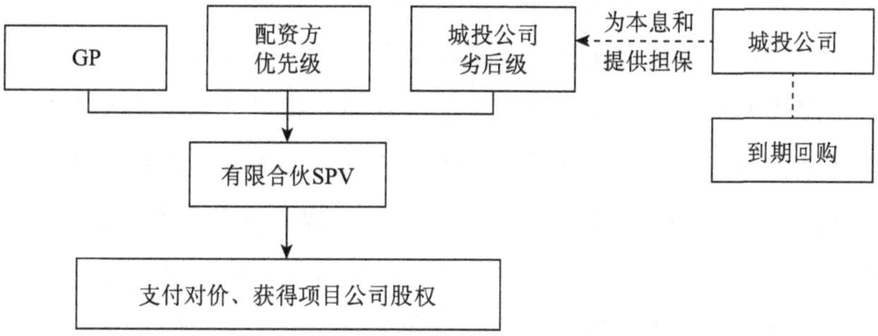

图 25－1　城投公司发行资产证券化产品交易结构

城投公司与金融机构的合作模式，不仅助力城投公司实现收购，有效解决了城投公司融资难题，还实现投融资联动，促进了产融结合，为实体经济赋能。投融资联动模式是金融服务实体经济的重要创新，对于缓解城投公司融资难题、促进经济高质量发展具有重要意义。未来，随着政策环境的不断完善和金融机构服务能力的持续提升，投融资联动模式将迎来更广阔的发展空间。

（二）收购商业物业，实现向城市资产运营商转型

本案例中，城投公司借助金融机构的资金，收购持有标的资产项目公司的股权完成收购，实现向城市资产运营商转型，城投公司向城市综合运营商方向转型具有天然的优势，通过这种方式，城投公司可以更有效地参与城镇化进程、促进城市发展、提升自身的融资能力。因此，城市综合运营商已经成为城投公司近年来最青睐的一种市场化转型策略。此转型方向旨在将城投从“建设城市”向“运营城市”转变，通过授予城投公司特许经营专营权，城投公司可围绕区域内与民生相关、有市场现金流的准公益性项目以及特定市场化经营性项目展开转型，如整合区域内分散的公用事业企业，打造全区域性的民生综合平台，基于城投独特的市场地位扩大规模效应，保证盈利能力，与城市发展相伴成长。

（三）发行资产证券化产品实现融资

资产证券化产品（Asset－Backed Securities，ABS）是一种金融工具，它通过将非流动性资产转换为可交易的证券，从而为发行方提供融资，并为投资者提供投资机会。全球资产证券化市场规模庞大，尤其是在美国、欧洲和亚洲的一些发达经济体，中国的资产证券化市场自 2014 年以来快速发展，监管机构推出了一系列政策鼓励市场创新和规范化发展。近年来，中国资产证券化市场规模持续扩大，展现出强劲的增长势头，2024 年存续规模突

破10万亿元，预计到2025年将超过15万亿元，年均增长率保持在15%以上。这一增长主要得益于政策支持、金融创新及实体经济融资需求的推动。

近年来，我国资产证券化市场推出了创新型产品——持有型不动产ABS，我国不动产和基础设施经过多年的快速发展期，已积累了可观的存量资产，并进入了以存量盘活为主的新阶段，为包括持有型不动产ABS在内的众多金融工具提供了广阔的施展空间。持有型不动产ABS的推出，是对《国务院办公厅关于进一步盘活存量资产扩大有效投资的意见》（国办发〔2022〕19号）“盘活存量资产”的践行与落实，是以主动金融创新有效服务于实体经济的宝贵尝试，可以为城投公司提供更加多元化的资产盘活工具，有望开创一个潜力巨大的新生市场。

本案例中，城投公司收购一线城市商办物业后，以该商办物业未来产生的稳定现金流为标的，发行持有型不动产ABS实现融资。持有型不动产ABS为最新推出的创新型资产证券化产品，相较以不动产发行的传统CMBS而言，持有型不动产ABS在融资规模和融资期限上均具有较大优势，能够最大程度帮助城投公司超额融入资金，盘活存量资产，交易结构如图25－2所示。

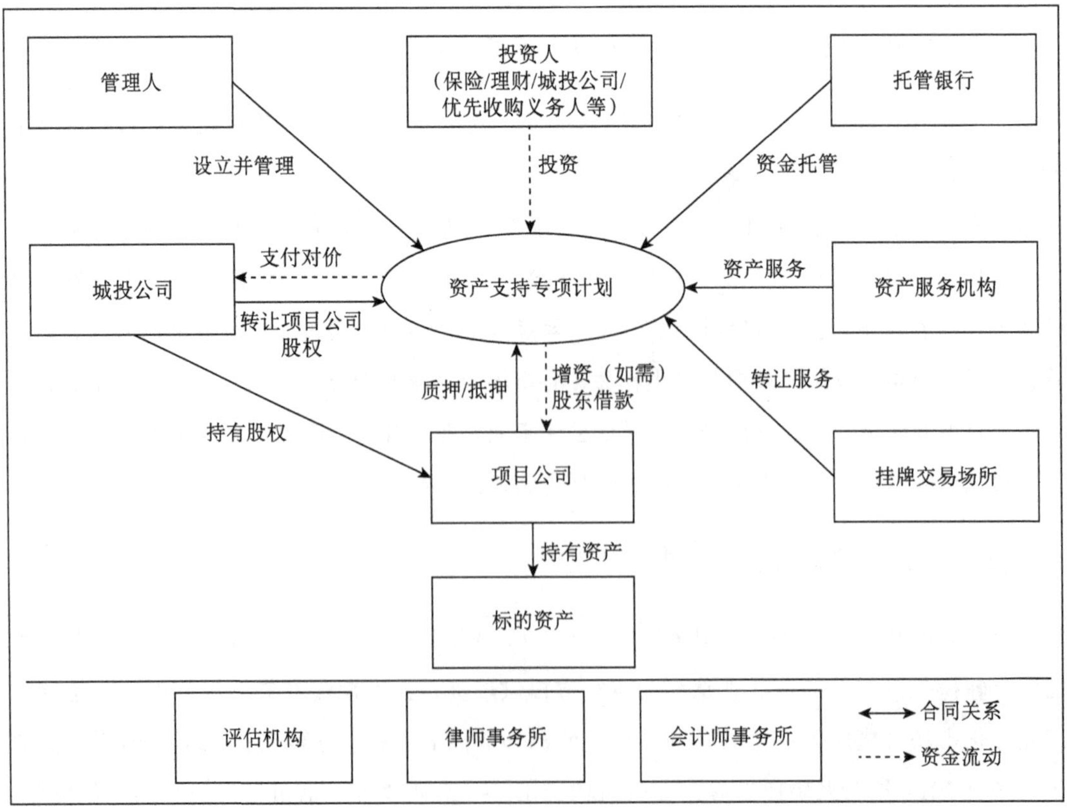

图25－2　城投公司发行持有型不动产ABS交易结构

城投公司通过发行持有型不动产 ABS 不仅实现了融资，盘活了存量资产，还符合政策方向，提升了城投公司的市场影响力，具体而言，持有型不动产 ABS 项目优势如下：

1. 融资规模大，融资用途不受限，融资人可自由使用超额资金

持有型不动产 ABS 相较其他融资方式，融资规模较大，持有型不动产 ABS 融资规模可与目标资产估值相当（即融资规模 = 目标资产估值），而传统 CMBS 产品的抵押率为 55%—65%（即融资规模 = 目标资产估值 * 55%—65%）；同时，持有型 ABS 的融入资金不存在用途限制，融资人可以自由使用超额融入资金。

2. 融资期限长，资金使用率高

持有型不动产 ABS 相较其他融资方式，融资期限较长，持有型不动产 ABS 融资期限与目标资产存续期相匹配（即若目标资产不动产权证 30 年后到期，则融资期限为 30 年），而传统 CMBS 融资期限一般最多为 18 年；同时，持有型不动产 ABS 可以设置前几年还本金额小，提高资金使用效率。

3. 标准化金融产品，风险隔离效果好，融资成本低

持有型不动产 ABS 作为在交易所流通的标准化金融产品，对于自身主体信用为 AA + 的城投公司而言，发行 ABS 可以通过目标资产现金流的超额覆盖的方式将证券增级到 AAA，证券信用更高。对于投资人而言，持有型不动产 ABS 通过专项计划持有项目公司股权的形式实现了最佳的风险隔离效果，因此持有型不动产 ABS 相较普通债券而言，融资成本更低。

4. 审核流程简单，快速实现资产上市

持有型 ABS 为交易所挂牌流通的标准化产品，产品发行即实现了目标资产的上市；持有型 ABS 的审核流程参照 ABS 执行，只需在交易所完成挂牌条件确认即可。

5. 扩募机制灵活，为城投公司打造便捷的资产上市平台

持有型 ABS 扩募机制灵活，经管理人和持有人大会决策即可进行，可为城投公司打造便捷的资产上市平台。

6. 底层资产规模、收益率不设硬性标准

持有型 ABS 没有首期发行规模和现金流分派率的最低要求，可以在申报发行后通过物业培育，达到公募发行条件后通过公募 REITs 退出。

7. 助力城投公司作为轻资产运营机构实现 IPO

城投公司可将自持的商业物业资产出售至持有型 ABS，或以持有型 ABS 收购其他商业物业资产，并作为持有型 ABS 的资产服务机构实现对商业物业资产的轻资产经营，因此持有型 ABS 可降低城投公司财务风险，扩大商业物业资产经营规模，助力城投公司实现公司上市。

8. 资产运营可设置激励机制，提高运营效率

持有型 ABS 可通过特殊条款设置激励机制，产品存续期间经营产生的超额留存收益可以按设定的比例分配给城投公司、管理人、资产服务机构、投资人；通过激励机制可增强资产管理动力，提高运营效率，实现资产增值。

9. 符合政策方向，进一步提升城投公司市场影响力

目前持有型 ABS 与公募 REITs 均为市场热点，符合政府与监管机构的政策方向，产品的发行会得到主流媒体的正面报道，进一步提升城投公司的市场影响力。

（四）城投转型与资产证券化相结合的优势

城投公司先通过银行并购贷款或金融机构股权投资的形式收购存量物业，收购完成后以收购物业作为目标资产发行资产证券化产品，以发行资产证券化产品的募集资金偿还前期借款并补充流动资金。城投转型与资产证券化相结合的优势如下：

（1）符合国家政策导向，有助于获得政策和金融支持；

（2）增加公司资产规模、提高资产收益率、调整收入结构；

（3）盘活存量资产，提供更多元化的城市服务；

（4）发行资产证券化产品可实现一定额度的增量，推动自身产业化转型的同时实现增量融资。

城投公司发行资产证券化产品还可以利用自身的信用优势，通过目标资产现金流超额覆盖的方式实现信用增级，使资产证券化产品的信用等级高于公司主体信用评级，进而使发行利率大幅降低，远低于正常发债的利率水平。以 2025 年初发行债券数据为例，截至 2025 年 2 月 7 日，AAA 级债券的加权平均发行利率为 2.08%，发行利差为 71.25 个基点，同期，AA+级债券的加权平均发行利率为 2.41%，发行利差为 104.44 个基点。

这种信用增级的优势不仅提升了融资效率，还有效降低了融资成本，为公司在资本市场的运作提供了更大的灵活性。通过优化融资结构和利用信用增级工具，城投公司能够更好地支持其多元化业务发展，提升资产运营效率和市场竞争力，同时进一步增强其在资本市场的品牌影响力。

四、建议及对策

（一）推进产业投资与资本运作

城投公司应联合地方政府设立产业引导基金，聚焦地方优势产业，通过“基金招商+

股权投资”培育新增长点。通过收购、兼并、重组等方式，整合产业链上下游资源，提高产业集中度和竞争力。积极参与产业园区建设和运营，打造产业集群，实现产业协同发展。

（二）转型为城市资产运营商

城投公司要学会依托早期开展的城市建设所形成的交通设施、旅游文化资源、产业园区等，将相关公益资产进行市场化拓展运营，实现由基础设施“开发建设者”向“运营服务商”的转变。例如，庐阳国投通过整合和运营城市资产，提升资产的使用效率和回报率，同时提高城市的管理水平和服务质量。

（三）优化债务结构和盘活存量资产

对现有债务进行全面梳理，明确债务类型、规模、期限和利率等关键要素。积极与金融机构协商，通过债务重组、展期、降息等方式，将高成本、短期债务转化为低成本、长期债务，减轻短期偿债压力。同时，全面清查公司名下的各类资产，通过出租、出售、资产证券化等方式，将存量资产转化为现金流，用于偿还债务，提升流动性。

（四）优化融资结构

构建多元化的投融资体系，增加权益融资在公司总体融资规模中的占比。例如，无锡高新区“拨转投”模式：无锡亘芯悦科技在技术转化阶段面临资金短缺，政府将 5000 万元财政补贴转化为股权投资，分担前期风险，后续结合市场化融资调整资金用途。该模式不仅可以缓解企业短期资金压力，还通过产业链资源对接、投后服务等增值措施提升财政资金使用效率，形成“财政支持—企业发展—资金回笼”的良性循环。

（五）提升资产质量

加强对应收账款的管理，对未来无法回收的账款提前进行处置，保证资产质量合理可控。优质资产可以让企业轻装上阵，现在各省都逐步建立了资产管理平台，如何运用好这些平台，剥离低效无效资产，做大高效优质资产，严格落实“清产核资”，正确评估现有资产价值，这既是监管部门的职责，也是国有企业的底线。实现国有资产“保值增值”是一直未变的铁律。

（六）完善公司治理机制

企业要始终贯彻中国特色现代企业管理制度的要求，全面加强和改进党的领导，企业领导层要主动拥抱现代企业治理。例如，西部机场集团有限公司，注重顶层设计和组织保障，健全董事会履职制度文件，促进董事会规范化运作。设立战略规划、合规与审计、薪酬与考核等专门委员会，发挥专业智囊作用，提高董事会决策的专业性和科学性。

思考题

1. 城投公司传统发展模式面临哪些问题？
2. 城投公司转型主要包括哪些路径？
3. 持有型不动产 ABS 项目有哪些优势？
4. 城投转型与资产证券化相结合有哪些优势？
5. 城投公司如何采取有效举措推动转型发展？

参考文献

[1] 胡世斌．区县级地方政府平台 A 公司的转型发展策略研究［D］．南昌：江西财经大学，2023.

[2] 陈德贤．论国有城投类企业转型实现可持续发展的措施［J］．中国商论，2020（19）：111 –112.

[3] 谭禹．资产证券化与公租房建设［J］．城市问题，2014（11）：63 –67.

[4] 卜振兴．城投公司监管逻辑解读［J］．银行家，2019（4）：83 –85.

[5] 杨涛．住房租赁资产证券化发展趋势［J］．城乡建设，2018（11）：68 –69.

[6] 新浪财经．【债市周报】春节前后信用债发行收缩发行利率利差环比上升［EB/OL］．（2025 –02 –13）［2024 –12 –31］．http：//finance. sina. cn/2025 –02 –13/detAIl –inekiriz4994613. d. html.

[7] 瞿玲．政府隐性担保对城投债券信用利差的影响［D］．上海：上海财经大学，2021.

案例 26

我国某家电企业的外汇风险管理模式创新

——组合算法与外汇对冲工具的运用

徐笑丁[①]

① 徐笑丁，经济学硕士，上海立信会计金融学院讲师，研究方向为国际金融市场外汇交易及风险。

在全球经济波动加剧及人民币汇率双向浮动常态化的背景下，我国外向型企业面临显著的外汇风险挑战。本案例以跨国家电企业 L 公司为例，探讨其外汇风险管理模式及其创新实践。L 公司通过整合金融机构汇率组合算法的预测结果，构建数字化风控平台，动态识别和监测交易风险、折算风险及经济风险，并采用外汇衍生品和多元化对冲策略进行外汇风险管理，不仅有效降低了外汇风险敞口，而且为外向型企业构建智能化、动态化的外汇风险管理体系提供了实践参考。

一、案例背景

近年来，我国货物贸易规模持续扩大，2024 年前三季度进出口总值达 32.33 万亿元，同比增长 5.3%。但自 2015 年“8・11”汇改后，人民币汇率市场化机制虽逐步完善，但仍面临欧美经济衰退、地缘冲突等外部冲击，美元兑人民币等主要货币汇率波动显著加剧。与此同时，中国企业加速“出海”，境外投资与跨境收支规模快速增长，外向型企业汇率风险敞口持续扩大。面对新形势，国内企业风险中性理念显著增强，外汇衍生品交易规模快速扩容，2024 年一季度套保比率达 28.1%，同比提升 3.2 个百分点，汇率风险管理逐步迈向规范化、系统化。

二、案例概述

L 公司前身为濒临破产的地方国企，通过股份制改革与技术升级，逐步发展为全球化家电制造集团，产品覆盖空调、冰箱等大家电及智能小家电，并延伸至自动化设备、机器人等先进产业。公司早期以国内市场为主，2000 年已形成制造、销售、产业投资多元化布局，国内仍为核心收入来源。依托“走出去”战略，L 公司实现了全球化市场拓展：在欧美澳市场通过本土化品牌（厨电、空调）实现份额增长；在东南亚、中东等新兴市场建立本地化供应链，推动占有率稳步提升。

随着国际化进程不断加快，L 公司外汇风险敞口持续扩大：境外生产基地投资增加、海外销售收入占比提升（美元等外币收支比例超 40%），资产负债表中涉外项目规模同比增长 18%。尤其是美元兑人民币汇率双向波动加剧，对企业经营稳定性构成直接冲击。对此，L 公司构建了动态汇率风险管理体系，结合汇率预警，实时监控外汇风险敞口，通过远期结售汇、期权组合等工具锁定成本。2023 年其套保比例提升至 35%，汇兑损失同比减少 62%，有效支撑了利润增长与海外市场扩张。

三、L公司外汇风险管理模式及其创新

（一）L公司面临的外汇风险

在全球经济环境不确定性增加的背景下，企业外销比率与外汇风险暴露程度正相关。出口占比高、海外经营规模大的企业面临的外汇风险高于同行业平均水平。L公司因外币计价结算的对外业务及财报列报，主要面临的汇率风险包括交易结算风险、经营风险和会计折算风险。

1. 外汇交易风险敞口估计

外汇交易风险涉及因汇率变动导致进出口业务中本币结算的收入减少或支出增加的风险。L公司由于出口合同签约与收汇间存在时间差，汇率的不利波动直接影响实际现金流量，增加了业务亏损的风险。该风险发生机制简单直接，易于估计和防范。从近年年报来看[①]，L公司2011—2023年出口占比呈现显著增长；2014年起美元结算出口收入占比突破19%，较前期增长达80%，且呈现持续攀升态势（见表26－1）。L公司对外业务中，出口远大于进口，其中以美元计价和结算的出口收入占据主导地位，暴露在美元兑人民币[②]贬值的风险下，是主要的外汇交易风险敞口[③]。L公司财务子公司建立了一套基于SAP[④]的运营风控一体化数字平台（简称一体化平台），智能化管理内部账款，实时统计监控进出口订单变动，将暴露在汇率风险下的出口外币账款归集为外汇交易风险敞口。其中，重点监控出口业务订单和账款等交易风险敞口。根据汇率预警，财务子公司阶段性测算外汇交易风险敞口的敏感性，筛选对美元兑人民币汇率异常波动比较敏感的应收账款，并测算最大交易风险损失。2014年，L公司约70%的出口收入在美元对人民币贬值0.83%的情况下，预计产生占出口总收入0.55%的损失，显示了外汇交易风险对净利润的影响。

表26－1　2011—2023年L公司出口收入占主营收入比例

年份	主营业务收入/元	其他国家（地区）收入（元）	出口收入占主营业务的百分比（%）
2011年	72982460763.14	7774180176.70	10.65
2012年	79152038310.81	8325675327.86	10.52

① 出于商业秘密保护以及防止未到期交易存在对手盘风险的考虑，本案例对部分敏感数据进行了处理。

② 本案例使用的汇率标价为直接标价法，即每单位外币兑人民币数量。

③ 风险敞口是指外币收支结算或计价账目折算时会因汇率变动导致本币金额变动的部分。

④ SAP是Systems Applications and Productsin Data Processing的缩写，是基于企业资源规划（ERP）的综合管理软件，被许多大型企业采用，帮助组织管理日常运营，如财务、人力资源、供应链等，以提高运营效率和管理水平。

续表

年份	主营业务收入/元	其他国家（地区）收入（元）	出口收入占主营业务的百分比（%）
2013 年	85590491028.58	9406151301.17	10.99
2014 年	96929763894.36	18696088324.96	19.29
2015 年	89947514084.66	18650456980.86	20.73
2016 年	119313137096.84	47583870773.53	39.88
2017 年	159635415902.70	67291702684.62	42.15
2018 年	184108481959.27	77199906200.84	41.93
2019 年	200761983256.57	94118928438.00	46.88
2020 年	209723430081.03	102047664712.63	48.66
2021 年	227556143618.17	115239249476.02	50.64
2022 年	243578924958.47	126758903125.89	52.04
2023 年	261427783050.10	136411896001.47	52.18

资料来源：根据某公司 2011—2023 年年报综合提炼。

2. 外汇折算风险敞口估计

跨国企业财务报表合并时，交易发生日与合并日的汇率差，导致外币计价账目发生账面价值变动，即为折算风险。该账面风险虽然未导致实际损失，但会影响企业价值评估，并为财务管理、经营决策带来不确定性。L 公司的合并报表货币以人民币列示，海外子公司则以美元、欧元、日元、港币在内的货币记账。例如，2017 年财报显示，受美元兑人民币的贬值影响，L 公司海外子公司年末资产折算为人民币时产生账面损失约 25 亿元人民币。因此，财务子公司采用修正的 VaR（Value at Risk）模型，对特定长期外币资产和负债进行敞口估计，并评估极端损失。该外汇折算风险敞口的损益取决于外币计价的资产负债差额，即权益净值，以及外币兑人民币汇率的走势。2021 年，L 公司为海外子公司发行 1 年期欧元债券总计 2 亿欧元，利率 1.2%）以匹配欧洲采购需求。然而，当临近 2022 年还款期时，欧元兑人民币汇率波动达到 +2.95%，结合 0.1% 的利率风险，对 2021 年合并报表的外币折算差额产生了负贡献。

3. 外汇经济风险敞口估计

外汇经济风险涉及外向型企业因结算货币中长期汇率变动，导致生产成本、销售价格变化及销量下降，影响企业盈利能力。该风险具有传导周期长（通常为 3—5 年）、路径复杂（通过价格弹性→销量变化→利润压缩三级传导）的特点。L 公司面临的外汇经济风险源自收入支出币种错配：公司过半收入以人民币为主，但芯片、部分集成电路采购以美元结算，美元兑人民币中长期升值会导致人民币计价的制造成本上升，如果不进行利润压缩，则必须提高海外产品定价，转嫁风险，但可能损失国外市场份额。L 公司通过金融机构及内部分析预判中长期汇率趋势，由财务子公司评估不利情景（如美元/欧元中长期贬值）对产品价格竞争力及海外财务报表的冲击。以美元兑人民币汇率在2011—2013年的主要贬值周期为例，当该汇率贬值1%时，则对L公司产品在美国市场的售价产生0.43%的涨价压力，如果顺应压力调整当地价格，则可能带来2%左右的订单流失，以及近1%的美国市场出口收入降幅；当地竞争对手则可能填补L公司失去的市场份额。而在美元贬值周期中，由于L公司大部分成本以人民币计价，即美元贬值或升值，成本结构基本稳定，但边际利润会直接影响其边际利润。

（二）汇率预测与风险预警

L公司依托合作银行（某外资行，下称某银行）提供的专业分析服务，获取基于算法的风险预测和风险预警服务。随着近年来深度学习和人工智能的快速发展，新算法越来越多地被银行、券商等金融机构的研究部用于汇率的预测分析①，不但提高了数据处理效率，而且提高了非线性、断裂性汇率波动预测准确率。组合算法采用三层数据处理框架：清洗1994年以来历史汇率数据；提取波动率、宏观经济指标（预期GDP、CPI/PMI等）；嵌入地缘政治风险指数（GPRI）和央行政策文本。在构建与训练模型阶段，则利用长短时记忆网络（LSTM）处理时间序列数据的长期依赖问题，并结合集成学习模型中的梯度提升工具（XGBoost），捕捉数据中的复杂非线性关系，然后通过贝叶斯优化以上两种模型的最优超参数组合，进而构建外汇汇率和波动率预测模型。在将预处理后的数据集，用于模型的训练、验证和测试后，依托训练好的模型对未来汇率及波动性进行预测，并与实际汇率波动进行对比、评估模型的预测精度和可靠性，结合最新经济数据和政策变化，由分析员对预测结果进行解读和验证；图26－1为组合算法生成的美元兑人民币月度汇率走势以及预测图；图26－2为USDCNY汇率对数收益率预测图，即波动方向和波动幅度预警。其中，预测汇率走势和波动率，与实际走势以及波动率相比，误差很小。

组合算法所生成的分析经订阅简报和实时预警，对接L公司的一体化风控平台。例如，2015年L公司与某银行初次合作，组合算法有效预测到当年8月份起美元兑人民币汇率发生的反趋势性月度波动，预测误差率（MAPE）稳定在1.8%—2.5%（2015—2023年回溯测试），显著优于传统ARIMA模型（误差率4.2%—6.7%）。L公司据此并结合三季度的交易风险敞口规模，准确定位到具体交易和市场订单，将预警波动幅度用于敞口测算，排查出约30%的高敏感风险敞口，将其定为优先风险管理目标，并及时采取了套期保

① 以上算法的最早应用时间可以追溯到以下时间点：Capital One（美国第一资本银行）在2015年公开提到使用XGBoost优化信用评分模型。美国对冲基金Ren AIssance Technologies（文艺复兴科技）在2013年实验性使用LSTM进行高频交易信号预测。摩根士丹利在2014年尝试LSTM模型预测外汇市场波动率。

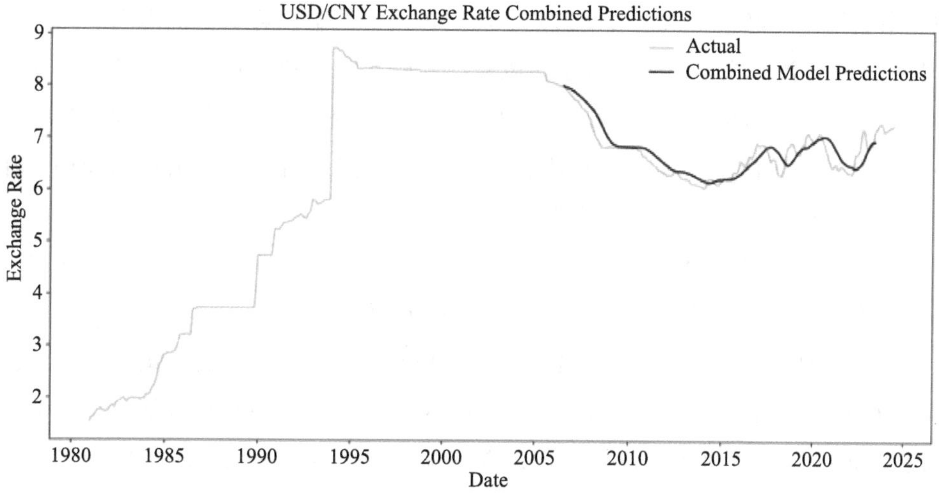

图 26－1　USDCNY 月度走势预测图

资料来源：某银行2024年度外汇分析报告。

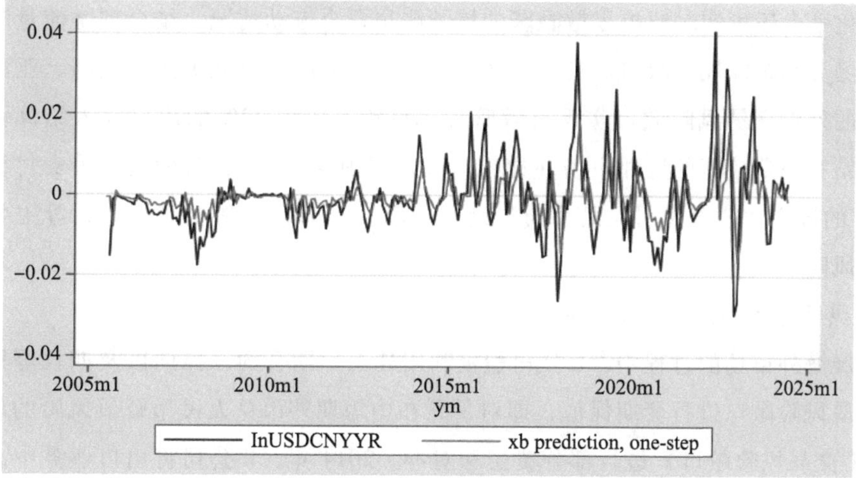

图 26－2　USDCNY 月度对数收益率预测图

资料来源：某银行2024年度外汇分析报告。

值措施，大大提升了外汇风险管理的反应速度和精准度。通过汇率预警与一体化平台的高效协同，L公司已机制化响应了多轮美元兑人民币汇率短期剧烈波动事件，包括2018年4月（中美贸易摩擦初期）、2019年8月（“破7”心理关口冲击）、2020年3月（疫情流动性危机）及2022年4月（美联储激进加息）等关键时点的双向巨震。

（三）外汇风险管理操作

L公司基于风险中性原则，确立了以下外汇风险管理目标：降低外汇风险敞口、减少汇率波动对公司整体经营收入造成的影响、将财务成本控制在可承受范围内。为实现上述目标，L 公司基于汇率预测，采取最小化风险控制成本的原则，实施相对灵活的外汇风险管理策略。由于每一财报年度面对的汇率风险和主要风险敞口可能各不相同，公司没有采用“一刀切”式的风险管理模式，而是根据主要货币兑人民币汇率的升贬值周期，针对特定风险敞口，采用合理高效的管理手段进行风险覆盖。

1. 外汇交易风险的管理

（1）利用数字一体化平台优化匹配结算方式与支付币种。

L 公司通过创新，将运营数据整合至一体化平台，并实施外汇资金集中管理制度，以高效管理对外交易及收付款流程。此外，公司建立了智能资金池管理系统，实时汇总归集 23 个国家（地区）的近 200 个银行账户，以追踪境内外资金流动。具体措施包括：海外子公司将交易明细集中至财务子公司管理的主要涉外账户；通过平台维护日现金流量表，记录所有涉外交易，根据排期监控国外汇款进度，自动识别入账收款、匹配收付时间窗口，并对滞期账款派发客户催收通知，从而将缩短资金平均在途时间 2—7 天。

一体化平台还可实时监控零散隐蔽的境外账户资金流动情况，结合现金流量时点确认交易，并测算和跟踪风险敞口。自平台建立以来，L 公司已对北美洲、欧洲、亚洲三大洲出口业务的外汇交易风险敞口实现有效管理，每年完成约 20% 的出口收入结算调整。此外，针对结算周期较短的近邻市场（如韩国及东盟国家），随着跨境人民币支付结算体系（CIPS）① 的推广，公司采用人民币与当地货币联合结算，成功规避了美元等主要外币汇率波动的风险。

（2）灵活选用外汇衍生工具对冲。

在拓展海外市场的过程中，L 公司积极利用外汇远期合约、掉期以及期权等衍生工具对外汇交易风险敞口进行套期保值，即对暴露在中短期外币兑人民币贬值风险的出口合同（主要外汇交易风险敞口）进行部分覆盖和对冲。2014 年，L 公司将出口业务中高敏感的风险敞口，按照 80% 的风险覆盖上限，即以该出口合同金额的 80% 为准，与银行签订远期结汇协议，以到期固定的交割汇率与银行结汇；当出口美元收入收妥后，直接与银行进行远期合同交割，获得商定的人民币换汇收入，有效规避了按出口收入到账日即期汇率换回人民币收入时的交易风险。而对于进口合同，L 公司针对面临结算外币兑人民币升值风险的外汇交易风险敞口，与银行订立远期售汇协议，进而锁定进口换汇支出。根据 L 公司历年年报统计，2015—2023 年，当美元兑人民币汇率出现显著贬值时，L 公司对于美元出

① CIPS（人民币跨境支付系统）是专司人民币跨境支付清算的大额支付系统，旨在提供安全、高效、便捷的服务，推动人民币国际化。

口应收账款，主要运用卖出美元的远期外汇交易进行套期保值①。但在 2023 年，美元等主要货币兑人民币汇率波动频繁但幅度有限，L 公司的远期外汇套期保值的成效比不高，因此缩减了套保规模（见表 26－2）。

表 26－2　　L 公司历年外汇远期合同套期保值规模

年份	期间 USDCNY 汇率波动	远期外汇合约金额（元）
2017 年 1 月—12 月	－6.59%	2803401052.00
2018 年 1 月—3 月	－3.84%	84934313.67
2020 年 6 月—12 月	－10.84%	105446693.00
2021 年 4 月—12 月	－3.81%	136379553.90
2022 年 10 月—12 月	－5.04%	178992877.32
2023 年 10 月—11 月	－2.99%	67565829.44

资料来源：L 公司历年报表整理取得。

同时，L 公司也灵活运用外汇掉期交易②对冲出口业务的外汇交易风险。2021 年下半年，在美元兑人民币即期汇率从最高水平每美元兑 6.4632 元贬值到 12 月的 6.3210 时，L 公司基于合作银行对于未来 3 个月远期美元兑人民币看涨（即期看贬、远期看升）的预测，对 12 月份即将收款的 150 万美元出口应收账款，使用“近结远售”模式，与银行开展 3 个月期限的人民币对外币掉期业务。具体操作如下：按照 2022 年 3 月的约定远期汇率 6.3960，将 150 万美元先行换成 959.4 万元人民币现汇，从而规避了按照即期汇率 6.3210 直接结汇导致的汇兑损失。直至 2022 年 3 月，客户按照原约定的汇率将人民币换回美元用于对外付款。通过此安排，使 L 公司规避了短期汇率波动产生的外汇交易风险，同时保持了资金流动性。

此外，L 公司还尝试使用外汇期权对外汇交易风险进行套期保值，并取得了一定效果。自 2020 年以来，L 公司开始针对来自非欧美市场的小额美元（单笔 50 万美元以下）出口收入，运用美元外汇看跌期权，并结合实时调整出口价格的策略，阶段性对冲美元兑人民币的贬值风险。自 2021 年 4 月起，美元兑人民币汇率在 8 个月内累计贬值 3.81%（由 6.52% 降至 6.37%）。L 公司部分中期美元账款将于 12 月份（圣诞节前）陆续收款，若按当时即期汇率结汇的人民币收入将比订单确认日的人民币预计收入减少 2.8%—3%。L 公司自 2021 年 3 月起，针对预计在 9 个月内收款的部分美元合同收入，向中国银行购买

① 在美元兑人民币出现显著升值的年份，L 公司则灵活应对，减少卖出远期美元的套保操作，同时将部分外汇结汇收入投资于银行外汇理财产品。

② 外汇掉期交易指交易双方约定在一前一后两个不同起息日进行方向相反的两次货币交换，旨在通过同时进行即期和远期外汇买卖操作，锁定汇率，规避汇率波动风险，常用于企业管理外汇风险和资金调拨。

了合约规模为1.2亿美元，行权汇率为1美元兑6.4650元人民币的美元看跌期权，风险覆盖率为60%，权利金支出为1200万元。这部分出口合同收入分批次结汇时，当日即期美元兑人民币汇率比行权汇率还低1%—2%，L公司即向中行要求按照1美元兑6.4650元人民币行权卖出美元换取人民币，用出口结汇所得美元进行期权交割，锁定了人民币收入，进而避免了大部分损失。

2. 外汇折算风险管理

对于外汇折算风险，L公司主要通过使用资产负债表管理法对冲外汇折算风险，即调整外汇资产和外汇负债的结构合理对冲。财务子公司基于一体化平台和银行汇率预测，分析资产负债表中的外币种类及金额，统计资产负债端风险头寸规模、汇率变动对受险敞口的冲击程度，以确定受险资产与负债的净额暴露部分，即折算风险敞口，最后决定是否增减当年外汇衍生品资产或者负债规模，以实现折算风险敞口最小化，平衡本币计价环境下的资产负债表。2014年3月20日，控股子公司L电器有限公司发行面值1316036039港元（折合1055023280元人民币）的可转换公司债券，年利率1.5%。可转换公司债券于2017年3月20日到期。该债券债务头寸与子公司港元长期净资产头寸匹配，从而降低了港元敞口和外汇折算风险。2015年，美元兑人民币升值5.23%，L公司海外建厂发生价值2亿美元的对外长期借款，因汇率变化净增人民币负债约6800万元。为对冲风险，财务子公司整合收妥的美元出口收入（现金形式）及其他市场外汇收入共计1000万美元，不作结汇而是作为投资用途，与某银行签订外汇理财协议，约定回报率为3%。该外汇理财资产头寸按2015年底汇率折合人民币6446万元，实现了折算风险敞口最小化。以上安排既实现了折算风险对冲，同时利用汇率上行周期，进行了外汇理财，在不影响经营的前提下，提高了资金使用效率。

表26－3为从L公司历年公告和年报中提取的部分数据，展示了L公司对外汇交易风险和折算风险管理的效果。尤其是自2014年起，L公司开始积极利用外汇衍生工具实施外汇风险管理，风险敞口的覆盖率逐步上升，进一步减少了实际损失和报表冲击。

表26－3　　L公司外汇交易风险及折算风险管理效果

年份	交易风险管理		折算风险管理		
	汇兑损益（元）	减少损失占交易风险总敞口比例	外币财务报表折算差额（元）	汇率变动对现金及现金等价物的影响（元）	减少损失占折算风险总敞口比例
2011年	211638040.57	5%	931939.46	66130227.25	2%
2012年	64789072.19	7%	1487856.59	8905108.00	1.87%
2013年	94915491.17	8%	27009994.75	26865704	5.7%

续表

年份	交易风险管理		折算风险管理		
	汇兑损益（元）	减少损失占交易风险总敞口比例	外币财务报表折算差额（元）	汇率变动对现金及现金等价物的影响（元）	减少损失占折算风险总敞口比例
2014 年	61428911.71	22%	26466255.56	137950662.95	30%
2015 年	162736605.06	25%	11593077.82	151920567.09	20%
2016 年	179509401.20	36%	415464578.77	209724192.09	26%
2017 年	583170145.68	31%	317446061.32	342880074.16	30%
2018 年	17764701.13	33%	516062368.49	277347107.36	35%
2019 年	272402809.68	30%	510494831.67	293937069.64	32%
2020 年	385014983.81	35%	1991256746.82	636852569.96	40%
2021 年	577459958.22	37%	1386056247.22	105423623.70	42%
2022 年	371894224.02	33%	3168394472.68	760094284.39	43%
2023 年	135177135.61	30%	321845843.59	248822600.22	35%

资料来源：L 公司历年报表整理取得。

3. 外汇经济风险管理

（1）自然对冲策略。

自然对冲策略通过调整中长期外币收入和支出的风险敞口，降低外汇经济风险。L 公司在集团内部关联交易及对外客户交易中，将账期为 6 个月到 12 个月、规模可调节的美元或欧元收入与支出进行配对，进而实现两大主要收付币种的风险净敞口最小化，从而减少中期汇率波动对采购原材料设备成本的冲击。

（2）跨国多元化经营。

L 公司通过跨国多元化的经营策略，有效分散外汇经济风险。针对欧美等发达国家市场，L 公司与海外企业合作，建立合资生产基地，实现产品本土化或近邻化生产销售。此举不仅规避了贸易壁垒，还拓宽了融资渠道。尤其是在近年来，美国对中国输美商品设置更多贸易壁垒的背景下，L 公司通过在墨西哥建厂生产，间接出口部分电器至美国市场的方式，实现了“美元采购 + 美国销售”闭环链条。这一模式不仅减少了本土出口业务 60% 的美元风险敞口，还有效减少了贸易壁垒带来的冲击。通过建立区域性采购中心，L 公司将美元收入与支出匹配度从 2014 年的 37% 提升至 2023 年的 68%。

四、启示与建议

在当前全球经济环境下，以 L 公司为代表的我国“出海”企业正面临日益复杂的外汇风险挑战。部分企业已经开始运用金融衍生工具进行外汇风险管理，但衍生工具复杂的操作机制对企业的金融专业团队提出了较高要求，同时增加了运营成本。因此，外向型企业可从以下方面进一步完善：

一是动态调整对冲比例①，对于高波动性货币，企业可以在积累期权套保经验后，通过适当增加期权覆盖比例的方式，以提高外汇风险管理的有效性。

二是引入先进的技术手段，进一步提升外汇风险管理能力。随着人工智能技术在经济金融领域的广泛应用，企业获得金融分析资源并进行汇率预测与风险预警的难度显著降低。建议企业引入 AI 驱动的汇率预测模型②和外汇风险管理系统，通过精准预测市场趋势，优化对冲时机的选择，使风险敞口的覆盖更加合理。

思考题

1. 如何正确认识外汇风险的产生和风险敞口？
2. 在外汇风险管理中，可以运用哪些工具？
3. 人工智能可以在外汇风险防范和管理中发挥什么样的作用？
4. 数字化管理和外汇衍生品如何结合到外汇风险管理中？

参考文献

[1] 付建平．司库体系下的“数智型”汇率风险管理平台搭建［J］．中国外汇，2023（22）：1619.

[2] 田紫涵，杨佳蕊．跨国企业外汇风险管理研究——以美的集团为例［J］．投资与合作，2020，359（10）：7074.

[3] 郑海召．进出口企业外汇风险管理存在的问题与策略选择［J］．理财（财经版），2020.

[4] 朱灵．国有企业外汇业务管理困境及对策［J］．全国流通经济，2024（9）.

[5] 张永莉．企业外汇风险管理的问题与策略选择［J］．中外企业家，2017（12）：2.

[6] 黄煦腾，孔祥煜．外贸企业的外汇风险管理初探［J］．商情，2023（1）：

① 资料来源：摩根大通等国际银行已经通过提供动态支付方案为科技巨头进行定制化外汇风险管理解决方案（https：//www. jpmorgan. com/payments）。

② 资料来源：跨国企业联合利华（Unilever）已经率先利用花旗银行（Citi）的 AI 驱动外汇预测投入应用中（https：//www. citigroup. com/global/insights/agentic－AI）。

00530056.

[7] 于静．外贸企业的外汇风险管理 [J]．企业家天地，2021 (20112)：6263.

[8] 严晋．人工智能在金融领域的应用 [J]．当代县域经济，2024 (11)：9294.

[9] 秦荣生．应用生成式人工智能建构智能财务体系研究 [J]．会计之友，2024 (24)：2630.

案例 27

浦银金租机船租赁全生命周期价值管理体系

——金融助力国产高端装备制造高质量发展案例

邹兆敏[①]

① 邹兆敏，经济学博士，上海立信会计金融学院国际金融系讲师，上海经济社会发展研究院国际问题中心研究员。

制造业是国民经济的基石，以飞机和轮船为代表的高端装备制造业资金和技术均高度密集，又被称为制造业中的皇冠。租赁作为航空航运业最为重要的融资方式之一，为航空航运公司提供了大量的长期资金以获取机船设备满足其经营需求，同时，国产飞机和船舶制造商也获得了大量生产订单并得以进行制造升级。金融租赁行业在整个机船产业链中发挥了重要的支撑作用，浦银金租作为国内金融租赁公司中的领先机构，建立起了一套“3 +3 +4 +1”的机船租赁项目全生命周期资产价值管理体系，应用于全面高效地管理机船租赁项目全生命周期的资产、盈利、风险等各类要素，助力国产高端装备制造实现高质量、可持续发展，不仅是金融行业切实服务于实体经济的重要典范，也具有极高的教学演示价值。

一、案例背景

（一）金融租赁行业与高端制造业的密切关系

制造业是国家经济命脉所系，是立国之本、强国之基，以飞机和船舶（简称“机船”）为代表的技术密集型高端装备制造业更是国之重器，是国民经济效率提升、供给侧结构性优化的关键性行业，是加快发展新质生产力、落实制造强国战略、建设现代化产业体系的重要体现，其发展水平直接反映国家工业体系的技术实力和生产配套的综合能力。

作为大型现代交通运输工具，机船的造价普遍较高、寿命较长，单架飞机和单艘轮船的采购成本动辄上亿元、使用期限一般在 20 年以上。对于机船类融资，一般的银行贷款由于审批时间长、还款期限短，难以满足该类融资的需求。因此，金融租赁行业为飞机（亦称“航空”）和船舶（亦称“航运”）融资提供有别于其他金融机构的“经营租赁”和“融资租赁”两种独特的租赁解决方案。飞机和船舶运输业成本高、风险高、收益波动大，通过租赁的方式引入飞机，由金融租赁公司向飞机制造商和造船厂下订单购买机船，并将机船租赁给航空和航运公司（亦称“承租人”），租赁期限最长可达十余年，这样一来航空和航运公司就无须在机船采购上一次性投入大额资金，只需遵循租赁合同向金融租赁公司（亦称“出租人”）支付租金，就能够在租期内获得机船的使用权，在解决了航空和航运公司的融资难题的同时，也为飞机制造商和造船厂开拓了更加广阔的市场，为国产高端装备制造升级换代提供了更加充足的空间。

随着国产 C919 大飞机和国产大型 LNG 运输船、大型邮轮等高端运输设备陆续投入运营，国产高端装备制造业已经迈上了新的台阶，国内配套的机船金融服务体系也需要随之跟进，以更好地支撑国产机船产业走向国际市场。目前，租赁已成为航空、航运公司引进飞机和船舶的主流渠道，根据市场数据，当前全球航空公司的飞机租赁渗透率已提升至52%、航运公司的船舶租赁渗透率也已近一半。租赁已成为促进飞机和船舶制造业快速发展、满足航空航运公司机船需求的重要手段。金融租赁行业作为国产机船产业链的重要一环，也需要同步建立全面的机船租赁项目全生命周期价值管理体系，以更好地服务国产机船产业的高质量、可持续发展。

（二）浦银金融租赁股份有限公司基本情况和特色业务

浦银金融租赁股份有限公司（简称“浦银金租”）作为上海市国资第一家金融租赁公司、全国首家金融资本和产业资本结合的金租公司，于2012年正式开业。自开业以来，在上海市委、市政府的正确领导下，依托浦发银行、中国商飞等东方的强大平台和优势资源，以国家产业政策和监管要求为导向，以“融智+融物+融资”为经营理念，为客户提供专业化、特色化、创新型的金融租赁产品和服务，坚守租赁本源，全力服务实体经济发展，截至2024年公司资产规模已超1500亿元。

浦银金租在上海已设立项目公司并开展了飞机、船舶等大型设备的金融租赁业务，进一步完善了上海的金融体系，丰富了金融市场要素，控制了金融风险，充分发挥了金融租赁对飞机、船舶等实体经济的支持作用，支持民族飞机、船舶企业发展，推动上海“五个中心”建设取得实质性成果。截至目前，公司管理飞机120架，已累计交付19架国产ARJ21飞机，成为全球最大的国产ARJ21飞机租赁商，持有船舶总数107艘（含在建），包括向江南造船厂、外高桥造船厂、大连造船厂等国内各大造船厂下达多艘各类型新造船舶订单，实现集装箱船、散货船、油轮、气体船、特种运输船等主要船型全覆盖。目前，公司以事业部形式设立了航空和航运事业部两大专业部门，专门负责飞机和船舶租赁业务。自成立以来，浦银金租作为出租人向航空和航运公司提供优质的融资解决方案、并助力飞机和船舶国产高端装备制造实现高质量发展。而为更好地服务国内机船产业链，同时全面管控机船租赁项目开展期间公司所面临的各类风险，实现机船业务的经营价值，公司设计了一套完整的机船租赁项目全生命周期价值管理体系，对机船业务开展各个阶段的资产、盈利、风险进行全方位的监控和预测，在国内该领域处于领先地位，具有很强的案例研究价值。

（三）机船租赁项目资产管理应用现状

1. 机船租赁项目行业现状

从国内租赁公司的实践来看，较多租赁公司都尚未经历完整的机船租赁周期。进入机船租赁行业后，大部分公司都先集中目标积累机船资产，业务重心集中在融资端，随着机船生命周期步入后期，才逐步进入资产管理领域。随着机船租赁产业的持续拓展和深化，管理好机船租赁项目全生命周期的资产、盈利和风险，充分实现机船资产的价值，必将成为租赁公司需要面临的新课题。作为一种全球流动性的资产，飞机和船舶有其一定的租赁生命周期。机船资产使用寿命大概在 20—30 年，在这一生命周期内，航空和航运业一般都会经历几个经济周期。行业的兴衰交替对承租人的经营状况必然产生不同程度的影响，导致其可能经历多轮的租赁期，机船的资产价值与合约价值也会随之波动。从运营资产到租期末处置机船资产或租期内带租约转让资产包，进而实现机船租赁项目的价值是整个租赁生命周期中具有挑战性的部分。因此，做好机船租赁项目全生命周期管理，成为租赁公司所必须面对的新课题，租赁公司也亟待形成一套完整的机船租赁项目全生命周期价值管理体系，对单个机船租赁项目进行全面管理。

2. 机船租赁项目资产管理的具体应用

有别于传统不动产租赁业务，机船租赁需要对各种融资租赁业务的价值变化进行全面、系统、实时和持续的记录，通过跟踪和分析相关财务数据，实现对融资租赁具体业务的综合价值的全面评估。因此，业务团队需要持续不断地根据会计记录和信息分析承租人所处的行业形势，预测其未来发展趋势和潜在风险，及时调整融资租赁业务的具体方案。作为融资租赁企业，需要前期一次性投入巨额资金，然后逐步通过租金等方式分期收回。这种特有的业务模式意味着公司将在长期内承担与之相关的各项风险，其中主要包括多种风险，如承租人信用风险、机船价值波动风险、市场风险等。这就要求融资租赁企业在进行融资租赁业务时存在一套独特的业务管理模式，不仅要判断融资租赁项目是否符合准入标准，还要持续不断对其完成情况进行风险和价值评估。由于融资租赁企业的租赁业务与承租企业以及具体承租物直接相关，融资租赁企业在面对不同的承租人和物时，需要以不同的风险评估模式动态管理和推行租赁业务。

二、案例概述

设计机船租赁项目全生命周期价值管理体系的初衷是通过优化资源配置、提升运营效率等手段，实现机船价值创造的最大化。公司的机船业务经过多年的持续经营发展和经验积累，逐渐形成了以“3 个管理架构”在“3 个主要阶段”管理“4 类主要风险”实现“1 个核心价值”的“3 +3 +4 +1”机船租赁项目全生命周期价值管理体系。“3 个管理架构”即财务管理、资产管理、风险管理架构，“3 个主要阶段”即准入阶段、运营管理阶段、处置阶段，“4 类主要风险”即承租人信用风险、机船价值波动风险、市场风险、其他重要风险，1 个核心价值即项目经营价值最大化。在本案例中，我们以“经营租赁”模式为分析重点，介绍如何在机船租赁项目全生命周期内对公司机船租赁项目的资产、盈利、风险进行全方位价值管理。

（一）机船租赁项目全生命周期资产价值管理体系建设目标

价值管理体系将机船租赁项目的准入、运营管理、处置的全过程纳入管控，直接体现各个财务周期内（包含预测期间）开展机船租赁项目对公司资产、营收、利润、资本等全方位的影响，有效管理成本、控制风险、最大化利润。价值管理体系把租赁项目整个生命周期内的全部收支测算和预测包含在内，包括租金收入、融资利息支出、折旧、运营费用、税费、机船处置收入、续租收入等，以及衍生的各项监控及预测（如机船价值、市场利率、航空航运指数、运营费用等）。基于机船系统、租赁业务系统、资金管理系统、财务系统的集成应用，实现各业务数据、市场数据、财务数据、资产数据的高效协同，打通项目准入、运营管理、处置全过程，制定标准化的操作流程和规则，提高执行效率。同时，建立统一的共享信息平台，实现各类数据在各部门间的实时共享同步，全方位管理机船业务。

（二）机船租赁项目全生命周期资产价值管理体系建设总体思路

1. 构建体系框架

对机船租赁项目全生命周期的各个环节进行全面梳理，包括租赁项目的准入、运营管理、处置的全过程。构建体系的概念性蓝图，包括主要组成部分、各部分之间的关系以及整体架构。将体系划分为独立的模块，每个模块负责特定的功能，以提高体系的可维护性和可扩展性。

2. 强化数据共享与集成

建立统一的数据平台，实现机船系统、租赁业务系统、资金管理系统、财务系统等之间的数据共享和集成，打破信息孤岛。同时，制定数据标准，确保各环节数据的准确性和一致性，为后续的数据分析和决策提供支持。

3. 搭建各模块逻辑

根据机船资产管理模块、财务测算模块、机船价值评估及预测模块、市场利率管理及预测模块、航空航运指数管理及预测模块、体系集成汇总分析模块等各模块的功能，搭建相应的逻辑引擎。

4. 数据挖掘分析及决策支持

运用先进的数据分析和整合技术，对全生命周期的数据进行深入挖掘和分析汇总，发现潜在的价值点和改进机会。建立决策支持系统，为管理层提供及时、准确、全面的决策信息，支持机船租赁项目各阶段发展作出科学的决策。

（三）机船租赁项目全生命周期资产价值管理体系的创新点

公司建立起以“3 个管理架构”在“3 个主要阶段”管理“4 类主要风险”实现“1 个核心价值”的“3 +3 +4 +1”机船租赁项目全生命周期资产价值管理体系，将财务管理、资产管理、风险管理这 3 个管理架构全面贯穿于机船租赁项目的准入、运营管理、处置，这 3 个主要生命阶段使开展机船租赁项目所产生的承租人信用风险、机船价值波动风险、市场风险、其他重要风险这 4 类主要风险得到全方位、智能化的管控和预测，为公司开展机船租赁业务实现项目经营价值最大化这 1 个核心价值奠定了坚实的基础，为公司稳健开展机船租赁项目提供了重要的基础设施支撑。通过建立这一体系，公司得以更加从容、有效地服务于国产飞机和轮船产业链，为机船这一国产高端装备制造行业的展翅高飞与行稳致远而保驾护航。

三、案例模式分析

机船租赁项目全生命周期价值管理体系是一个综合性的全面管理过程，旨在确保机船从规划到引入、经营、处置的每一阶段都能得到高效、经济和安全的管理。管理体系以数据驱动和量化研判分析各个环节的执行决策，始终围绕项目资产、盈利及风险管理主线，实现合理及有效的机船价值管理，确保公司机船租赁项目的经营价值最大化。

利用数字化及智能化的手段，打造机船租赁项目全生命周期价值管理模式，让财务管理、资产管理及风险管理贯穿于“机船项目引入”“项目运营管理”“项目处置”三个主要生命阶段，全面管理机船租赁项目的承租人信用风险、机船价值波动风险、市场风险以及其他重要风险，最终实现开展机船租赁项目的经营价值最大化（见表 27 – 1）。

表 27 – 1　全生命周期价值管理体系的三个阶段

序号	阶段	任务
1	机船项目引入	机船租赁项目全生命周期的初始阶段，主要任务为市场调研、机型船型选择、确定准入标准、租赁价格谈判、租赁合同签订以及机船资产的实际建造及接收过程
2	项目运营管理	机船资产投入运营后，需要对机船资产进行全面监控和记录，包括资产管控、折旧管理、收入监测、成本控制、盈利预测等。通过机船资产管理系统，可以实时掌握机船状态和盈利情况，为机船项目存续期间的各项决策提供智能化数据支持
3	项目处置转让	当机船租赁项目到期或机船资产达到预定使用寿命或由于经济原因需要提前处置时，需要进行资产处置变现。通过合理的处置策略，可以实现机船资产残值或资产包的处置价格最大化，最终实现机船租赁项目经营价值的实现

机船租赁项目全生命周期价值管理体系包含两个主要组成部分，即“机船租赁项目准入评价体系”和“机船租赁项目运营管理体系”。“机船租赁项目准入评价体系”用于机船项目引入前的综合准入评估，确定是否开展某个机船租赁项目；“机船租赁项目运营管理体系”用于机船项目在开始开展后的全方位价值管理，全面管控项目存续期间的盈利、资产和风险。

两个评价体系采用同一套“机船租赁项目管理测算模型”。该模型主要包括的功能模块如表 27 – 2 所示。

表 27 – 2　　机船租赁项目管理测算模型

模块	功能
投资测算	根据机船类型、建造技术难度、外部市场环境及市场预期等因素，测算机船资产引入所需的总投资
收入预测	基于市场调研和与承租人的商务谈判，结合市场相关指数走势预测，估算项目在全生命周期内的租金收入和服务收入
成本预测	基于市场利率预测模块，预测项目在全生命周期内的融资成本率变动；同时，根据不同的利率走势，设定不同的融资迭代规划得出项目开展期限所预期产生的利息支出，并根据机船资产具体情况预测费用支出
资产管理	基于机船价值评估及预测模块以及机船资产管理专家的评价，预测机船资产在全生命周期的价值走势，确认机船资产在全生命周期内的折旧以及或有减值金额，并评估船舶资产在各时期（包括租赁期末）的可变现价值
税务预测	基于公司内外部财税专家评估机船租赁项目开展所在地（境内保税区或境外等）的税收政策，根据税收政策预测机船租赁项目开展期间因税收政策而产生的现金流
盈利分析	通过计算净收入、净利润等指标，评估项目在预计的全生命周期内的盈利能力，以及盈利在各个财务周期内的分布
现金流分析	编制项目现金流量表，预测项目在不同时间点的现金流入和流出情况，计算净现值（NPV）、内部收益率（IRR）、项目回收期、资产收益率（ROA）等关键财务指标

（一）机船租赁项目准入评价体系

在项目的准入阶段，首先需要研判航空航运的市场需求，研究航空和航运市场中各类机型船型的供求关系和流通性，如订单情况、承租人分布情况（用户数量）、市场占有率等，并结合承租人的实际机型船型需求、可接受的租金报价，将各相关信息纳入机船租赁项目准入评价体系进行综合评估。

机船租赁项目准入评价体系由财务测算和风险评估组成，其主要机制及功能为：通过建立一整套机船租赁项目多维度评价体系，并设定相应的准入标准。只有在满足项目标准的条件下，方可进一步投资或实施，并以此决策是否引进机船项目，以及引进机船的类型。

1. 机船租赁项目准入财务测算

财务测算是项目准入评价体系的核心部分，通过对项目的投资总额、预期租金收入、资金筹措、贷款还本付息、运营费用、机船处置价值等进行全面的预测，并带入“机船租赁项目管理会计测算模型”进行财务测算。

模型测算得出拟准入项目在全生命周期内的重要财务指标：净利润、净收入、净现值（NPV）、内部收益率（IRR）、年平均成本率、项目回收期、资产收益率（ROA）、资产处置损益等，以及开展该项目在全生命周期内各个财务周期内的财务效益，避免出现公司难以承受的盈利大幅波动情况。

2. 机船租赁项目准入风险评估

除财务测算外，还需对机船租赁项目进行评审，项目评审委员会根据业务和风控部门编写的项目评估报告，对项目中包含的各种风险进行专业经验判断，包括信用风险、市场风险、操作风险、资产价值波动风险等。同时，对项目的经济效益、技术可行性、合规性等方面进行全面评估。评估项目的还款来源、担保措施等是否充足有效。评估项目是否符合公司的盈利目标和战略发展方向。通过严格的评审流程和全面的评审内容，可以确保项目的合规性、风险可控性及经济效益。同时，也有助于公司提高项目决策的科学性和准确性。

通过建立上述机船租赁项目准入评价体系，综合运用财务测算、风险评估、准入标准设定等方法，可以为机船租赁项目的决策提供科学依据，降低投资风险，提高机船租赁项目的成功率。同时，随着项目进展和市场环境的变化，对机船租赁项目准入评价体系进行定期调整和更新，以确保其准确性和有效性。

（二）机船租赁项目运营管理体系

机船租赁项目在引入开展以后，机船资产的运营管理是机船租赁项目全生命周期中重要的一环，也是实现机船资产预设收益的关键步骤，更多地体现了经营租赁业务的性质。通过建立机船租赁项目运营管理体系，有机联动各相关系统，实现对机船租赁项目全生命周期的全方位管理和预测，以数据驱动和量化分析辅助各个环节的执行决策。该体系覆盖了机船的财务管理、资产管理、风险管理三个方面，以确保机船资产的保值增值和持续运营，最终实现机船项目的经营价值。

1. 机船财务管理

机船财务管理是项目运营管理体系的重要组成部分，本质上，机船的价值是在经营活动中产生的净现金流的折现。机船成本在租赁期内越高，机船资产产生的净现金流就越小，这也就意味着机船的价值越小。

通过将机船租赁项目管理会计测算模型中各模块的参数自动化预测、数智化集成，将项目全生命周期所产生的全部预期现金流入流出进行汇总计算，得出机船租赁项目在预计的全生命周期内的收益，以及收益在各个财务周期内的分布。同时，系统实时计算展示全生命周期所对应的净利润、净收入、净现值（NPV）、内部收益率（IRR）、年平均成本率、项目回收期、资产收益率（ROA）、资产处置损益等数据，并进行分类汇总。此外，系统将机船资产的规模变动、租赁类型、机型船型、收益情况等进行实时分类汇总展示。如图 27－1 所示是部分系统数据汇总展示（重要的汇总收益情况等涉密部分未展示）。

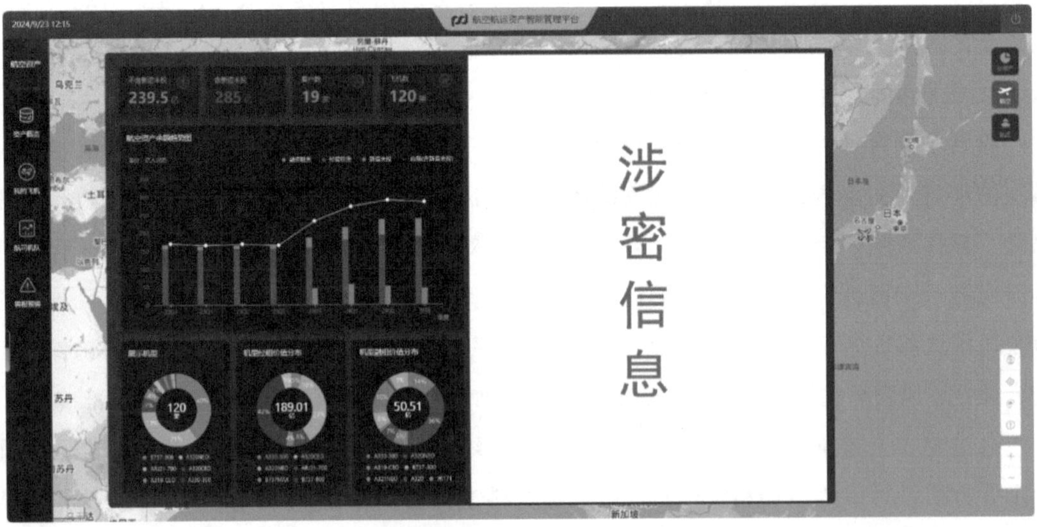

图 27－1　资产管理系统—资产余额趋势

在机船租赁项目运营过程中，通过机船租赁项目集成数据平台统一汇总机船资产管理和风险管理成果，实时监控机船资产的当前价值、价值走势、租金水平、预期处置价值以及机船的当前运行状态、实时位置等，并实时联动测算模型。然后再通过搭建的“机船租赁项目管理会计测算模型”实时动态监测单架飞机和单艘轮船的历史盈利和全生命周期预计盈利情况，并根据预期盈利的走势为机船资产后续的运营方式（继续租赁或处置转让）提供相应的决策依据。

模型中主要模块的内在实现逻辑如下：

（1）机船价值评估及预测模块。

机船价值评估及预测模块通过接入航空的 Cirium、IBA 系统和航运的 Vessels Value、CLARKSONS 系统等数据，将飞机和船舶的各项状态参数，如机型船型、已使用时间、机船运行状态、检修状态、发动机和内燃机重要零部件使用情况等各项参数导入模块，实时评估机船的当前价值和未来预期价值。

图 27 - 2 和图 27 - 3 展示的是机船价值评估及预测模块对浦银金租的一架 B737 飞机和一艘国产新造集装箱轮船的当前价值评估和未来预期价值评估情况。

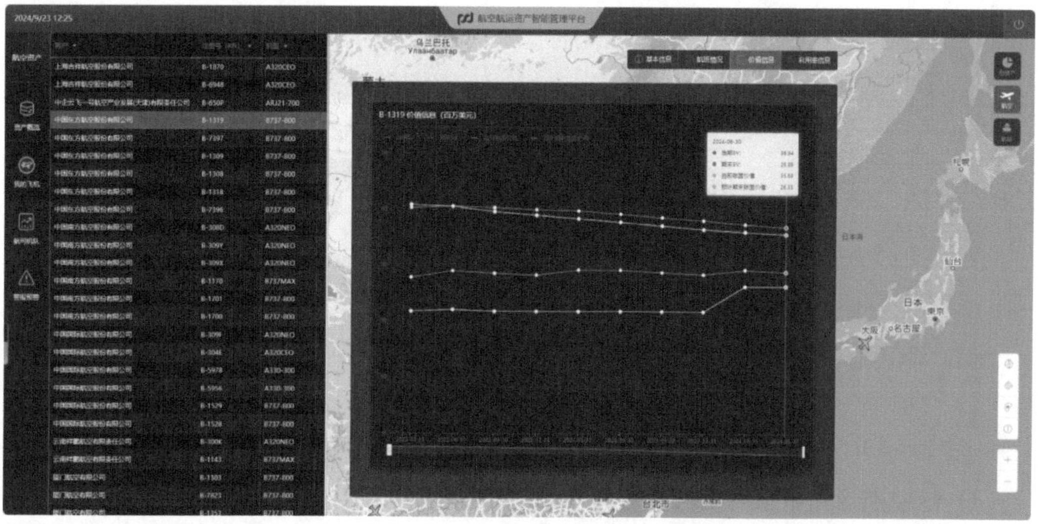

图 27 - 2　资产管理系统—实时价值评估

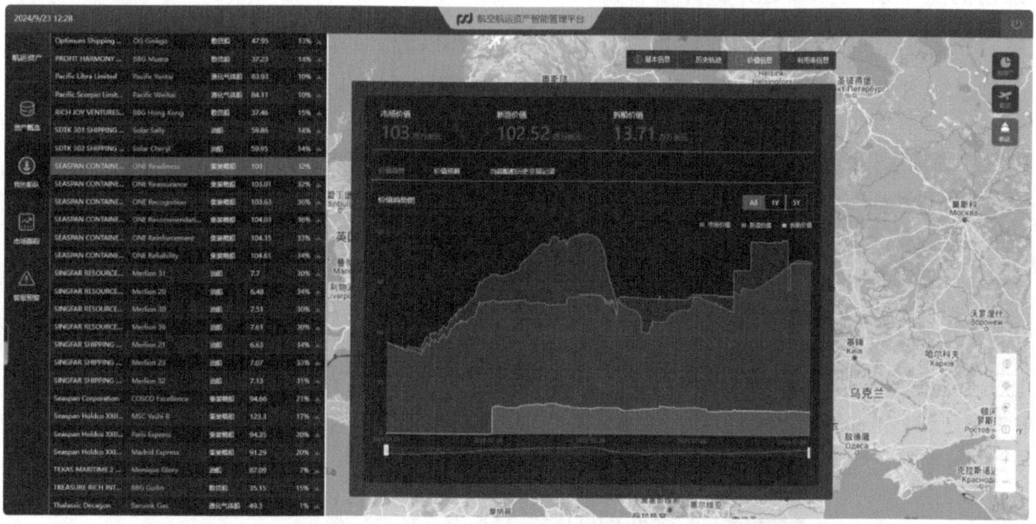

图 27 - 3　当前价值评估——未来预期价值评估

（2）市场利率预测模块。

市场利率预测模块通过接入 Bloomberg 和 Wind 的各个期限利率衍生产品交易数据，通过远期利率生成模型推导出衍生品市场对于不同期限利率的预期定价，实现对未来不同时期远期利率的实时更新。用以预测单个机船项目未来所产生的预期利息支出情况。图 27 - 4 展示的是通过接入 Bloomberg 衍生产品交易数据推导出的未来美元远期利率预期走势。

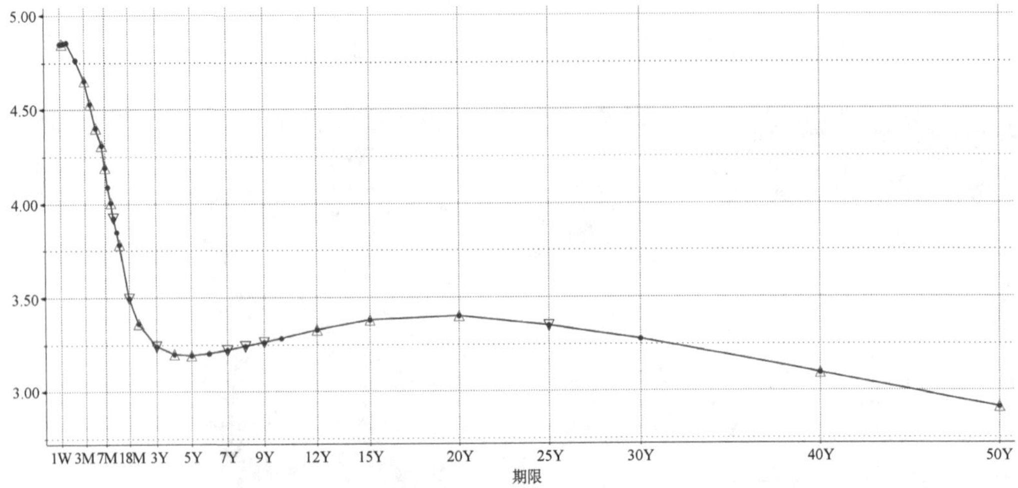

图 27 - 4　未来美元远期利率预期走势

（3）航空航运指数预测模块。

航空航运指数预测模块通过导入历史指数数据，采用专家判断法确定对未来一定时期内预期的航空航运指数走势，并结合使用 XGBoost 等机器学习算法实现对 BDI（波罗的海干散货指数）等航空航运指数的预测，用于参与最终的租金水平预测。

图 27 - 5 展示的是散货船和集装箱船的航运指数走势及短期指数预测情况。

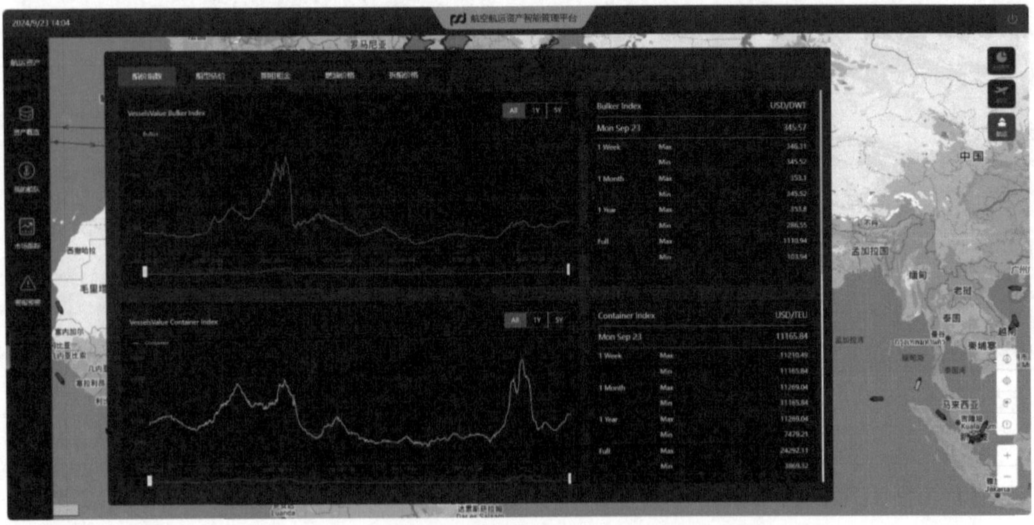

图 27 - 5　航运指数走势及短期指数预测

（4）财务测算模块。

财务测算模块通过接入其他各系统和模块的租金收入、融资利息支出、折旧、运营费用、税费、机船处置收入、续租收入等财务数据，以项目的资产和负债所产生的经营现金流的流入流出为连接点进行有机融合，搭建机船项目全维度现金流联动财务测算模型，计算得出机船租赁项目在预计的全生命周期内的收益，以及收益在各个财务周期内的分布。并计算展示全生命周期所对应的净利润、净收入、净现值（NPV）、内部收益率（IRR）、年平均成本率、项目回收期、资产收益率（ROA）、资产处置损益等财务指标，用于后续公司进行项目决策。

图 27－6 展示的是公司一艘国产新造散货船经营租赁项目的系统项目收益情况的部分要素（涉密信息已作隐藏和删除处理）。

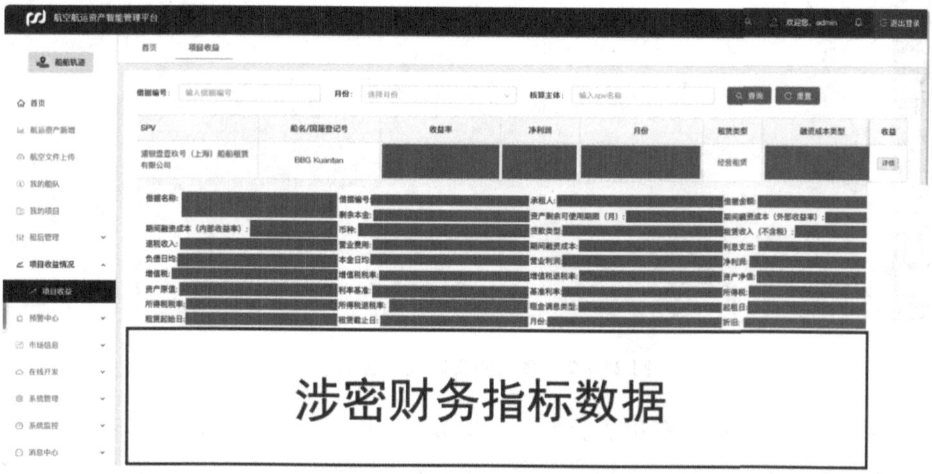

图 27－6　系统项目收益

2. 机船资产管理与风险管理

租赁公司作为出租人，有效提升对机船资产的管理能力，对于在租赁后期控制好机船成本至关重要。做好机船资产管理，首先需要防范好资产风险和信用风险。出租人在引入机船资产时，就要判断好资产的流动性和保值性在一个完整的生命周期之内的预期走势，确保租赁末期资产残值不低于准入时所预期的残值价值。另外，需要对承租人有一套完整的风险考量体系，要对其财务状况、市场占有率、业务模式和发展计划进行评估，以防范潜在的信用风险。

项目全周期内，每月定期对机船市场价值情况进行充分解读与了解，及时掌握市场风向信息，对宏观环境、行业周期、不同机船类型、产业上下游变化情况等进行宏观与微观相结合的分析，对存在不确定性或潜在风险的区分市场，可进行单独类型的机船价值评估。

同时，定期对机船价值进行整体状态评估和资产减值测试，根据需要聘请第三方专业机构出具机船价值评估报告，评估的方式可以从市场价格、现金流折现价格、重置价格及拆解价格等多维度进行，对于预期将出现机船价值非正常下滑或市场出现较大幅度波动等情况，可采取尽早安排资产包处置或新租期谈判等方式锁定机船现金流。

系统通过接入全部飞机和船舶的状态监控系统数据，实时评估飞机和船舶各项状态参数、运行轨迹，并可对航行位置（战争区域）、权证信息、保险信息、停泊信息等进行预警，实现对机船资产的全方位实时管理，以更好地确保其价值的充分实现。

图 27－7 展示的是公司全部飞机的实时飞行位置信息。

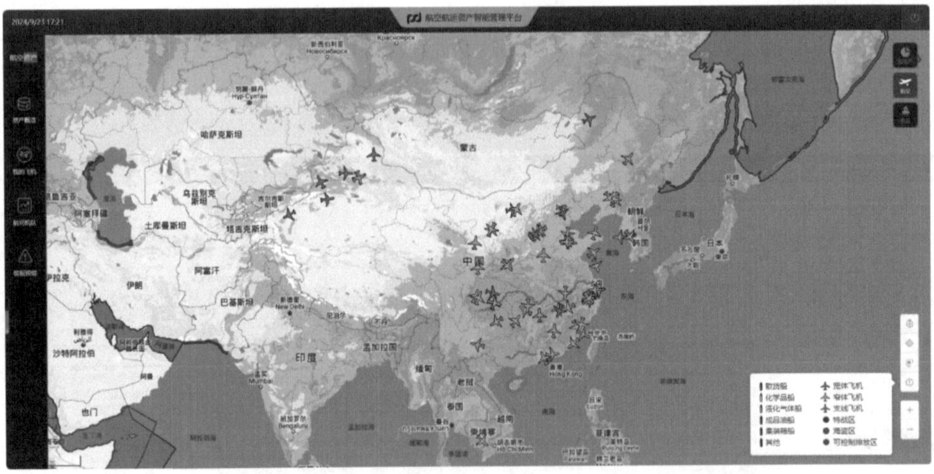

图 27－7　飞机的实时飞行位置信息

图 27－8 展示的是以融资租赁业务中一架 B737 飞机为例的基本信息（建造时间、机龄、引擎及最大起飞重量等技术信息、飞行状态等）。

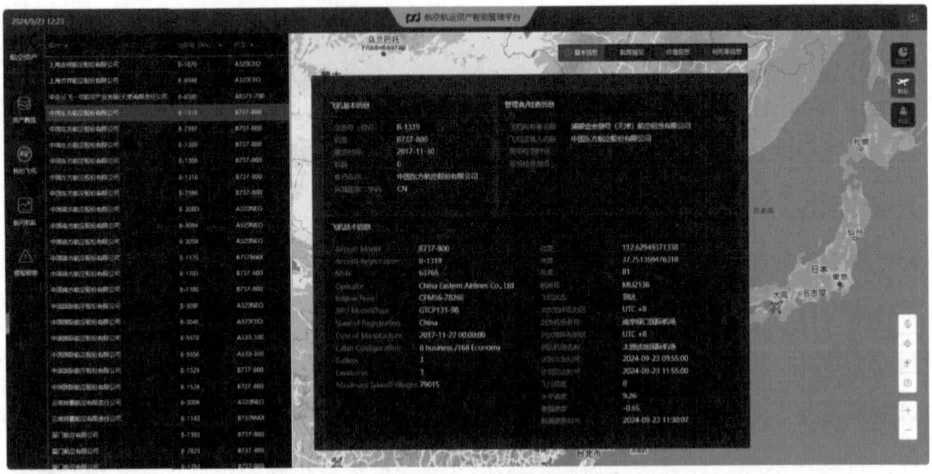

图 27－8　融资租赁业务对象飞机类基本信息 1

图 27－9 展示的是以融资租赁业务中一架 B737 飞机为例，其飞行小时数、循环数和利用率信息。

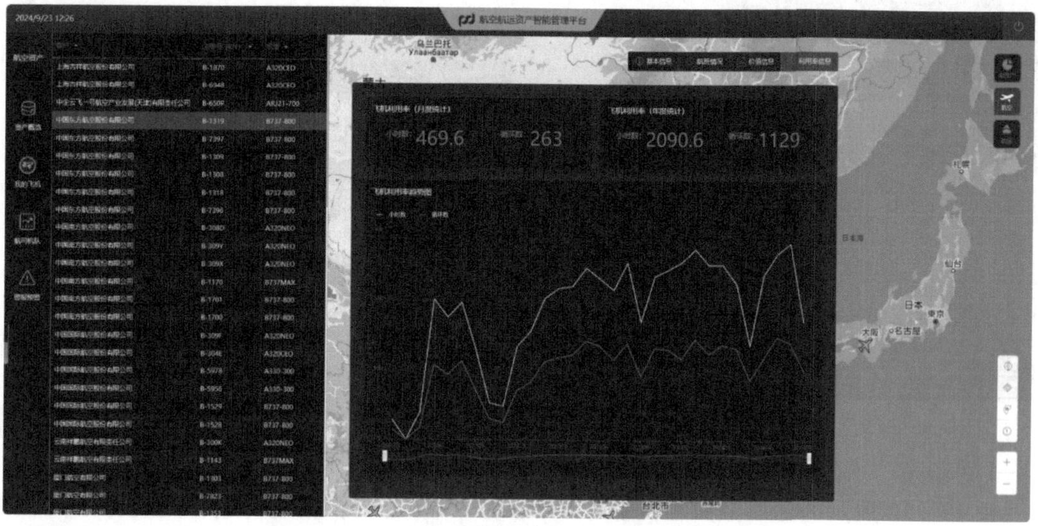

图 27－9　融资租赁业务对象飞机类基本信息 2

图 27－10 展示的是融资租赁业务中全部船舶的实时航行位置信息。

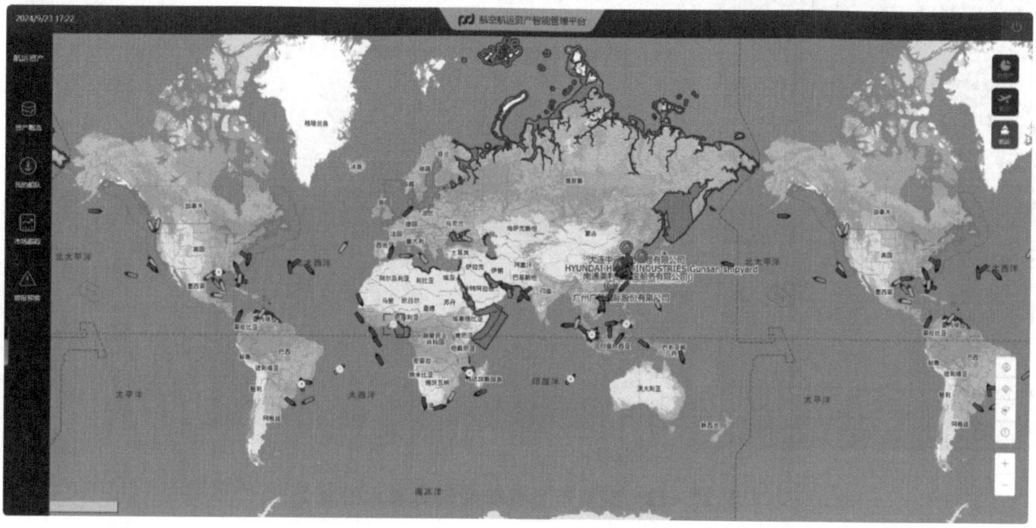

图 27－10　融资租赁业务飞机类基本信息 3

图 27－11 展示的是以融资租赁业务中的一艘国产新造集装箱船为例，其基本信息（AIS、航次、总吨位和吃水等船舶技术信息、船级社检查信息等）。

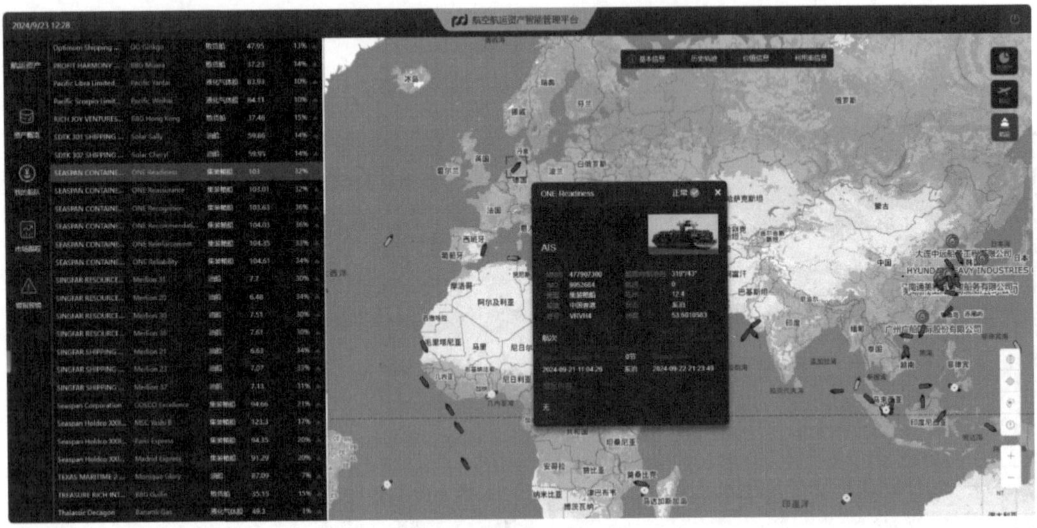

图 27－11 融资租赁业务对象船舶类基本信息 1

图 27－12 展示的是以融资租赁业务中一艘国产新造集装箱船为例，其航行距离、在泊时间周转数等利用率信息。

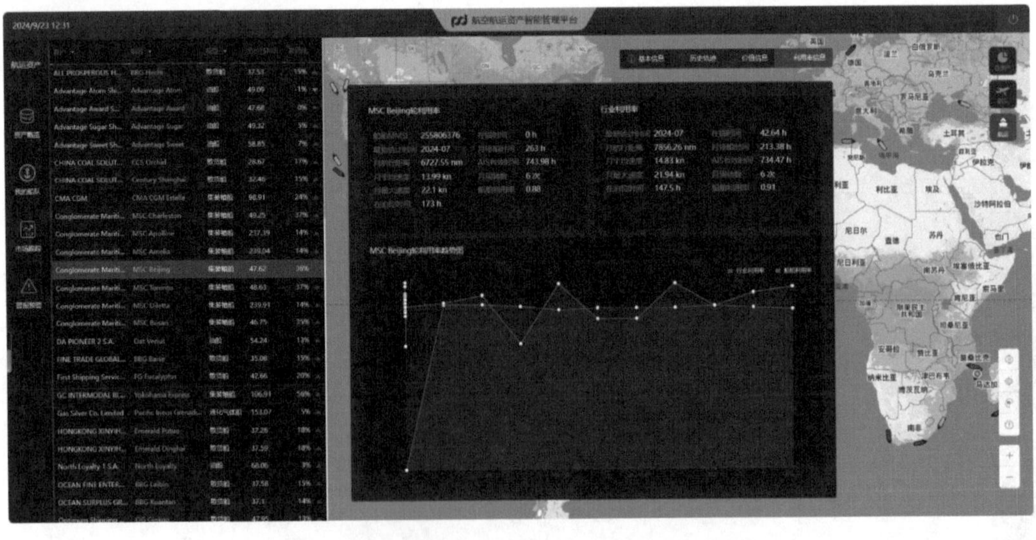

图 27－12 融资租赁业务船舶类基本信息 2

图 27－13 展示的是根据机船价值、运营状态、租后相关、禁飞禁航信息等情况自动进行相关预警（涉密预警信息未展示）。

（三）机船资产处置

在机船租赁项目管理中，租赁期末机船资产的处置以及租期内带租约转让资产包，是

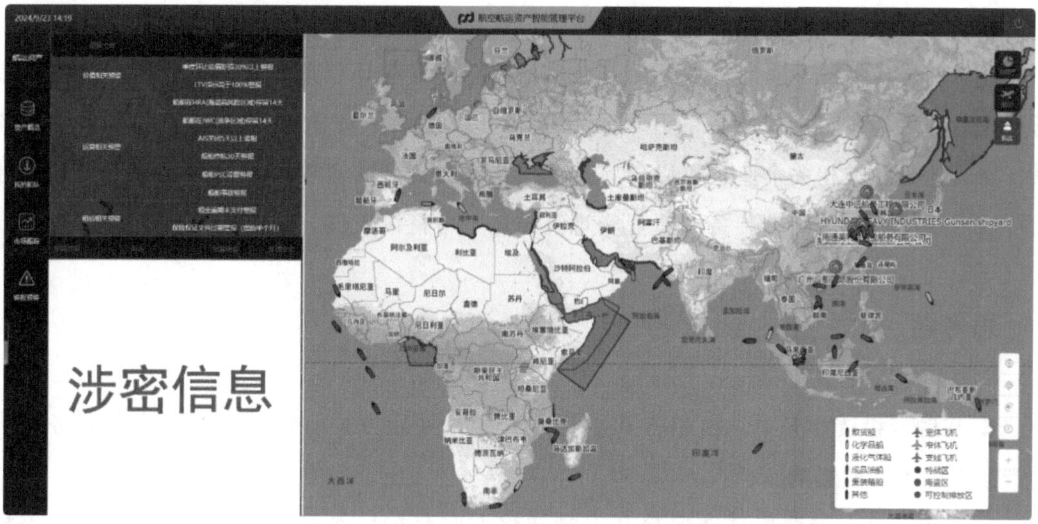

图 27－13　融资租赁业务船舶类基本信息 3

一项复杂性程度很高的工作。处置的复杂性，在于其面临着较大的不确定性和风险投入，确保机船租赁项目实现不低于准入既定回报。对于给定的处置价格，模型可实时得出项目全周期内的各项收益指标提供辅助决策信息。

同时，公司机船资产处置应满足以下三个原则方可进行处置：

一是处置优于继续持有。可立即止损或超额获利，处置价格高于持有到期所有预期现金流的折现值。

二是达到高于平均水平的盈利。在以处置价格出售后，机船租赁项目全周期平均收益达到公司要求的平均水平，并力求不低于该项目在准入时的收益要求。

三是能满足公司即期预算管理和资产规划要求。根据公司当年预算和资产规划，结合市场情况和客群情况等多方面因素，确定是否执行处置。

通过最终的机船资产处置，机船租赁项目的全生命周期价值得以最终实现，项目全周期现金流完成循环，公司也实现了既定的回报。

四、总结

通过建立机船租赁项目全生命周期价值管理体系，公司实现了对机船租赁项目的准入、运营管理、处置的全过程全面管控，将机船租赁项目全周期内的资产、盈利、风险、预期等进行有效管理并提供辅助决策，为公司开展机船租赁业务提供了更加透明、可控、高效的管理体系，确保了公司开展机船租赁业务的经营价值实现，使公司更有信心和把握开展更多的长周期机船租赁项目，为国产机船制造商提供了更多的生产订单以进行制造转型升级，也为航空航运公司提供了更加便捷、优质的金融服务。

考虑到全球经济不确定性不断上升，航运路线的变动日益频繁，浦银金租可以根据市场环境的变化和公司机船业务的开展情况持续升级机船租赁项目全生命周期价值管理体系，而其他金融类相关企业也可以借鉴这一模式建立自己的资管体系，以高水平金融服务支持国内机船产业等高端装备制造业实现高质量、可持续发展。

思考题

1. 在融资租赁业务中，出租方和承租方的会计处理方式有何不同？对企业财务报表会产生怎样不同的影响？

2. 融资租赁与经营租赁在风险和报酬转移方面存在显著差异，试举例说明这些差异如何影响金融企业的决策？

3. 当承租人违约时，融资租赁公司通常有哪些应对措施？这些措施在法律层面和实际操作中面临哪些挑战？

4. 大型机船领域融资租赁发展迅速，探讨该领域融资租赁业务模式的特点，以及面临的主要风险与应对策略。

参考文献

[1] 邵练荣．融资租赁公司拓展飞机租赁业务前景探析［Z］．中国市场．2022：93－95.

[2] 何煜辉，张峻辉，杨丁．通用航空飞机融资租赁风险管理研究——以A通航融资租赁公司为例［Z］．当代金融研究：卷6. 2023：57－70.

[3] 洪伟．融资租赁企业的资金管理策略［J］．中国外资，2021（20）：78－79.

[4] 朱延思．融资租赁企业业财融合的应用与思考［J］．中国管理信息化，2023，26（24）：64－66.

[5] 廖敏．管理会计在现代融资租赁企业的运用［Z］．全国流通经济．2017：41－42.

[6] 陈斌，马天娇．坚守融资租赁本源支持经济高质量发展［J］．中国银行业，2023（12）：49－52.

[7] 聂伟柱．融资租赁转型“铁三角”：数字化、专业化、资产管理能力［J］．理财，2023（2）：12－14.

案例 28

离岸不离“安”，债市续发展

——欧洲离岸债券市场债券助力金融高质量发展

刘郭方　张嘉明[①]

① 刘郭方，上海立信会计金融学院副教授，国际金融系主任，研究方向为货币金融理论与政策。张嘉明，上海立信会计金融学院本科生。

欧洲离岸债券市场起源于 20 世纪 50 年代。当时，欧洲在第二次世界大战后百废待兴，金融资源匮乏，离岸债券市场应运而生，为欧洲经济重建提供了资金支持。随着欧洲金融一体化进程推进，该市场逐步发展成为国际金融业务的重要平台。本案例回顾其发展历程，从战后萌芽、石油危机冲击到主权债务危机应对等阶段，总结其在资金汇聚、兑付清算系统建设、风险治理以及国际合作等方面的经验。这些经验不仅为欧洲金融市场稳定与发展作出贡献，也为全球其他地区离岸债券市场建设提供借鉴，旨在为金融从业者、学者以及学生提供有益的教学参考与实践启示，助力金融市场高质量发展探索。

一、案例背景

离岸金融市场，这个听起来有点“高冷”的名词，其实离我们的全球经济生活并不遥远。它起源于20 世纪50 年代的伦敦，就像一颗金融界的“新星”在泰晤士河畔冉冉升起。简单来说，离岸金融市场就是一个“自由度”极高的金融天地。在这一市场中，非居民（也就是那些跨国的金融机构、企业、投资者等）可以自由地用兑换的货币（如美元、欧元、英镑等）进行各种资金融通活动，而且基本不受货币发行国的法律法规和税收制度的束缚，就像在一片金融的“自由港”里航行。

欧洲离岸债券市场，作为离岸金融市场中的“主力军”，在全球金融市场中占据着举足轻重的地位。它就像一个巨大的金融“枢纽”，连接着欧洲各国乃至全球的金融市场。一方面，它为欧洲的经济增长提供了强大的资金支持。想象一下，那些急需资金的欧洲企业，通过在这个市场发行债券，就能从全球各地吸引来资金，为自己的发展“加油助力”。相关研究表明，欧洲离岸债券市场的活跃度与欧洲经济增长速度常常呈现正相关的关系，它对欧洲经济增长的贡献率不容小觑。另一方面，它在国际资本流动中扮演着关键角色。全球的投资者们，就像一群敏锐的“金融候鸟”，他们把资金投向欧洲离岸债券市场，寻找最佳的投资机会。这些资金在这里汇聚、流动，为全球资本配置提供了重要的指引。可以说，欧洲离岸债券市场不仅推动了欧洲经济的一体化进程，还加强了欧洲各国之间的经济联系，促进了贸易和投资活动更加活跃。

二、萌芽初生：大量资金构筑欧洲离岸债券市场资金池雏形

（一）战后欧洲正待援助重建，“马歇尔计划”带来美元

第二次世界大战的硝烟散尽，欧洲大陆却是一片满目疮痍。经济重建成了当务之急，

可资金从何而来？这个时候，美国的“马歇尔计划”像是一根“救命稻草”伸了过来。这个计划的初衷是帮助欧洲恢复经济，虽然没直接奔着离岸债券市场去，但带来的影响却是深远的。美国大把的美元资金涌入欧洲，一部分就流入了欧洲离岸债券市场，给它的发展打下了最初的根基。从图 28－1 就能看出来，美国对欧洲的援助力度可不是闹着玩的，这些资金就像“及时雨”，让欧洲离岸债券市场有了萌芽的土壤。

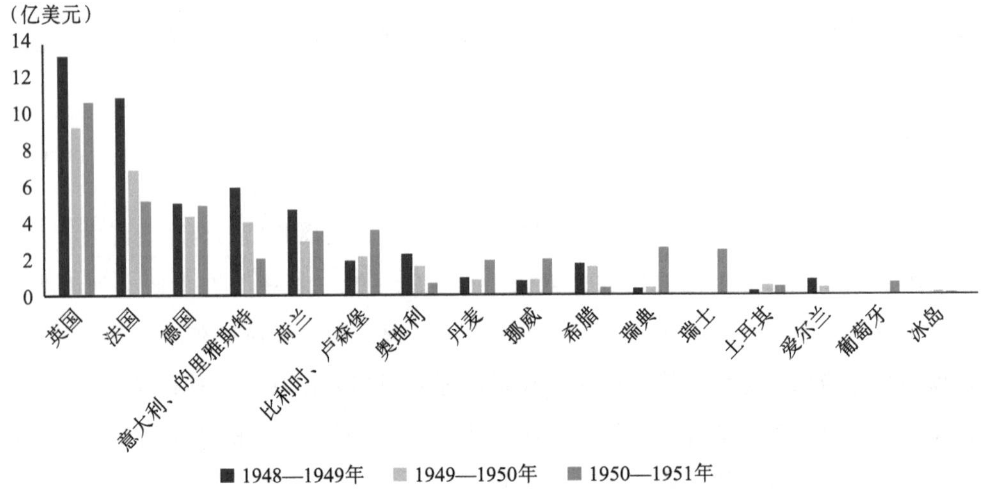

图 28－1　马歇尔计划对欧洲的赞助数额

数据来源：收集整理。

（二）石油危机爆发，欧洲银行吸纳顺差国的大量美元

20 世纪 70 年代，国际局势又掀起了大波澜。美国国际收支逆差越来越大，其他国家手里攥着大把结余的美元没处用，就想着存到欧洲美元市场里，还能赚点利息。1973 年石油危机这一“导火索”一炸，顺差国更是把大笔美元往美国和欧洲银行里存，或者直接投到美欧金融市场。英国政府这时候也挺“上道”，准许伦敦商业银行开展美元存款和信贷业务，美元在欧洲市场一下子流通开了。如图 28－2 所示，1973 年后英国资本流动像坐了火箭一样，一度高达 186700 万英镑，较 1961 年同比增加约 10519%。大量资金汇聚，欧洲离岸债券市场的资金池愈发充盈。

（三）美国持续实施干预主义政策，助力欧洲离岸市场资金池基础设施的建设

这边英国刚有点动作，那边美国也没闲着。英镑危机一爆发，英国限制英镑贷出，伦敦金融机构干脆转行经营美元等货币，吸收大量美元存款，再贷给国际贸易公司，欧洲美

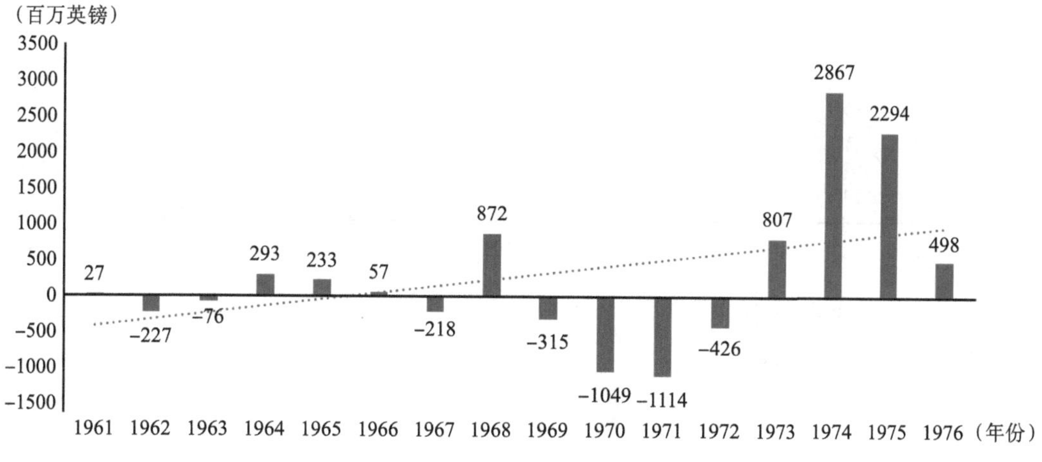

图 28－2　英国资本流动

数据来源：TRADING ECONOMICS。

元市场就这么形成了。美国政府还不停地出台金融监管措施，如表 28－1 所示，如 Q 条例、利息平衡税等，这一系列“组合拳”下来，欧洲货币市场发展就像按了“快进键”。欧洲货币市场借贷不再局限于美元，英镑、马克、瑞士法郎等货币都掺和进来，规模越滚越大。截至 1969 年年底，欧洲货币市场规模已经达到了 900 亿美元。资金池有了，基础设施也不能落下，欧洲离岸债券市场就这样一步步搭建起自己的“骨架”。

表 28－1　　美国颁布的干预主义政策

时间	政策	影响
1933 年	Q 条例	美国国内银行利率低于欧洲，致使美国国内投资者将资金转移至欧洲银行
1963 年	利息平衡税	促进海外分支机构的成立
	M 条款	促进海外分支机构的成立
1965 年	自愿限制对外贷款指导方针	促进美国银行海外分支机构开展业务
1968 年	国外直接投资规则	促使跨国银行或跨国公司前往欧洲市场融资

资料来源：收集整理。

如图 28－3 所示，从 1988 年 1 月到 1997 年 9 月，共计约有 65.8% 的月份 m1、m2 的剪刀差为负，即 m1 的增速小于 m2，说明市场中较少的钱流入了实体经济，更多的钱流向金融市场。

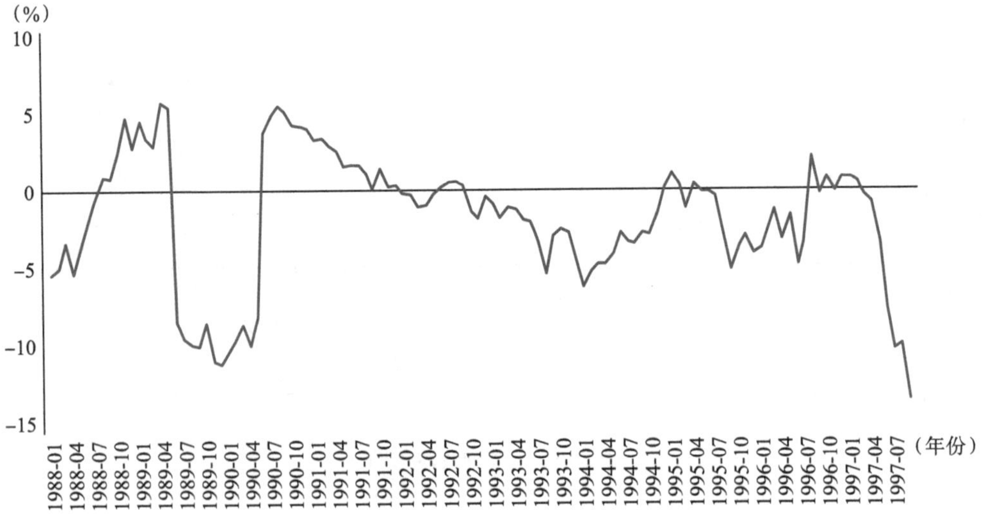

图 28－3 英国 m1、m2 剪刀差

数据来源：Choice 金融终端。

三、初绽芳华：兑付清算系统奠定欧洲离岸债券市场基础

当欧洲离岸债券市场逐渐摆脱了初创期的稚嫩，开始步入发展正轨时，一个高效、可靠的兑付清算系统成为市场进一步拓展的关键。这个系统，就好比是市场的“中枢神经”，确保着资金和债券的顺畅流转。在早期，欧洲离岸债券市场的交易逐渐活跃起来，但随之而来的兑付清算问题却让人头疼。债券到期后，发行人如何能及时、准确地将本金和利息支付给分散在各地的持有人？而持有人又怎样才能确保自己的权益不受损害？这一系列问题亟待解决。好在，欧洲结算银行（Euroclear Bank）和国际结算银行（Clearstream Banking）等专业清算机构应运而生，它们的出现，为欧洲离岸债券市场的稳定运行提供了坚实保障。

这些清算机构的运作方式，其实可以简单理解为一个“中间人”的角色（见图 28－4）。债券发行人会先把本金和利息款项支付给清算机构，然后清算机构再按照债券持有人的名单，将款项逐一准确地分配到每个持有人的账户中，同时更新持有人的债券持有信息。对于持有人来说，他们可以选择将收到的款项直接转入自己的银行账户，用于其他投资或者日常支出，也可以继续在债券市场中寻找新的投资机会。而如果不幸遇到债券发行人违约的情况，清算机构就会根据债券条款和市场规定，采取一系列措施，如向持有人支付违约金，或者代表持有人通过法律途径追讨欠款。

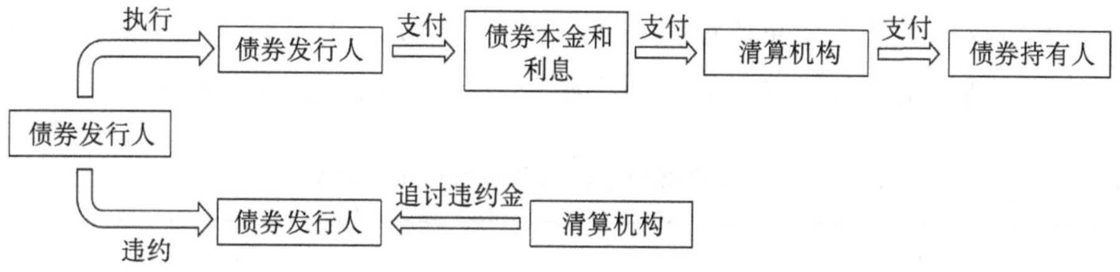

图 28－4 欧洲清算机构运作原理

资料来源：收集整理。

以欧洲结算银行为例，其净结算额的增长轨迹清晰地展示了这个系统在市场中的重要地位和影响力。如图 28－5 所示，2017 年欧洲结算银行的净结算量为 21500 万次，而到了 2021 年，这一数字已经增长到了 29500 万次，四年内实现了约 37.2% 的增长，平均每年增长约 8.2%。这一增长趋势不仅反映了欧洲离岸债券市场交易规模的不断扩大，更说明了欧洲结算银行作为清算机构在市场参与者心中的信任度和认可度在持续提升。它的高效运作，大大降低了交易风险，提高了市场效率，为欧洲离岸债券市场的繁荣发展奠定了坚实的基础。

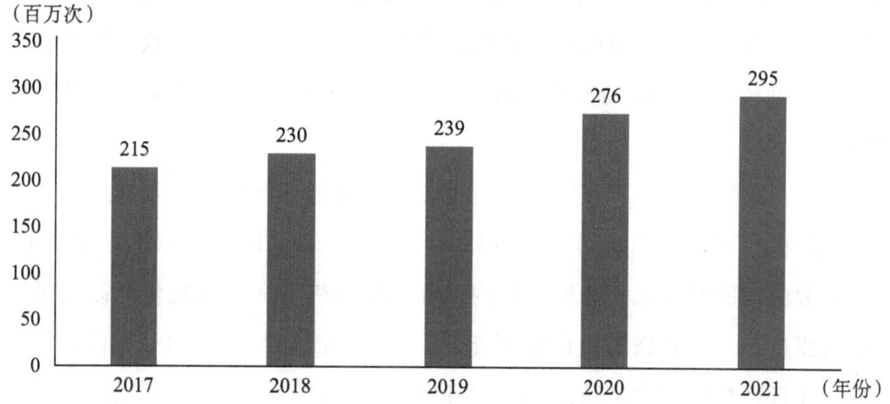

图 28－5 欧洲结算银行净结算量

数据来源：欧洲结算银行官网。

四、柳暗花明：多管齐下应对主权债务危机

正当欧洲离岸债券市场稳步向前发展时，2009 年前后，一场主权债务危机却悄然来袭。欧洲多个国家的国家债务如同一座座大山，压得他们喘不过气来，偿还能力亮起了红灯。这场危机的导火索还得追溯到 2008 年美国次贷危机的冲击，随后在欧洲经济体内迅速蔓延开来。国际三大评级机构纷纷下调各国主权信用评级，市场恐慌情绪瞬间被点燃，

欧洲离岸债券市场也受到了严重的影响。面对这场来势汹汹的危机，欧元区并没有坐以待毙，而是迅速行动起来，打出了一套“组合拳”，具体措施如表 28 –2 所示。

表 28 –2　　欧元区针对主权债务危机做出的措施

措施	内容
短期救助措施	提供救济金
	购买希腊国债
	提前发放结构基金
中期救助措施	成立欧洲货币基金
	拟成立欧洲经济政府
长期救助措施	结构性改革
	加快财政一体化进程

资料来源：收集整理。

从短期来看，欧元区成员国财政部部长们紧急商议，决定向希腊伸出援手。2010 年 4 月，他们同意在第一年拿出 300 亿欧元援助希腊，随后又通过“希腊救助机制”，在未来 3 年内为希腊提供总额 1100 亿欧元的贷款。除此之外，还设立了总额达 7500 亿欧元的稳定机制，帮助所有陷入此次危机的欧元区成员国稳定局势。这些紧急救助措施就像是一剂“强心针”，在短期内稳住了市场情绪，防止了恐慌的进一步蔓延，为后续的改革争取到了宝贵的时间。

对中期而言，欧元区意识到仅仅依靠短期救助是远远不够的，必须成立一个专门的机构来应对债务危机，于是欧洲货币基金（European Monetary Fund，EMF）在 2012 年应运而生。这个金融机构的职责就是为欧元区内面临债务危机的成员国提供财政援助和技术支持，帮助他们渡过难关。它通过提供紧急资金、贷款和债券购买计划等手段，缓解成员国的债务压力，并且积极推动债务重组和结构性改革。同时，它还与其他国际机构如欧洲央行、国际货币基金组织（IMF）等紧密合作，共同寻求解决方案，确保成员国得到有效而可持续的援助。

从长期来看，欧元区深知要彻底解决债务危机，必须进行深层次的结构性改革。一方面，针对欧洲部分国家日益严重的人口老龄化问题，欧元区国家开始对社会保障机制进行改革。他们采取了延长退休年龄、加强劳动力培训、培养社会养老意识等措施，以确保社会保障性支出的可持续性。例如，德国在 2010 年立法，规定所有公司不得辞退 60—64 岁的员工，以及规模在 50 人及以上的公司若未向所管辖的劳动部门递交关于 55 岁以上员工就业协议的将受到处罚约束。另一方面，加快财政一体化进程也成为当务之急。欧元区通过建立更紧密的财政政策协调机制，确保成员国的财政政策相互协调，避免出现过度赤字和债务水平。同时，还建立了共同的财政规则和标准，以确保成员国的财政政策符合欧元区的整体利益。此外，建立共同的财政机构或工具，如欧元区财政部、共同债务工具等，也被提上了日程，以增强欧元区的财政一体化程度。

（一）为希腊提供救济金

2009 年，希腊政府财政赤字问题浮出水面，国际三大信用评级机构纷纷下调其主权信用评级，希腊债务危机就此爆发。这一危机如同多米诺骨牌的第一张牌，迅速引发了欧元区的连锁反应。希腊政府支出和债务占国内生产总值的比重居高不下，如图 28 – 6 所示，2009 年政府支出占比约为 54.1%，较 2000 年增长约 16.6%，政府债券占比约为 126.7%，较 2000 年增长约 20.8%。面对如此严峻的形势，欧元区迅速行动起来，决定向希腊伸出援手。

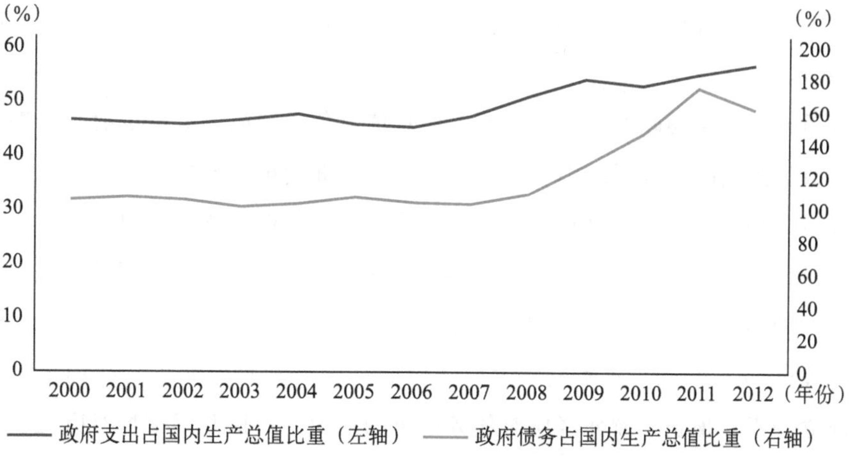

图 28 – 6 希腊政府支出与政府债务占国内生产总值的比重

数据来源：TRADING ECONOMICS。

随着全球三大评级机构下调希腊主权评级，希腊的债务链出现断裂，从而引发了欧元危机。表 28 – 3 梳理了欧元区应对希腊主权债务危机向欧元区成员国提供的援助金。

表 28 – 3 欧元区在希腊债务危机爆发后为成员国提供的救助金

时间	内容
2010 年 4 月	欧元区成员国财政部长同意第一年拿出 300 亿欧元援助希腊
2010 年 5 月	通过“希腊救助机制”，在未来 3 年内为希腊提供总额 1100 亿的欧元贷款
	设立总额达 7500 亿欧元的稳定机制，帮助陷入此次危机的欧元区成员国
	欧元区成员国财政部长向希腊发放第一笔 200 亿欧元的救助金

续表

时间	内容
2010 年 9 月	欧元区成员国财政部长向希腊提供第二笔救助金，共计 65 亿欧元
2010 年 11 月	通过“爱尔兰救助方案”，拟向爱尔兰提供总额为 850 亿欧元的援助金
2011 年 5 月	通过协议（2011 年葡萄牙的财政赤字占 GDP 的比重需降至 5.9%），葡萄牙将在 3 年内累计获得 780 亿欧元的救助金
2011 年 8 月	欧洲央行购买 220 亿欧元的欧元区重债国国债

资料来源：收集整理。

（二）成立欧洲货币基金

在经历了希腊债务危机的冲击后，欧元区深刻认识到，要想有效应对类似的债务危机，必须有一个专门的机构来统筹协调。于是，欧洲货币基金（European Monetary Fund，EMF）在 2012 年应运而生。这个金融机构的成立，标志着欧元区在应对债务危机方面迈出了重要一步。

欧洲货币基金的主要职责是为欧元区内面临债务危机的成员国提供财政援助和技术支持。当一个成员国面临严重财政困境时，它可以向欧洲货币基金提出援助请求。基金与该国政府达成援助协议后，会提供相应的资金支持，帮助其偿还债务或填补财政赤字。欧洲货币基金通过提供紧急资金、贷款和债券购买计划等手段，缓解成员国的债务压力，并积极推动债务重组和结构性改革。它与其他国际机构如欧洲央行、国际货币基金组织（IMF）等紧密合作，共同寻求解决方案，确保成员国得到有效而可持续的援助。欧洲货币基金的成立，不仅增强了欧元区应对债务危机的能力，还提升了市场对欧元区经济稳定性的信心。表 28－4 梳理了欧洲货币基金实施援助计划的一般流程。

表 28－4　　欧洲货币基金实施援助计划的一般流程

流程	内容
请求援助	当一个成员国面临严重财政困境时，它可以向欧洲货币基金提出援助请求。这通常涉及经济状况和债务可持续性的评估
制定政策框架	基金与该国政府达成一项援助协议，其中规定了提供援助所需的政策改革和财政目标。这些改革可能包括减少财政赤字、实施结构性改革以促进经济增长等
贷款发放	一旦援助协议达成，欧洲货币基金可以向该国提供财务支持。这通常以形式为国家债务发行或直接向政府提供贷款的方式进行，以帮助其偿还债务或填补财政赤字
监控机制	基金会对受援国的实施进展进行监督，并确保其履行所承诺的改革和目标。该国必须定期向基金报告其经济状况和实施情况

资料来源：收集整理。

（三）长期救助措施

1. 社会保障改革

1990—2015 年，欧洲国家的老龄化程度普遍较高，高于美国、澳大利亚与我国香港。可见日益增长的人口老龄化问题是社会保障不得不面临的难题，这可能会导致社会保障性支出不具备可持续发展性（见图 28－7）。

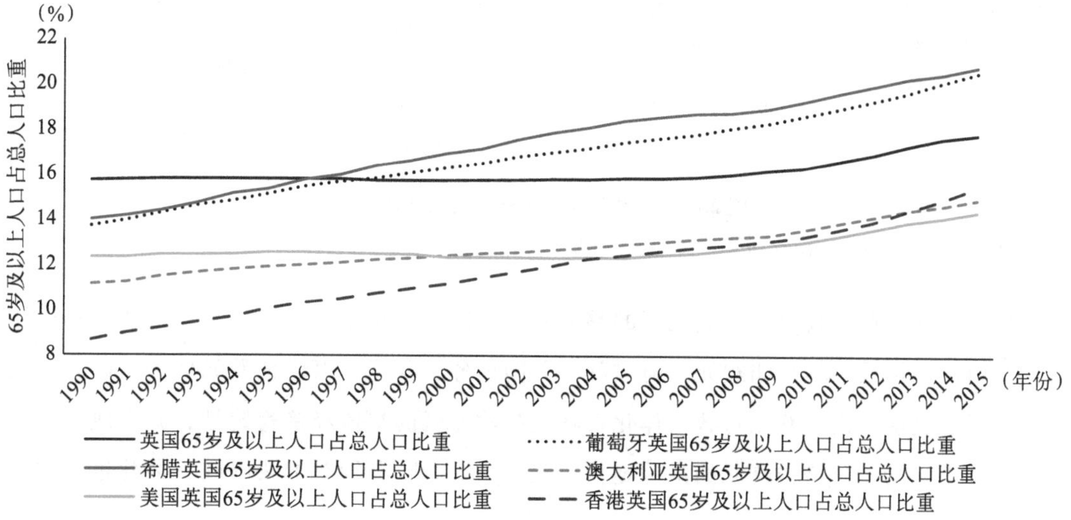

图 28－7　欧洲部分国家与其他地区的老龄化程度

数据来源：收集整理。

针对日益严重的人口老龄化问题，欧元区国家开始对社会保障机制进行改革，为更好地解决债务危机提供基础。第一，采取延长退休年龄的措施。第二，通过培训方式增长劳动力的工作寿命。第三，加强社会对于抚养老年人意识的培养。例如，德国在 2010 年立法，规定所有公司不得辞退 60—64 岁的员工，以及规模在 50 人及以上的公司若未向所管辖的劳动部门递交关于 55 岁以上员工就业协议的将受到处罚约束。图 28－8 罗列出了欧元区 2009—2018 年男性与女性的退休年龄，可见 2018 年男性退休年龄较 2009 年增长了约 3.4%，2018 年女性退休年龄较 2009 年增长了约 3.8%。

2. 加快财政一体化进程

欧元财政一体化是欧洲经济和货币联盟的一个重要方面，旨在通过加强成员国之间的财政政策协调和整合，进一步巩固欧元区的稳定性和提高抵御债务危机的能力。这一进程包括建立更紧密的财政政策协调机制，以确保成员国的财政政策相互协调，避免出现过度赤字和债务水平过高的问题。此外，欧元财政一体化还涉及建立共同的财政规则和标准，

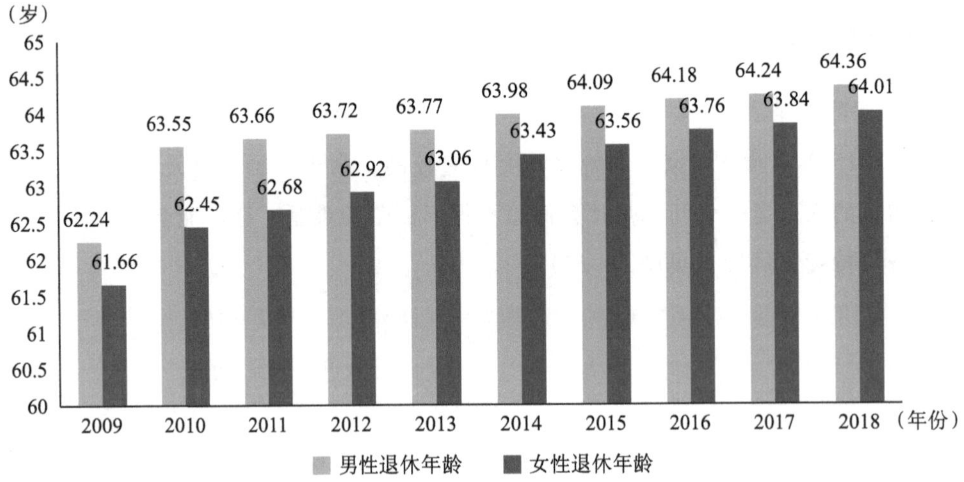

图 28－8　欧元区男性与女性的退休年龄

数据来源：TRADING ECONOMICS。

以确保成员国的财政政策符合欧元区的整体利益。同时，欧元财政一体化还可能包括建立共同的财政机构或工具，如欧元区财政部、共同债务工具等，以增强欧元区的财政一体化程度。通过这些举措，欧元财政一体化旨在提高欧元区的整体经济稳定性，减少成员国之间的经济不平衡，并增强欧元的国际地位。表 28－5 为欧洲针对加快财政一体化进程的部分措施。

表 28－5　欧洲针对加快财政一体化进程的部分措施

措施	事件	内容
通过财政契约	2012 年 3 月，除英国和捷克外的 25 个欧盟成员国正式签署了《欧洲经济货币联盟稳定、协调和治理公约》	欧盟最高司法机构欧洲法院将有权对结构性赤字超过国内生产总值 0.5% 的国家进行处罚，最高金额不超过该国国内生产总值的 0.1%。欧元区国家的罚款将缴入欧洲稳定机制（ESM），非欧元区国家的罚款将被纳入欧盟一般预算
通过增长与就业契约	2012 年 6 月，欧盟 27 个国家的领导人正式通过了名为“增长与就业契约”的补充性协议	制定了一个价值 1200 亿欧元的经济增长刺激计划。其中，550 亿欧元来自设立的“结构基金”，用于支持中小企业发展和年轻人就业，以减小欧盟各国之间的贫富差距。另外，50 亿欧元来自“项目债券”，主要用于能源、交通和宽带等基础设施建设
统一金融交易税	2013 年 2 月，欧盟委员会正式推出了金融交易税	从 2014 年 1 月开始，在德国、法国、意大利等 11 个欧元区国家对所有金融工具的买卖进行征税
建立中央统一清算	欧元区各国在 2012 年 9 月开始讨论建立欧元区统一中央预算	预算资金将来自成员国的部分税收，包括企业税和增值税等

资料来源：收集整理。

五、建议及对策

（一）博采众长：多元化资金池迅速扩大市场

我国离岸债券市场的发展，应积极借鉴欧洲离岸债券市场的经验，通过多元化资金池的构建，迅速扩大市场规模。具体而言，可以从以下几个方面着手：首先，加强与国际金融机构的合作，吸引更多的国际资金流入。例如，与世界银行、国际货币基金组织等机构建立紧密的合作关系，争取更多的国际援助和贷款项目，为市场注入大量资金。其次，拓宽资金来源渠道，鼓励各类机构投资者参与市场。除了传统的银行、保险公司等，还可以吸引养老基金、对冲基金等多元化的投资者，丰富市场资金结构。最后，优化市场环境，提高资金池的稳定性和吸引力。加强市场监管，确保市场的公平、公正、透明，降低投资者的风险预期，从而吸引更多的长期资金流入。

（二）稳固可靠：构建兑付清算系统满足交易需求

兑付清算系统是离岸债券市场稳定运行的核心基础设施，我国应加快构建高效、可靠的兑付清算系统，以满足日益增长的交易需求。一方面，要加大技术投入，引入先进的清算技术和设备，提高系统的处理能力和安全性。例如，采用区块链技术，实现债券交易的去中心化清算，提高清算效率和透明度，降低操作风险。另一方面，要完善清算机构的组织架构和业务流程，提高清算服务的质量和效率。同时，加强与国际清算机构的合作与交流，学习其先进的管理经验和运营模式，逐步提升我国兑付清算系统在国际上的竞争力。

（三）金钟护身：治理违约风险保护投资者权益

违约风险是离岸债券市场面临的重要挑战之一，有效的风险治理机制对于保护投资者权益、维护市场稳定至关重要。我国离岸债券市场应建立健全违约风险预警和处置机制，加强对债券发行人的信用评估和监测，及时发现潜在的违约风险，并采取相应的措施加以防范和化解。此外，还可以借鉴欧洲的经验，设立专门的投资者保护基金，当债券发行人出现违约时，由该基金对投资者进行一定程度的补偿，降低投资者的损失，增强投资者对市场的信心。

（四）众志成城：加强国际合作促进市场发展

离岸债券市场的发展离不开国际合作与协调。我国应积极参与国际金融合作，与其他国家和地区的离岸债券市场建立广泛的合作关系。通过签订双边或多边合作协议，加强信息共享、监管协调和执法合作，共同应对市场风险和挑战。同时，还可以在国际金融组织中发挥更大的作用，推动全球离岸债券市场的规则制定和完善，提升我国在国际金融市场中的话语权和影响力。

思考题

1. 欧洲离岸债券市场在不同发展阶段（如战后萌芽、石油危机冲击、主权债务危机应对等）分别采取了哪些关键措施推动市场的发展与稳定？这些措施的实施背景和成效是怎样的？

2. 在应对主权债务危机时，欧洲采取了短期、中期和长期的组合措施。请详细分析这些措施在缓解债务危机方面的相互配合和作用机制，以及对欧洲离岸债券市场和欧元区整体经济的长期影响。

3. 欧洲离岸债券市场在兑付清算系统建设方面有哪些成功经验？这些经验对其他国家或地区建设类似的金融市场基础设施有何启示？

参考文献

[1] 金卫星. 马歇尔计划与美元霸权的确立 [J]. 史学集刊，2008 (6)：70-77.

[2] 王新谦. 马歇尔计划成因新探 [J]. 史学月刊，2009 (6)：101-105.

[3] 周舟，董坤，汪寿阳. 基于欧洲主权债务危机背景下的金融传染分析 [J]. 管理评论，2012，24 (2)：3-11.

[4] 李亮. 欧债危机中欧央行货币政策应对和实施效果 [J]. 国际金融研究，2013 (3)：12-21.

[5] 丁纯，陈飞. 主权债务危机中欧洲社会保障制度的表现、成因与改革——聚焦北欧、莱茵、盎格鲁—撒克逊和地中海模式 [J]. 欧洲研究，2012，30 (6)：1-19+164.

[6] 张严柱，王天龙. 欧洲主权债务危机的形势及前景 [J]. 宏观经济研究，2012 (2)：17-22.

[7] 刘扬，陈莹. 欧洲主权债务危机的演进、成因及其对中国的启示 [J]. 当代经济管理，2012，34 (1)：89-93.